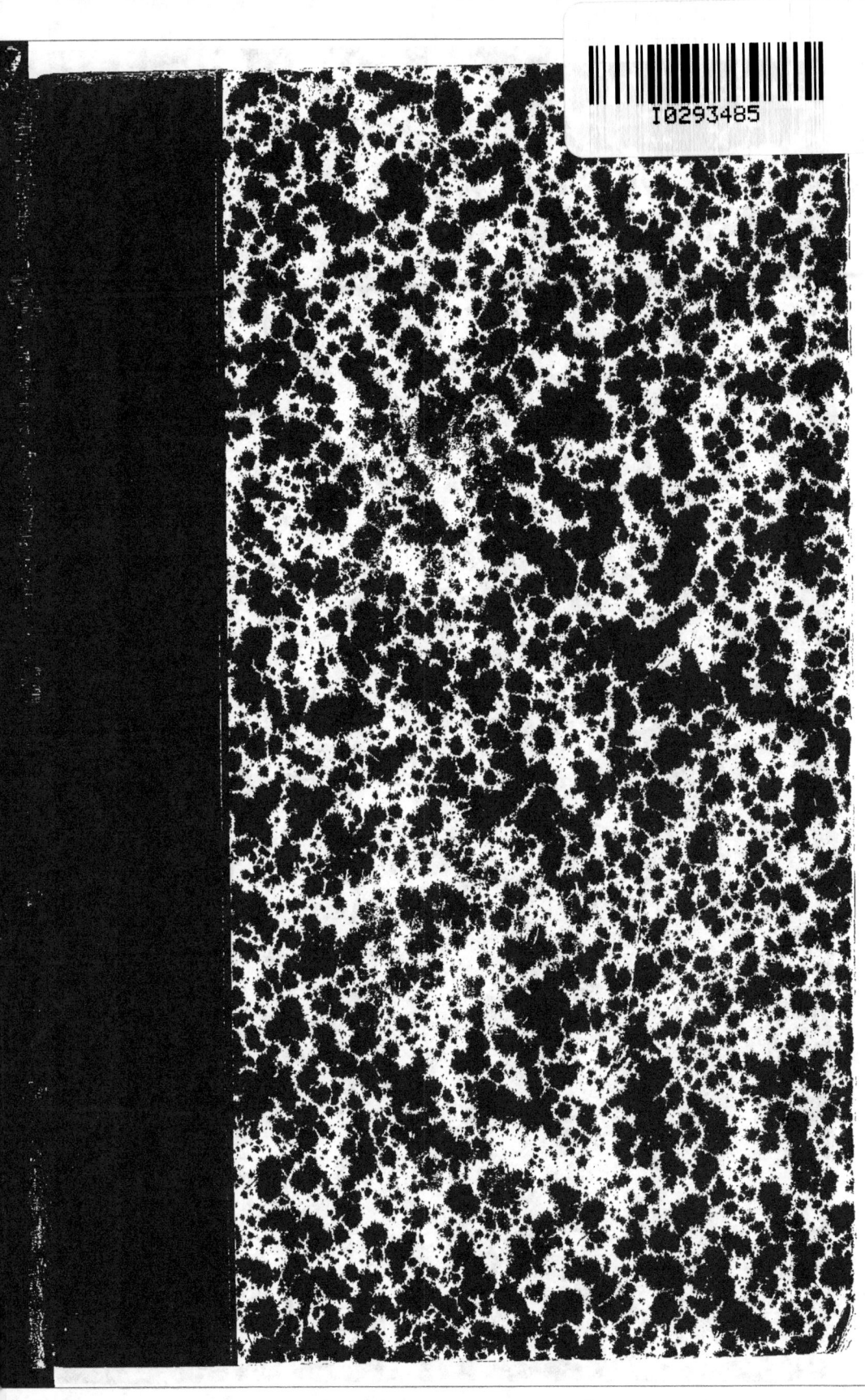

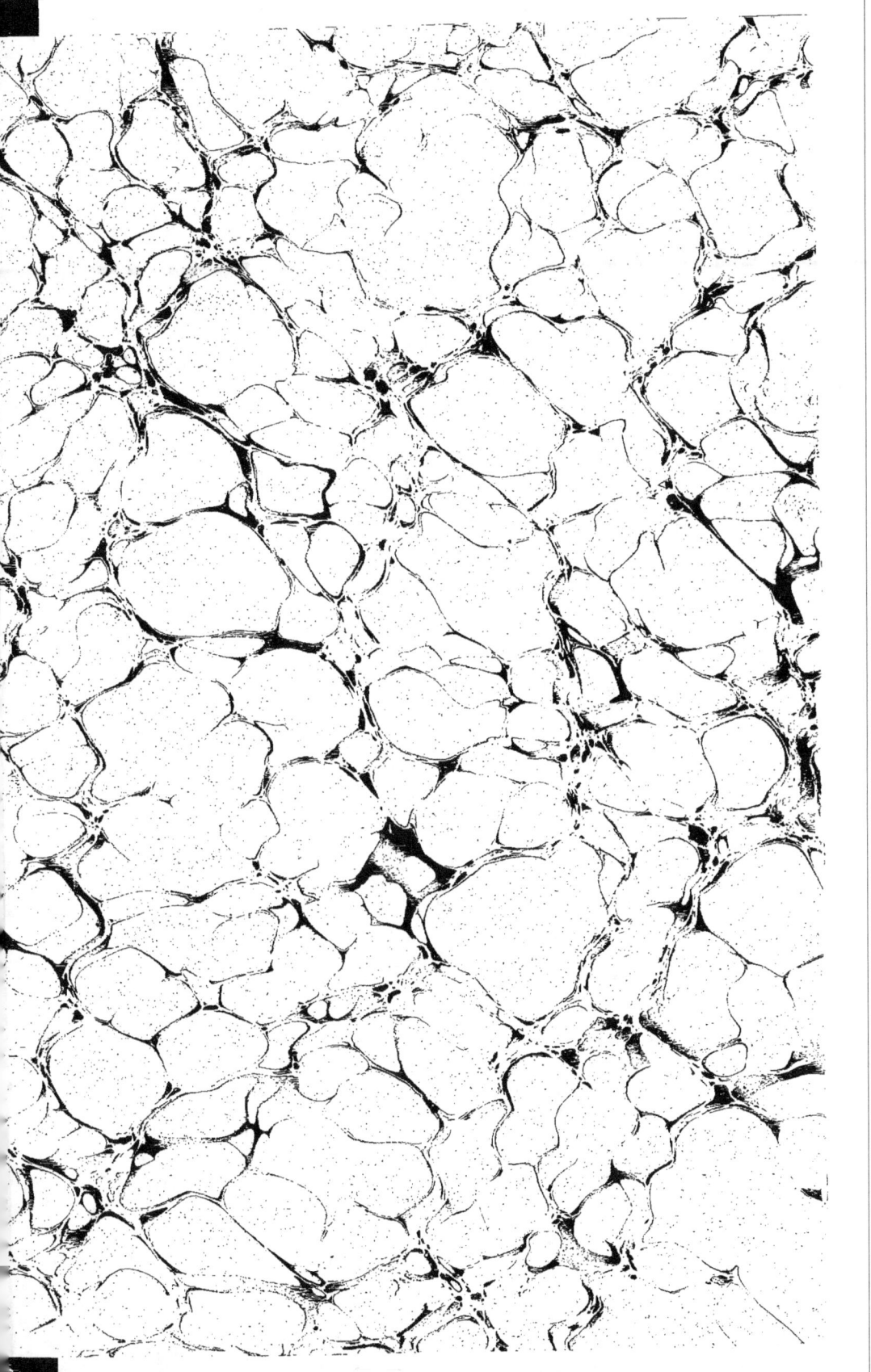

MÉMOIRES
DE
POURVILLE

PUBLIÉS
POUR LA SOCIÉTÉ DE L'HISTOIRE DE FRANCE

PAR

LÉON LECESTRE

TOME PREMIER
1646-1669

A PARIS
LIBRAIRIE RENOUARD
H. LAURENS, SUCCESSEUR
LIBRAIRE DE LA SOCIÉTÉ DE L'HISTOIRE DE FRANCE
RUE DE TOURNON, N° 6

M DCCC XCIV

MÉMOIRES
DE GOURVILLE

(Un double dans la salle
0.335)

IMPRIMERIE DAUPELEY-GOUVERNEUR

A NOGENT-LE-ROTROU.

MÉMOIRES
DE
GOURVILLE

PUBLIÉS

POUR LA SOCIÉTÉ DE L'HISTOIRE DE FRANCE

PAR

LÉON LECESTRE

TOME PREMIER

1646-1669

A PARIS

LIBRAIRIE RENOUARD

H. LAURENS, SUCCESSEUR

LIBRAIRE DE LA SOCIÉTÉ DE L'HISTOIRE DE FRANCE

RUE DE TOURNON, Nº 6

M DCCC XCIV

EXTRAIT DU RÈGLEMENT.

Art. 14. — Le Conseil désigne les ouvrages à publier, et choisit les personnes les plus capables d'en préparer et d'en suivre la publication.

Il nomme, pour chaque ouvrage à publier, un Commissaire responsable, chargé d'en surveiller l'exécution.

Le nom de l'éditeur sera placé en tête de chaque volume.

Aucun volume ne pourra paraitre sous le nom de la Société sans l'autorisation du Conseil, et s'il n'est accompagné d'une déclaration du Commissaire responsable, portant que le travail lui a paru mériter d'être publié.

Le Commissaire responsable soussigné déclare que le tome Ier de l'édition des Mémoires de Gourville, *préparée par* M. Léon Lecestre, *lui a paru digne d'être publié par la* Société de l'Histoire de France.

Fait à Paris, le 15 *mars* 1894.

Signé : A. DE BOISLISLE.

Certifié :

Le Secrétaire adjoint de la Société de l'Histoire de France,

NOËL VALOIS.

INTRODUCTION

Les Mémoires de Gourville sont une véritable autobiographie : l'auteur n'y raconte guère que sa vie et les événements auxquels il s'est trouvé mêlé. Aussi n'avons-nous point l'intention de refaire son récit. Mais parfois, soit volontairement, soit par oubli, il a passé sous silence divers épisodes de son aventureuse existence; d'autres, plus rarement, ont été présentés différemment de ce qu'ils étaient en réalité; enfin, des erreurs de fait et de chronologie se sont glissées dans le récit, malgré la bonne foi habituelle du narrateur. Il convient donc de compléter les Mémoires, en exposant ce qu'ils laissent de côté, et de les rectifier, en corrigeant les erreurs qui peuvent s'y rencontrer; mais nous aurons soin de ne leur emprunter que ce qui sera nécessaire pour l'enchaînement des faits.

Le rôle joué par notre auteur dans les affaires de la maison de Condé a été si considérable, et les riches archives du château de Chantilly, où Mgr le duc d'Aumale a bien voulu nous permettre de puiser à pleines mains[1], renferment sur ce sujet des documents si nombreux, que nous avons pu

---

[1]. Nos recherches dans ce précieux dépôt ont été facilitées par l'extrême obligeance de M. G. Macon, auquel nous sommes heureux de témoigner ici notre gratitude.

ij INTRODUCTION.

consacrer un chapitre spécial à « Gourville dans la maison de Condé. »

De plus, une étude sur le caractère de Gourville, sur sa famille, ses relations et les nombreux amis qu'il sut se faire et se conserver parmi la meilleure société de la cour et de la ville, nous a semblé indispensable pour bien faire connaître le personnage très particulier qu'il a été.

Enfin, nous avons complété notre travail par une notice sur les manuscrits et les éditions des Mémoires, et par une appréciation de leur valeur historique.

I.

Vie de Gourville.

Jean Hérauld, qui prit plus tard le nom de Gourville[1], naquit à la Rochefoucauld le 10 juillet 1625[2], et non le 11, comme le disent les Mémoires. Son père, mort de bonne

---

[1]. Ce nom de Gourville était celui d'une ancienne famille de chevalerie d'Angoumois dont le *Dictionnaire de la Noblesse* de la Chenaye des Bois donne la filiation depuis le xie jusqu'au xive siècle, et dont le Cabinet des titres (vol. 1378) et la bibliothèque de la Rochelle (ms. 638) possèdent quelques actes. Elle s'éteignit vers le milieu du xive siècle dans les maisons de Vivonne et de Chasteignier. Cependant, aux deux siècles suivants, on trouve encore différents personnages portant le nom de Gourville ou le titre de la seigneurie (Cabinet des titres, vol. 1378, et *Catalogue des manuscrits des bibliothèques publiques,* t. VIII, bibliothèque de la Rochelle, mss. 160, 633, 634 et 643). Cette terre étant passée à la famille de Longueville au commencement du xviie siècle, le titre seigneurial ne fut plus porté, et, lorsque notre auteur en joignit le nom au sien, dès le début de sa carrière, il eut soin de ne pas prendre officiellement la particule *de;* c'est ainsi que, dans l'acte d'acquisition de la terre, en 1660, il est appelé *Jean Hérauld-Gourville* (ci-après, t. II, appendice VI).

[2]. On trouvera ci-après, t. II, appendice I, son acte de baptême.

heure, appartenait à une famille de petits bourgeois de cette ville[1]. Jean, après un court séjour chez un procureur d'Angoulême, entra, dès 1643, comme valet de chambre, chez l'abbé de la Rochefoucauld, dont son frère aîné était déjà maître d'hôtel, et passa, en 1646, au service du prince de Marcillac, frère de son premier maître. Le futur auteur des *Maximes* ne tarda pas à apprécier cet intelligent serviteur, et, ayant acheté le gouvernement de Poitou, à la fin de 1646, il prit Gourville pour secrétaire. Celui-ci commença par procurer à son maître les moyens de rester à Paris malgré sa famille, qui lui refusait l'argent nécessaire. Puis, quand la cour se fut retirée à Saint-Germain, au mois de janvier 1649, Marcillac, qui avait reconnu l'habileté de Gourville dans les intrigues secrètes, s'en servit comme d'intermédiaire auprès des frondeurs du Parlement[2]. L'arrestation des Princes lui permit bientôt de donner carrière à ses talents. Il accompagne d'abord Marcillac et Mme de Longueville à Rouen et à Dieppe; mais, commençant déjà le système d'évolutions d'un parti à un autre si habituel à cette époque, nous le voyons, dès le commencement de février, procurer la remise de Pont-de-l'Arche entre les mains des troupes royales[3]. En même temps, il travaille sous main à cette curieuse tentative d'évasion des Princes qu'il a racontée avec tant de détails. Craignant d'être arrêté, il se sauve en Angoumois, d'où Marcillac, devenu duc de la Rochefoucauld par la mort de son père, le renvoie à Chantilly pour se mettre

---

1. Voyez, à la fin du chapitre III de l'*Introduction*, tous les renseignements que nous avons pu recueillir sur sa famille.
2. *OEuvres de La Rochefoucauld*, édition des Grands écrivains de la France, t. II, *Mémoires*, p. 114-115.
3. *Lettres de Colbert*, t. I, p. 1-2.

iv INTRODUCTION.

en rapport avec les deux princesses de Condé, qui y étaient gardées à vue par un détachement des gardes du corps. Quoique le rôle de notre auteur ait été assez marqué dans cette circonstance, il n'en parle que dans une courte phrase de ses Mémoires; ceux de Lenet et de La Rochefoucauld vont nous permettre de le faire connaître[1]. Lenet préparait alors l'évasion du jeune duc d'Enghien et de sa mère, Clémence de Maillé. Ce fut à lui que Gourville s'adressa; ils convinrent tous deux des détails du projet et des moyens d'exécution, et Gourville repartit pour l'Angoumois, emportant deux mille pistoles données par Madame la Princesse pour aider La Rochefoucauld à soulever la Guyenne. Après l'échec de celui-ci devant Saumur, Gourville l'accompagna à Bordeaux, et le duc se servit alors de lui, dit Lenet[2], « pour aller, pour venir et pour négocier. » Dans le courant de juillet[3], il l'envoya porter des « marques de sa servitude » à Mme de Longueville, réfugiée à Stenay. Le messager devait en même temps passer par Paris, voir les amis des Princes et rapporter des nouvelles. Ce voyage s'accomplit sans encombre; Gourville vit la marquise de Sablé, qui offrit de s'entremettre pour la paix : elle proposait comme point d'entente le mariage de quatre des nièces de Mazarin avec le prince de Conti, les ducs de Candalle et de la Rochefoucauld et un fils du duc de Bouillon[4].

Ce projet n'aboutit pas, et la guerre continua; mais, vers le mois de septembre, de nouvelles négociations ayant été

---

1. *Mémoires de Lenet*, éd. Michaud et Poujoulat, p. 227-28; *Mémoires de La Rochefoucauld*, p. 178.

2. *Mémoires de Lenet*, p. 346.

3. Une lettre de Colbert à Le Tellier (*Lettres de Colbert*, t. I, p. 20) parle vaguement d'un différend entre Gourville et M. de Villequier, auquel le cardinal aurait promis de mettre ordre.

4. *Lenet*, p. 346-347; *Mme de Motteville*, t. III, p. 192-193.

entamées, Gourville y prit une part active : envoyé à la cour, il se mit en rapport avec le duc de Candalle par l'intermédiaire de sa maîtresse, Mme de Saint-Loup[1]. La paix conclue, Gourville sut ménager aux ducs de Bouillon et de la Rochefoucauld une entrevue avec le cardinal.

Presque aussitôt après, dans le courant d'octobre, il retourna à Stenay pour avertir Mme de Longueville et Turenne du projet de Madame la Princesse de se retirer aux Pays-Bas par mer[2], tandis que les partisans des Princes continueraient à intriguer à Paris. En janvier 1651, il fut encore chargé, à deux reprises différentes, d'aller trouver la duchesse. La seconde fois, il fut arrêté par les troupes royales; mais, « comme sous son apparence simple et grossière il cachoit beaucoup d'esprit, d'habileté et de finesse, il sut si bien se déguiser, que Mme de Longueville, avec la rançon ordinaire, l'envoya dégager avant que la cour sût qu'il fût prisonnier[3]. » Il retourna encore à Stenay en février, d'après une lettre de Mme de Longueville à son frère[4].

Ces missions le firent connaître au prince de Condé peu après que celui-ci fut sorti de la citadelle du Havre. Il semble même qu'il n'était point un des membres les moins importants du parti des Princes : une mazarinade l'appelle le « préconisateur des merveilles de la déesse Bourbonie [Mme de Longueville] sur les rives Séquanoises, Lygériques, Dordonniques, Garonniques et Gyrondiques[5]. » Dans l'été de

1. *Mémoires du cardinal de Retz*, édition des Grands écrivains, t. III, p. 71 ; *Mémoires de Lenet*, p. 388.
2. *Mémoires de Lenet*, p. 403.
3. *Mémoires de Mme de Motteville*, t. III, p. 193 ; E. Beauvois, *La jeunesse du maréchal de Chamilly*, p. 32-33.
4. Duc d'Aumale, *Histoire des princes de Condé*, t. VI, p. 481, lettre du 24 février.
5. Moreau, *Choix de Mazarinades*, t. II, p. 207, et aussi p. 220.

1651, il fit plusieurs voyages à Brühl auprès de Mazarin, de la part de Condé[1], bien qu'il n'en parle pas dans ses Mémoires. Quand le prince quitta Paris, au commencement de septembre, pour reprendre les armes, Gourville y resta pour lui servir d'agent auprès de ses amis et d'intermédiaire avec la cour. Il semble qu'il fut d'abord mis à la Bastille, mais relâché peu après, sur sa promesse d'agir auprès du conseiller Broussel pour faire lever le séquestre mis par le Parlement sur les bénéfices du cardinal[2]. C'est à cette époque (octobre 1651) que se place la tentative d'enlèvement du coadjuteur de Retz que Gourville raconte tout au long. Bien qu'il eût à craindre le ressentiment de Paul de Gondi, Gourville n'en continua pas moins ses négociations secrètes : Mazarin étant revenu à Paris, il tenta un accommodement entre lui et Condé par l'intermédiaire de Mme de Puyzieulx[3]. Il eut même l'honneur de voir la Reine, soit à Paris, soit à Poitiers, lorsque la cour s'y fut transportée[4]. Le secrétaire d'État Chavigny, la duchesse de Châtillon, les Rohan prenaient une part active à ces négociations, pour lesquelles Gourville n'avait pas de pouvoir officiel de Condé, mais seulement de Mme de Longueville et du duc de la Rochefoucauld, afin que le prince pût le désavouer le cas échéant[5]. Revenu en Guyenne, il accompagne Condé dans cette célèbre course d'Agen à la Loire, qui per-

1. *Mémoires de Guy Joly*, p. 64 et 65; *Mémoires du cardinal de Retz*, t. V, p. 407-409; *Choix de Mazarinades*, t. II, p. 419.

2. Lettre de Colbert à Mazarin, du 23 septembre, publiée dans *Mazarin et Colbert*, par le comte de Cosnac, t. I, p. 152.

3. Cosnac, *Mazarin et Colbert*, t. I, p. 204 et 258; *Mémoires de Retz*, t. IV, p. 23.

4. *Mémoires de Mme de Motteville*, t. III, p. 448-449 et 453-454.

5. *Mémoires de Guy Joly*, p. 65; *Mémoires du cardinal de Retz*, t. IV, p. 235.

mit au prince de venir battre à Bléneau l'armée de Turenne et du maréchal d'Hocquincourt. Puis il est chargé d'une nouvelle mission vers Mazarin, alors établi à Saint-Germain : Mme de Motteville et La Rochefoucauld nous ont conservé l'instruction qui lui fut donnée en cette occasion[1].

La situation de Condé, enfermé dans Paris, devenait de plus en plus critique ; bien qu'il n'ait quitté la ville que le 13 octobre, une lettre de Gourville à Lenet montre que, dès le milieu de septembre, le prince songeait à se retirer chez les Espagnols[2]. Gourville, réfugié à Damvillers auprès du duc de la Rochefoucauld, va d'abord en Poitou chercher le jeune prince de Marcillac, puis se rend à Stenay pour porter à Condé des nouvelles de la cour[3]. Pendant l'hiver, se trouvant « fort désoccupé, » il fait enlever aux portes de Paris par quelques cavaliers le financier Burin, et le met à rançon. Au printemps de 1653, il négocie la réconciliation du duc son maître avec la cour et réussit à le délier de ses engagements avec Condé et les Espagnols. Gagné alors par les offres de Mazarin, il s'engage résolument au service du Roi et s'emploie aussitôt à négocier la paix de Bordeaux. Un reste de maître d'hôtel, comme l'a dit Sainte-Beuve[4], revenant à point pour cacher l'ambassadeur, il réussit à entrer dans la ville sous prétexte d'enlever les meubles de M. de la Rochefoucauld, se met en rapport avec Lenet, Marcin et le prince de Conti, et parvient à établir les bases du traité qui finit la Fronde[5].

1. Mme *de Motteville,* t. IV, p. 7-9 ; *La Rochefoucauld,* p. 381-386 et 389 ; *Retz,* t. V, p. 239 et 264 ; *Guy Joly,* p. 79.
2. *Mémoires de Lenet,* p. 572-573.
3. *Ibidem,* p. 583 et 594.
4. *Causeries du lundi,* t. V, p. 368, étude sur les Mémoires de Gourville.
5. Les dénégations intéressées de son ennemi Daniel de Cosnac (*Mémoires,* t. I, p. 94 et suiv.) ne peuvent empêcher qu'il n'ait été en réalité le principal agent de la paix de Bordeaux.

Dans son récit de cet événement, Gourville, écrivant cinquante ans plus tard, a confondu en un seul les deux voyages qu'il fit vers Mazarin à cette occasion. Parti de Bordeaux le 27 juillet dans la nuit, alors que le traité avec les princes était seul signé[1], il entrait à Paris le 30 au soir, et en repartait le 11 août, après l'arrivée des courriers officiels et des textes définitifs des traités ; il était chargé des observations du cardinal pour le duc de Candalle[2]. Le 21 août, il quitte une seconde fois Bordeaux, emportant des lettres de Candalle et de l'évêque de Tulle, qui approuvent l'idée d'excepter de tout pardon les chefs des révoltés[3], et arrive à Paris le 26. Mazarin fait aussitôt dresser la double amnistie, que Gourville remporte en Guyenne[4]. Ce procédé peu loyal de deux amnisties, l'une générale, l'autre exceptant les meneurs, était une idée de Gourville, qui pensait bien faire accepter la seconde par les Bordelais fatigués.

En 1655, Mazarin, mécontent de s'être laissé extorquer par Daniel de Cosnac les provisions de gouverneur du Château-Trompette en faveur du prince de Conti, qui commandait alors l'armée de Catalogne, envoie Gourville pour tenter de les reprendre[5]. Reçu froidement d'abord par le prince, il parvient en deux jours à conquérir ses bonnes grâces, et réussit dans sa délicate mission. De retour à la cour, le cardinal le charge à diverses reprises de porter des nouvelles à la Reine[6] ; puis il repart pour la Catalogne, et, en passant par Paris, il achète une charge d'intendant des vivres, qu'il s'empresse d'aller exercer à l'armée du prince de Conti.

1. *Archives historiques de la Gironde*, t. XV, p. 367 et 372.
2. Arch. nat., KK 1221, fol. 447.
3. Ibidem, KK 1220, fol. 485.
4. Ibidem, KK 1221, fol. 457 v°.
5. *Mémoires de Cosnac*, t. I, p. 210-214.
6. *Lettres de Mazarin*, t. VII, p. 33 et 35.

Après la campagne, il devient un des familiers du prince et se mêle aux intrigues et aux cabales intérieures de cette petite cour. La princesse de Conti, nièce de Mazarin, les ministres, le cardinal lui-même lui témoignaient de l'estime; il fréquentait aussi les partisans de Condé, et profita d'un voyage à la Fère avec Mazarin pour rapporter à Conti des lettres de Mme de Longueville[1]. Sa faveur auprès de ce dernier prince lui avait attiré des ennemis, et les vantardises qu'il se permit à propos de la confiance que lui témoignait le cardinal indisposèrent Mazarin contre lui; en novembre 1656, il fut enfermé à la Bastille[2], et y resta plusieurs mois. Après sa mise en liberté, le cardinal lui offrit d'accompagner le comte de Cominges en Portugal, comme secrétaire d'ambassade. Gourville refusa cet exil déguisé et, rendu prudent par son emprisonnement, songea à abandonner les intrigues de cour pour se rapprocher du surintendant Foucquet et tâcher de faire sa fortune dans les affaires de finance. Il s'était déjà trouvé en rapport avec Foucquet, et celui-ci, sur son conseil, l'avait employé à rendre plus souples, au moyen de quelques milliers de livres adroitement distribués, les conseillers au Parlement dont l'esprit d'opposition et la rigueur de principes retardaient trop longtemps l'enregistrement des édits bursaux nécessaires à l'équilibre du budget[3]. Il chercha donc à proposer quelques affaires au surintendant; mais celui-ci, jugeant qu'il « n'entendait pas assez ces matières, » lui conseilla d'acheter plutôt la charge de prévôt de l'Ile-de-France; il croyait que les gens d'affaires, effrayés par la récente aventure du financier Girardin, enlevé aux portes

---

1. *Mémoires de Cosnac*, t. I, p. 226-232; *Lettres de Mazarin*, t. VII, p. 283, 647 et 656, et ci-après, t. II, appendice V.
2. *Lettres de Gui Patin*, t. II, p. 263.
3. Ci-après, p. 121-122.

de Paris par quelques cavaliers du parti de Condé, ne demanderaient pas mieux que de se cotiser pour lui permettre d'acquérir cette charge. L'affaire en effet semblait marcher à souhait, et il est à croire que Gourville, qui avait volé sans hésiter le receveur de la taille à la Rochefoucauld, qui avait enlevé et mis à rançon le partisan Burin pour occuper ses loisirs, il est à croire, dis-je, qu'il aurait rempli admirablement les fonctions de prévôt des maréchaux chargé d'arrêter les voleurs de grand chemin qu'il savait si bien imiter. Mais Mazarin, peut-être parce qu'il se rappelait les antécédents du personnage, n'y voulut pas consentir, et l'engagea à se mettre dans les finances. La recette des tailles de Guyenne allait justement être affermée ; c'était une occasion. Gourville hésitait : il ne se sentait pas les reins assez forts, il craignait de ne pas « entendre assez tout ce grimoire » des finances. Foucquet était de cet avis. Mais le cardinal tint bon, suggéra un expédient, et engagea même ses deniers personnels. La confiance du premier ministre décida Gourville et lui fit trouver sans peine des associés parmi les fermiers de l'année précédente.

Voilà donc Gourville lancé dans le monde des financiers et des traitants. Cette ferme des tailles de Guyenne, c'est le point de départ de sa fortune. Mazarin lui a mis le pied à l'étrier ; mais, du premier coup, il devient cavalier accompli, et n'aura besoin des leçons ni des conseils de personne pour fournir, trois années durant, la plus brillante carrière. Les scrupules, l'honnêteté, la morale, toutes choses qui jusque-là d'ailleurs ne l'embarrassaient guère, il les foulera aux pieds résolument ; il ne songera qu'à gagner le plus possible et le plus vite qu'il pourra. Tous les moyens lui seront bons pour arriver à ce résultat. Nous allons tâcher de donner une idée des nombreuses « affaires » auxquelles il se trouva mêlé ; ce

INTRODUCTION. xj

ne sera cependant qu'un aperçu, car beaucoup d'entre elles nous ont certainement échappé[1].

C'était avec l'année 1658 que commençait son traité pour le recouvrement des tailles dans les deux généralités de Guyenne, celle de Bordeaux et celle de Montauban. Dès le milieu de la même année, il se lance dans une vaste entreprise de fournitures de blé pour l'approvisionnement de Paris, des villes frontières et de l'armée de Flandre. Des navires frétés à cet effet transportent dans les ports les grains qu'il achète en province pour garnir les magasins établis dans les places fortes ou sur les derrières de l'armée[2]. Mais le fournisseur ne se gêne pas pour faire passer des blés avariés qu'il a eus à bas prix, et Colbert écrit à ce propos à son parent Colbert de Terron : « Je me suis toujours bien douté que ce M. de Gourville, qui est un hâbleur, ne feroit rien qui vaille[3]. » En même temps, il prend un intérêt dans la ferme du papier et des bières, dont le revenu net était de cent cinquante mille livres[4], et plus tard il participera au traité du retranchement des charges locales de la ville de Paris[5].

Tout cela n'était que des spéculations qui pouvaient à la rigueur être licites; mais il ne tarda pas à se lancer dans des opérations moins régulières. Lui-même raconte que le surintendant et ses commis achetaient au denier dix (Colbert

---

1. Une liasse de pièces relatives aux affaires de finance de Gourville ou à leurs suites est mentionnée dans l'inventaire de ses titres et papiers fait après son décès : ci-après, t. II, appendice XV.
2. *Lettres de Colbert*, t. I, p. 305 et 309 ; *Mazarin et Colbert*, par le comte de Cosnac, t. II, p. 244 ; lettres à Mazarin conservées dans la collection Morrison (*Catalogue*, t. II, p. 194-195), dont le texte sera donné dans notre appendice V *bis*.
3. *Lettres de Colbert*, t. I, p. 313.
4. Bibl. nat., mss. V^c de Colbert, vol. 235, fol. 171.
5. *Archives de la Bastille*, publiées par Fr. Ravaisson, t. I, p. 359.

dit à 3 ou 4 %) de vieux billets de l'Épargne provenant des anciennes banqueroutes de l'État; on les assignait sur un autre fonds, on les faisait passer pour ordonnances de comptant, et elles avaient alors leur valeur nominale, de sorte que Foucquet et ses associés faisaient par ce moyen des bénéfices énormes[1]. Gourville en eut sa part, comme les autres familiers du surintendant[2]. Il participa peut-être aussi au bénéfice que l'on réalisait sur les ordonnances de comptant délivrées à propos d'une affaire qui ne pouvait réussir, mais dont on simulait cependant la mise en train[3].

Tout le monde, paraît-il, agissait de la sorte. Aussi Gourville, ayant ces exemples sous les yeux, en profita beaucoup; il l'avoue sans scrupule et sans remords. Mais il fit encore mieux, et nous croyons volontiers que l'« affaire » dont le détail va suivre ne fut pas la seule du même genre; car Gourville, ayant l'oreille et la faveur du surintendant, qui était en même temps, qu'on ne l'oublie pas, procureur général au Parlement, pouvait se permettre bien des choses, ceux qu'il choisissait pour ses victimes n'osant se plaindre de peur d'être tondus encore plus ras. Donc, dans le courant de 1660, Gourville estime que les fermiers généraux des aides peuvent bien lui payer une pension annuelle pour prix de la protection qu'il leur accorde. Ces fermiers généraux étaient Passart, Antoine Arnauld, Nicolas Frémont et Adrien Bance. Jugeant sa demande peu justifiée, ou trouvant trop forte la somme demandée, ils refusent. Gourville suggère alors à Foucquet que ces fermiers ont dû faire des gains exagérés, et qu'il ne serait que juste de les taxer. Le surintendant approuve, et, peu de jours après, les fermiers des aides sont imposés à douze

---

1. Ci-après, p. 149; *Lettres de Colbert,* t. VII, p. 166.
2. Procès de Foucquet : mss. Ve de Colbert, vol. 235, fol. 307-308.
3. *Lettres de Colbert,* t. VII, p. 165.

INTRODUCTION. xiij

cent mille livres. Comme ils ne peuvent payer cette somme, les uns sont arrêtés, les autres se sauvent. Gourville reparaît alors. Il leur fait sentir que, la ferme étant abandonnée, le Roi va la confisquer à son profit, et qu'ils seront complètement ruinés. Il se fait fort de parer à cette éventualité, et même d'arrêter les poursuites, s'ils consentent à lui promettre une pension annuelle de cent quarante mille livres. Les malheureux, acculés à cette extrémité, acceptent; Gourville ne leur laisse pas le temps de la réflexion, exige le payement immédiat de deux années d'avance, et, pour les suivantes, les force à passer à son valet de chambre le bail du recouvrement des aides dans plusieurs élections de Poitou dont la cote d'impôt montait à cent quarante mille livres. Les fermiers dépouillés protestèrent par-devant notaire; mais cette protestation n'avait pas encore eu de suite un an après, lorsque Gourville se trouva enveloppé dans la disgrâce du surintendant[1].

Vers la même époque, en septembre 1660, il achète des sieurs Lefebvre et Coquille, receveurs généraux des finances, moyennant quatre cent cinquante mille livres, la moitié du produit des offices de commissaires des tailles dans les généralités de Bordeaux et de Montauban, pour l'année 1661. Jusque-là, rien que de régulier. Mais, ce qui l'est moins, c'est que, nous ne savons par quel moyen d'intimidation, il força ces deux traitants à lui abandonner, moyennant cent cinquante mille livres, la jouissance totale du produit des mêmes offices pour l'année 1660, produit qui s'éleva à six cent soixante-douze mille livres[2].

1. Procès de Foucquet : mss. Vc de Colbert, vol. 235, fol. 264-267, vol. 236, fol. 5, et vol. 237, fol. 36 et suivants.
2. Procès de Foucquet : mss. Vc de Colbert, vol. 228, fol. 117-119 et 121, dépositions de Coquille et de Lefebvre.

Ce n'est pas tout. On le trouve encore, uni à d'autres traitants, dans une aliénation d'un million de rente sur les tailles, dont s'étaient chargés les frères Tabouret, et qui fut si singulièrement conduite, que la Chambre de justice de 1661 la supprima purement et simplement[1]. Déjà, à propos d'une autre constitution de quatre cent mille livres de rentes sur le même fonds, faite en août 1658, il s'était trouvé un déficit de six millions sur le total des sommes que l'opération devait produire, et Gourville fut accusé de n'y avoir pas été étranger[2].

Voici encore une affaire qui dut être assez fructueuse pour lui. C'est Colbert qui raconte le fait en 1662 à M. Pellot, intendant de Guyenne, afin que celui-ci défende aux commis aux recettes de plus rien payer à Gourville de ce chef : « Le sieur de Gourville ayant traité des années 1660 et 1661 [pour le recouvrement des tailles de Guyenne], feu S. É. avoit pris des assignations pour tout le pain de munition des années 1658 et 1659 sur le même traité ; lesquelles ayant passé entre les mains de M. le duc Mazarin, qui n'a pas eu trop de soin de ses affaires, il est arrivé que le sieur de Gourville n'a pas payé plus de douze à quinze cent mille livres sur les trois millions à quoi montent lesdites assignations ; et comme il s'est retiré dès le mois de septembre de l'année dernière, il se trouvera assurément qu'il aura touché depuis ce temps-là de prodigieuses sommes de deniers sans rien payer[3]. »

Enfin, il semble bien qu'en 1661 il toucha deux cent mille livres environ sur le prêt de Bordeaux, qu'il s'était « ménagé » une pension de vingt mille livres sur les gabelles

---

1. Mss. V^c de Colbert, vol. 228, fol. 139.
2. Ibidem, fol. 214 v°.
3. *Lettres de Colbert*, t. II, p. 237.

de Dauphiné et une autre de dix mille sur le Convoi de Bordeaux[1], et qu'il avait également des intérêts dans le recouvrement des impôts en Dauphiné[2] et en Orléanais[3]. D'ailleurs, il ne pensait pas qu'à lui : d'après une déposition de Tabouret, il extorqua à celui-ci, au profit de Mme du Plessis-Bellière, deux billets de vingt mille livres chacun, pour que cette dame fît agréer par le surintendant une affaire que Tabouret proposait, et qui ne fut pas acceptée[4].

Foucquet connaissait-il tous les agissements de son confident? Dans son procès, il prétendit avoir presque tout ignoré ; il est permis de croire cependant que cela n'était pas exact. Au rapport de Gourville lui-même, le surintendant l'employait à des missions qui devaient l'édifier sur la probité de son agent[5]. Il est avéré qu'il le fit entrer dans une foule d'opérations financières, suivant son habitude à l'égard de ses commis et familiers, et Gourville fut certainement très avant dans sa confiance : nos Mémoires rapportent plusieurs circonstances importantes où Foucquet le prit pour confident intime, et les assertions de Gourville sont confirmées par les documents contemporains.

Outre les ressources que lui procuraient les affaires de finance, Gourville en trouvait d'autres dans le jeu. Il s'est étendu complaisamment dans ses Mémoires sur son bonheur aux cartes et sur ses gains considérables. Ses tenants habituels étaient des financiers comme Hervart, Pellissary, La Bazinière, Foucquet lui-même, auxquels se joignaient des

---

1. Mss. V^c de Colbert, vol. 235, fol. 49 et 78.
2. Ci-après, p. 195.
3. Papiers de la cassette de Foucquet.
4. Mss. V^c de Colbert, vol. 235, fol. 305 v° à 306.
5. Chéruel, *Mémoires sur Foucquet*, t. II, p. 67 ; ci-après, p. 137, 161, 189 et 211.

grands seigneurs et des femmes de la cour, le marquis de Vardes, le maréchal de Clérambault, le duc de Richelieu, la comtesse de Soissons, alors en grande faveur, la maréchale de la Ferté, Mmes de Launay-Gravé et du Plessis-Bellière. Il lui arriva même de jouer avec le Roi, honneur unique en ce temps où Louis XIV n'y admettait que des dames. Joueur heureux et prudent, il réalisa d'énormes bénéfices qu'on évaluait à plus d'un million, et il laisse entendre que cette estimation était au-dessous de la vérité.

On comprend donc qu'il ait pu, dès 1655, prendre un appartement « fort convenable » dans le Petit-Bourbon et habiter ensuite le petit hôtel Guénegaud, avoir chevaux et carrosse, de nombreux laquais, une « petite maison » près la porte Saint-Antoine, une autre à Fontainebleau[1] et des immeubles de rapport rue Montmartre[2], acheter des Longueville, pour cent mille livres, en 1660, les terre et seigneurie de Gourville, dont il portait le nom[3], faire des libéralités aux Guénegaud et à sa famille, racheter les créances de la maison de la Rochefoucauld, donner des pensions au sieur de la Plante, son homme de paille, et à la fille d'un de ses commis mort prématurément[4], acquérir enfin pour neuf cent mille livres la charge de secrétaire du conseil d'État, direction et finances, avec brevet de conseiller d'État.

Cette brillante fortune ne tarda pas à sombrer dans le

---

1. Dépôt des affaires étrangères, vol. *France* 913, fol. 196 v°. C'est sans doute cette maison qu'il loua pour six mille livres en 1700, à la marquise de Villequier, selon l'inventaire fait à son décès.

2. Ibidem, vol. *Hollande* 88, lettre de Gourville, du 26 octobre 1668.

3. Contrat du 25 octobre 1660; ci-après, t. II, appendice VI. Il prit en même temps des armoiries : d'argent au chevron d'azur, accompagné de trois hermines de sable.

4. Arch. nat., Y 200, fol. 41 v°, et 202, fol. 375.

INTRODUCTION. xvij

désastre du surintendant. Gourville vit venir l'orage et prévint Foucquet; et comme celui-ci, confiant dans sa faveur apparente, ne voulait rien entendre, Gourville, plus prudent, mit en lieu sûr, avant de partir pour Nantes, ses valeurs et ses papiers. Il s'attendait à être arrêté; mais on se contenta de mettre le scellé chez lui et de défendre aux receveurs de lui rien payer. Quinze jours après l'arrestation de Foucquet, nous le voyons encore désigné pour procéder, comme secrétaire du Conseil, à la liquidation de la finance des offices supprimés dans les élections et greniers à sel[1]; bien plus, dans le même mois, le Roi l'admet à son jeu à deux reprises différentes.

Cependant on avait trouvé chez Foucquet ce « projet de défense » qui fit tant de bruit, et la copie du mémoire adressé par Colbert à Mazarin contre le surintendant, copie dont une partie était de la main de Gourville. Il jugea donc prudent de quitter Paris : après avoir versé à Colbert cinq cent mille livres que celui-ci eut l'habileté de lui faire rendre, il se retira en Angoumois chez le duc de la Rochefoucauld et y vécut tranquillement, assez gaiement, pendant plus d'un an, malgré les arrêts d'assignation et de prise de corps rendus contre lui par la Chambre de justice[2]. Ses seuls déboires furent qu'on installa chez lui des garnisaires qui burent son vin, et qu'il ne put retirer de Guyenne que cent mille livres, et cent mille autres de Dauphiné, Colbert ayant mis opposition sur les payements qui devaient lui être faits.

Ces ménagements pour un homme aussi compromis que l'était Gourville, et sur lequel l'instruction du procès de Foucquet faisait peser chaque jour de nouvelles charges, ont

1. Arch. nat., E 348, 22 septembre 1661.
2. Arrêts des 2 janvier, 4, 6 et 8 mars, 22 mai et 7 juillet 1662 : mss. V^c de Colbert, vol. 228, 127 v°, 132 v°, 136, 215-216 et 294 v°.

semblé suspects à quelques historiens : on s'est demandé si Gourville n'avait pas acheté cette indulgence par des révélations contre Foucquet[1]. C'est là une accusation grave, qui, si elle n'est pas établie d'une manière irréfutable, présente du moins un grand fond de vraisemblance. Pourquoi, en effet, les arrêts de prise de corps ne furent-ils pas exécutés? On savait fort bien où était Gourville, et M. de Jonzac, gouverneur de Cognac, en écrivait à Colbert[2]. Quelle est alors cette longanimité jusqu'au moment où, les charges devenant accablantes, on se décida à lui faire son procès, après l'avoir prévenu sans doute de se réfugier en lieu sûr? Mais, d'un autre côté, Gourville témoigna toujours au surintendant disgracié le plus absolu dévouement; il donna, en diverses fois, à Mme Foucquet dans la détresse des sommes qui montèrent à plus de cent mille livres, et Foucquet, quand il le sut, lui en témoigna toute sa gratitude. Est-ce là la manière d'agir d'un traître et d'un délateur? D'ailleurs, une telle conduite était-elle dans ses habitudes? Quand il change de parti, il le fait ouvertement, mais ne trahit pas en cachette le maître qu'il sert. Et que viendrait donc faire cette lettre qu'il écrit à Colbert le 8 mai 1662, dans laquelle il demande grâce pour son honneur et sa fortune[3]? Quel besoin aurait-il eu de l'écrire, s'il s'était senti, par sa trahison, à l'abri de toute poursuite? Pourquoi Colbert l'aurait-il laissé exclure de l'amnistie de juillet 1665? — Les arguments sont d'égale valeur, et il est bien difficile de trancher la question; toutefois, nous inclinons à croire qu'il resta fidèle à Foucquet, en ne nous chargeant pas d'expliquer la cause des ménagements incontestables qu'on eut pour lui.

1. J. Lair, *Nicolas Foucquet*, t. II, p. 102-103 et 232; *Archives de la Bastille*, t. II, p. 36.
2. *Archives de la Bastille*, t. II, p. 93.
3. *Ibidem*, t. II, p. 36.

Quoi qu'il en soit, à la fin de l'été de 1662, les dépositions des traitants qu'il avait écorchés avaient été si graves, qu'il n'y eut plus moyen de ne pas lui faire son procès. Cité devant la Chambre de justice, il demanda un délai, qui lui fut refusé[1], et l'instruction fut définitivement entamée. Un arrêt du Conseil confirma la défense faite aux fermiers de lui rien payer et ordonna l'examen de ses comptes[2]; on vendit une partie de ses meubles au profit du Roi[3], et l'on envoya aux lieutenants généraux des provinces une circulaire pour les inviter à prêter main-forte au sieur de la Grange, chargé de l'arrêter[4]. Il resta d'abord bien tranquille à la Rochefoucauld, après avoir fait, incognito, dans le courant de juin, un voyage à Paris. Mais, au mois de mars suivant, 1663, averti par ses amis de la mauvaise tournure que prennent ses affaires, il se décide à fuir à l'étranger, quitte secrètement la Rochefoucauld, et va se réfugier en Bourgogne, dont le grand Condé est gouverneur, et où par conséquent il se sent plus en sûreté.

Pendant ce temps son procès s'instruisait. Le 5 avril, la Chambre de justice, après avoir repoussé une nouvelle demande de délai basée sur une prétendue indisposition[5], entendit le rapport du conseiller Fayet sur le cas de Gourville[6].

1. Mss. Vᶜ de Colbert, vol. 229, fol. 22 vº.
2. Arch. nat., E 359 ᶜ, 16 novembre, nº 29.
3. Mss. Vᶜ de Colbert, vol. 229, fol. 50 vº.
4. Cabinet des titres, vol. 1378, dossier bleu GOURVILLE, 18 novembre 1662.
5. Mss. Vᶜ de Colbert, vol. 229, fol. 167, et *Archives de la Bastille*, t. II, p. 125.
6. Dans l'*Avis* de l'édition de 1782 de nos Mémoires, il y a un extrait d'un réquisitoire qui, selon l'éditeur, fut imprimé à l'époque. Nous n'avons pas retrouvé cet imprimé, et le journal du procès de Foucquet ne le donne pas. L'éditeur de la collection Petitot a reproduit le passage donné en 1782.

Elle eut d'abord à statuer sur sa charge de secrétaire du Conseil : on pouvait ou la déclarer supprimée, ou la confisquer au profit du Roi. Le rapporteur soutint cette seconde thèse, et la Chambre se rangea à son avis[1]. Puis, le 7 avril, à la presque unanimité des juges, elle rendit un arrêt condamnant Jean Hérauld de Gourville, conseiller d'État et secrétaire du conseil d'État, direction et finances, convaincu de péculat et de concussion, à être pendu et étranglé, « si pris et appréhendé pouvait être, » sinon, à être « effigié à un tableau qui serait attaché à une potence, laquelle serait à cette fin plantée dans la cour du Palais. » Elle déclara en outre tous ses biens confisqués[2].

Deux jours après, Gourville, venu secrètement de Dijon à Paris pour régler quelques affaires, apprit, en arrivant au milieu de la nuit, qu'il était condamné à mort et que son portrait se balançait à la potence dans la cour du Mai. Moins hardi que Pomenars, qui s'alla voir pendre en effigie[3], il envoya un valet du duc de la Rochefoucauld pour décrocher le portrait, et put constater, comme il le dit lui-même, que le peintre « ne s'était pas beaucoup attaché à la ressemblance. » Deux jours plus tard, il reprenait la route de Bourgogne, gagnait la Franche-Comté et l'Alsace, s'embarquait

---

1. Mss. V^c de Colbert, vol. 229, fol. 171-174. — L'*Avis* de l'édition de 1782 donne une partie d'une « Instruction » de M. Hotman, procureur général de la Chambre, tendant à ce que la charge de Gourville fût supprimée, et ajoute que cette instruction fut imprimée. Le compte rendu du procès n'en parle pas. Les créanciers de Gourville s'opposèrent à la suppression de sa charge, sous prétexte que leurs créances leur donnaient hypothèque sur sa valeur (Bibl. nat., F^m 7518, 15307 in-fol., et 26783 in-4°).

2. Mss. V^c de Colbert, vol. 229, fol. 174-178, et ci-après, t. II, appendice VII.

3. *Lettres de Mme de Sévigné*, t. II, p. 411.

sur le Rhin, le remontait jusqu'en Hollande, séjournait quelques jours à la Haye, et arrivait enfin à Bruxelles. Son exil devait durer cinq ans.

Gourville ne s'établit pas tout d'abord dans la capitale des Pays-Bas espagnols : ses amis, et l'on comptait parmi eux le grand Condé, MM. de Lionne et de la Rochefoucauld, espéraient obtenir sa grâce. Aussi lui conseillèrent-ils de ne point ajouter à ce qu'on pouvait lui reprocher le grief de s'être réfugié auprès des ennemis héréditaires de sa patrie. Il jugea donc prudent d'aller faire un tour en Angleterre en attendant que le procès de M. Foucquet fût terminé. Nous n'avons rien à ajouter au récit qu'il fait de son séjour de six semaines dans ce pays[1].

De retour sur le continent, il s'installa à Bruxelles, dans un hôtel où il mangeait à table d'hôte. L'hiver se passa pour lui assez agréablement : reçu dans la meilleure société de la ville, en relations intimes avec les Français réfugiés, il était également bien vu des Espagnols et des Flamands. Au printemps de 1664, jugeant que son exil n'était pas près de finir, il quitta son auberge, et loua, « près de la cour, » moyennant mille livres par an, une maison « fort commode et raisonnablement grande, » avec un joli jardin. Il fit venir de Paris des meubles et sa vaisselle d'argent ; car, malgré la saisie de ses biens, la plus grande partie de son mobilier avait été transportée chez M. du Plessis-Guénegaud et chez le duc de la Rochefoucauld[2]. Il acheta aussi un carrosse à MM. de la Frette, et monta son écurie.

1. Ci-après, p. 209-214.
2. Le 27 mars 1662, M. de Baussan avait fait un rapport à la Chambre de justice sur ce que Gourville avait fait transporter ses meubles chez ces deux personnes : la Chambre ordonna des perquisitions, mais avec le plus de retenue possible (*Archives de la Bastille*, t. II, p. 26). Le 3 octobre suivant, la Chambre accorda

Ici, une question se pose. Comment Gourville pouvait-il subvenir à ces dépenses, et non seulement mener un tel train de vie, mais encore prêter de l'argent à ceux qui lui en demandaient, comme il fit à la marquise de Caracène, femme du gouverneur des Pays-Bas, ou à Mme de Saint-Loup, par l'entremise de M. de la Nogerette[1]? Ses biens étaient sous séquestre, car ses créanciers avaient mis opposition à leur vente, et l'on y avait nommé un curateur[2]. Des maisons qu'il avait rue Montmartre, sous le nom d'une femme, avaient été données par celle-ci, avant sa mort, à l'Hôpital général, sur le conseil de dévots qui lui avaient persuadé que, sans cela, elle n'irait pas en paradis[3]. Les traitants dont il avait les billets ou qui lui devaient de l'argent ne le payaient pas. Pendant son séjour à la Rochefoucauld, il avait dépensé en achats de terres, en remboursements de créances et en prêts d'argent tous les fonds qu'il avait emportés de Paris ou qu'il avait pu recevoir de Guyenne et de Dauphiné[4]. Quelles étaient donc ses ressources?

Il y avait d'abord les dix mille livres de rente que rapportait la terre de Cahuzac, achetée au duc de la Rochefoucauld dans le courant de 1662[5], et les gains que le jeu pouvait lui procurer; mais ce n'était pas suffisant.

une gratification à un bourgeois qui avait dénoncé un enlèvement de meubles chez Gourville, et, le 17 novembre, elle ordonna la vente du mobilier de sa maison de Fontainebleau (mss. V^c de Colbert, vol. 229, fol. 24 v° et 50 v°).

1. Prêt de trois mille livres, le 30 mars 1667 (inventaire après décès de Gourville).
2. Mss. V^c de Colbert, vol. 229, fol. 169 et suivants, et 184 v°, et *Avis* de l'édition de 1782, p. xiii-xiv.
3. Dépôt des affaires étrangères, vol. *Hanovre* 88, lettre de Gourville à M. de Lionne, du 26 avril 1668.
4. Ci-après, p. 195 et 199-200.
5. Ci-après, p. 199.

INTRODUCTION. xxiij

Les assignations du duc Mazarin sur les tailles de Guyenne étaient restées pour la plupart entre ses mains, et Colbert, dans une lettre mentionnée ci-dessus[1], les évaluait à de « prodigieuses sommes de deniers; » mais c'est là une affirmation qui semble hasardée, car il ne fut jamais plus question de ces sommes par la suite. Restaient les profits qu'il avait faits tant au jeu que dans les opérations plus ou moins licites exposées ci-dessus. Nous croyons que ce furent là ses principales ressources. Pendant sa prospérité, il avait dû employer ces sommes en rentes constituées sur l'hôtel de ville, en prêts hypothécaires, en valeurs mobilières quelconques, qui, mises sous d'autres noms, pouvaient échapper à la saisie, et dont les arrérages lui parvenaient à Bruxelles par l'intermédiaire de banquiers juifs, et probablement de ce Ruy Gomez Diaz d'Anvers dont nous aurons occasion de parler dans la suite[2].

Quoi qu'il en soit, l'argent ne lui manqua point pendant les premières années, pas plus d'ailleurs que la considération. « Jamais homme hors de son pays, dit-il, ne s'est trouvé dans la considération où j'étois à Bruxelles[3]; » il aurait pu ajouter : et à la Haye. Il s'était rendu pour la première fois en Hollande, sur la prière du duc de Zell, dans le courant de 1664; mais ce n'est qu'en 1665 qu'il fut présenté au prince d'Orange. Celui-ci l'admit à son jeu et ne tarda pas à se mettre avec lui sur un pied de familiarité et de réelle confiance : il faut lire dans les Mémoires et dans

1. Page xiv.
2. Dans une lettre du 19 mars 1668 (Affaires étrangères, vol. *Hollande* 87), Gourville parle de vingt mille écus qu'il a dans la Compagnie hollandaise des Indes, et de huit ou dix mille livres de diamants qu'il possède; voyez ci-après, p. xxv.
3. Ci-après, t. II, ch. xxii.

les lettres de Gourville les récits de ces conversations où se montrent, à peine dissimulés, le caractère et la politique naissante du futur Guillaume III.

Plusieurs années se passèrent en séjours alternatifs à Bruxelles, à Anvers ou à la Haye. L'édit de juillet 1665 était venu, portant amnistie pour les officiers comptables de tous les abus et malversations par eux commis dans le maniement des finances; mais Gourville en avait été nominativement excepté[1]. Son exil semblait donc devoir se prolonger indéfiniment, et cependant cette situation ne l'empêchait pas d'être en fort bons termes, non seulement avec les Français qui venaient aux Pays-Bas, mais aussi avec les ambassadeurs de Louis XIV qui traversaient Bruxelles, comme le comte d'Estrades et comme Courtin. Il accompagna même ce dernier aux conférences de Breda (1667). Peu après, le duc Georges-Guillaume de Brunswick-Zell, qu'il avait connu à Bruxelles, l'invita à venir dans ses États. Cette ouverture fut pour Gourville un trait de lumière : il pensa que, s'il pouvait servir auprès des princes de Brunswick la politique de Louis XIV, cela lui vaudrait sans doute son pardon et sa rentrée en France. Dans ses Mémoires, il prétend que les premières insinuations vinrent de M. de Lionne, qui lui fit demander par Condé d'user de son influence sur le duc de Zell pour l'amener à conclure une alliance avec la France; les correspondances que nous avons retrouvées au Dépôt des affaires étrangères[2] établissent que ce fut lui-même qui offrit son concours, par l'intermédiaire de Monsieur le Prince et de Guitaud. Il reçut en effet une mission officielle; mais, ses pouvoirs étant arrivés trop tard, il ne put réussir, et le

---

1. *Lettres de Colbert,* t. II, p. 759.
2. Vol. *Hanovre* 1 : ci-après, t. II, appendice VIII.

prince de Waldeck, ministre du duc, en profita pour faire signer aux deux frères, le duc de Zell et l'évêque d'Osnabrück, un traité avec la Hollande[1]. Gourville n'avait pourtant rien négligé. « J'ai ici, écrit-il d'Amsterdam le 19 mars, vingt mille écus dans la Compagnie des Indes. J'en prends à cet instant une lettre de crédit pour Hambourg. J'ai huit ou dix mille livres en diamants. Si, avec tout cela, je puis faire quelque chose, l'affaire ne m'échappera pas ; et, si je le donne, je veux être le plus infâme scélérat qu'il y ait au monde s'il me reste rien dont je puisse disposer, que trois cents ducats... Si, n'ayant plus rien à donner, les princes veulent recevoir l'engagement de ma vie pour quelque chose, je l'engagerai comme le reste. Je vous prie, pour ma consolation, que je sache si S. M. est satisfaite de mes bonnes intentions[2]. » Cette « consolation » ne lui fut pas refusée : le 23 mars, le ministre répondit que le Roi était « extrêmement satisfait de lui[3]. »

D'ailleurs, ce plénipotentiaire agréé d'occasion malgré son procès « fait et parfait à Paris » avait entamé avec le duc Jean-Frédéric de Hanovre une négociation d'une autre espèce. Le prince, quoique d'une « taille qui n'y était guère propre, » désirait se marier et épouser une Française. Il en parla à Gourville, qui s'empressa d'avertir M. de Lionne. Celui-ci répondit en proposant, de la part du Roi, la princesse Bénédicte de Bavière, établie en France avec sa mère depuis plusieurs années et sœur de Madame la Duchesse. Malheureusement, elle était un peu contrefaite ; cela arrêtait

---

1. Affaires étrangères, vol. *Hanovre* 1, lettres de M. de Lionne, 16, 23 et 30 mars 1668, et lettre de Gourville, du 30 mars ; vol. *Hollande* 87, lettres de Gourville, 15, 18 et 19 mars.
2. Affaires étrangères, vol. *Hollande* 87.
3. Ibidem, vol. *Hanovre* 1.

le prétendant. Aussi l'affaire traîna-t-elle en longueur, et c'est seulement le 25 octobre 1668 que le mariage fut conclu par procuration[1].

Durant cet intervalle, Gourville avait quitté l'Allemagne et était revenu en Hollande (avril 1668), puis à Bruxelles (mai), dans un état d'esprit qui étonne chez un homme de sa trempe : il était tourmenté d'un désir ardent de revoir sa patrie. Il écrit à plusieurs reprises à M. de Lionne pour le supplier de lui obtenir l'autorisation de venir à Paris, et en même temps pour se disculper d'avoir volé au Roi des sommes importantes. Lui qui, cinq ans plus tôt, lors de son procès, avait si gaillardement fait enlever son effigie exposée dans la cour du Palais, se met à argumenter sur des chiffres contre Colbert. Et comme M. de Lionne lui fait savoir que le Roi « ne s'est expliqué de rien » sur sa demande, et laisse entendre que « l'affaire n'est pas encore assez mûre, » Gourville est pris de découragement. Il hésite ; il ne sait plus que faire. Doit-il rester à Bruxelles, malgré la guerre imminente, ou bien aller s'établir ailleurs ? Mais, pour la même raison, la Hollande lui est fermée ; la crainte du mal de mer et la difficulté d'apprendre la langue l'éloignent de l'Angleterre ; la cour des princes de Brunswick ne le tente pas. Reste l'Italie, et il songe à vendre le peu qu'il possède à Bruxelles « pour s'en aller acheter une charge à Rome qui lui donne de quoi vivre le reste de ses jours ; » il pourra y rendre quelque service au Roi, ou du moins « être un homme commode pour les nouveaux ambassadeurs qui y viendront[2]. » De quoi vivre, voilà la cause de ses soucis, car sa bourse va être à sec.

1. Affaires étrangères, vol. *Hanovre* 1, *passim*.
2. Ci-après, t. II, appendice VII, lettres des 26 avril et 17 mai 1668.

Presque tout l'été se passa dans cette hésitation[1]. Enfin, en août, il prend brusquement son parti, annonce à ses amis qu'il va à Cambrai pour quelques affaires, part en chaise de poste, franchit la frontière, et arrive incognito à Chantilly, où Monsieur le Prince le cache chez son capitaine des chasses. Dès le lendemain, Condé obtient de Colbert qu'il recevra Gourville; mais, le ministre ayant réclamé d'abord huit cent mille livres, puis six cent mille, et mettant à ce prix le pardon du Roi, Gourville, qui certainement n'avait pas cette somme, se décida à repartir. Il était déjà en route, lorsqu'il apprit à Liancourt la prochaine arrivée du duc Jean-Frédéric de Hanovre, qui venait voir de ses yeux la princesse qu'on lui proposait pour femme. Saisissant l'occasion, il écrivit à M. de Lionne[2] et fit représenter à Colbert que, s'étant occupé de ce mariage en Allemagne, sa présence ne serait peut-être point inutile à Paris dans une telle circonstance. En même temps, afin de ménager l'avenir, il eut l'idée d'un stratagème qui pouvait avoir un résultat avantageux pour lui. Condé, dont les affaires domestiques étaient extrêmement embarrassées, lui avait parlé des créances énormes qu'il possédait sur le trésor espagnol et dont il n'avait pu jusqu'à présent recouvrer qu'une partie ; peut-être lui avait-il proposé d'aller en Espagne. Toujours est-il que Gourville, dès le 16 septembre 1668, écrivit de Liancourt à M. de Lionne pour lui faire comprendre l'utilité qu'il y aurait à lui confier une mission en Espagne sous le prétexte de

---

1. Gourville s'occupait alors auprès de M. de Monterey d'une affaire relative à la prévôté de Binch qu'avait M. de Listenois, ce Franc-Comtois dont nous verrons bientôt les menées dans son pays en faveur de Louis XIV (Affaires étrangères, vol. *Espagne* 56, lettres des 6 et 8 juin 1668).

2. Affaires étrangères, vol. *Hanovre* 1, fol. 532.

régler la créance de Monsieur le Prince[1]. Lionne, très bien disposé pour Gourville, accepta cette combinaison et la proposa au Conseil. Turenne l'appuya ; mais, Colbert ayant fait remarquer qu'une mission quasi officielle ferait perdre au Roi six cent mille livres, on ne prit pas de décision. Cependant la présence de Gourville à Paris fut tolérée.

Il en profita, à la demande du prince, pour mettre un peu d'ordre dans les affaires de la maison de Condé[2], alors dans le plus pitoyable état par suite des emprunts, du séquestre et de la mauvaise administration qui avaient été les conséquences de la guerre civile. La première chose à faire lui sembla être de recouvrer les sommes dues à Condé par l'Espagne, sommes qui s'élevaient à près de deux millions. Son voyage fut donc décidé, et, le 13 novembre 1669, il quittait Paris avec une suite digne de l' « ambassadeur du Sérénissime prince de Condé. »

Il avait d'ailleurs un autre dessein : pris à cette époque d'une belle passion pour la diplomatie et pour la politique internationale, il s'était mis en tête de faire réussir une idée que méditaient certains hommes d'État, tant en France qu'en Espagne, pour mettre fin aux guerres perpétuelles entre les deux peuples. C'est ce qu'on appelait, dans le langage courant, l'échange des Pays-Bas[3]. L'Espagne aurait cédé à la France les Pays-Bas espagnols, la France donnant en échange le Roussillon, la Navarre, la partie française de l'Alsace et une somme de seize millions ; de plus, Marie-

---

[1]. Affaires étrangères, vol. *Espagne* 56.
[2]. On trouvera plus loin le chapitre sur « Gourville dans la maison de Condé. »
[3]. Affaires étrangères, vol. *Espagne* 56, lettres des 3 et 17 octobre 1668, et lettre sans date, fol. 137. Dès le 8 septembre, Gourville parle à M. de Lionne d'un mémoire qu'il veut lui présenter sur le « dessein des Pays-Bas » (vol. *Hanovre* 1).

Thérèse de France, fille de Louis XIV, née le 2 janvier 1667, aurait épousé le jeune Charles II. Tout en allant en Espagne pour le service de Monsieur le Prince, Gourville comptait bien travailler aussi à réaliser ce projet, ou du moins il espérait rendre de tels services que le Roi fût forcé, pour ainsi dire, de lui accorder sa grâce. Il s'en était ouvert à M. de Lionne, qui, ne pouvant lui donner de mission officielle, ne vit aucun inconvénient à user de ses services.

Nous avons raconté ailleurs[1], en détail, les péripéties du séjour de Gourville en Espagne ; lui-même en a donné dans ses Mémoires un récit circonstancié et véridique[2] ; de plus, on trouvera dans notre appendice IX les fragments les plus importants de sa correspondance avec Condé et avec M. de Lionne. Ici, nous nous contenterons d'exposer le résultat qu'il obtint grâce à sa persévérance et à sa ténacité, résultat que tous ceux qui connaissaient l'Espagne et les Espagnols déclarèrent merveilleux. « On peut dire, sans flatter Gourville, » écrivait l'ambassadeur de France, M. de Bonsy, « qu'il étoit seul capable de faire ce miracle que de tirer cent mille écus comptant[3]. » C'est en effet ce qu'il rapportait, tant en espèces qu'en lettres de change sur Anvers. Il avait obtenu de plus l'autorisation de faire couper pour deux cent mille écus de bois dans la forêt de Nieppe, l'engagement à Monsieur le Prince du domaine de Charolais, enfin une rente sur les salines de Franche-Comté jusqu'à extinction de la dette. Quant à l'affaire de l'échange, elle n'avait guère avancé : on en parlait en Espagne comme en France, mais vaguement ; personne n'osait prendre l'initiative de faire une proposition d'une telle gravité, d'autant plus que les

---

1. *Revue des Questions historiques*, juillet 1892.
2. Ci-après, t. II, ch. xiv.
3. Affaires étrangères, vol. *Espagne* 59, fol. 153.

hommes d'État des deux pays n'étaient point tous d'accord pour approuver ce projet. A un certain moment, cependant, vers le mois de mai 1670, Gourville avait cru possible de procurer un éclatant succès à la diplomatie française. Des accidents répétés qui semblaient mettre en danger la vie du jeune Charles II lui inspirèrent l'idée de placer sur le trône d'Espagne le duc d'Anjou, second fils de Louis XIV, qui devait mourir prématurément un an plus tard. Il réussit à amener à cette idée un certain nombre de grands d'Espagne, si bien que Louis XIV, hostile d'abord à ce projet, s'y rallia tout à coup, et se préparait à intervenir rapidement en cas d'événement, lorsque le rétablissement inespéré du jeune roi vint mettre à néant toutes ces belles espérances[1].

De retour à Paris, le 4 octobre 1670, Gourville ne tarda pas à en repartir pour aller à Bruxelles s'entendre avec le gouverneur, comte de Monterey, au sujet de l'exécution de ce qui lui avait été accordé à Madrid. Il obtint un commencement de satisfaction; mais, selon la coutume espagnole, l'affaire traîna si bien que, dix ans plus tard, elle n'était pas encore terminée[2].

Rentré en France à la suite de sa mission en Espagne, Gourville se trouvait dans une situation assez singulière. Son procès n'avait point été revisé, et il n'avait pas obtenu de lettres d'abolition : il était donc toujours condamné à mort par contumace, et le moins qui pouvait lui arriver, c'était d'être incarcéré. Cette situation l'inquiétait : dès le mois d'avril 1670, il écrivit de Madrid à M. de Lionne pour le supplier, « à quelque rencontre que vous serez tous trois de bonne humeur, » de s'entendre avec M. Le Tellier pour

1. Affaires étrangères, vol. *Espagne* 58.
2. Chantilly, correspondance, lettre du 25 juin 1681 ; et ci-après, t. II, ch. xv.

parler de ses affaires à Colbert et le tirer de l'état incertain où se trouvait sa fortune[1]. Colbert, en effet, tenait surtout à faire restituer au Roi une partie des sommes qu'il prétendait avoir été indûment reçues par Gourville. Il s'était rabattu à trois cent mille livres; Gourville en avait offert deux cent mille. Le ministre avait refusé, et avait songé à mettre en commission la charge de secrétaire du Conseil que possédait encore Gourville[2] : il lui aurait fait perdre ainsi la totalité du prix qu'elle lui avait coûté. Cette idée ne fut pas exécutée, et l'intéressé put, en 1674, céder sa charge à Jean-Antoine Ranchin, seigneur de Saint-Martin-des-Cours[3]; mais il n'en tira que quatre cent cinquante mille livres, tandis qu'il l'avait payée neuf cent mille. Dans l'intervalle, le Roi, à l'occasion du séjour qu'il fit à Chantilly en avril 1671, lui accorda des lettres d'abolition[4]. Ces lettres, quoique conçues dans le sens le plus large, ne suspendaient pas l'action que la Chambre des comptes pouvait exercer contre Gourville; nous verrons que cette circonstance fut, par la suite, une source de nombreux ennuis.

Les affaires de la maison de Condé occupèrent presque exclusivement Gourville durant les années 1671 et 1672. Pendant la campagne des Brouettes, il fut question de le renvoyer vers les princes de Brunswick; mais on y renonça bientôt[5]. Il avait en effet conservé avec eux des relations fréquentes, et, à la même époque, il s'occupait, comme pro-

1. Affaires étrangères, vol. *Espagne* 58, fol. 222.
2. Chantilly, reg. de la corresp. d'Espagne, 30 janvier 1670.
3. *Archives de la Bastille*, t. III, p. 100, lettre de Gourville au Roi, et p. 177, lettre de M. de Forbin-Janson à M. de Nointel.
4. Ci-après, t. II, appendice VII.
5. *Voyages faits en divers temps en Espagne, en Portugal, en Allemagne, en France et ailleurs*, par M. M***, Amsterdam, 1669, p. 198-200. Cet ouvrage est le récit des divers voyages faits par

cureur du duc de Zell, d'obtenir des lettres de naturalité pour sa fille Sophie-Dorothée[1]. Gourville n'assista pas à la campagne de 1672; mais, le grand Condé ayant été blessé au passage du Rhin, il partit aussitôt pour aller le soigner à Arnheim, où on l'avait porté. Pendant ce séjour en Belgique, il eut l'habileté de profiter du mécontentement du comte de Marcin pour le décider à quitter le service d'Espagne. Des négociations s'ouvrirent secrètement à cet effet avec Louvois et Colbert, et Gourville obtint pour Marcin un don de quarante mille écus, la restitution de ceux de ses biens qui avaient été saisis, et la compagnie des gendarmes de la garde pour son fils, qui devait devenir, trente ans plus tard, maréchal de France et ambassadeur en Espagne[2]. Entre temps, il s'était fait donner par Monsieur le Prince la capitainerie de Saint-Maur, avec l'intention de restaurer le château et d'embellir le parc. On verra dans les Mémoires les difficultés qu'il eut à ce propos avec Mme de la Fayette, et les conséquences qui en résultèrent.

L'année suivante, Louvois, qui préparait déjà la conquête définitive de la Franche-Comté, envoya Gourville en Bourgogne sous prétexte de régler quelques affaires intéressant Monsieur le Prince. Il était chargé, ainsi que M. de Vaubrun, de s'entendre avec M. de Listenois et les autres mécontents de la province pour en préparer l'annexion. Cette mission ne fut pas longue : Gourville ne séjourna à Auxonne, où se nouaient les intrigues, que du 1er au 11 mars; dès

Gourville; il a été rédigé par un apothicaire nommé Martin qui l'accompagna presque partout : voyez la *Revue des Questions historiques*, juillet 1892.

1. Comte Horric de Beaucaire, *Une mésalliance dans la maison de Brunswick*, p. 271-273.

2. Ci-après, t. II, ch. XVI; Dépôt de la guerre, vol. 302, n° 55, vol. 304, n°s 32 et 117, et vol. 360, n°s 218 et 281.

le 7, il écrivait à Louvois que les choses n'étaient pas assez mûres, et que, d'ailleurs, M. de Listenois était un brouillon avec lequel on ne pouvait prendre d'engagement assuré[1].

Au commencement de septembre, il rejoignit à Lille l'armée du prince de Condé, qui opérait dans les Pays-Bas espagnols[2]; il emmenait avec lui l'auteur de l'*Art poétique*, qui revint au bout de quelques jours[3]. Pendant cette campagne, Gourville servit d'intermédiaire entre Louvois et les deux princes de Condé; c'était par lui que passaient les nouvelles, les demandes des princes, les ordres du Roi et les instructions du ministre[4]. Lorsque la cour vint à Saint-Quentin, au commencement d'octobre, Gourville s'y rendit pour parler à M. de Louvois et prendre l'air du bureau[5]. Malheureusement, il tomba malade à l'armée, d'abord d'une violente diarrhée, et ensuite d'une fièvre double-tierce qui le retint tout le mois d'octobre[6]. Il revint avec les princes, au commencement de novembre, lorsque le maréchal de Bellefont fut venu les remplacer à la tête des troupes[7].

Gourville remplit le même rôle auprès du grand Condé pendant la campagne de 1674; il était en correspondance constante avec Louvois et pourvoyait à beaucoup de détails

1. Dépôt de la guerre, vol. 302, nos 55 et 186, vol. 321, fol. 31, 58, 191 et 281, et vol. 345, nos 4, 25, 49 et 147; lettre de M. de Bonsy, du 6 mars : Chantilly, correspondance de 1673.
2. Gourville à Condé, 4 septembre : Chantilly, correspondance.
3. *Lettres de Mme de Sévigné*, t. III, p. 262. L'armée de Condé, disait Boileau, sera bonne quand elle sera majeure.
4. Dépôt de la guerre, vol. 307, nos 249 à 251, vol. 312, nos 233, 266 et 270, vol. 313, no 33, et vol. 317, fol. 190; nos Mémoires, ci-après, t. II, ch. xvi.
5. Chantilly, correspondance : lettres de Monsieur le Duc à Gourville, 30 septembre et 2 octobre.
6. Dépôt de la guerre, vol. 307, no 431, et vol. 312, no 291.
7. Ibidem, vol. 308, no 38, et vol. 313, no 33; *Lettres de Mme de Sévigné*, t. III, p. 277.

dont le prince ne pouvait s'occuper[1]. Il assista à la bataille de Seneffe, mais de loin ; car, ayant reçu dans sa culotte une balle perdue, il se dit qu'on se moquerait de lui s'il lui arrivait quelque chose, et jugea prudent de se mettre à l'abri d'une grange. On lui confia néanmoins la garde des prisonniers, et, après le combat, Condé le chargea de porter à Paris les drapeaux et étendards pris aux ennemis, et d'emmener avec lui les prisonniers de marque[2].

Le début de l'année 1675 fut marqué pour Gourville par la solution d'un procès qu'il avait engagé contre Gaspard de Fieubet, conseiller au Parlement et chancelier de la reine Marie-Thérèse. Le père de Fieubet, ancien trésorier de l'Épargne, avait obtenu que la liquidation de trente-six mille livres d'augmentations de gages qui lui avaient été imposées serait réglée à cent soixante-deux mille livres, et, au mois d'août 1661, Gourville en avait expédié les quittances de finance. Il venait prétendre maintenant que Fieubet père avait reçu les quittances, mais n'avait point versé l'argent, et il réclamait ce remboursement au fils. Celui-ci refusait, arguant de ce qu'il avait les quittances entre les mains, et, au contraire, il demandait quatre-vingt mille livres, montant d'un billet signé par Gourville. Sur ce dernier point, le Châtelet s'était déjà prononcé, le 23 mai 1663, contre Gourville; mais les parties décidèrent de s'en rapporter à un arbitrage. Gourville choisit le duc de la Rochefoucauld, Fieubet M. de Langlade; Olivier d'Ormesson devait les départager. Le jugement fut prononcé le 15 avril 1674, et Gourville condamné. Pour l'autre affaire,

---

1. Dépôt de la guerre, vol. 372, n°s 207 et 247; vol. 399, n° 156, et vol. 400, n° 3.
2. Ci-après, t. II, ch. xvi; Dépôt de la guerre, vol. 381, n° 162, vol. 400, n° 68 (ci-après, t. II, appendice X), et vol. 401, n° 72.

INTRODUCTION. xxxv

celle des cent soixante-deux mille livres, les deux parties convinrent encore de s'en rapporter à l'arbitrage d'Olivier d'Ormesson, et publièrent chacune des factums. L'arbitre rendit son jugement le 27 mars 1675, et donna encore gain de cause à Fieubet. Gourville en appela au Conseil et adressa au Roi une supplique demandant l'annulation des deux sentences arbitrales. L'affaire vint au Conseil, le 8 mai 1675, et l'arrêt fut encore défavorable à Gourville, condamné aux dépens[1].

Pendant la campagne de cette année 1675, il n'accompagna pas Condé à l'armée de Flandre, non plus qu'à celle d'Allemagne, lorsque la mort de Turenne eut fait appeler le prince sur le Rhin. En septembre 1676, le prince de Marcillac l'emmena en Angoumois pour s'aider de ses conseils et de son expérience dans la gestion de ses vastes domaines; selon l'expression pittoresque de Mme de Sévigné, qui peint l'influence extraordinaire et féconde de Gourville sur tout ce dont il s'occupait, il le « promena comme un fleuve par toutes ses terres pour y apporter la graisse et la fertilité[2]. » Cette bonne entente avec la famille de la Rochefoucauld faillit être troublée, peu de temps après, par Mme de la Fayette. Expulsée de Saint-Maur par Gourville[3], qui, semble-t-il,

---

1. Bibl. nat., Factums, F^m 7516 à 7521 et 12237, et recueil Thoisy, vol. 71, fol. 181, 217 et 219; Arch. nat., E 1779, fol. 413. La quittance de Fieubet pour quatre-vingt-cinq mille cent livres, datée du 25 mars 1676, fut trouvée dans les papiers de Gourville après sa mort.

2. *Lettres*, t. V, p. 52 et 90.

3. C'est sans doute vers 1678 qu'eut lieu cette expulsion amiable. Gourville dit formellement dans ses Mémoires (ch. xvi) que ce fut avant la mort de l'auteur des *Maximes*, avec qui Mme de la Fayette chercha à le brouiller par vengeance. D'un autre côté, l'acte de donation fait par Condé à Gourville par-devant notaire, dont nous parlerons plus loin, est du 15 juillet 1680, c'est-à-dire

n'avait pas pour elle une grande sympathie, sans doute à cause de l'influence qu'elle avait prise sur le vieux duc, elle promit bien de se venger. L'occasion ne tarda guère. M. de Louvois désirait depuis longtemps marier sa fille au duc de la Rocheguyon, petit-fils de M. de la Rochefoucauld. Gourville, qui jugeait cette alliance avantageuse pour le jeune duc, poussait le ministre à faire quelques démarches, et Louvois le chargea certainement des premières ouvertures. La proposition ne pouvait qu'être agréée. Mais Mme de la Fayette, aidée de Langlade, qui s'était brouillé aussi avec Gourville, persuada au vieux duc qu'il ne fallait pas charger celui-ci de négocier cette affaire, qu'il avait sans doute à cette union quelque intérêt personnel, et que mieux serait de traiter sans intermédiaire. Du moins, c'est ce que la discrétion rétrospective de Gourville permet de supposer de plus vraisemblable sur la « mortification » qui lui fut donnée. Il fut en effet écarté, les conventions arrêtées sans qu'il y prît part, et le mariage eut lieu le 23 novembre 1679.

M. de la Rochefoucauld ne tarda pas à reconnaître qu'il avait eu tort de ne pas confier à l'habileté de Gourville le règlement des conditions du mariage. Il ne se gêna point pour le dire, et on le sut dans le public avec tant de certitude, que, à sa mort, arrivée quatre mois plus tard (17 mars 1680), le bruit courut qu'il avait laissé un « écrit » dans lequel il exprimait ses regrets d'avoir refusé l'intermédiaire de Gourville en cette occasion, parce qu'il y avait été trompé[1]. Dès qu'il se sentit atteint de la maladie dont il mourut, il appela son ancien valet de chambre auprès

---

postérieur à la mort du duc. Mais cet acte avait un effet rétroactif depuis le 25 juin 1678 : il semble donc que ce soit vers cette époque que le congé fut signifié.

1. *Lettres de Mme de Sévigné*, t. VI, p. 328 et 475.

de lui, et celui-ci s'empressa d'accourir et de lui prodiguer les soins les plus dévoués, « couronnant ainsi tous ses fidèles services[1]. » Auprès du lit du mourant, il avait retrouvé son ennemi Langlade, avec lequel il eut une dispute assez vive au sujet du traitement que devait suivre le malade[2].

Les descendants de l'auteur des *Maximes* surent réparer l'injure gratuite faite par leur père à Gourville et lui témoigner d'une manière éclatante la confiance absolue qu'ils avaient en lui : ils le chargèrent de faire entre eux le partage de l'héritage du duc[3], et lui donnèrent même une grande preuve d'estime, si, comme on le croit, il épousa secrètement l'aînée des trois demoiselles de la Rochefoucauld[4].

L'enchaînement des faits que nous venons de raconter nous a fait négliger quelque peu la suite chronologique des événements. Tout en continuant de bâtir et de planter à Saint-Maur, Gourville n'abandonnait point les affaires étrangères. Il continuait à prôner l'échange des Pays-Bas, et, en 1677, il rédigea encore un long mémoire pour établir que l'Espagne n'avait pas intérêt à conserver une possession dont la seule utilité était de servir de rempart à la Hollande contre la France. Mlle Jollivet, une modiste française qui avait rendu de grands services à Gourville pendant son séjour en Espagne[5], étant venue à Paris à cette époque, il lui remit son mémoire pour le faire passer aux ministres

1. *Lettres de Mme de Sévigné*, t. VI, p. 328.
2. *Ibidem*, p. 310. Pendant la maladie du duc, Gourville donna à plusieurs reprises des nouvelles à Condé et à Louvois (Chantilly, correspondance de 1680 ; Dépôt de la guerre, vol. 639, fol. 230 et 259).
3. *Journal de Dangeau*, t. I, p. 161.
4. On verra plus loin les raisons qui nous portent à croire à la réalité de cette union.
5. *Revue des Questions historiques*, juillet 1892.

espagnols[1] : ce qui n'eut d'ailleurs aucun résultat. L'année suivante, Louis XIV, voulant entretenir les princes de Brunswick dans leurs bonnes dispositions, chargea Gourville d'écrire dans ce sens à la duchesse de Zell, la Française Éléonore d'Olbreuze[2].

Les travaux de Saint-Maur étaient alors sa principale occupation. Dès l'été de 1678, débarrassé de l'ingérence de Mme de la Fayette, il avait commencé l'embellissement du château et des jardins. En 1680, désirant avoir la certitude de jouir de son ouvrage jusqu'à sa mort, il demanda au grand Condé et à son fils de vouloir bien passer avec lui, par-devant notaire, un contrat de cession viagère du domaine à son profit. L'acte fut conclu le 15 juillet 1680; nous avons pu le retrouver dans le minutier du successeur du notaire Lange, et on le lira dans notre appendice XI. Dans ses Mémoires, Gourville raconte tous les embellissements qu'il apporta au château et au parc. L'établissement de bassins et d'eaux jaillissantes en fut la partie la plus importante : à l'imitation de Louis XIV à Marly, il établit sur la Marne des moulins pour envoyer l'eau dans ses réservoirs; mais cela lui attira des difficultés avec les possesseurs de moulins sur la rivière; il dut même acheter celui du pont de Saint-Maur, pour dix mille livres, à la présidente Barrillon. Il réussit du moins à faire de ce domaine un séjour enchanteur, où mainte fois les princes vinrent le visiter, et que la bonne compagnie fréquenta longtemps[3].

1. Chantilly, carton d'Espagne.
2. Comte Horric de Beaucaire, *Une mésalliance dans la maison de Brunswick*, p. 221.
3. Ci-après, ch. XVI; il y a aux Archives nationales un très beau plan daté de 1703 et coté N^{III} Seine 203, avec vues perspectives, et, de plus, on trouvera différents documents dans le carton Q¹ 1084; enfin les archives de Chantilly, correspondance, comptes,

INTRODUCTION. xxxix

Il était au milieu de ces travaux, lorsque, en octobre 1680, M. de Croissy, qui avait remplacé Pomponne comme secrétaire d'État des affaires étrangères, proposa au Roi d'envoyer Gourville vers les princes de Brunswick, et notamment au duc de Hanovre, évêque d'Osnabrück, pour solliciter leur alliance. Il s'agissait de traiter avec eux sur le pied d'un subside annuel destiné à l'entretien d'un corps de troupes permanent. Des instructions furent même rédigées dans ce dessein[1]; mais un voyage que le duc fit alors à Venise et une fièvre tierce qui retint Gourville à Chantilly[2] firent remettre cette mission à une époque plus éloignée. En février 1681, il reçut de nouvelles instructions : le principal objet était de détacher le duc de Zell et le duc de Hanovre, son frère, de l'alliance hollandaise, et d'empêcher d'abord qu'ils se rendissent à une entrevue que le prince d'Orange leur avait proposée. Elle devait avoir lieu au château d'Humelen, maison de chasse que Guillaume d'Orange possédait au comté de Lingen, dans le nord de l'évêché de Münster. Gourville a raconté très longuement sa mission dans ses Mémoires. Mais, ce qu'il ne dit pas, c'est que, ayant cru pouvoir pousser à fond la question du traité et ayant présenté au duc un projet fort avantageux pour le Hanovre, il se vit désavoué par Louis XIV. Dans une lettre sévère, le Roi lui enjoignit de suspendre des négociations préjudiciables à ses intérêts et de tâcher de reprendre son mémoire. Gourville, mortifié, essaya de se dis-

et carton spécial de Saint-Maur, fournissent des renseignements très nombreux et très intéressants. Les revenus du domaine s'élevaient à 4,475 livres année moyenne, et les gages et charges montaient à 2,232 livres (compte de 1697).

1. Ci-après, appendice XII.
2. *Voyages faits en divers temps*, etc., p. 200.

culper[1], et quitta le Hanovre quelques semaines plus tard, sans avoir réussi dans sa mission. Il semble d'ailleurs qu'il fut joué par les princes, qui devaient négocier sous main avec le prince d'Orange[2].

Ce fut pendant son séjour à Wiesbaden que Gourville eut avec le duc Ernest-Auguste de Hanovre ces entretiens politiques et religieux que, dans ses *Mémoires*, il a placés par erreur au milieu de sa mission de 1688, mais qui sont en réalité de 1681[3].

Les relations amicales que Gourville entretenait avec les princes de Brunswick, l'estime et la faveur que lui témoigna en toute occasion Guillaume d'Orange, pourraient faire supposer qu'il appartenait à la religion protestante. Une lettre de Corbinelli au président de Moulceau, du 22 mai 1682[4],

---

1. Affaires étrangères, vol. *Hanovre* 17, lettres des 24 avril, 1er et 5 mai 1681.

2. Ibidem, lettre du marquis d'Arcy, 2 juin. Sur cette mission, il faut voir ce volume du fonds *Hanovre,* dont on trouvera des extraits dans notre appendice XII, ainsi que le livre de M. le comte Horric de Beaucaire, *Une mésalliance dans la maison de Brunswick,* p. 115 et suivantes, et, pour les détails très circonstanciés du voyage, les *Voyages faits en divers temps en Espagne, en Allemagne,* etc. (1699), p. 200-276.

3. *Mémoires,* ch. XIX. — Une lettre de Gourville, du 7 avril 1681 (Dépôt des affaires étrangères, vol. *Hanovre* 17, fol. 361), en parle formellement. D'ailleurs Gourville, dans son récit, donne treize ou quatorze ans à Sophie-Charlotte, fille du duc : comme elle était née en 1668, elle avait en effet treize ans en 1681; en 1688, elle eût été mariée depuis quatre ans. — C'est sans doute aussi pendant cette même mission de 1681 que Gourville conclut avec le duc de Mecklembourg (on disait alors : Meckelbourg) une convention par laquelle celui-ci s'engageait à livrer la ville de Deinsen aux Danois alliés de la France, convention qu'il n'exécuta pas : ce qui le fit arrêter par ordre du Roi en 1684 (*Journal de Dangeau,* t. I, p. 29).

4. *Lettres de M*me *de Sévigné,* t. VII, p. 186.

laisse dans le doute ce point important, par les termes vagues qui y sont employés : « Que dites-vous de la conversion de Gourville? Monsieur de Tournai[1] me l'offrit l'autre jour comme une nouvelle importante à tous les serviteurs de Dieu. » Pour Corbinelli, conversion veut-il dire abjuration, changement de religion, ou simplement retour à Dieu et aux pratiques plus ou moins abandonnées du culte catholique? C'est, croyons-nous, à ce dernier sens qu'il faut s'en tenir. Tout d'abord, l'acte baptistaire de Gourville que nous avons retrouvé aux archives communales de la Rochefoucauld[2] constate qu'il a été baptisé à l'église catholique[3]. Il est vrai qu'il comptait des protestants dans sa famille[4]; mais, s'il avait lui-même appartenu jamais à cette religion, n'eût-il pas fait quelque part allusion à sa conversion au catholicisme? Or, ni dans ses Mémoires, ni dans sa correspondance, on ne trouve aucun passage qui puisse faire croire qu'il ait jamais professé la religion prétendue réformée. Dès 1642, il entre au service de l'abbé de la Rochefoucauld, à qui son caractère ecclésiastique aurait interdit l'emploi d'un domestique hérétique; en 1652, au plus fort de la guerre de Paris, il protège, lors de la prise de Saint-Denis par les troupes de Condé, le monastère

1. Gilbert de Choiseul, ancien évêque de Cominges, un habitué de Saint-Maur.
2. Ci-après, t. II, appendice I.
3. On pourrait objecter à cela que, le sacrement de baptême étant admis par les deux religions, les protestants ne faisaient point de difficulté de faire baptiser leurs enfants à l'église catholique lorsqu'il n'y avait point de ministre dans la localité qu'ils habitaient; mais, pour Gourville, cet argument n'a pas de valeur, puisque la Rochefoucauld possédait un prêche, un ministre et de nombreux protestants (ci-après, ch. xx).
4. A. de Boislisle, *Correspondance des contrôleurs généraux*, t. II, n° 290.

des Visitandines contre les excès des soldats; nous le voyons, en 1657, faire maigre à la table de Mme de Saint-Loup et demander des messes pour M. de Langlade[1]; en 1668, à bout de ressources aux Pays-Bas, il conçoit le projet d'aller acheter quelque charge à Rome, pensant pouvoir rendre service à ses compatriotes[2] : eût-il eu cette pensée, s'il avait été protestant? En 1681, lorsqu'il engage le duc de Hanovre à se faire catholique[3], il ne donne pas comme argument son exemple personnel. En 1686, après la révocation de l'édit de Nantes, il parle souvent, dans ses lettres à Monsieur le Prince, des conversions de protestants qui s'accomplissent à Paris, sans aucune allusion, nulle part, à ce qu'il eût jamais partagé leurs erreurs. Tout à la fin de sa vie, il compose une sorte d'oraison[4], dans laquelle il remercie Dieu de ses bienfaits, sans rien dire de la grâce de s'être converti à la véritable religion. Tous ces indices nous semblent témoigner que Gourville était catholique et que la conversion dont parle Corbinelli ne fut qu'un retour aux pratiques religieuses. Dans les vingt dernières années de sa vie, il devint très pieux; mais cette dévotion n'excluait pas chez lui tout sens politique : s'il ne réprouvait pas absolument la révocation de l'édit de Nantes, il aurait voulu du moins qu'on employât pour la conversion des protestants d'autres moyens que les dragonnades et l'expulsion. Ces idées de tolérance, il ne les appliquait pas d'ailleurs seulement à la France, et il avait donné de bons conseils en ce sens aux rois Charles II et Jacques II d'Angleterre[5].

1. Ci-après, p. 132 et 134.
2. Ci-dessus, p. xxvj.
3. Ch. xix de nos Mémoires.
4. Archives de Chantilly; nous devons la connaissance de cette pièce à M. G. Macon.
5. *Mémoires du chevalier Temple*, p. 79.

Malgré les lettres d'abolition qu'il avait obtenues en 1671, Gourville n'était point absolument tranquille sur les conséquences de sa condamnation de 1663. En effet, la Chambre des comptes, arrêtée dans les poursuites qu'elle pouvait faire contre lui, s'était tournée du côté des sous-traitants, des commis et des hommes de paille de Gourville, et leur réclamait le remboursement des sommes qu'elle ne pouvait reprendre ouvertement à leur patron. Les poursuites atteignaient celui-ci indirectement, car il était tenu d'acquitter et d'indemniser ses sous-ordres, qui par conséquent avaient recours contre lui. En fait donc, les lettres d'abolition de 1671 ne servaient de rien à Gourville, puisque, pour les faits abolis par ces lettres, on parvenait à l'inquiéter. Aussi, en 1683, profitant de la bonne volonté que Colbert lui témoignait alors, il réussit à obtenir, le 16 août, un arrêt du Conseil [1] qui le déchargeait à nouveau, « en considération de la prière qui a été faite à S. M. par son cousin le prince de Condé, et des services qui ont été rendus par le suppliant, tant en Espagne qu'en Allemagne. » Malheureusement, Colbert mourut trois semaines après cet arrêt [2], avant qu'eût été remplie la formalité indispensable de l'enregistrement à la Chambre des comptes. Gourville, qui faillit remplacer Colbert comme contrôleur général [3], ne rencontra pas chez Le Peletier, successeur du grand ministre, la même bonne volonté que chez celui-ci. La Chambre des comptes éleva des difficultés, et le chancelier Le Tellier refusa de s'occuper de l'affaire, qui,

1. Archives nationales, E 1845, pièce classée par erreur au 16 août 1688; ci-après, t. II, appendice VII.
2. Le 6 septembre 1683.
3. *Relation de la cour de France*, par Ézéchiel Spanheim, p. 221 ; *Mémoires du marquis de Sourches*, t. IV, p. 216, note.

pour le moment, en resta là ; elle devait reprendre quelques années plus tard.

Vers la fin de 1686, le grand Condé, venu à Fontainebleau sur la nouvelle de la maladie de la duchesse de Bourbon, femme de son petit-fils, fut atteint, lui aussi, de la petite vérole, et avec une telle gravité, qu'on le jugea perdu dès les premiers moments. Gourville, mandé en toute hâte, fit prévenir aussitôt Monsieur le Duc et le P. de Champs, confesseur du prince, jésuite éminent qui, l'année précédente, avait réussi à ramener Condé à la pratique de la religion. Puis il s'occupa avec le malade de régler ses dernières dispositions, et couronna tant de services en refusant, malgré l'ordre formel du prince, de s'inscrire lui-même dans le testament pour un legs de cinquante mille écus[1]. Aussitôt Condé mort (10 décembre 1686), Gourville partit pour Versailles afin d'en porter la nouvelle au Roi et de lui remettre deux lettres de la part du défunt : l'une était en faveur du prince de Conti, alors en disgrâce ; l'autre suppliait Louis XIV de « faire quelque chose qui regardait Madame la Princesse[2]. »

Ce « quelque chose, » c'était sans doute de la laisser à Châteauroux, dans l'exil auquel son mari l'avait condamnée. Claire-Clémence de Maillé, en effet, n'avait jamais été aimée de Condé, malgré les preuves de dévouement qu'elle lui avait données pendant la Fronde. A la suite d'une rixe survenue dans son appartement entre un de ses pages et un de ses valets de chambre, rixe qu'on voulut faire passer comme une conséquence de la jalousie de deux rivaux entre lesquels elle aurait partagé ses faveurs, son mari l'avait envoyée à Châ-

---

1. Testament de Condé : Arch. nat., K 543, n° 4.
2. Ci-après, ch. xix; *Journal de Dangeau*, t. I, p. 429.

teauroux, du consentement du Roi, avec défense d'en jamais sortir[1]. Il semble donc que cette lettre était pour demander à Louis XIV de ne point rappeler à la cour la princesse exilée. M. Allaire, dans son ouvrage sur *La Bruyère dans la maison de Condé*[2], s'élève en termes violents contre la conduite que tint Gourville en cette circonstance. Cependant celui-ci, semble-t-il, n'avait point autre chose à faire que d'obéir aux ordres de son maître; il pouvait croire d'ailleurs la princesse coupable, et, au lieu de l'invectiver, on doit plutôt l'applaudir d'avoir eu la discrétion de garder, dans ses Mémoires, le silence le plus absolu sur ces querelles domestiques et sur ces accusations scandaleuses.

Le traité entre Louis XIV et les princes de Brunswick, quoique souhaité des deux côtés, était toujours en suspens. Au commencement de 1687, le duc de Hanovre ayant fait connaître de nouveau son désir de s'allier à la France, le Roi, qui pensait déjà à une guerre nouvelle, écouta les propositions d'une oreille plus attentive. Des négociations avaient été entamées quelque temps auparavant par M. de Rébenac[3], mais sans succès : le duc ayant fait savoir à Gourville qu'il avait l'intention de se rendre prochainement à Aix-la-Chapelle et qu'il lui serait agréable de l'y rencontrer, Louis XIV résolut de l'y envoyer. Il quitta Paris le 17 avril, muni d'instructions précises[4]. Pour cette fois, Gourville n'était pas seul : son neveu François Hérauld, conseiller au parlement de Metz, les trois demoiselles de la

---

1. *Mémoires de Saint-Simon*, éd. 1874, t. IV, p. 268; Addition au *Journal de Dangeau*, t. IV, p. 479; *Mémoires de Mademoiselle*, t. IV, p. 254-257, etc.
2. T. I, p. 489-493.
3. Affaires étrangères, vol. *Hanovre* 24, fol. 314.
4. Ibidem, fol. 6; ci-après, t. II, appendice XIII.

Rochefoucauld (il avait déjà peut-être épousé l'aînée), et leur frère l'abbé de Marcillac l'accompagnaient. La caravane passa par Soissons, Reims, Charleville, Namur et Liège, et arriva le 28 avril à Aix-la-Chapelle, où le duc de Hanovre se trouvait déjà[1]. Mais, décidément, Gourville n'était pas heureux en Allemagne : la négociation échoua encore. Gourville revint à Luxembourg, où se trouvait alors Louis XIV[2], tandis que son neveu suivait, par ordre du Roi, le duc à Hanovre, afin de continuer les pourparlers commencés[3].

A peine rentré à Saint-Maur, Gourville recevait, le 25 juin 1688, de la part de Prosper Bauyn, ancien maître de la Chambre aux deniers, un commandement d'avoir à lui payer la somme de neuf cent quatre-vingt-dix-huit mille sept cent quinze livres onze sous un denier due par lui, Gourville, audit Bauyn, pour le prêt des généralités de Bordeaux et de Montauban en 1660 et 1661. C'était la conséquence du défaut d'enregistrement de son arrêt de décharge et la suite d'une affaire entamée depuis quelque temps contre Bauyn. Celui-ci avait été « rudement attaqué » sur sa gestion de la Chambre aux deniers, et, dans le cours des recherches faites à ce propos, on avait retrouvé un état des restes des généralités de Guyenne pour 1661, d'après lequel Bauyn, alors contrôleur sous Gour-

---

1. *Voyages faits en divers temps*, etc., p. 277-285.
2. *Journal de Dangeau*, t. II, p. 45.
3. Sa mission dura de juin à août 1687 et d'octobre 1687 à janvier 1689; les vol. *Hanovre* 24 et 25 contiennent toute sa correspondance. Ses efforts furent rendus infructueux par les mesures vexatoires prises contre les protestants, sans en excepter l'agent du duc à Paris et les parents eux-mêmes d'Éléonore d'Olbreuze (Horric de Beaucaire, *Une mésalliance dans la maison de Brunswick*, p. 97-98).

ville, était redevable au Roi de la somme ci-dessus. Bauyn, qui prétendait l'avoir remise à Gourville, l'attaqua en restitution. D'ailleurs, l'intention d'envelopper celui-ci dans les poursuites dirigées contre Bauyn n'était point douteuse. Dès le 21 avril 1687, le contrôleur général avait chargé M. de la Berchère, intendant à Montauban, de vérifier les opérations faites naguère dans sa généralité par les deux traitants pour le recouvrement des restes, et il ajoutait cette phrase significative : « Les gens qui ont abusé de ces recouvrements sont fort fins et ont eu trop de temps pour couvrir leurs malversations[1]. »

Au commandement de Bauyn, Gourville s'empressa de répondre (6 juillet) par une protestation en nullité, basée sur son arrêt de décharge de 1683, et le procès commença : mémoires, factums, requêtes, commandements, arrêts provisoires, tout l'arsenal de la procédure fut mis en jeu. Enfin, au mois de septembre 1689, Pontchartrain ayant remplacé Le Peletier au contrôle général, Gourville, sûr de ses bonnes dispositions et de celles du Roi, sollicita de Louis XIV une nouvelle décharge. Le conseiller d'État Heudebert du Buisson fit un rapport favorable, et, le 14 mars 1690, le Conseil rendait un arrêt[2] confirmatif de celui de 1683, déchargeant Gourville des demandes de Bauyn et ordonnant de déduire des sommes auxquelles ce dernier avait été taxé celles qu'il réclamait à Gourville.

Ce ne fut pas encore la fin de ses tracas : d'autres sous-traitants, inquiétés aussi, se retournèrent contre lui. Il fallut un troisième arrêt du Conseil (17 novembre 1693)[3],

---

1. *Correspondance des contrôleurs généraux*, t. I, n° 398.
2. Arch. nat., E 1855.
3. Ibidem, E 622A, 17 novembre, n° 61.

et, la Chambre des comptes ayant demandé des lettres de jussion, un quatrième arrêt fut nécessaire. Gourville l'obtint le 30 janvier 1694[1], et l'enregistrement eut enfin lieu le 26 février[2]. Il y avait plus de trente années que Gourville était sous le coup des poursuites de la Chambre de justice de 1661, et il était âgé de soixante-neuf ans[3].

Cet arrêt, qui assurait le repos de son existence, semble avoir clos la période active de sa vie. Il vivra encore neuf années; mais, pendant les sept dernières, on ne le vit plus, pour ainsi dire, sortir de sa chambre. A l'époque à laquelle nous sommes parvenus, il n'exerçait plus les fonctions d'intendant de la maison de Monsieur le Prince. Habitant tour à tour son château de Saint-Maur ou le pavillon de l'hôtel de Condé devenu sa demeure ordinaire depuis longues années[4], il s'abandonnait à cette douce existence qu'il appréciait tant alors. Il s'était débarrassé peu à peu de tous les soucis de l'administration de ses biens, et avait cédé ses terres et ses domaines à divers membres de sa famille et placé une grande partie de ses fonds en rentes viagères. En 1677, il fait à l'hospice des Incurables un prêt viager de vingt-quatre mille livres, un autre de vingt-cinq mille à l'Hôtel-

---

1. Arch. nat., E 624ᴮ, 30 janvier, n° 11.
2. Ibidem, Plumitif de la Chambre des comptes, P 2699, à la date, et Mémorial P 2394, p. 105-112.
3. Sur cette affaire, voyez les ch. XVIII et XIX des Mémoires, et l'arrêt du Conseil du 14 mars 1690 (Arch. nat., E 1855), qui contient tout le détail de la procédure et dont nous donnons le dispositif dans notre appendice VII. — Nous ne savons comment il peut se faire que Dangeau (*Journal*, t. III, p. 67) parle, au 15 février 1690, de cet arrêt comme ayant été rendu la veille, tandis qu'il est en réalité du 14 *mars*.
4. Plan gravé de la paroisse Saint-Sulpice (1696) : Arch. nat., Nᴵᴵᴵ Seine 278.

INTRODUCTION. xlix

Dieu, en 1685[1]; un troisième de trente mille en 1698 à son neveu Louis Maret[2]; dès 1678, il cède au même ses maisons de la rue des Boucheries, près Saint-Germain-des-Prés, et ses terres d'Aubervilliers[3]; à son beau-frère La Mothe, en 1688, les terres et seigneuries des Barres, de Céré et de la Rivière, en Bourbonnais[4]; à son neveu François Hérauld, la nue-propriété de la terre de Gourville en Poitou[5], en 1690, puis l'usufruit en 1694[6]; en 1692, deux pièces de pré à Montignac, sur la Charente[7]; enfin, en 1698, la moitié du fief des Épinasses, en Angoumois[8].

En juin 1694, il perdit un procès de quatre cent mille livres pour des acquisitions de bois, contre un sieur Porlier, frère d'un domestique de M. de Longueville[9]. Il avait eu, en juillet 1693, « une violente attaque d'apoplexie, de laquelle on doutoit qu'il pût revenir, et, en cas qu'il revînt, si sa tête seroit aussi ferme qu'elle l'avoit été jusqu'alors[10]. »

1. Inventaire fait après son décès.
2. Ibidem.
3. Arch. nat., Y 234, fol. 148.
4. Ibidem, Y 252, fol. 302 v°. Cette donation amena par la suite différents compromis entre les La Mothe et François Hérauld de Gourville (ibidem, Y 271, fol. 316 v°, et Y 277, fol. 245).
5. Arch. nat., Y 256, fol. 352. Cette terre, sise dans l'élection de Niort, comptait deux cent soixante-treize feux.
6. Ibidem, Y 262, fol. 450.
7. Ibidem, Y 262, fol. 449 v°.
8. Ibidem, Y 275, fol. 313 v°.
9. Arch. nat., Papiers du P. Léonard, MM 825, fol. 53; plusieurs pièces relatives à cette affaire sont mentionnées dans l'inventaire de ses meubles et papiers fait après son décès. — En 1681, il avait gagné, à Elbeuf, un procès qui lui avait valu cent mille francs (Chantilly, correspondance, lettre du 28 juillet), et, en 1682, il en avait eu un autre contre Mme de Chemerault et les héritiers du traitant Tabouret (ibidem, lettres d'août).
10. *Mémoires de Sourches*, t. IV, p. 216-217.

INTRODUCTION.

Peu après, il lui arriva un autre accident, qu'il raconte lui-même dans ses Mémoires[1].

Sa santé, en effet, n'avait pas toujours été excellente, malgré son endurance singulière à la fatigue et les tours de force qu'il exécuta pendant sa jeunesse. A vingt ans, en 1646, sa famille le croit « attaqué du poumon; » la même année, il a une atteinte précoce de rhumatisme, due d'ailleurs à son imprudence. Une crise de fièvre double-tierce met sa vie en danger en 1651; en septembre 1671, nous le voyons « incommodé de la main droite[2], » et du bras en janvier et février 1677[3]; enfin, en mai 1681, il eut une première attaque de goutte[4], qui se renouvela au mois de janvier suivant[5], et se continua, avec reprises, jusqu'à cette dernière attaque de 1696, dont il resta impotent jusqu'à sa mort. A l'automne de 1673, il a la fièvre tierce[6], puis en septembre 1674[7], et enfin en novembre 1680, au moment où il allait partir pour Osnabrück[8]. Grand et bien fait dans sa jeunesse[9], la bonne chère et les loisirs de la vie de financier l'avaient rendu très gros avant quarante ans, et cette obésité, dont il plaisantait tout le premier[10], persista jusqu'à la fin.

Son apoplexie de 1693 et les suites de son accident de 1696, peut-être aussi l'effet de l'âge, avaient affaibli singu-

1. Ci-après, p. 4-5.
2. Chantilly, correspondance, lettres de Ruy Gomez Diaz (8 septembre) et du duc de Zell (22 octobre).
3. Chantilly, correspondance.
4. *Voyages faits en divers temps*, etc., p. 258-259.
5. Chantilly, correspondance.
6. Compliquée de diarrhée; Dépôt de la guerre, vol. 307, n° 431, et vol. 312, n°s 266 et 291.
7. Chantilly, correspondance.
8. *Voyages faits en divers temps*, etc., p. 200.
9. *Mémoires de Saint-Simon*, éd. 1873, t. III, p. 422.
10. Arch. nat., G7 551, lettre à Colbert, du 25 mai 1682.

lièrement son esprit si vif et si judicieux : aussi ses nombreux amis, sauf un petit nombre des plus intimes, ne tardèrent pas à oublier le chemin de sa demeure. Gourville en fut extrêmement piqué[1]. Mais peu à peu son intelligence revint, aussi entière que par le passé, et, dit Mme de Coulanges, « jamais lumière ne brilla tant avant de s'éteindre[2]. » Gourville s'était très bien rendu compte de l'affaiblissement de son esprit ; plusieurs circonstances se produisirent dans la suite, qui lui permirent de constater, à sa grande joie, qu'il était « revenu dans son naturel, » notamment la visite que lui fit, en 1697, le comte de Schülenbourg, de la part du duc de Zell, et celle de Milord Portland, l'année suivante, sur l'ordre de Guillaume III d'Angleterre[3].

Il n'avait plus alors la jouissance du château de Saint-Maur : par un acte du 4 juillet 1697[4], Monsieur le Prince l'avait donné à son fils le duc de Bourbon, pour en jouir à la mort de Gourville ; mais le jeune duc, désireux d'entrer promptement en possession, avait obtenu de celui-ci la cession immédiate du domaine, moyennant une rente viagère de six mille livres, et Gourville avait même consenti à l'abrogation de la clause de la donation de 1680 qui imposait aux Condés, en cas de reprise, le remboursement des frais effectués[5]. Son état de santé ne lui permettait plus d'ailleurs de jouir de cette belle résidence.

---

1. Ci-après, p. 4, et ch. xxi.
2. *Lettres de Mme de Sévigné*, t. X, p. 491-492.
3. Ci-après, ch. xx ; Grimblot, *Letters of William III and Louis XIV*, p. 191.
4. Arch. nat., Y 269, fol. 377, et K 565, n° 68.
5. Minutier du successeur du notaire Lange ; Arch. nat., Papiers du P. Léonard, MM 825, fol. 54 ; *Journal de Dangeau*, t. VI, p. 144 ; *Mémoires de Sourches*, t. V, p. 296. Le registre des

Une affaire d'une nature particulière agita les derniers temps de sa vie. Lors de la révocation de l'édit de Nantes, il avait obtenu du Roi le prêche de la Rochefoucauld, pour y établir un hospice de vieillards, une « charité[1]. » Il avait fait aménager et meubler ce bâtiment, y avait établi douze religieuses garde-malades et avait doté sa fondation de trois cents livres de rente, assises sur sa terre de Gourville[2]. Une maison contiguë ayant été mise en vente, il projeta de l'acheter pour augmenter son hôpital ; mais elle appartenait à un protestant, qui s'empressa de la céder à un de ses coreligionnaires, en échange de diverses terres. Gourville, furieux de se voir joué, s'adressa au Roi et obtint un arrêt du Conseil (28 avril 1702), qui annula arbitrairement la vente et substitua Gourville à l'acheteur, à charge par lui de rembourser la valeur des terres que ce dernier avait cédées en échange[3].

Depuis lors, son existence s'écoula paisiblement. Sa gaîté, qui avait disparu en même temps que la vivacité de son esprit, était revenue avec elle. « Je suis, dit-il, tout accoutumé à mes incommodités..., mais dans une gaîté au delà de tout ce que j'en ai jamais eu. Je ne souffre plus du tout de peine de ne pouvoir marcher ; enfin, je ne sais s'il y a quelqu'un qui soit plus heureux que je me trouve l'être... Mon étoile fortunée m'a si bien conduit, que je me trouve dans l'abondance... Je vois avec joie ceux qui viennent me voir, et me trouve entièrement consolé de ne pas voir les autres. Je m'amuse

---

Archives nationales coté Q¹ *1084 contient, au fol. 21, un état des meubles du château à cette époque.

1. L'acte de fondation est du 30 juillet 1685 (minutier ci-dessus désigné).
2. Arch. nat., Y 256, fol. 352.
3. Ci-après, t. II, ch. xx; Arch. nat., E 1915, fol. 398.

avec mes domestiques[1]... J'ai une grande curiosité pour les nouvelles; je suis des premiers avertis de tout ce qui se passe; j'en fais des relations pour mes amis de la province... Enfin, le jour se passe doucement. Le soir, je fais jouer à l'impériale et conseille celui qui est de mon côté. Depuis quelques années, je compte de ne pouvoir pas vivre longtemps : au commencement de chacune, je souhaite pouvoir manger des fraises; quand elles passent, j'aspire aux pêches, et cela durera autant qu'il plaira à Dieu[2]. »

C'est dans cette quiétude et cette tranquillité d'esprit qu'il s'éteignit, la nuit du 13 au 14 juin 1703, à soixante-dix-sept ans onze mois et trois jours, dans le pavillon de l'hôtel de Condé. A minuit survint une diarrhée subite, suivie, une heure après, d'une syncope que rien ne faisait prévoir; il mourut à quatre heures du matin, et fut inhumé le lendemain à l'église Saint-Sulpice, sa paroisse[3]. Par son testament,

1. Gourville avait à cette époque cinq domestiques. En 1687, il avait donné à l'un d'eux, Jean Mignot, dit Petitjean, une pension viagère de deux cents livres (Arch. nat., Y 250, fol. 465), qu'il remplaça en 1691 par une donation de deux mille livres à prendre après sa mort (ibidem, Y 258, fol. 277). Saint-Simon (*Mémoires*, éd. 1873, t. III, p. 422-423, et Addition au *Journal de Dangeau*, t. IX, p. 213) prétend que Gourville, pour engager ses domestiques à le bien soigner, leur avait déclaré qu'il ne leur laisserait rien par testament, mais que, tant qu'il vivrait, leurs gages augmenteraient chaque année d'un quart. La donation que nous venons de relater et un passage des Mémoires (ch. XXI), où Gourville dit qu'il les maintient dans leurs bonnes dispositions par « quelques bienfaits présents et l'espérance de l'avenir, » infirment le récit de Saint-Simon. Par son testament, il leur laissa à chacun cinq cents livres ou une rente viagère annuelle de cent livres.

2. Ci-après, t. II, ch. XX.

3. Acte mortuaire publié par Jal, dans son *Dictionnaire*, p. 649; Arch. nat., Papiers du P. Léonard, MM 825, fol. 53, et,

daté du 10 mars précédent[1], il faisait différents legs aux pauvres, à sa paroisse, à la charité de la Rochefoucauld, où il voulait que son cœur fût enseveli; il laissait son argenterie à son neveu de Gourville, diverses sommes d'argent à plusieurs autres parents, instituait son neveu Louis Maret légataire universel, et désignait comme exécuteur testamentaire M. de Mondion, auquel il léguait pour ses peines un diamant de trois mille livres. On pensait, dans le public, que cette succession ne serait pas fort avantageuse pour M. Maret, son oncle ayant déjà distribué presque tous ses biens fonciers à ses parents les plus proches, et une bonne partie de sa fortune mobilière consistant en rentes viagères ou en pensions qui s'éteignaient avec lui [2].

Quelque temps après sa mort, le 30 juillet 1703, à la requête de certains de ses neveux qui n'étaient pas mentionnés dans le testament, il fut procédé à un inventaire de ses meubles. Cet inventaire, dont on trouvera, dans notre appendice XV, les passages les plus importants, subsiste encore dans le minutier du successeur du notaire Lange: il fournit de curieux renseignements sur le mobilier, les tableaux et l'argenterie de Gourville, et contient une longue énumération de ses titres et papiers.

---

au fol. 54, lettre du 28 juin 1703 recueillie par le même, qui donne des détails très circonstanciés sur sa mort; *Journal de Dangeau,* t. IX, p. 213; journal manuscrit conservé au Musée britannique, publié dans l'*Annuaire-Bulletin de la Société de l'Histoire de France,* année 1868, 2ᵉ partie, p. 57. Saint-Simon se trompe (*Mémoires,* éd. 1873, t. III, p. 421) en lui donnant quatre-vingt-quatre ou cinq ans.

1. Ci-après, appendice XV.
2. *Annuaire-Bulletin de la Société de l'Histoire de France,* 1868, 2ᵉ partie, p. 57.

INTRODUCTION. lv

On a prétendu que ce fut pour Gourville que Boileau composa cette épitaphe satirique :

> Ci-gît, justement regretté,
> Un savant homme sans science,
> Un gentilhomme sans naissance,
> Un très bon homme sans bonté[1].

Les trois premiers vers sont exacts, le dernier ne l'est pas. Nous espérons avoir montré dans ces pages, et la lecture des Mémoires le fera mieux voir encore, que Gourville aimait bien ceux qu'il aimait, comme les La Rochefoucauld, les Foucquet, les Condés, comme sa famille tout entière, et qu'il donna souvent des preuves de dévouement. « Il est estimable et adorable par ce côté-là de son cœur, » a dit Mme de Sévigné[2]; on peut s'en tenir à ce témoignage.

II.

Gourville dans la maison de Condé.

Ce fut en 1651, lors de sa sortie de la citadelle du Havre, que le grand Condé commença à connaître Gourville. Celui-ci venait de rendre au prince un signalé service en essayant de le faire évader du château de Vincennes. Condé en conçut de la gratitude, et c'est ce qui, dès cette année, lui fit admettre Gourville dans son intimité et à sa

---

[1]. *Correspondance de Boileau et Brossette*, p. 461 ; *Nouveau siècle de Louis XIV*, t. IV, p. 234 ; Expilly, *Dictionnaire géographique*, v° LA ROCHEFOUCAULD. La *Correspondance de Boileau et Brossette* dit que ces vers portaient en marge, de la main de Boileau : « Cette pièce n'est bonne que pour ceux qui ont particulièrement connu celui dont elle parle. »

[2]. *Lettres*, t. VI, p. 328.

table. L'esprit vif et hardi, l'intelligence ouverte et déliée du jeune homme ne tardèrent pas à inspirer au prince de l'estime et de la confiance, et, bien qu'il fût toujours au service du duc de la Rochefoucauld, Condé l'employa dans diverses entreprises qui demandaient de l'habileté et de la hardiesse. Sur ces entrefaites, La Rochefoucauld faisant sa paix avec Mazarin, Condé offre à Gourville d'entrer à son service. Celui-ci accepte ; mais, quelques jours plus tard, Mazarin lui ayant fait une semblable proposition, il la juge plus avantageuse et écrit simplement à Condé de ne pas compter sur lui. Monsieur le Prince ne lui garda pas rancune de son manque de parole : en 1667, pendant son séjour à Bruxelles, il le chargea de s'occuper des intérêts que Monsieur le Duc avait en Pologne du chef de sa femme Anne de Bavière[1]. La mère de celle-ci, Anne de Gonzague de Clèves, était en effet sœur de la reine Louise-Marie de Gonzague, qui avait épousé en premières noces (1645) le roi Ladislas-Sigismond IV de Pologne et, en secondes noces (1649), le roi Jean-Casimir, son beau-frère. Elle était morte le 10 mai 1667, sans laisser de postérité, et sa succession, assez considérable, revint tout entière à sa famille.

L'année d'après, Gourville se sert de l'intermédiaire de Monsieur le Prince pour faire offrir à Lionne ses bons offices auprès des princes de Brunswick. Tandis qu'il se trouvait en Hanovre, Condé le pria d'aller jusqu'à Hambourg pour y attendre M. Chauveau, secrétaire de ses commandements, qui revenait de Pologne avec les pierreries de la feue reine. Aussi est-ce à Condé que Gourville s'adressa lorsque, en août de la même année, n'ayant pu obtenir l'autorisation de rentrer en France, il voulut y revenir incognito. Le

---

1. Chantilly, correspondance, vol. de 1667, fol. 170.

prince le cacha à Chantilly, chez son capitaine des chasses, et alla solliciter sa grâce de Colbert.

Les princes de Condé connaissaient donc bien Gourville, et ils avaient pu apprécier déjà sa capacité et ses talents, lorsque, au mois de mars 1669, ils l'entretinrent du mauvais état de leurs affaires et l'attachèrent à leur maison en le chargeant d'y mettre ordre, s'il le pouvait. L'immense fortune des Condés était alors dans le plus extrême désordre. La cause principale en remontait à la Fronde. Pour soutenir la guerre qu'il avait entreprise contre Mazarin, le grand Condé avait eu besoin de sommes énormes, bien supérieures à ses revenus, tout considérables qu'ils étaient. Il avait donc fallu engager certains domaines, en hypothéquer d'autres, emprunter de tous côtés et en arriver à ne pas même payer les gages des officiers de sa maison. De plus, entre 1653 et 1659, tandis que Condé était au service de l'Espagne, ses biens avaient été confisqués au profit du Roi. Pour vivre pendant ce temps et pour payer ses troupes, dont l'Espagne oubliait souvent la solde, Condé avait employé ses dernières ressources, emprunté à ses amis et à ses serviteurs, engagé même toutes ses pierreries. De ce chef, il avait sur le gouvernement espagnol une créance de quatorze cent mille écus, sur lesquels, dix ans plus tard, il n'en avait encore reçu que huit cent mille. Si l'on joint à cela la mauvaise administration des domaines et des finances pendant l'absence du maître, et même depuis son retour, on pourra juger dans quel désordre étaient ses affaires. Tous les revenus étaient mangés en avance, et cela ne pouvait se faire sans de gros intérêts payés aux prêteurs. C'est ainsi que le président Perrault, longtemps intendant de Monsieur le Prince, et qui semble avoir profité pour son compte de cette situation embarrassée, avançait à son maître les cent cinquante mille livres de pension que lui faisait le Roi, moyennant une remise de vingt-cinq mille livres, plus de seize pour cent. Condé le remplaça par un de ses secrétaires, Jacques Caillet de Chamlot, honnête homme, mais très mauvais intendant, qui s'embrouilla tellement dans ces affaires compliquées et ces continuels expédients, qu'il déclara à Monsieur le Prince ne plus savoir comment faire pour assurer la dépense journalière. Les créanciers assiégeaient l'antichambre de Condé, et le malheureux prince, impotent et obligé de s'appuyer sur deux hommes, passait au milieu de la foule le plus vite qu'il pouvait, en leur disant qu'il donnerait ordre qu'on les satisfît. Telle était la situation lorsque Monsieur le Prince pria Gourville de tenter de mettre quelque ordre dans ses affaires.

Gourville jugea que la première chose à faire était de tâcher de recouvrer les sommes énormes de la créance d'Espagne, ce qui permettrait d'acquitter une bonne partie des dettes. Son voyage en Espagne fut donc résolu. Mais il devait durer quelques mois, et il était indispensable, pendant ce temps, d'assurer le fonctionnement de la maison du prince et de calmer les créanciers. Pour ces derniers, la réputation de Gourville comme financier et l'annonce de son voyage en Espagne avaient déjà produit sur eux un effet favorable. Il prit en outre quelques arrangements provisoires, promit une année d'arrérages à ceux qui ne feraient point de saisie jusqu'à son retour, et réussit à les apaiser[1]. Pour la maison du prince, Gourville se rendit compte de la dépense indispensable d'une année et emprunta à des traitants la somme nécessaire. Tout étant ainsi réglé,

---

1. Chantilly, correspondance, lettre de Monsieur le Duc, 4 mai 1670.

il partit pour l'Espagne au commencement de novembre 1669, après avoir recommandé de le tenir au courant des affaires et de lui envoyer chaque quinzaine les états de recettes et de dépenses de la maison[1].

Nous avons raconté ailleurs[2], d'après les mémoires et correspondances conservés dans les archives des Condés au château de Chantilly, les diverses péripéties du voyage de Gourville, et nous en avons indiqué ci-dessus le résultat, dont le plus clair fut les cent mille écus comptant qu'il rapporta.

Pendant son séjour à Madrid, il avait été en correspondance réglée avec les princes pour tout ce qui regardait leurs affaires. Il rappelle à Condé les payements à effectuer et lui indique les moyens de calmer les créanciers trop pressants, en les assignant sur les ventes de bois, ou en prenant des lettres d'État pour suspendre les procédures[3]. Le nouveau fermier du domaine de Montmorency préparant « cent chicanes » et demandant trente mille écus de diminution, il écrit au prince[4] : « Il seroit bon de savoir de M. Ragueneau les contraintes dont on peut user contre le fermier de Montmorency. Je ne désespère pas que nous le mettions à la raison ; mais ces chicanes sont fâcheuses. Je

---

1. Avant de partir, il s'était occupé d'organiser la maison du roi Jean-Casimir de Pologne, qui venait de se retirer en France auprès de sa belle-sœur la princesse Palatine, après avoir abdiqué la couronne, et à qui Louis XIV avait donné l'opulente abbaye de Saint-Germain-des-Prés (Chantilly, lettre de M. Chastrier à M. Desnoyers, 23 octobre 1669).

2. *La mission de Gourville en Espagne,* dans la *Revue des Questions historiques,* livraison de juillet 1892.

3. Chantilly, registre de la correspondance d'Espagne, *passim,* notamment les lettres des 12 février et 4 mai 1670.

4. Ibidem, 9 juillet 1670.

crois que l'on le pourroit emprisonner et, s'il demande une diminution, prétendre qu'il doit payer la meilleure partie de ce qu'il doit par provision. » Il s'occupe activement aussi d'un grand procès que Condé avait alors contre le duc et la duchesse de Richelieu pour le règlement de la succession du cardinal; il suggère au prince divers expédients pour que l'affaire ne soit pas jugée avant son retour[1]. En même temps, il travaille en Espagne à faire reconnaître les droits de Monsieur le Duc sur le duché de Bari et sur la principauté de Rossano, au royaume de Naples, provenant de la succession de Bonne Sforza, femme de Sigismond Ier, roi de Pologne; mais, voyant que l'Espagne veut s'en tenir au *statu quo*, il conseille au prince de se contenter de la jouissance des revenus, qui ne lui étaient pas contestés[2].

Ce fut seulement le 4 octobre 1670 que Gourville rentra à Paris et put s'occuper d'une manière suivie du règlement des affaires des Condés.

Ces affaires étaient de deux sortes : d'une part, le payement des dettes; d'autre part, la réforme de l'administration de la maison du prince.

Nous avons pu compulser à Chantilly les registres des comptes de la maison de Condé. Malheureusement, ils ne commencent qu'en 1676, de sorte que l'ensemble des opérations de Gourville pendant les cinq premières années de sa gestion nous échappe presque entièrement ; nous ne pouvons

1. Chantilly, registre de la correspondance d'Espagne, notamment les lettres des 15 février et 5 mars 1670.
2. Voir notre article de la *Revue des Questions historiques,* et quelques pièces sur cette affaire dans notre appendice IX; un mémoire, postérieur à 1681, se trouve aux Archives nationales, K 1340, n° 9. Ce fut seulement en juin 1702 que le prince fut envoyé en possession de ces terres (*Journal de Dangeau,* t. VIII, p. 432).

les connaître que très imparfaitement par ce qu'il en dit dans ses Mémoires et par les allusions qui y sont faites dans sa correspondance avec les princes.

Son premier soin fut de dresser le bilan des sommes dues par Condé : elles montaient à plus de huit millions. D'une part, il mit les dettes incontestables et reconnues, par exemple les emprunts et les gages des officiers et domestiques; d'autre part, celles dont la nature ou le montant étaient sujets à contestation et qu'il fallait examiner de près. Sous ce chef furent rangées toutes les dettes contractées pendant la Fronde et les notes des fournisseurs de la maison des princes. Dans la première catégorie, Gourville fit régler le plus promptement possible celles qui ne montaient pas à une somme considérable, et, pour les autres, il assura le payement des arrérages. Quant aux dettes contestables, un examen attentif lui fit reconnaître que, presque toujours, elles avaient été majorées, ou qu'il n'y avait pas de preuves de la fourniture. Il en réduisit donc d'office un grand nombre, et, pour les dettes reconnues, obtint des diminutions considérables de la part des marchands et fournisseurs. Le système qu'il employa fut toujours le même : une petite somme comptant et des billets payables à diverses échéances. Il eut grand soin que, le premier terme arrivé, les billets fussent payés régulièrement; cela lui donna un grand crédit et beaucoup de facilités pour obtenir des conditions meilleures. Les saisies mises sur les domaines furent levées, et les terres de Chantilly, Montmorency et Dammartin-en-Goëlle se trouvèrent bientôt dégagées; cela permit d'en recevoir les revenus, qu'on employa en partie au payement des dettes les plus criardes.

Ce qui lui donna le plus de peine fut le règlement des fournitures faites à Bordeaux pendant la Fronde. Toutes ces obligations montaient à plus d'un million et avaient été souscrites par Lenet comme fondé de pouvoir de Monsieur le Prince. Gourville, se basant sur ce que la procuration donnée à Lenet n'avait trait qu'à l'acquisition de Brouage, parvint à faire casser différents arrêts de saisie et obtint de grandes réductions sur les principales créances [1].

Le chiffre des dettes payées par les soins de Gourville, de janvier 1671 à décembre 1675, fut certainement considérable; on peut en juger à peu près. Nous savons en effet par lui-même que le total général s'élevait à plus de huit millions; en portant au quart les réductions obtenues, il reste six millions, dont quatre millions environ furent soldés pendant ces cinq années, puisque les comptes nous apprennent que, de 1676 à 1683, époque à laquelle les dettes furent définitivement liquidées, le montant des payements faits s'éleva à un peu plus de deux millions.

Pour parvenir à acquitter ces sommes énormes, Gourville dut « faire flèche de tout bois, argent de toute espèce [2]. » Les cent mille écus qu'il rapporta d'Espagne, en novembre 1670, servirent aux payements les plus pressés; mais ce n'était qu'une goutte d'eau, et il fallait d'autres mesures pour combler le trou béant creusé dans la fortune des Condés par les guerres civiles et par la mauvaise administration. Monsieur le Prince possédait, surtout en Berry et en Bretagne, des bois considérables; Gourville en fit vendre une partie, et fit pratiquer dans ce qu'il conserva des coupes réglées sur le produit desquelles il assignait les créanciers. Il en fut de même pour celles que, selon la convention avec l'Espagne, il put faire dans la forêt de Nieppe. Il vendit, pour

---

1. Chantilly, correspondance, 1671-1675.
2. Allaire, *La Bruyère dans la maison de Condé*, t. 1, p. 104.

deux cent dix mille livres, aux Dreux la terre de Brezé. Après Seneffe, il proposa à Monsieur le Prince de demander au Roi le don d'un droit de cinq sous par muid de vin entrant dans Paris, ou un autre de deux liards pour livre sur les sucres entrant en France. Ce fut le premier que Condé obtint : ce qui lui valut annuellement une somme importante[1]. En 1682, il fit rembourser par la ville de Paris, pour six cent quarante mille livres, le capital d'un prélèvement de quarante mille francs que Monsieur le Prince prenait chaque année sur les entrées de la ville. En 1683, il emprunta cent cinquante mille livres au chevalier de Longueville, moyennant une rente de sept mille cinq cents francs. Lui-même d'ailleurs, dès 1677, avait prêté à son maître une somme de deux cent soixante mille livres, dont il fut remboursé peu à peu[2].

A ces ventes et à ces emprunts, dont nous ignorons certainement la majeure partie, Gourville joignit l'augmentation des revenus due à une administration honnête et bien entendue des domaines des princes; nous en esquisserons tout à l'heure les traits principaux : nous disons des princes, car Monsieur le Duc l'avait aussi chargé de ses affaires, et sa gestion ne fut pas moins profitable au fils qu'au père.

On comprend sans peine leur satisfaction devant un si prompt et si heureux résultat. Monsieur le Prince surtout eut un plaisir extrême à ne plus être assailli par ses créanciers chaque fois qu'il traversait son antichambre, et à voir revenir successivement les billets qu'il avait souscrits naguère. Il les brûlait de sa propre main avec une joie non dissimulée[3]. Enfin, les mesures prises par Gourville

---

[1]. Chantilly, correspondance, octobre 1674.
[2]. Chantilly, comptes.
[3]. Chantilly, correspondance, lettre du 9 juin 1674.

furent si bien entendues et leur effet si rapide, que, dès le mois d'avril 1671, Monsieur le Prince put offrir, pendant deux jours, à Louis XIV partant pour l'armée, et à toute la cour qui l'accompagna, cette hospitalité magnifique célébrée par les contemporains.

En même temps qu'il payait les dettes des princes, Gourville établissait un ordre parfait dans l'administration de leurs domaines. Avec son habileté native et son bonheur accoutumé, il mit bientôt la fortune des Condés sur un pied de prospérité où on ne l'avait pas encore vue. Sous le titre d'intendant des maison et affaires de Monseigneur le Prince, il gère absolument tout ce qui appartient à Condé et à son fils; rien n'échappe à son activité et à sa surveillance; tout le personnel lui est soumis; il est maître absolu et incontesté, non seulement à Chantilly ou à l'hôtel de la rue de Vaugirard, mais dans tous les domaines des Condés. C'est lui qui ordonne les payements, vérifie les comptes, engage les domestiques[1], choisit des filles de bonne maison pour mettre auprès des princesses. Chaque jour, il examine les feuilles de dépense de la maison. A Chantilly, il surveille les travaux d'embellissement du château et du parc, le creusement du canal. C'est à lui que s'adressent les menuisiers qui fournissent, en 1686, les lambris, les portes et les fenêtres de la galerie et de la chambre de Monsieur le Prince, les maçons et marbriers pour les pavés de marbre, les plombiers pour les eaux du parc, les

---

1. Il faut lire dans Mme de Sévigné (*Lettres,* t. II, p. 171-172 et 206, et t. VI, p. 34) l'histoire de son valet de chambre Hébert, qu'elle offre à Gourville pour l'hôtel de Condé, et que celui-ci accepte, mais qu'il met à la porte quelques années plus tard, parce que Hébert, dit la marquise, ne voulait pas lui servir d'espion.

sculpteurs, tapissiers, décorateurs pour l'ornementation intérieure des appartements. C'est avec lui que Mansart a des conférences pour l'exécution des bâtiments nouveaux. Il s'occupe des travaux à faire à l'étang de Sylvie, des plantations d'ifs, de marronniers, de platanes, de buis, de picéas, de tubéreuses de Provence; il surveille l'orangerie, les couvées de cygnes qui doivent peupler le canal et les bassins, les jeunes lévriers qu'affectionne Condé. La garde-robe des princes, l'écurie, les carrosses, les équipages de guerre, les menus plaisirs sont aussi sous sa direction. En 1672, Monsieur le Duc lui écrit d'empêcher qu'on fasse marcher ses chevaux gris de carrosse, comme on le fait toujours quand il n'est pas à Paris; en 1674, il le prie de lui conserver sa « petite maison » de la rue Saint-Thomas-du-Louvre. En l'absence des princes, Gourville ordonne des fêtes à Chantilly pour Madame la Duchesse ou les hauts personnages, ministres ou princes, qui s'y arrêtent; en 1673, il y reçoit Colbert[1]. Rien n'est soustrait à sa haute main : il rédige les baux des fermes, surveille la rentrée des revenus, nomme, change, révoque tous les officiers des domaines et de la maison; il propose aux bénéfices vacants, ordonne les réparations, les plantations, les constructions nouvelles, examine les comptes, règle les dépenses, maintient les droits de ses maîtres : aussi est-ce sur lui que le grincheux président Rose, en discussion perpétuelle avec les gens de Monsieur le Prince à propos de sa terre de Coye, voisine de Chantilly, fait tomber le poids de sa colère. S'il passe dans une des terres appartenant aux princes, comme à Clermont-en-Argonne en 1681, il y est reçu avec les plus grands honneurs, loge

1. Voir la lettre plate écrite par Condé au ministre, à cette occasion, 23 juin 1673 (*Lettres de Colbert*, t. VII, p. 362).

chez le bailli ou le procureur fiscal, et, le lendemain, passe sa journée à écouter les plaintes des habitants, à visiter le domaine et à donner les ordres nécessaires pour la réforme des abus et la bonne gestion de la propriété. Le duc de Bourbon, petit-fils du grand Condé, est d'un caractère renfermé et maussade : on le confie à Gourville pour que celui-ci le déride et lui enseigne l'usage du monde ; il reçoit le jeune prince à Saint-Maur, avec d'autres jeunes gens de la cour, le mène à l'Opéra et à la Comédie, lui donne des fêtes galantes et s'efforce de lui inculquer la politesse et les belles manières[1].

Dès qu'il n'est plus auprès des princes, soit que ceux-ci se trouvent à l'armée ou dans leurs gouvernements, soit que Gourville séjourne à Saint-Maur ou fasse quelque voyage, il a avec eux une correspondance suivie. Il les entretient de leurs affaires particulières, leur mande les nouvelles et les cancans de Paris et de la cour et leur adresse une sorte de gazette journalière, souvent chiffrée ; car il est des mieux et des premiers informés de tout ce qui se passe. Les princes lui répondent, lui donnent leurs instructions, lui parlent de leur santé, de leurs affaires, des travaux de Chantilly, des intrigues de la cour, de tout ce qui est de sa compétence, et elle est universelle[2].

---

1. Allaire, *La Bruyère dans la maison de Condé*, t. I, p. 134, 135 et 145.
2. Tous les détails qui précèdent sont pris dans l'admirable collection de la correspondance adressée aux princes entre 1671 et 1686, et conservée dans les archives de Chantilly. Il semble que ce soit à Gourville qu'on doive la conservation de cette précieuse source de renseignements : nous avons remarqué en effet que, lorsqu'il est absent de France, comme pendant son voyage d'Allemagne en 1681, ou quand il est malade, comme dans les derniers mois de 1680, il y a dans la correspondance une lacune qui

INTRODUCTION. lxvij

Gourville est l'intermédiaire de Monsieur le Prince et de Monsieur le Duc pour toutes les relations officielles et particulières, leur agent politique aussi bien que leur intendant. C'est à lui que le Roi parle lorsque quelque affaire intéresse Condé[1]. C'est à lui que s'adresse Louvois pour ce qui concerne les régiments, les gouvernements ou les possessions des princes ; voici quelques-uns des cas à propos desquels le ministre est en correspondance avec Gourville; cette énumération rapide fera connaître l'universalité de son influence et de son action : en 1673, l'assassinat à Neuchâtel d'un agent de Mme de Longueville tué par les gens de Mme de Nemours[2] ; les désordres commis à Stenay par les gardes-françaises logés dans la ville[3] ; la réponse insolente faite par le maire de Dijon, nommé par Condé, à un commissaire des guerres chargé de réprimer les désordres que les troupes commettent en Bourgogne[4] ; en 1674 et 1675, les opérations militaires, les marches, les quartiers d'hiver, les négociations en vue de la paix[5] ; en 1680, la cherté du pain à Stenay[6] ; les plaintes des maîtres de poste de Bourgogne taxés par les élus, malgré

s'étend à peu près exactement de son départ à son retour. A partir de 1687, et pour toute la période du prince Henri-Jules, la correspondance fait presque complètement défaut ; les quelques lettres qui subsistent pour 1687 et 1688 sont celles qui ont été adressées à Gourville.

1. Chantilly, correspondance, 25 avril 1673 et 19 septembre 1686.
2. Dépôt de la guerre, vol. 360, n° 237.
3. Ibidem, vol. 305, n° 140.
4. Ibidem, vol. 305, n° 263, et vol. 361, n°s 292 et 356.
5. Ibidem, vol. 307, n° 431, vol. 308, n° 38, vol. 312, n°s 266 et 291, vol. 399, n° 156, et vol. 400, n° 3 ; Chantilly, correspondance de 1674 et 1675.
6. Ibidem, vol. 637, fol. 662.

lxviij   INTRODUCTION.

l'exemption des tailles dont ils jouissent[1]; la mauvaise conduite et les absences prolongées du lieutenant-colonel et du major du régiment d'Enghien[2]; les prétentions du prince de Salm, beau-frère de Monsieur le Duc, qui veut jouir des biens qu'il possède dans l'évêché de Metz sans rendre au Roi foi et hommage[3]; en 1681, les exigences du fermier des droits levés par Monsieur le Duc sur les bois à Montmédy, qui veut taxer ceux qu'on emploie aux fortifications de cette place[4]; en 1683, l'arrestation par les gardes de Louvois de deux officiers du prince de la Roche-sur-Yon, surpris à l'affût dans les bois du ministre[5]. Lorsque, en 1674, Monsieur le Prince désire obtenir le gouvernement de la Franche-Comté nouvellement conquise, c'est Gourville qu'il envoie en ambassade pour s'assurer la bonne volonté du secrétaire d'État[6]. En 1672, quand on croit que la Hollande tout entière va être envahie par les armées victorieuses de Louis XIV et de Condé, c'est par l'intermédiaire de Gourville que les juifs d'Amsterdam font offrir au prince une somme de deux millions, s'il veut bien sauver leur quartier du pillage[7]. Plus tard, lorsque Monsieur le Duc, désireux de faire sa cour au Roi et d'obtenir les grandes entrées, songe à demander pour son fils la main de Mlle de Nantes, fille de Louis XIV et de Mme de Montespan, c'est à Gour-

---

1. Dépôt de la guerre, vol. 642, 1re partie, fol. 13.
2. Ibidem, vol. 642, 1re partie, fol. 109, et 2e partie, fol. 45, et vol. 643, 1re partie, fol. 253.
3. Ibidem, vol. 643, 1re partie, fol. 253, et vol. 658, fol. 14.
4. Ibidem, vol. 658, fol. 112.
5. Ibidem, vol. 692, fol. 249-250. — Le prince de la Roche-sur-Yon était François-Louis de Bourbon, qui devint prince de Conti en 1685, à la mort de son frère aîné.
6. Chantilly, correspondance, 23 septembre 1674.
7. Ci-après, t. II, chap. xvi.

ville qu'il confie cette délicate négociation¹. C'était lui déjà qu'il avait chargé en 1673, après la mort du roi Jean-Casimir, de demander pour le comte de Clermont, son fils cadet, qui devait mourir deux ans plus tard, l'abbaye de Saint-Germain-des-Prés, ou, à son défaut, celles de Fécamp, d'Ourscamp ou de Saint-Taurin d'Évreux².

Gourville est le procureur-né des Condés pour toutes leurs affaires. Monsieur le Prince, ou quelqu'un des siens, de ses officiers ou de ses protégés ont-ils un procès, désirent-ils une faveur, c'est Gourville qui va solliciter les juges ou les ministres, et qui, en 1677-78, leur fait savoir la protection accordée par Condé à Mme de Joyeuse, lorsque sa mère, la duchesse d'Angoulême, veut la faire interdire. A-t-on quelque grâce, quelque faveur, quelque recommandation à solliciter de Monsieur le Prince ou Monsieur le Duc, quelque contestation, quelque affaire d'intérêt avec eux, c'est à Gourville qu'il faut s'adresser. Dans le gouvernement de Bourgogne, c'est par son canal que doivent passer les receveurs, traitants, officiers de justice ou de police, fonctionnaires de tout ordre de la province, pour parvenir jusqu'à Monsieur le Duc³. Les habitants de Châteauroux ne veulent pas payer les taxes : Gourville leur fait mettre des garnisaires et propose de faire « fouetter ces canailles » afin de les rendre plus sages à l'avenir⁴.

S'il y a une mission de cérémonie à remplir, c'est Gourville qu'on envoie. Il va, de la part des Condés, annoncer au Roi, en 1672, la mort du roi Jean-Casimir⁵; en 1677,

1. Allaire, *La Bruyère*, etc., t. I, p. 133, 150-152.
2. Chantilly, correspondance, 1er et 4 janvier 1673.
3. Chantilly, correspondance, *passim*, notamment en avril 1674.
4. Ibidem, 7 janvier 1673.
5. Ibidem, décembre 1672.

celle du comte de la Marche, fils de Monsieur le Duc[1]; en 1685, le retour de Mercy, gentilhomme du prince de Conti qui l'avait suivi en Hongrie[2]. Il complimente, au nom de Monsieur le Prince, l'archevêque de Paris, que Louis XIV vient d'élever à la dignité de duc et pair[3]. Il est auprès de la duchesse de Longueville lorsqu'elle apprend la mort de son fils, tué au passage du Rhin[4]. En 1674, quand l'évêque de Strasbourg, le futur cardinal de Fürstenberg, vient à Paris, Monsieur le Duc charge Gourville de lui offrir en son nom un présent de vin du Rhin, de confitures et de « rossolis[5]. » En 1679, à l'occasion du mariage de la fille de Monsieur, Marie-Louise d'Orléans, avec le roi d'Espagne Charles II, il a avec Condé une correspondance suivie sur le cérémonial à suivre[6]. Enfin, c'est lui qui, en 1686, vient rendre compte au Roi des derniers moments du prince et lui remettre les lettres dont il l'a chargé; c'est lui qui règle sa pompe funèbre et lui fait rendre les derniers honneurs dans la sépulture de Vallery[7].

Monsieur le Prince, en mourant, avait, par son testament, donné cent cinquante mille livres pour fonder ou soutenir des œuvres de charité dans les localités qui avaient le plus souffert de la part de ses troupes pendant les guerres civiles. Gourville et le P. de Champs, confesseur du prince, étaient chargés de la répartition[8], dont l'état existe encore aux

---

1. Chantilly, registre intitulé : *Maison de Condé*, fol. 29.
2. *Journal de Dangeau*, t. I, p. 141.
3. Chantilly, correspondance.
4. *Lettres de Mme de Sévigné*, t. III, p. 118.
5. Chantilly, correspondance.
6. Arch. nat., K 1712, n° 33.
7. *Journal de Dangeau*, t. I, p. 429.
8. Testament de Condé : Arch. nat., K 543, n° 4.

INTRODUCTION. lxxj

Archives nationales[1], tandis que la correspondance qui s'y réfère est conservée aux archives du château de Chantilly. Voici comment elle fut faite : quinze mille livres à chacune des villes de Château-Porcien, Saintes et Miradoux, et aux faubourgs Sainte-Marthe de Périgueux et Saint-Séverin de Bordeaux, pour y fonder des hôpitaux ; dix mille livres dans la même intention à chacune des villes de Rethel, Sainte-Menehould et Thuin, dans le pays de Liège ; pareille somme à l'Hôtel-Dieu de Bourges, et six mille livres à chacun des hospices de Stenay et de Clermont-en-Argonne ; enfin, trois mille livres pour relever de ses ruines le prieuré de la Presle[2], près Rethel, complètement détruit pendant les guerres. Le surplus de la donation était réservé pour le cas d'une nécessité pressante.

Pour tous ces services rendus, quels furent les témoignages de reconnaissance donnés à Gourville par les Condés? On croirait qu'à cette question il soit facile de répondre : les comptes de la maison de Condé existent encore ; il devrait donc suffire d'examiner le chapitre des gages et celui des pensions et gratifications pour y trouver le nom de Gourville, avec la mention des sommes qu'il recevait chaque

---

1. Carton K 543, n°s 7, 8 et 9.
2. Ce prieuré de Bénédictines, dont il ne reste aucune trace aujourd'hui, et qu'on ne trouve mentionné sur aucune carte ni dans aucun dictionnaire topographique, était situé dans la paroisse d'Écry, aujourd'hui Asfeld. Saccagé à diverses reprises, il fut détruit de fond en comble en 1654-55. La donation de Condé ne suffit pas pour le rétablir, d'autant plus que le capital n'en dut jamais être payé, puisque, en 1697, la prieure, Louise de Ravenelle, recevait encore 150 livres par an pour les arrérages (Chantilly, comptes). M. E. Carré a publié, dans la *Revue de Champagne et de Brie,* années 1892 et 1893, une *Histoire et cartulaire de Notre-Dame et Sainte-Marguerite de la Presle.*

année pour ses soins. Or, il n'en est rien : jusqu'en 1681, Gourville ne figure dans les comptes à aucun titre. Sans doute les registres de Chantilly ne commencent qu'à 1676, et nous ignorons quels purent être les bienfaits qu'il reçut jusqu'à cette date. L'absence de son nom pour les années suivantes n'en est pas moins étonnante. En 1672, Monsieur le Prince lui avait, il est vrai, donné la jouissance de Saint-Maur; mais ce domaine était plus onéreux que productif, et la pension de douze mille livres que Condé s'engageait à lui servir n'était, en somme, que l'intérêt des deux cent quarante mille francs que Gourville devait employer aux restaurations et embellissements[1]. L'état de la maison de Condé en 1686[2] attribue bien à Gourville, comme intendant, des gages de deux mille livres; mais cette somme ne figure pas dans les comptes au chapitre des gages, ni en aucun autre. C'est seulement en 1681 que nous voyons Gourville toucher les trois quarts d'un droit de parisis levé par Monsieur le Prince sur le produit de la régie du droit de contrôle des poids en Normandie[3]. Encore ce produit n'est-il pas bien considérable; il varie chaque année, et même il a des tendances à diminuer sensiblement : s'élevant à dix mille cent vingt-cinq livres en 1681, il tombe à trois mille cinq cent vingt-quatre livres en 1694[4]. Depuis 1697 jusqu'à sa mort, la pension de six mille livres concédée à Gourville en échange de la jouissance de Saint-Maur n'est pas plus un don généreux de la part des princes, que les deux mille francs de rente

---

1. Cette pension ne figure pas dans les comptes de Chantilly, ce qui peut laisser croire qu'elle ne fut pas payée.
2. Archives nationales, Z^{1a} 522.
3. Le dernier quart est donné à Caillet de Chamlot; auparavant, le président Perrault jouissait de la totalité.
4. Chantilly, comptes.

qui lui sont servis de 1697 à 1703 pour un prêt de quarante mille livres fait à son maître[1]. Peut-être recevait-il des fournisseurs de la maison des remises et des pots-de-vin : il est impossible de le constater ; en tout cas, ce ne serait pas un effet de la reconnaissance des princes. D'autre part, on peut supposer que Gourville ait été assez désintéressé pour refuser presque tous les bienfaits de ses maîtres. La conduite qu'il tint, selon ses Mémoires, lorsque Condé mourant voulut l'inscrire sur son testament, fait croire que, s'il n'avait pas été récompensé plus tôt, c'est qu'il s'y était constamment refusé, comme il le fit encore en cette circonstance ; car il ne figure pas sur le testament du prince avec les autres officiers. Ce ne sont là, il est vrai, que des suppositions ; en l'absence de documents irréfutables, il est difficile d'expliquer avec certitude l'absence de son nom sur les états des gages, pensions et gratifications de la maison de Condé.

Si nous n'avons retrouvé que des marques bien faibles des effets matériels de la reconnaissance des princes, il n'en est pas de même dans le domaine de la confiance, de l'affection et des égards. Voici ce que lui écrit Monsieur le Duc, dès le 8 décembre 1669 : « Je vous remercie de vos truffes ; je les ai mangées à une fort jolie médianoche... Adieu ; soyez persuadé de l'estime et de l'affection que j'ai pour vous. » Gourville lui répond, le 22 janvier suivant : « Votre Altesse peut être persuadée qu'il n'y a jamais eu tant d'attachement, de respect et de tendresse que j'en ai pour elle. Si ce dernier terme est un peu trop libre, j'en demande pardon à Votre Altesse Sérénissime, et, une autre fois, je ne le mettrai plus ; mais je n'en penserai pas moins. » Monsieur le Duc lui écrit encore, le 22 mars 1670 : « J'ai bien à me plaindre de votre

---

1. Chantilly, comptes.

conduite, et je la trouve bien mauvaise de ne vous pas attirer de reproches et de ne donner aucune prise, puisque vous les prendriez pour une marque d'amitié. Il y a une heure que je songe et que je me tourne la tête pour trouver un petit endroit où je pusse vous faire une querelle d'Allemand un peu plausible; mais j'y renonce et je ne prendrai plus la même peine, car je suis rebuté de celle que j'ai prise[1]. » Dès l'été de 1668, le même Monsieur le Duc l'avait invité, lui septième, à une partie de plaisir où ne se trouvaient que le comte de Saint-Pol, le commandeur de Souvré, M. de Lionne et deux comédiennes célèbres par leur beauté et leur voix merveilleuse, Mlle Hilaire et Mlle Raymond. Bien auparavant, en 1652, Condé l'avait admis à sa table, et, dans la suite, lui et son fils allaient volontiers dîner ou souper à Saint-Maur chez l'ancien valet des La Rochefoucauld.

Cette liberté et cette intimité entre Gourville et les deux princes ne firent qu'augmenter lorsqu'il fut devenu leur intendant. Les registres de correspondance conservés à Chantilly renferment d'innombrables lettres ou billets du même style que ceux que nous venons de citer. Saint-Simon[2] a parlé de « l'autorité qu'il acquit et qu'il se conserva à l'hôtel de Condé, où il étoit plus maître que les deux princes de Condé, qui eurent en lui toute confiance. » Rien n'est plus exact. La confiance des Condés pour Gourville en toute chose était absolue, sa liberté avec eux entière. Après la bataille de Seneffe, il ne craint pas de faire sentir à Monsieur le Prince qu'il a eu tort de se mettre en colère sans raison contre des officiers généraux, et Condé vainqueur reconnaît volontiers la justesse de ces observations.

1. Chantilly, registre de la correspondance d'Espagne.
2. *Mémoires*, éd. 1873, t. III, p. 422.

Son intimité avec les princes autorise de sa part les petits présents. Quand il passe à Périgueux en 1669, il leur envoie des truffes[1]; en 1677, c'est du tabac d'Espagne qu'il offre au grand Condé[2]; plus tard, il lui adresse des figues de Saint-Maur, qu'il sait fort appréciées par le prince[3]. En échange, il reçoit fréquemment de Chantilly des envois de gibier ou de victuailles, du sanglier, des faisans, un marcassin, des lapereaux, jusqu'à du pâté et un quartier de mouton[4]. Il ne se gêne même pas, lorsqu'il a des amis à dîner, pour demander au prince une couple de faisans[5].

Pour donner d'ailleurs une juste idée de l'estime et de la reconnaissance que Condé professait pour son intendant, nous ne pouvons mieux faire que de citer le passage de son testament qui se rapporte à lui : « J'ai tant de sujet, dit-il, de me louer de la fidélité, amitié et attachement particulier que M. de Gourville a toujours eus pour moi et pour toute ma maison, que je presse mon fils et M. le duc de Bourbon d'avoir en lui toute la confiance que j'ai eue en lui, et de le servir dans toutes les occasions qui s'en pourront présenter, et même auprès du Roi, s'il est besoin, pour qu'il ait la bonté de le maintenir dans la grâce que S. M. a bien voulu m'accorder pour lui[6]. »

A partir de la mort de Condé (décembre 1686), Gourville s'occupe de moins en moins de la maison du nouveau prince, non pas que Henri-Jules ait pour lui moins de confiance et d'estime que son père, mais parce que l'âge et les infirmités

---

1. Chantilly, registre de la correspondance d'Espagne, 8 décembre.
2. Chantilly, correspondance, juillet 1677.
3. Ibidem, septembre 1686.
4. Ibidem, *passim*.
5. Ibidem, 23 novembre 1677.
6. Archives nationales, K 543, n° 4.

le forcent à abandonner le service actif. Il conserve cependant la haute main sur tout : jusqu'en 1691, tous les ordres de payement sont signés de sa main[1]; peu après, il s'occupe d'un procès que le maréchal de Luxembourg veut intenter au prince[2] et de la saisie mise sur les fermiers du Bourbonnais[3]; en janvier 1692, des réquisitions de fourrages que les intendants des vivres veulent faire pour les troupes dans le comté de Clermont-en-Argonne[4].

La même année, les officiers du Roi ayant voulu lever, dans ce même comté, la taxe imposée sur les corporations d'arts et métiers par l'édit du mois de mars 1691, le prince de Condé s'opposa formellement à cette levée sous prétexte que ces terres ne faisaient point partie de l'ancien domaine de la couronne, et les habitants refusèrent de rien payer. De là procès-verbaux, poursuites, huissiers en campagne, menaces de saisie, lettres de Gourville au contrôleur général et aux intendants de Metz et de Champagne, mémoires justificatifs, demande de sursis, visites de Gourville à Pontchartrain et aux intendants des finances Caumartin et Chamillart. Pendant ce temps, dans le pays, l'affaire s'envenimait; une collision manquait d'avoir lieu entre les sergents et gardes des forêts princières et un détachement de troupes royales qui soutenait le traitant; celles-ci pénètrent dans Stenay, arrêtent quelques bourgeois et pillent plusieurs maisons. Enfin, un nouveau sursis est accordé en juin 1693, jusqu'à ce que le Roi ait fait connaître sa décision[5].

La dernière trace que nous ayons trouvée de l'activité de Gourville pour les affaires de ses maîtres, c'est la légitima-

1. Chantilly, comptes.
2. Chantilly, correspondance, lettre sans date de jour.
3. Archives nationales, G7 552, lettre du 13 juillet.
4. Archives des Condés à Chantilly.
5. Ibidem.

tion de Mlle de Guénani. Julie, fille de Henri-Jules de Condé, duc d'Enghien, et de Françoise de Montalais, veuve du comte de Marans, était née le 21 novembre 1667; elle avait été baptisée à Saint-Eustache le 16 avril 1672, comme née de parents inconnus, François Bouchet, sieur de Mézières, chirurgien ordinaire du Roi, et sa femme étant parrain et marraine[1]. Elle avait été élevée à Maubuisson par les soins de l'abbesse, Louise-Marie-Hollandine de Bavière, tante de Madame la Duchesse[2]. On l'appelait Mlle de Guénani, anagramme du nom d'Anguien, qu'avait porté son père. En 1693, elle avait alors vingt-six ans, le prince obtint du Roi de légitimer cette fille et de lui faire prendre le nom de Châteaubriant; le conseiller Robert dressa les lettres de légitimation, et Gourville, qui s'était beaucoup entremis dans cette affaire, les porta le 31 mai au secrétaire d'État Pontchartrain pour les faire présenter au Roi[3]. Elles furent signées à Namur le 11 ou 12 juin et enregistrées au Parlement le 17 du même mois[4]. Cette fille épousa plus tard, par contrat du 5 mars 1696, Armand de Madaillan de Lesparre, marquis de Lassay, qui devint, à la suite de ce mariage, lieutenant général de Bresse et Bugey[5].

Pendant les années suivantes et jusqu'à sa mort, Gourville n'apparaît plus dans les affaires des Condés. L'attaque d'apoplexie qu'il eut en juillet 1693 et les infirmités qui ne le quittèrent plus l'en empêchaient désormais. Si, jusqu'à la fin,

1. Chantilly, registre intitulé : *Maison de Condé*, fol. 4.
2. Allaire, *La Bruyère dans la maison de Condé*, t. I, p. 87.
3. Chantilly, lettre du 1er juin 1693.
4. Archives nationales, X^{1a} 8687, fol. 404. Dangeau l'annonce le 12 juin (*Journal*, t. IV, p. 307).
5. Ibidem, Y 266, fol. 462; *Journal de Dangeau*, t. V, p. 374-375; *Mémoires de Saint-Simon*, éd. des Grands Écrivains, t. III, p. 28.

il conserve sa qualification d'intendant des maison et affaires de Monseigneur le Prince, ce n'est plus qu'un titre sans fonction, souvenir des services inappréciables qu'il a rendus à la maison de Condé.

III.

Caractère de Gourville; ses amis; sa famille.

Les chapitres qui précèdent ont fait connaître le rôle que joua Gourville dans les événements de son époque et les services qu'il rendit aux Condés pour l'administration intérieure de leur maison. Il n'est peut-être pas inutile de faire maintenant le portrait de cet habile homme, de voir ce qu'ont pensé de lui ses contemporains, de mettre en regard ses qualités et ses défauts, et d'exposer comment s'écoula son existence intime, quelles liaisons d'amitiés il forma, quelle fut enfin sa situation à la cour et à la ville, avec les ministres et avec les courtisans, les grands seigneurs et les gens de lettres.

Mme de Motteville, qui l'a connu surtout au début de sa carrière, trace ainsi son portrait : « Il étoit né pour les grandes choses, avide d'emploi, touché du plaisir de plaire et de bien faire. Il avoit beaucoup de cœur et de génie pour l'intrigue; il savoit marcher facilement par les chemins raboteux et tortus, comme par les plus droits. Il persuadoit presque toujours ce qu'il vouloit qu'on crût, et trouvoit à peu près les moyens de parvenir à tout ce qu'il entreprenoit... Il étoit hardi sur les propositions, et, selon ce qu'il lui convenoit de dire et ce que la nécessité le forçoit de faire, il se servoit également du oui comme du non[1]. » Lenet, à la même

---

[1]. *Mémoires,* t. III, p. 193-194 et 227.

époque, s'exprime de même : « C'étoit, dit-il, un beau talent, fécond en expédients, allant à ses fins par toutes voies, d'une activité brusque et infatigable[1]. »

Tous s'accordent pour reconnaître qu'il avait « merveilleusement de l'esprit, » un grand sens, de l'application, de l'ordre, de l'économie[2], qu'il était habile et fertile en expédients, hardi et entreprenant[3], très propre aux menées et aux intrigues de cour et entendant fort bien ce métier-là[4]. Charles II d'Angleterre le regardait comme le plus habile des Français[5]; le P. Léonard de Sainte-Catherine de Sienne, cet Augustin déchaussé si bien informé de tout, lui reconnaissait de grandes lumières pour les affaires d'État et comparait son génie à celui de Colbert[6], et le ministre Lionne lui écrivait : « L'on peut dire que vous êtes également capable de tous métiers et que vous n'avez jamais été plus grand homme de finances que vous vous montrez aujourd'hui bon politique[7]; » et, dans une autre occasion : « Je sais quel tour vous savez donner aux choses les plus désagréables pour n'y rencontrer rien de fâcheux et en tirer même des remerciements[8]. » Son bonheur dans ses entre-

1. *Mémoires*, p. 226.
2. *Lettres de Gui Patin*, t. II, p. 263; *Lettres de Mme de Sévigné*, t. X, p. 488; *Mémoires de Mme de Motteville*, t. III, p. 448 et 453; *Mémoires de Saint-Simon*, éd. 1873, t. III, p. 422; *Mémoires du marquis de Sourches*, t. IV, p. 216, note, et t. V, p. 296, note; Archives nationales, MM 825, fol. 54, notes du P. Léonard.
3. *Mémoires de Daniel de Cosnac*, t. I, p. 82 et 227; *Mémoires de Mme de Motteville*, t. III, p. 453.
4. *Mémoires de Saint-Simon*, t. III, p. 421; *Lettres de Gui Patin*, t. II, p. 263.
5. *Mémoires du chevalier Temple*, p. 79.
6. Archives nationales, MM 825, fol. 53-54.
7. Affaires étrangères, vol. *Hanovre* 1, fol. 477.
8. Ibidem, vol. *Hollande* 88, 15 juin 1668.

prises est proverbial; il a « une étoile fortunée, » comme il le dit lui-même; sa destinée veut qu'il ne se passe rien de considérable dans le monde sans qu'il s'y trouve[1], et, suivant l'expression emphatique du prince de Conti[2], il est à toutes choses ce que les quinolas sont au jeu de petite prime, c'est-à-dire le gage d'un succès certain pour les affaires dont il se mêle. Avec cela, il a un certain fonds d'honnêteté particulière. S'il a changé de maître et d'emploi autant de fois que son intérêt l'a voulu[3], ç'a été ouvertement, et il a eu soin de prévenir celui qu'il quittait. Tant qu'il est au service de l'homme qu'il a adopté pour maître, il lui est complètement et absolument fidèle; il quitte, il ne trahit pas; et encore ne quitte-t-il pas toujours, alors même que la chute de son patron semble prochaine et inévitable, comme il a su bien le montrer lors de la disgrâce de Foucquet.

S'il jouit volontiers de la prospérité, les revers ne l'abattent pas; il ne s'étonne de rien; il a une philosophie naturelle qui se compose d'un mélange d'indifférence et de bonhomie, et qui, selon l'expression de Sainte-Beuve[4], rappelle la philosophie du héros de Lesage. Avec un tact très sûr, il comprend qu'il aurait tort de cacher la médiocrité de sa condition première. « Il n'oublia jamais, dit Saint-Simon[5], ce qu'il avait été,... et ne se méconnut jamais, quoique mêlé à la plus illustre compagnie, » et Mme de Coulanges[6] proclame de son côté cette sincérité à reconnaître « une chose aussi estimable, » sincérité dont il se trouva toujours bien dans

---

1. *Mémoires de Cosnac*, t. I, p. 81.
2. Lettre insérée dans nos *Mémoires*, ci-après, p. 112.
3. *Mémoires de Lenet*, p. 226.
4. *Causeries du lundi*, t. V, p. 367.
5. *Mémoires*, t. III, p. 422.
6. *Lettres de Mme de Sévigné*, t. X, p. 492.

tous les pays où il passa[1]. Naturellement reconnaissant, il n'oublie jamais ce qu'il doit à La Rochefoucauld. Il est libéral et magnifique[2] ; sa conduite avec sa famille, avec Mme Foucquet, avec Guénegaud, en est une preuve édifiante. Il a une grande curiosité pour s'instruire : partout où il va, en Angleterre, aux Pays-Bas, en Allemagne, en Espagne, il s'informe du pays, des gens, des mœurs, des revenus de l'État, de la force des armées, de la politique, des fortifications; il voit tout et retient tout. Quelle prodigieuse mémoire! A soixante-dix-sept ans, il dicte sans effort ses Mémoires et se souvient des dates, des noms, des circonstances, des détails, du pourquoi et du comment, sans qu'il se glisse dans son récit autre chose que des erreurs de peu d'importance ou des omissions voulues. A ces qualités s'unit une gaîté franche, un caractère avenant et aimable, qui attirent l'amitié et les bonnes grâces de chacun. « Il m'a souvent passé par l'esprit, dit-il à la fin de ses Mémoires, que les hommes ont leurs propriétés comme les herbes, et que leur bonheur consiste d'avoir été destinés ou de s'être destinés eux-mêmes aux choses pour lesquelles ils étoient nés... J'oserois quasi croire que j'étois né avec la propriété de me faire aimer des gens à qui j'ai eu affaire, et que c'est cela proprement qui m'a fait jouer un beau rôle avec tous ceux à qui j'avois besoin de plaire. » L'exemple de Mazarin, du prince de Conti, de Colbert, de Le Tellier et de tant d'autres qu'il réussit à bien disposer en sa faveur, malgré leurs idées préconçues, est la preuve de ce don de charme et de fascination qu'il exerça si puissamment. Il avait d'ailleurs conscience de sa valeur personnelle et savait quelle influence le génie et l'habileté d'un homme peuvent

---

1. Ci-après, p. 215.
2. *Voyage d'Espagne*, p. 258.

avoir sur la direction des événements ou sur la bonne gestion des affaires particulières. « Tant vaut l'homme, tant vaut la terre, » écrivait-il en 1659 sur l'album de devises de Marie de la Tour, duchesse de la Trémoïlle[1], trahissant par là qu'il se regardait comme l'unique artisan de sa fortune.

A notre époque, Sainte-Beuve est le seul qui ait étudié à fond la singulière figure de Gourville. Est-il besoin de dire qu'il l'a fait de main de maître et que la « causerie » qu'il lui a consacrée[2] est des plus piquantes ?

« Gourville, dit-il, est quelque chose comme le Gil-Blas et le Figaro du XVIIe siècle... Gil-Blas supérieur, Figaro sans mauvais goût et sans charge, venu avant que la philosophie et la littérature s'en soient mêlées... Gourville, c'est l'homme à expédients, à moyens, à inventions ; il a de l'imagination, mais sans chimère ; rien ne l'embarrasse ; il n'est pas de ceux qui engendrent le doute ou le scrupule. S'agit-il du service de ceux à qui il s'est donné, on le trouve dévoué, fidèle, hardi et prudent, risquant et calculant à propos, s'avisant de tout : il fait jaillir les ressources des difficultés même... Il aime à s'entremettre : c'est sa vocation. Il est de ceux à qui la nature a dit, en les créant, de courir à travers le monde et d'y faire leur chemin, en étant les bienvenus de tous et en les servant, sans s'oublier eux-mêmes. » Et le grand critique, après avoir proclamé cet « excellent esprit » de Gourville, qui, « de tout temps, serait allé de pair avec les plus fins, » après avoir reconnu qu'il « tient dans son époque un coin original et distingué, » termine son étude par cette conclusion : « La race des gens d'affaires est immortelle ;

---

1. Album conservé en Hollande, au château de Bentinck (*Journal des Débats*, 1er décembre 1892).
2. *Causeries du lundi*, t. V, p. 359 et suiv.

puisse-t-il s'en trouver beaucoup qui soient aussi habiles et à la fois aussi honnêtes en définitive, aussi généreux et doués d'autant de cœur que Gourville ! »

A ce portrait élogieux, il faut bien quelques ombres, car Gourville n'est point une exception absolue dans l'espèce. Lenet nous a parlé de son activité brusque[1]; Saint-Simon renchérit en le montrant « naturellement assez brutal[2]. » Colbert, de son côté, le traitait de hâbleur[3], et lui-même s'est peint dans cette phrase d'un mémoire justificatif qu'il envoyait à M. de Lionne en septembre 1668[4] : « Je ne sais faire mes affaires que par la vérité, en l'accommodant un peu. »

Cette disposition à « accommoder » la vérité, lorsqu'il peut y avoir intérêt, est la conséquence de son manque presque absolu de sens moral : ses pirateries en matière de finance, le vol du receveur des tailles de la Rochefoucauld, la mise à rançon du traitant Burin, les deux amnisties de Bordeaux, la corruption des conseillers au Parlement, en sont des preuves. Sainte-Beuve a donc eu raison de faire ressortir combien peu Gourville avait le sentiment du bien et du mal, du juste et de l'injuste. Mais il faut reconnaître que ces accusations ne peuvent s'appliquer qu'à la première partie de son existence. Devenu, à partir de 1670, un personnage important et l'intendant des Condés, il semble avoir renoncé à ces agissements malhonnêtes qui lui avaient servi à édifier sa fortune. Il n'en a conservé qu'une indifférence et une impassibilité singulières, qui lui font raconter ces exploits de sa vie passée comme les choses les plus naturelles

---

1. Ci-dessus, p. LXXIX.
2. *Mémoires,* éd. 1873, t. III, p. 422.
3. *Lettres de Colbert,* t. I, p. 313.
4. Affaires étrangères, vol. *Espagne* 56, fol. 136.

du monde, et l'amènent à les mettre sur le même plan que les traits de dévouement et de hardiesse.

Cette hardiesse, d'ailleurs, est chez Gourville une qualité qui ne s'allie pas au courage. S'il est aventureux et entreprenant, s'il sait risquer sa tête de gaîté de cœur dans une intrigue, faire cent lieues sans débrider pour porter un message ou accompagner un de ses maîtres au milieu d'embûches de toute sorte, Gourville n'est pas brave; il n'a pas ce courage dans les batailles, cette insouciance des périls de la guerre si habituelle à ses contemporains. Il a peur des balles et des coups d'épée, mais ne cherche pas à le cacher. Dans sa bonhomie absolue, il lui répugnerait de se faire passer pour un héros; quand il a peur, il le dit. Autre anomalie : lui qui est de fer à la fatigue et aux intempéries des saisons, qui accomplit à cheval des exploits de vitesse et d'endurance que n'auraient point désavoués les Trois Mousquetaires, il redoute tellement le mal de mer, qu'il risque de se noyer pour gagner plus vite la terre ferme, et il garde un si mauvais souvenir de sa traversée du Pas-de-Calais, que cela l'empêcha toujours de retourner en Angleterre.

Gourville a encore d'autres défauts. Il est parfois impertinent, même avec les puissants comme le chancelier Le Tellier. Il est superstitieux : il croit aux sortilèges, aux philtres qui peuvent porter au mariage[1], à l'influence des comètes « qui nécessitent l'Europe de se voir embrasée[2]. » Il n'a pas le cœur tendre, et, lors de la mort tragique de Vatel, il se contente de faire charger le corps sur une charrette pour le porter à la paroisse, sans donner un mot de regret à cet homme qu'il connaissait de longue date et qu'il

---

1. Ci-après, p. 135.
2. Affaires étrangères, vol. *Hanovre* 1, lettre du 13 janvier 1668.

INTRODUCTION. lxxxv

avait retrouvé en exil[1]. Son instruction est médiocre, quoiqu'il eût été capable de faire un clerc de procureur : il reconnaît être « dans une profonde ignorance de toutes sortes d'histoires[2]; » il confond canicule et équinoxe[3]; quand il est question de le nommer contrôleur général, il craint de ne pouvoir lire au Roi en plein Conseil les rapports et les avis, et d'être obligé de les faire lire par un autre. Sans doute il sait se servir d'une carte géographique[4]; mais il accuse les eaux de Barèges d'avoir rendu impotent le duc de la Rochefoucauld[5].

M. Allaire, dans son livre sur *La Bruyère dans la maison de Condé*, porte contre Gourville des accusations qui semblent exagérées et même injustes, d'autant plus qu'à l'époque où Gourville se trouva avec La Bruyère chez les Condés, ses vices de jeunesse avaient disparu, et qu'il méritait réellement l'épithète d'honnête que lui donne alors Mme de Sévigné. Il n'est point cependant de terme injurieux dont M. Allaire ne le qualifie : fripon, fourbe, menteur, flatteur et obséquieux avec les grands, sec, dur et impérieux avec ses inférieurs[6], etc. Conformément, dit-il, à la première Maxime de La Rochefoucauld, ses vertus ne sont que des vices déguisés[7]. A en croire M. Allaire, La Bruyère a fait dans ses *Caractères* de très nombreuses allusions à Gourville, et elles sont toutes malveillantes; c'est lui qui est peint sous les noms de Troïle, de Cléon, d'Aristarque, de Philémon, sans compter les portraits anonymes. Cela nous semble aller trop

1. Ci-après, t. II, chap. xv.
2. Ci-après, p. 184.
3. Ci-après, t. II, chap. xiv.
4. Ci-après, p. 56.
5. Ci-après, chap. xiii.
6. Allaire, t. II, p. 239.
7. Ibidem, t. I, p. 104.

loin dans le domaine de l'hypothèse. Que l'austère moraliste n'eût aucune sympathie pour Gourville, étant donnée l'origine impure de sa fortune, et que celui-ci agît de même à son égard, c'est possible et même probable. Que La Bruyère ait pensé à Gourville en écrivant plusieurs de ses *Caractères*, il y a tout lieu de le croire ; mais, que tel ou tel portrait se rapporte exclusivement à lui, voilà qui ne semble pas admissible, car, dans aucun, les traits ne sont assez précis pour qu'on puisse y reconnaître sans conteste l'habile intendant des Condés. Ces termes vagues peuvent s'appliquer à bien d'autres personnages, et, à notre avis, les deux passages même auprès desquels les clefs anciennes mettent le nom de Gourville[1] ne semblent pas se rapporter à lui d'une manière assez frappante[2].

Que Gourville aimât les meubles précieux, les bijoux et les diamants[3], est-ce donc là un crime si grand ? Sans contredit, il recherche le luxe et la bonne chère. Dans son voyage d'Espagne, il emmène ses cuisiniers, il emporte sa vaisselle d'argent et même un lit, pour ne point coucher sur les grabats infects des auberges espagnoles[4]; lors de sa fuite en exil, il s'arrête deux jours à Bacharach pour manger des carpes du Rhin ; il sert à ses invités de Saint-Maur des « soupers admirables[5]; » il fait venir son chocolat d'Espagne

---

1. « Sosie de la livrée a passé par une petite recette, etc., » et « Ni les troubles, Zénobie, qui agitent votre empire, etc. » (Chap. DES BIENS DE LA FORTUNE, § 15 et 82).

2. Ajoutons que M. Allaire cite par deux fois, comme étant de Gourville, cette phrase : « Ce n'est pas ainsi qu'on prend le vent et qu'on arrive au délicieux port de la fortune. » Or, elle ne se trouve pas dans les *Mémoires*.

3. Allaire, t. II, p. 239.

4. Ci-après, appendice IX, liste de ses hardes et bagages.

5. *Lettres de Mme de Sévigné*, t. III, p. 141.

INTRODUCTION. lxxxvij

ou des Pays-Bas[1]; il achète des pendules extraordinaires[2]; par l'intermédiaire d'un gros marchand portugais d'Anvers, Don Ruy Gomez Diaz, qui est en même temps son banquier, il se procure à bon compte de vieilles tapisseries flamandes dont il orne sa demeure[3]; et, sur le conseil de cet habile homme, qui était probablement juif, il brocante sa part d'un diamant de grand prix contre une très riche tapisserie faite d'après un carton de Raphaël, que le comte d'Arundel avait engagée d'Anvers et qui devait valoir « bien de l'argent en France[4]. » Mais ce goût lui est commun avec tous ses contemporains, de même que la « folie des bâtiments » dont il se trouve atteint comme les autres, il le reconnaît lui-même, et à laquelle, suivant l'exemple du grand roi, il sacrifie si largement dans les embellissements de Saint-Maur[5].

Ce luxe et ce confort dont il s'entoure contribuent certainement, moins sans doute que son esprit, son bon sens et sa gaîté, à retenir autour de lui les nombreux amis qui fréquentent son hôtel du quai de Nesle, sa demeure de Bruxelles et, plus tard, les ombrages de Saint-Maur ou le pavillon de l'hôtel de Condé.

Parmi ces amis, il faut faire une place spéciale aux La Rochefoucauld, de qui il avait été le valet et dont il devint le confident intime, probablement même l'allié. Même après avoir quitté officiellement le service du duc, il resta très

---

1. Chantilly, correspondance, lettre de Ruy Gomez Diaz, du 6 février 1674.
2. Ci-après, p. 198.
3. Chantilly, correspondance, lettre de Ruy Gomez Diaz, du 10 décembre 1670; voir aussi d'autres lettres du même, années 1670 et 1671, *passim*, et l'inventaire fait après le décès de Gourville, appendice XV.
4. Ibidem, 26 février et 12 mars 1670.
5. Ci-après, t. II, chap. XXI.

lié avec lui et avec toute sa famille, et se chargea de gérer ses affaires jusqu'à sa mort. Non seulement il mettait au service de ses anciens maîtres toute son habileté d'homme d'affaires ; mais il leur ouvrait libéralement sa bourse. C'est jusqu'à cent cinquante mille livres, suivant les Mémoires[1], que montèrent les prêts qu'il leur fit, et jusqu'à trois cent vingt-cinq mille d'après un contrat conservé dans les Insinuations du Châtelet[2]. Toute sa vie, il conserva la déférence la plus absolue pour son ancien maître : le marquis de Sourches raconte[3] que, s'étant trouvé seul à la campagne avec l'auteur des *Maximes*, comme il n'y avait personne pour le débotter, il lui tira ses bottes, « disant qu'il se souvenoit très bien qu'il avoit été à lui. » Cette affection, toutefois, nous l'avons vu, ne s'étendait pas jusqu'à Mme de la Fayette.

Après la mort de l'auteur des *Maximes*, ses enfants, comme ceux de Condé, conservèrent à Gourville la confiance que leur père avait en lui. Ils lui donnèrent même, si,

1. Ci-après, p. 178 et 199.
2. Archives nationales, Y 254, fol. 80. Par ce contrat, du 22 novembre 1688, Gourville, « pour la considération et l'amitié particulière qu'il a pour Mlles Françoise, Marie-Catherine et Henriette de la Rochefoucauld, » leur abandonne un principal de 325,000 livres et 12,500 livres d'intérêts arriérés que lui devait le duc de la Rochefoucauld. Celui-ci, pour le payement de cette somme, lui avait cédé, par contrat du 14 novembre 1668, la terre de Cahuzac et la métairie de la Blanderie ; mais, ces biens étant substitués, Gourville fut évincé par sentence des requêtes du Palais du 5 février 1677. Le duc lui donna alors une hypothèque sur ses biens ; c'est cette hypothèque que Gourville abandonne aux demoiselles de la Rochefoucauld, et à la dernière mourante des trois, pour faire retour ensuite à leurs héritiers naturels. Le P. Léonard parle aussi de cette affaire : Archives nationales, MM 825, fol. 53.
3. *Mémoires*, t. IV, p. 216, note.

INTRODUCTION.   lxxxix

à défaut de preuves positives, l'on en croit les récits des contemporains, un témoignage d'estime bien plus considérable. Le duc qui venait de disparaître laissait trois filles : Marie-Catherine, dite Mlle de la Rochefoucauld, née en 1637 et qui devait mourir le 5 octobre 1711 ; Henriette, Mlle de Marcillac, née le 15 juillet 1638, morte seulement en 1721 ; enfin Françoise, Mlle d'Anville, née en 1641, morte la première des trois, en 1708. Ces trois sœurs, qu'on désignait sous le nom collectif de Mlles de la Rochefoucauld, habitaient ensemble un coin séparé de l'ancien hôtel de Liancourt[1], rue de Seine, venu à leur frère par son mariage avec l'héritière de la Rocheguyon. L'aînée, Marie-Catherine, « avait de l'esprit, beaucoup de mérite, de vertu et de maintien ; » elle était « la plus comptée dans sa famille et dans le monde[2]. » Lorsque Gourville mourut, en 1703, le bruit public était qu'il l'avait épousée secrètement[3]. Quelques années plus tôt, en 1693, le P. Léonard de Sainte-Catherine de Sienne se faisait déjà l'écho de cette croyance[4], et Gui Patin en parle aussi dans une de ses lettres[5]. Dangeau, bien entendu, garde sur ce point un silence discret, ainsi que l'auteur des *Mémoires du marquis de Sourches*. Mais Saint-Simon a affirmé formellement le mariage à deux reprises différentes, d'abord dans une Addition au *Journal de Dangeau*[6], puis dans ses Mémoires[7], et il donne même

---

1. *Mémoires de Saint-Simon*, éd. 1873, t. III, p. 422.
2. *Ibidem*, t. IX, p. 129.
3. Elle était très liée avec Mme de Sévigné, qui, en 1677, la comptait dans le corps des veuves, sans doute à raison de son âge (*Lettres*, t. VIII, p. 226, 281 et 346).
4. Archives nationales, MM 825, fol. 53.
5. *Lettres*, t. II, p. 263.
6. T. IX, p. 146.
7. Éd. 1873, t. III, p. 422.

des détails sur leur manière d'être. « Ce qui est prodigieux, dit-il, c'est qu'il avoit secrètement épousé une[1] des trois sœurs de M. de la Rochefoucauld; il étoit continuellement chez elle à l'hôtel de la Rochefoucauld, mais toujours, et avec elle-même, en ancien domestique de la maison. M. de la Rochefoucauld et toute sa famille le savoient, et presque tout le monde; mais, à les voir, on ne s'en seroit jamais aperçu. » A quelle époque peut-on faire remonter ce mariage secret? il serait difficile de le dire. Nous croyons cependant qu'il est postérieur à la mort du duc François VI, c'est-à-dire à 1680; peut-être est-il contemporain de cette importante donation qu'il fit aux trois sœurs en novembre 1688[2]; peut-être eut-il lieu pendant son voyage à Aix-la-Chapelle, au commencement de la même année, où l'accompagnèrent les trois demoiselles et l'abbé de Marcillac[3]. Tout ce que nous pouvons dire, c'est que le mariage semble certain[4].

1. Dans l'Addition citée plus haut, il dit : « l'aînée. »
2. Ci-dessus, p. LXXXVIII, note 2.
3. Les papiers et titres qui se trouvaient chez Gourville auraient pu peut-être fournir quelque lumière ; mais, soit qu'on ait omis, dans l'inventaire fait après son décès, les pièces probantes du mariage, soit qu'il n'y en eût pas, on n'y trouve mention que des donations de contrats de rente sur la ville, s'élevant à deux mille livres, faites à Gourville par les trois sœurs réunies, peu de temps avant sa mort, le 1er mars 1703.
4. Il n'y a pas lieu de s'arrêter à ce que dit M. Colombey (E. Laurent, bibliothécaire de la Chambre des députés), dans son espèce de roman intitulé *Ninon et sa cour* (p. 300), qui place le mariage en 1662, pendant le séjour que fit Gourville à la Rochefoucauld après la disgrâce de Foucquet. Gourville, dans ses Mémoires, rapporte en effet deux entreprises matrimoniales dirigées contre sa personne très postérieurement à cette date : d'abord, en 1674 et 1675, de la part de Mme de Saint-Loup, cette aventurière devenue la maîtresse de Langlade, après avoir été celle du duc de

En mettant à part les La Rochefoucauld, à cause de leur situation particulière, nous trouvons chez Gourville de nombreux amis qu'attiraient chez lui son esprit et sa belle humeur. Cela est vrai surtout de la dernière période de son existence, c'est-à-dire depuis 1670. Avant cette époque, il est estimé des uns et des autres; il est bien reçu dans le monde à cause de son grand jeu, mais reçoit peu chez lui, et ceux qui fréquentent sa demeure n'y sont guère attirés que par l'appât des cartes, si l'on en excepte toutefois les du Plessis-Guénegaud, le maréchal d'Humières et le financier Pellissari [1].

Mais, après son retour d'Espagne, et surtout après que Monsieur le Prince lui eut donné la jouissance du domaine de Saint-Maur, il n'en fut plus de même. Nombreux sont ceux qui fréquentent alors sa demeure hospitalière, s'assoient à sa table et prennent part aux conversations littéraires ou philosophiques dont Mme de Sévigné nous a conservé le souvenir. C'est en effet à la marquise que nous devons de connaître les principaux habitués de Saint-Maur, qu'elle-même fréquenta assidûment entre 1672 et 1680. Mme de la Fayette, alors installée au château, un peu contre le gré du véritable bénéficiaire, y attirait tout le clan féminin des Sévigné et des Coulanges. Les La Rochefoucauld et Monsieur le Duc tiennent le premier rang parmi ces con-

---

Candalle et de bien d'autres; puis, plus tard, de la part du même Langlade, qui voulait lui faire épouser sa sœur, une moricaude dont les énormes boucles d'oreille en crin rouge mirent en fuite le prétendant. Si le mariage avait été antérieur, Langlade l'eût bien su.

[1]. Il ne faut point oublier cependant que Gourville était assez compté à la cour pour prendre part au jeu du Roi et pour être invité à inscrire une devise sur l'album de la duchesse de la Trémoïlle (ci-dessus, p. LXXXII).

vives des « soupers admirables » que Gourville fait « sortir de terre avec un coup de baguette[1]. » Puis viennent les Guénegaud, Mme de Thiange, sœur de Mme de Montespan, alors en pleine faveur, et leur frère Vivonne, l'évêque de Tournai Gilbert de Choiseul, le cardinal de Retz, quand il est en France, Mme Scarron, qui commençait alors à pointer comme gouvernante des enfants du Roi et de la Montespan, Mme de Coulanges, la marquise de Langeron-Maulévrier, Isabelle de Montmorency, cette duchesse de Châtillon de la Fronde, devenue duchesse de Meckelbourg, et avec laquelle on épuisait « tout le chapitre d'Allemagne sans en excepter une seule principauté, » les ducs de Richelieu, de la Feuillade et de Vitry, Charles de Sévigné, qui réclame les bons offices de Gourville pour la vente de sa charge de sous-lieutenant des gendarmes du Dauphin, sa sœur Mme de Grignan, qui use aussi de l'habileté de Gourville pour vendre Vénéjan, Barrillon, le gourmet du Broussin, le ministre Pomponne, quand le service du « cher maître » ne le retient pas à Versailles, Briord et Guilleragues, les futurs ambassadeurs à la Haye et à Constantinople, les conseillers d'État Courtin, d'Argouges, Pomereu, Hotman, le poète Jean Racine[2], Boileau, qui lut l'*Art Poétique* dans les bosquets de Saint-Maur, Corbinelli, l'érudit auteur de l'*Histoire généalogique de la maison de Gondy*, enfin l'abbé Testu, poète sacré et profane, membre de l'Académie française, qui soutint un jour avec Mmes Scarron, de Coulanges et de Sévigné

---

1. *Mme de Sévigné*, t. III, p. 141.
2. Gourville signe à son contrat de mariage, le 30 mai 1677, avec Condé, Monsieur le Duc, Colbert, Seignelay, le premier président de Lamoignon (Vicomte de Grouchy, *Documents inédits relatifs à Jean Racine*). L'année précédente, en mars 1676, il avait emmené Racine et Boileau à Chantilly (Chantilly, correspondance).

une conversation « sur les personnes qui ont le goût au-dessus ou au-dessous de leur esprit » et qui finit par se jeter dans des « subtilités où l'on n'entendait plus rien¹. »

Une partie de cette nombreuse société semble avoir abandonné Saint-Maur, lorsque Mme de la Fayette l'eut quitté. L'élément féminin du moins paraît s'être retiré en même temps qu'elle, quoique Mmes de Sévigné et de Grignan y vinssent encore en 1685². D'autres cessèrent aussi de venir lorsque l'âge et les infirmités eurent affaibli l'esprit et le corps du maître de la maison. Un petit nombre seulement lui resta fidèle. Parmi ces amis des derniers jours, il faut citer le premier président de la Chambre des comptes Jean-Aymard Nicolay, le futur maréchal de Marcin, le maréchal de Créquy, qui était resté très reconnaissant à Gourville d'avoir obtenu du duc de Hanovre, en 1675, sa mise en liberté pour une rançon modeste, le premier président de Harlay, qui l'allait voir régulièrement toutes les semaines³, M. de Lamoignon et son frère Bâville, ce « roi » du Languedoc⁴, le peintre Charles Lebrun, à qui notre auteur fit don, en 1678, de diverses pièces de terre à Montmorency⁵, enfin Mme de Coulanges et la comtesse de Gramont, Élisabeth Hamilton, qui lui restèrent fidèles jusqu'à la fin⁶.

Outre ses amis de Paris, Gourville en avait d'autres en province et à l'étranger. Très curieux de sa nature et toujours au courant des nouvelles, il écrivait beaucoup, pour

---

1. *Lettres de Mme de Sévigné*, t. II, p. 517; t. III, p. 141, 209, 229, 315-316, 387, 400 et 402; t. V, p. 15 et 21; t. VI, p. 262 et 297; Archives de Chantilly, correspondance, *passim*.
2. *Lettres*, t. VII, p. 354.
3. Archives nationales, MM 825, fol. 53, notes du P. Léonard.
4. Ci-après, t. II, ch. XVI.
5. Archives nationales, Y 234, fol. 232.
6. *Lettres de Mme de Sévigné*, t. X, p. 488, 491-492.

savoir en retour ce qui se passait un peu partout[1]. Sans parler des princes de Condé, auxquels, dès qu'ils ne sont plus à la cour, il adresse une sorte de gazette journalière, conservée dans les archives de Chantilly, citons le cardinal Bonsy, archevêque de Toulouse, qui lui faisait des présents de vin muscat et d'huile d'olives[2] et avec lequel il avait un chiffre de correspondance, la marquise d'Huxelles[3], M. d'Hauterive, père de la duchesse de Saint-Simon, le cardinal de Fürstenberg, qui le consulte sur un bon marchand de vin de Champagne[4], et d'autres de moindre importance. A l'étranger, il est en relation avec le prince d'Arenberg, les marquis de Caracène et d'Aytona, le comte d'Ursel, le roi Guillaume III d'Angleterre, Marie Mancini, connétable Colonna, réfugiée à Bruxelles, et surtout avec la duchesse de Zell, Éléonore d'Olbreuze, et les autres princes de la maison de Brunswick[5].

Gourville n'était pas moins goûté dans le monde officiel. Louis XIV l'estimait et le traitait avec distinction[6], et, à la mort de Colbert, il n'aurait pas redouté de le prendre comme contrôleur général des finances. Gourville, d'ailleurs, avait su se concilier Mme de Montespan d'abord, et ensuite Mme de Maintenon, une ancienne tenante des réunions littéraires de Saint-Maur. Mais c'est surtout de son intimité avec les ministres qu'il fait volontiers parade. Malgré ses affirmations de n'exagérer rien à cet égard, on pourrait croire qu'il n'a pas assez respecté la vérité, si des témoignages

1. Ci-après, t. II, ch. xx.
2. Chantilly, correspondance, 20 décembre 1672.
3. Ci-après, p. 1, note 2.
4. Chantilly, correspondance, 1687.
5. Chantilly, correspondance, *passim;* comte Horric de Beaucaire, *Une mésalliance dans la maison de Brunswick.*
6. *Mémoires de Saint-Simon,* éd. 1873, t. III, p. 422.

contemporains ne venaient confirmer son dire[1]. Nous verrons dans les Mémoires que Mazarin, Foucquet, les secrétaires d'État Châteauneuf et Chavigny ne dédaignaient point ses conseils et lui témoignaient une considération qui, pour n'être pas exempte de réserves, n'en était pas moins réelle. Le surintendant surtout avait fait de Gourville son confident intime ; celui-ci sut le reconnaître par les dons généreux qu'il fit à Mme Foucquet[2] et au comte de Vaux[3].

Il n'était pas moins bien avec Hugues de Lionne. Leur liaison avait commencé à l'époque où le secrétaire d'État recevait de l'argent de Foucquet pour ses plaisirs personnels ; elle dura jusqu'à sa mort. Leur correspondance continuée pendant les missions de Gourville en Allemagne et à Madrid en est la preuve. Pomponne, successeur de Lionne, était une vieille connaissance de notre auteur, qui l'avait rencontré chez les du Plessis-Guénegaud. Quant à Colbert, ses relations avec Gourville, inaugurées pendant la lutte contre Foucquet, avaient commencé par être hostiles. Elles changèrent après 1670, et le ministre ne dédaigna pas de demander conseil à l'intendant des Condés et d'employer son habileté dans des négociations délicates[4]. Son frère Croissy n'était pas moins bien avec Gourville, qui, en août 1686, réussit à accommoder un différend entre lui et l'abbé de Lagny, voisin de terres de Croissy[5].

Mais c'est surtout chez les Le Tellier qu'on avait pour

---

1. *Mémoires de Saint-Simon*, éd. 1873, t. III, p. 422 ; papiers du P. Léonard : Archives nationales, MM 825, fol. 53.

2. Ci-après, p. 186, 193 et 200.

3. Archives nationales, Y 247, fol. 216, et Y 250, fol. 35.

4. Ci-après, t. II, ch. xv, xvi et xxi ; pour juger du caractère de leurs relations, on peut voir une lettre de Gourville à Colbert, du 25 mai 1682, aux Archives nationales, carton G[7] 551.

5. Chantilly, correspondance.

Gourville une réelle estime, quoique peu d'amitié, peut-être à cause de ses relations avec les Colbert. Louvois, qui avait commencé à le connaître pendant la campagne de 1672, n'avait pas tardé à apprécier son bon sens. Il le consultait fréquemment, lui permettait son franc-parler, et avait avec lui des conférences d'une heure ou deux, « seuls enfermés » dans son cabinet[1]. Le chancelier lui-même, reconnaissant que Louvois suivait volontiers les conseils de Gourville, usa mainte fois de son influence pour insinuer au ministre les idées qu'il croyait bonnes. Néanmoins, Le Tellier empêcha que Gourville ne remplaçât Colbert au contrôle général et lui fit préférer Le Peletier, qui, lui non plus, ne dédaigna pas de prendre les conseils de son compétiteur.

Cette intimité avec les puissants avait donné à Gourville une réelle influence, dont ses amis savaient bien user à l'occasion. M. de Bonsy, par exemple, l'ancien ambassadeur de France en Espagne, le pria, en janvier 1672, de l'aider à obtenir le cordon de l'ordre du Saint-Esprit, et, quelques mois plus tard, de le soutenir pour le cardinalat, puis de lui faire donner des bénéfices. De même, en janvier 1688, quand le cardinal de Fürstenberg postule la coadjutorerie de Cologne, il demande à Gourville ses bons offices[2]. En 1691, la duchesse de Zell, Éléonore d'Olbreuze, le prie d'intercéder en faveur d'un de ses parents protestants de Poitou frappé par la révocation de l'édit de Nantes[3], et, en 1692, la duchesse de Hanovre use de son intermédiaire[4] lors de cette rivalité de préséance avec la duchesse de Bouillon que Saint-Simon a racontée[5]. Quelques

---

1. Archives nationales, MM 825, fol. 53, papiers du P. Léonard.
2. Chantilly, correspondance.
3. Horric de Beaucaire, *Une mésalliance*, etc., p. 175.
4. *Journal de Dangeau*, t. IV, p. 13-14.
5. *Mémoires de Saint-Simon*, éd. des Grands écrivains, t. I, p. 111.

années auparavant, dans les premiers mois de 1689, une brouille terrible s'était produite entre les ducs de Gesvres et d'Estrées à l'occasion de l'enlèvement de Mlle de Vaubrun par le marquis de Béthune : toutes les tentatives pour les raccommoder avaient échoué, Monsieur le Prince lui-même n'avait pu y réussir. Gourville s'entremit et manœuvra si adroitement, qu'il les fit s'embrasser[1].

Depuis son retour en France, Gourville n'usa de son influence qu'au profit des autres. Pour lui, il ne sollicita que ses lettres d'abolition. Il eut le bon sens de ne point demander pour sa famille des places que ses neveux, semble-t-il, n'auraient point été capables de remplir. Comme il l'avait bien prévu[2], il ne manqua pas de faire « bonne part » de sa fortune à sa famille ; mais ce fut par des donations pécuniaires ou en leur procurant de petits emplois appropriés à leur naissance et à leurs talents.

Il est temps de dire quelques mots de cette famille, frères et sœurs, neveux ou nièces « qu'on ne voyoit pas, sauf un qui se produisit peu, et qui héritèrent de lui et restèrent dans l'obscurité[3]. » Quoi qu'en dise Saint-Simon, elle semble avoir été d'une condition moyenne : un de ses membres, Nicolas Hérauld, était chanoine de la collégiale de la Rochefoucauld[4] ; elle possédait quelques petits biens, notamment certain fief des Épinasses, qui vint à Gourville de son propre[5], et peut-être un lopin de terre dans la paroisse de Gourville,

---

1. *Lettres de Mme de Sévigné*, t. VIII, p. 550-556, 560-565, et IX, p. 12-13 ; *Mémoires de Sourches*, t. III, p. 74 ; *Journal de Dangeau*, t. II, p. 371 ; Allaire, *La Bruyère dans la maison de Condé*, t. II, p. 224-225.
2. Ci-après, p. 30.
3. *Mémoires de Saint-Simon*, éd. 1873, t. III, p. 422.
4. Archives de la Charente, E 201.
5. Archives nationales, Y 275, fol. 313 v°.

ce qui, sans doute, donna l'idée à Jean Hérauld de joindre ce nom au sien avant d'en avoir acheté la seigneurie.

Dans deux endroits de ses Mémoires[1], Gourville parle de sa famille avec quelque détail; son testament fournit des indications précieuses, et d'autres renseignements ont pu être découverts de divers côtés. Il avait eu sept frères et sœurs : un, sans doute, mourut jeune; mais cinq sœurs et un frère se marièrent et eurent des enfants. Tous moururent avant notre auteur.

Le frère, Élie Hérauld, avait commencé par être maître d'hôtel de l'abbé de la Rochefoucauld, frère de l'auteur des *Maximes*. En 1659, Gourville lui acheta une charge de secrétaire du Roi, qu'il résigna en 1662[2]; il mourut sans doute peu après, laissant un fils, François Hérauld, qui prit le nom de Gourville lorsque son oncle lui eut cédé la terre de ce nom. Ce neveu, âgé de quarante-cinq ans en 1703, ne se maria pas. Au dire du P. Léonard[3], il avait de l'esprit, de la politesse, était très lié avec Monsieur le Duc, le futur premier ministre de Louis XV, et ses vingt-cinq mille livres de rente lui permettaient de faire une belle dépense. Son oncle lui avait acheté en 1678 une place de conseiller au parlement de Metz, dont il se démit en 1692[4]. En 1681, il fut chargé d'une longue mission à Hanovre[5]. On a vu plus haut[6] les donations importantes que son oncle lui fit; en mourant, il lui légua son argenterie. Très lié, comme Gourville, avec Ninon de Lanclos, il signa l'acte de décès de

1. Ci-après, p. 8, et t. II, ch. xx.
2. Tessereau, *Histoire de la Grande Chancellerie*, t. I, p. 537 et 552.
3. Archives nationales, MM 825, fol. 54.
4. Emmanuel Michel, *Biographie du parlement de Metz*, 1853, in-8º.
5. Affaires étrangères, vol. *Hanovre* 17.
6. Ci-dessus, p. xlix.

INTRODUCTION. xcix

celle-ci conjointement avec le notaire Arouet, père de Voltaire[1], et Ninon lui laissa par testament la maison qu'elle habitait[2]. Il testa lui-même en 1718[3] ; mais on ignore l'époque de sa mort. Il avait une sœur, Anne Hérauld, qui épousa Claude de Condé, chevalier, seigneur dudit lieu, capitaine au régiment de Beauce[4].

Quant aux maris des cinq sœurs de Gourville, nous avons retrouvé les noms de quatre d'entre eux, mais sans pouvoir leur assigner un ordre quelconque. En voici l'énumération, avec les noms de ceux de leurs enfants dont on a pu avoir connaissance :

1° François du Riou, seigneur de la Mothe, devint intendant des domaines du prince de Condé en Berry et en Bourbonnais, et Gourville lui céda, en 1688, moyennant douze cents livres de rente, les terres et seigneuries des Barres, de Céré et de la Rivière en Bourbonnais[5]. Il n'était pas mort en 1703, puisque Gourville lui légua vingt mille livres. Il eut un fils, appelé aussi François, conseiller au présidial de Moulins en 1688, mort avant son père, et une fille mariée à un du Verdier de Saint-Vallier. Le fils n'eut que des filles ; Mme de Saint-Vallier eut deux fils, dont l'un, François, était capitaine au régiment de Limousin en 1705[6].

2° Pierre Tissier ou Texier de la Nogerette, d'abord employé par Gourville dans le recouvrement des tailles de

---

1. *Dictionnaire critique*, de Jal, art. LENCLOS.
2. *Bulletin de la Société de l'Histoire de Paris*, 1893, p. 93.
3. Archives nationales, Y 48, fol. 30.
4. Inventaire fait après le décès de Gourville ; ci-après, appendice XV.
5. Archives nationales, Y 252, fol. 302 v°.
6. Ibidem, Y 252, fol. 302 v°, Y 271, fol. 316 v°, et Y 277, fol. 245.

Lomagne en 1660¹, entra dans la vénerie du prince de Condé vers 1664, accompagna Gourville en Espagne, et était, en 1686, trésorier général de Monsieur le Prince². Son fils, héritier de son oncle pour vingt mille livres, eut plusieurs filles, dont l'aînée fut mariée à A. Foucher³, sénéchal du duché-pairie de la Rochefoucauld et maire perpétuel de la communauté dudit lieu en 1704, à qui appartint la copie des Mémoires aujourd'hui possédée par M. le baron Pichon. Il eut lui-même un fils, appelé M. de Bellefonds⁴. L'abbé Foucher, premier éditeur des Mémoires, était sans doute le frère ou le fils de ce sénéchal.

3° M. de la Faye, dont un fils fut placé par Gourville, en 1669, dans la maison du roi Casimir de Pologne, lorsqu'il s'établit en France⁵. Ce jeune homme accompagna son oncle, en 1688, dans sa dernière mission auprès du duc de Brunswick⁶.

4° M. Maret, lieutenant du château de la Rochefoucauld, dont Gourville était capitaine, qui mourut avant 1682⁷. M. Maret eut cinq fils. L'aîné fut capitaine de la Rochefoucauld après son oncle, qui lui légua dix mille livres. Viennent ensuite Élie Maret, prêtre, doyen du chapitre du Bourg-Dieu, qui, dans les derniers temps de Gourville, remplissait auprès de lui les fonctions d'aumônier et est porté sur le

1. Arrêt du Conseil du 16 août 1683 : Archives nationales, E 1845, au 16 août 1688.
2. Archives nationales, Z¹ᵃ 522.
3. Testament, ci-après, appendice XV.
4. Annotations mises sur les gardes de ce manuscrit.
5. Chantilly, correspondance, lettre de M. Chartrier, 29 octobre 1669.
6. Affaires étrangères, vol. *Hanovre* 24, fol. 28.
7. Archives nationales, G⁷ 551, lettre de Gourville, du 25 mai 1682.

INTRODUCTION. cj

testament pour trois mille livres; Pierre Maret, sieur de Saint-Projet, conseiller-secrétaire des commandements de Monsieur le Duc; François Maret de la Loge, héritier de son oncle pour six mille livres; enfin, Louis Maret, conseiller et avocat du Roi au bureau des finances de Moulins, et aussi secrétaire des commandements du duc de Bourbon. Son oncle lui fit une donation foncière, le 15 février 1678[1], une autre, de trente mille livres, le 25 juin 1698[2], et le désigna comme son légataire universel[3].

La cinquième sœur fut sans doute mère de Mmes du Vivier et de Fissac, portées chacune pour quatre mille livres dans le testament de Gourville. La même pièce mentionne deux petits-neveux du nom du Roule, un du nom de Saint-Laurent, dont nous ignorons la filiation, et une dame de Malbastit, héritière pour deux mille cinq cents livres, qui doit être nièce de notre auteur, et dont le mari, ou le beau-père, fut chargé par Gourville de la recette des taille et taillon de l'élection d'Agen pour les années 1659 à 1662[4].

Avant de terminer ce chapitre, il conviendrait de dire quelques mots des aventures galantes de la jeunesse de Gourville. Mais les conjectures seraient aisées, et la certitude bien difficile. Dans ses Mémoires, Gourville n'y fait aucune allusion. Comme le dit Sainte-Beuve, « ce n'avait été qu'une distraction dans sa vie peu sentimentale et tout affairée, et il semble s'en être peu ressouvenu dans sa vieillesse, comme d'un de ces goûts fugitifs qui passent avec l'âge[5]. » De ses

1. Archives nationales, Y 234, fol. 148.
2. Inventaire après décès; titres et papiers.
3. Testament; ci-après, appendice XV, et *Annuaire-Bulletin de la Société de l'Histoire de France*, 1868, 2ᵉ partie, p. 57.
4. Archives nationales, E 1845, arrêt du 16 août 1683, placé au 16 août 1688.
5. *Causeries du lundi*, t. V, p. 378.

liaisons, la seule dont il reste quelque trace et quelque souvenir, c'est celle qu'il eut avec Ninon de Lanclos. Comme date, elle est certainement antérieure à l'exil de Gourville; car, lors de son retour, ce n'était plus entre eux qu'une amitié sincère. « Je suis bien aise de vous dire, écrit à Gourville Monsieur le Duc, le 20 décembre 1669, qu'il m'est revenu que, dans deux ou trois rencontres, Ninon a assez bien fait son devoir sur de certaines choses qui me regardoient. Si vous lui écrivez, mandez-lui comme de vous que je vous ai écrit que je suis fort content d'elle[1]. » Et Gourville répond, le 8 janvier suivant : « J'ai écrit à Mlle de Lanclos le plaisir que j'avois senti d'apprendre par V. A. S. qu'elle étoit très satisfaite de sa conduite et du langage qu'elle avoit tenu dans les occasions qui s'étoient présentées. Je ne serois pas autant de ses amis que j'en suis, si ses sentiments, sur le chapitre de Votre Altesse Sérénissime, n'approchoient des miens. »

Cette amitié dura jusqu'à leur mort. Dans une lettre à Ninon, qui date des dernières années du xviie siècle, alors que Gourville, vieux et impotent, avait perdu presque toutes ses relations, Saint-Évremond disait : « Faites-moi savoir comment se porte notre ancien ami M. de Gourville. Je ne doute point qu'il ne soit bien dans ses affaires, s'il est mal dans sa santé. » Ninon répondit : « M. de Gourville ne sort plus de sa chambre, assez indifférent pour toutes sortes de goûts, bon ami toujours, mais que ses amis ne songent pas d'employer de peur de lui donner des soins[2]. » Et quelques années plus tard, lorsqu'elle dictait au notaire son testament, le 19 décembre 1704, elle y insérait cette

1. Chantilly, registre de la correspondance d'Espagne.
2. Léopold Collin, *Lettres de Ninon de Lenclos à Saint-Évremont*, 1805.

clause : « Je donne à M. de Gourville, neveu de feu M. de Gourville, pour les obligations que j'ai à l'oncle, ma maison où je loge, et à cause que je l'ai toujours et personnellement aimé[1]. »

On a mis sur le compte de Gourville, de Ninon et du Pénitencier de Notre-Dame l'historiette du double dépôt, que tous les biographes de Mlle de Lanclos se sont plu à répéter à sa louange. En voici le sujet : au moment de la Fronde des Princes, Gourville, obligé de quitter Paris, déposa soixante mille livres entre les mains du Pénitencier et pareille somme entre celles de Ninon, sa maîtresse, en les priant de les lui garder en lieu sûr jusqu'à son retour. Quand il revint, le Pénitencier nia le dépôt, tandis que Ninon le rendit intégralement, en prévenant toutefois son amant qu'elle n'avait plus de goût pour lui. Cette anecdote est fausse ; aucun des éditeurs des Mémoires de Gourville, aucun auteur sérieux n'a cru à son authenticité. En 1651 ou 1652, Gourville n'avait certainement pas cent vingt mille livres à lui ; puis rien ne prouve qu'il fût déjà l'amant de Ninon à cette époque où il n'était encore qu'un bien petit compagnon.

Voltaire a fait sur ce sujet une comédie intitulée : *le Dépositaire infidèle*, qui parut en 1760. Avant cette époque, il ne semble pas que l'anecdote du Double dépôt fût connue ; il y a donc tout lieu de croire que c'est une invention de Voltaire, dont le père, notaire de Ninon de Lanclos, signa son acte de décès avec François Hérauld de Gourville, neveu de notre auteur. Il avait certainement connu par son père les relations de Gourville avec la célèbre courtisane, et cela l'engagea à mettre sur leur compte cette historiette, qu'on a eu le tort d'accepter comme authentique[2].

1. *Bulletin de la Société de l'Histoire de Paris*, 1893, p. 93.
2. *Historiettes de Tallemant des Réaux*, t. VI, p. 26, note.

IV.

*Manuscrits et éditions des Mémoires;
leur valeur historique.*

Manuscrits.

Pour la présente édition des Mémoires de Gourville, nous nous sommes servi de quatre manuscrits[1]. L'un appartient à la Bibliothèque nationale, le second à l'Arsenal, le troisième à M. le baron Pichon ; enfin le quatrième est conservé dans la collection de Mgr le duc d'Aumale, au château de Chantilly. Ces manuscrits sont de valeur inégale ; nous allons en donner une description sommaire, en les classant par ordre d'importance.

Manuscrit de M. le baron Pichon. — Il se compose de deux volumes in-4°, reliés en veau brun et comptant, le premier 408 pages, le second 376. Le récit est divisé en chapitres ; il y a une table des chapitres en tête de chaque volume. Au commencement des Mémoires se trouve la note préliminaire et la lettre d'un ami de Gourville que nous donnons en tête de notre édition. Malheureusement, les 28 premières pages du tome II manquent.

Ce manuscrit, qui a servi de base à notre publication, avec celui de la Bibliothèque nationale, a pour nous une très grande valeur, puisqu'il a appartenu à la famille de Gourville. Les notes mises sur les gardes du premier volume, et qu'on trouvera reproduites ci-après, nous apprennent

---

[1]. Il en a certainement existé d'autres exemplaires. Le P. Lelong, dans la *Bibliothèque historique de la France*, t. III, n° 32708, dit qu'on en rencontre dans les cabinets de plusieurs curieux.

qu'en janvier 1704, six mois après la mort de Gourville, ce manuscrit fut remis par M. de la Nogerette, son beau-frère, à M. Foucher, sénéchal du duché-pairie de la Rochefoucauld et petit-neveu de Gourville, qui, lui-même, le donna à son fils. Vendu sans doute au moment de la Révolution, il fut retrouvé chez un épicier de la Rochefoucauld et acquis par M. Eusèbe Castaigne, bibliothécaire de la ville d'Angoulême. En 1837, il devint la propriété de M. Monmerqué, et passa ensuite aux mains de M. le baron Pichon, qui a bien voulu nous le communiquer et auquel nous ne saurions assez témoigner notre gratitude.

On trouve dans ce manuscrit des corrections de deux mains différentes : les unes consistent à réparer les erreurs du scribe et à faire quelques modifications de style qu'on retrouve parfois dans les éditions ; les autres sont des additions et des explications souvent très précieuses. Ces dernières ont été faites sur les indications mêmes de Gourville, ainsi qu'il le dit dans le dernier paragraphe des Mémoires, paragraphe qui n'existe que dans le présent manuscrit. Gourville y raconte comment, après avoir fini de dicter son récit, s'apercevant qu'il avait « passé par-dessus beaucoup de choses, » cela lui donna occasion de le « revoir avec attention pour y ajouter quelques particularités dont il s'étoit souvenu depuis. » Mais il paraît certain que ces additions ont été faites à une époque où il avait déjà été pris différentes copies des Mémoires, puisqu'elles ne se retrouvent pas dans les autres manuscrits. Nous les avons relevées soigneusement et indiquées en note ; elles nous ont été parfois fort utiles.

On rencontre fréquemment aussi dans ce manuscrit des indications d'alinéas, comme s'il avait été préparé pour l'impression. Cependant ce ne doit pas être celui qui a servi à l'abbé Foucher pour donner la première édition des Mémoires, puisqu'il n'a pas connu les additions dont nous venons de parler.

Voici la copie des annotations mises sur les gardes du premier volume.

Sur le recto du feuillet de garde : « Le 1ᵉʳ janvier 1704, Monsieur de la Nogerette, conseiller et ancien trésorier de feu S. A. S. Monseigneur le prince de Condé le Grand, et ensuite de S. A. S. Monseigneur le Prince son fils, m'a fait présent de ces deux tomes de livres, contenant les Mémoires fidèles de feu Monsieur de Gourville, conseiller du Roi en son Conseil d'État et privé et chef de la maison de S. A. S. Monseigneur le Prince, notre grand-oncle, pour demeurer dans notre famille. — (*Signé :*) A. FOUCHER, sénéchal du duché-pairie de la Rochefoucauld et maire perpétuel de la ville et communauté dudit lieu. »

Le même personnage a ajouté plus tard, avant sa signature, à la suite du mot *famille :* « Décédé à l'hôtel de Condé, le 14 juin 1703, inhumé à Saint-Sulpice, sa paroisse, à Paris; étoit né à la Rochefoucauld, le 10 juillet 1625, fils légitime de Pierre Hérauld et de Souveraine Mesturas, bourgeois dudit lieu, ses père et mère. »

Plus tard encore, le même a ajouté, au-dessous de la note ci-dessus : « Et moi, j'en ai fait présent à M. de Bellefons, notre fils. — A. F. »

Plus bas, un morceau de papier collé sur le feuillet de garde porte : « La personne qui m'a cédé ce manuscrit l'a trouvé chez un épicier, lequel l'avait acheté dans une vente de vieux papiers à la Rochefoucauld, patrie de l'auteur. »

Sur un autre morceau de papier collé en face du précédent, au revers de la couverture, on lit, de la même main que la note précédente :

« Nota. — Les Mémoires ont été publiés par Mlle de la Bussière en 1724 (Paris, 2 vol. in-12)[1], avec des changements de style qui ne sont pas toujours très à propos.

« Ce manuscrit, où il y a des passages corrigés de la propre main de Gourville[2], était destiné à demeurer dans sa famille, comme on peut le voir par la note suivante[3]. — E. C. »

Comme rectification à cette note, M. Monmerqué a écrit au-dessous : « L'éditeur de 1782 dit, page 1re de l'*Avis* qui précède les Mémoires, que c'est l'abbé Foucher, parent de Gourville, qui a donné la première édition. — M. »

Et il a ajouté, comme explication aux initiales E. C. : « Cette note est de M. Eusèbe Castaigne, bibliothécaire d'Angoulême. Il céda ce manuscrit à Techener, et j'en ai fait l'acquisition en juillet 1837. »

Au verso du feuillet de garde, M. Monmerqué a écrit : « Madame de Coulanges a lu les Mémoires de Gourville *dans ce même manuscrit ;* cela semble bien résulter de sa lettre à Madame de Grignan, du 7 juillet 1703, rapprochée de la lettre d'un ami de Gourville, qui est ci-contre[4]. Voici le passage de Madame de Coulanges : « Ses mémoires sont charmants ; ce sont *deux assez gros manuscrits*, » etc.[5].

---

1. Nous verrons plus loin que cette attribution est erronée.
2. Il suffit de comparer l'écriture de ces passages avec celle des nombreuses lettres de Gourville qui nous sont parvenues pour voir que cette affirmation est erronée ; mais ils ont été écrits sous la dictée de Gourville lui-même.
3. C'est-à-dire la note de M. Foucher, ci-dessus.
4. C'est la lettre placée en tête des Mémoires.
5. Vient alors en entier le passage que nous donnons quatre pages plus loin. M. Monmerqué, pour cette affirmation, ne se base que sur la circonstance d'un manuscrit en deux volumes ; or, sur les quatre mss. que nous connaissons, trois sont en deux volumes, et le quatrième est une copie postérieure à Mme de Coulanges.

— A propos du passage de cette lettre où il est question du neveu de Gourville, M. Monmerqué a mis en note : « Ce neveu devait être M. Hérault, le lieutenant général de police, de qui descendait Hérault de Séchelles[1]. — Ce 15 janvier 1839. M. »

Manuscrit de la Bibliothèque nationale. — Fonds français, n°s 17494-17495, deux volumes petit in-4° de 366 et 403 pages ; il provient de la bibliothèque du cardinal de Gesvres, et y portait les n°s 55 et 125.

Le texte de ce manuscrit est conforme à celui du manuscrit de M. le baron Pichon, sauf quelques différences insignifiantes. Il s'y trouve peu de corrections, toutes de style. On y rencontre également quelques additions, que nous avons mentionnées en note dans notre édition et qui semblent avoir été mises, en collationnant le texte, pour corriger des omissions du copiste et parfois expliquer le sens de la phrase. Il est divisé en chapitres, avec table en tête de chaque volume ; il contient également la Note préliminaire et la lettre d'un ami de Gourville.

Manuscrit de Chantilly. — Ce manuscrit se compose, comme les précédents, de deux volumes in-4° de 419 folios en seule pagination : le premier volume s'arrête au folio 188. Il n'est pas divisé en chapitres ; le récit se suit, sans coupures, d'un bout à l'autre. Il ne contient pas la Note préliminaire. Le texte qu'il donne n'est pas exactement conforme, comme style, à celui des deux manuscrits précédents ; c'est déjà un récit arrangé et corrigé par quelque amateur de belles-lettres. Cependant ce texte n'est pas aussi profondément modifié que celui des éditions des Mémoires. L'orthographe des noms propres y est moins

---

1. C'est une erreur ; ce neveu était François Hérauld de Gourville, ci-dessus, p. xcviii.

exacte que dans nos deux premiers manuscrits. Quelques-uns sont même absolument défigurés; mais ce fait est rare.

Manuscrit de la bibliothèque de l'Arsenal. — Nous ne le citons que pour mémoire; car il est très défectueux et très inférieur aux autres. Il forme un seul volume petit in-folio, sans pagination, et n'est pas divisé par chapitres; il ne contient pas la Note préliminaire. C'est une mauvaise copie faite au xviiie siècle, et dans laquelle on a introduit des corrections de style plus nombreuses que dans le manuscrit de Chantilly. Les noms propres y sont généralement très maltraités.

Éditions.

Il y a eu, jusqu'à notre époque, quatre éditions des Mémoires de Gourville : en 1724, en 1782, et dans les deux collections de Mémoires publiées, l'une par Petitot en 1826, l'autre, en 1838, par Michaud et Poujoulat.

L'édition de 1724 est intitulée : *Mémoires de Monsieur de Gourville concernant les affaires auxquels il a été employé par la cour, depuis 1642 jusqu'en 1698.* Elle a été publiée à Paris, chez Etienne Ganneau, rue Saint-Jacques, et forme deux volumes in-18, de 333 et 338 pages. Aucune introduction ou préface ne donne de renseignements sur l'éditeur, sur le ou les manuscrits dont il s'est servi, ni sur les changements de style qu'il a cru devoir faire au texte primitif des Mémoires. D'après l'*Avis* de l'édition de 1782, dont nous parlerons bientôt, l'auteur de cette édition de 1724 serait l'abbé Foucher, parent de Gourville et sans doute frère ou fils du sénéchal du duché de la Rochefoucauld dont il est question dans les notes du manuscrit de M. le baron Pichon. Ainsi que nous avons déjà eu occasion de le dire, l'éditeur, trouvant trop incorrectes et parfois inintelligibles

les phrases embrouillées de Gourville, avait modifié beaucoup le style du manuscrit, sans toutefois toucher au fond du récit. Cependant ces corrections lui firent commettre la grave erreur de confondre Monsieur, frère du Roi, avec le duc d'Anjou, second fils de Louis XIV et de Marie-Thérèse, né en 1667, et qui devait mourir en 1671. Néanmoins, il faut reconnaître que l'abbé Foucher a généralement mieux traité les noms propres que les éditeurs subséquents.

L'édition de 1782 porte le même titre que celle de 1724, sauf qu'après le nom de Gourville on a ajouté « conseiller d'État. » Elle aurait été imprimée, d'après le titre, à Amsterdam, mais se trouvait à Paris chez Le Clerc et Barrois, libraires, quai des Augustins. Au début, un long *Avis de l'éditeur* contient des renseignements intéressants. L'auteur raconte qu'un manuscrit des Mémoires lui étant tombé entre les mains, il constata que l'abbé Foucher en avait corrigé le style et avait commis plusieurs erreurs; il jugea donc nécessaire de donner une nouvelle édition, conforme, prétend-il, au nouveau manuscrit. Mais, sans doute, le manuscrit en question différait fort peu du texte publié en 1724; car les éditions sont presque absolument conformes l'une à l'autre. Il y a néanmoins entre elles cette différence, tout en faveur de la première, que beaucoup de noms propres qu'on reconnaissait facilement dans l'édition de 1724 ont été complètement défigurés dans celle de 1782. C'est ainsi que nous y trouvons *La Ferté* pour *La Frette*, *Urfé* pour *Ursel*, *Noailles* pour *Navailles*, *Pignay* pour *Pecquet*, *Reuville* pour *Tréville*, *Arques* pour *Arcy*, *Boxtel* pour *Bartet*, etc. La seule amélioration réelle de cette édition est que le second volume se termine par une table alphabétique des noms propres, qui y sont assez exactement identifiés. L'éditeur ne se nomme pas; mais il dit qu'il a donné l'édition de l'*Abrégé de l'histoire de France* de Mézeray, publiée en 1755 en quatorze volumes in-12, et qu'il prépare (1782) une édition des Mémoires de Mme de Motteville. D'après cela, il semblerait facile de connaître son nom; mais les Avertissements des deux ouvrages que nous venons de citer ne fournissent aucune indication, et il faut s'en rapporter à Quérard, qui, dans son *Dictionnaire des ouvrages anonymes*, attribue cette édition, et même la précédente, à une demoiselle de Bussière, sur le compte de laquelle nous n'avons d'ailleurs recueilli aucun autre renseignement.

Enfin, les Mémoires de Gourville trouvèrent place dans le cinquante-deuxième volume de la collection des Mémoires relatifs à l'histoire de France éditée, de 1822 à 1829, par MM. Petitot et Monmerqué, et dans celle que publièrent, de 1836 à 1839, MM. Michaud et Poujoulat (3e série, tome V). Ces deux éditions ont reproduit sans changement l'édition de 1782, qu'on regardait comme la meilleure grâce aux affirmations erronées de l'éditeur. Non seulement rien n'a été changé au texte, mais les noms propres n'ont point été rectifiés et ont conservé les formes défectueuses qui les défiguraient dans les deux volumes de Mlle de Bussière.

Dès qu'ils furent connus en manuscrit, les Mémoires de Gourville furent très goûtés. « Ils sont charmants, écrit Mme de Coulanges à la comtesse de Grignan, le 7 juillet 1703; ce sont deux assez gros manuscrits de toutes les affaires de notre temps, qui sont écrits, non pas avec la dernière politesse, mais avec un naturel admirable; vous voyez Gourville pendu en effigie et gouverner le monde.

Tout ce qui m'en a déplu, car je les ai entièrement lus, c'est un portrait, ou plutôt un caractère de Mme de la Fayette, très offensant pour la tourner très finement en ridicule. Je le trouvai, quatre jours avant sa mort, avec la comtesse de Gramont, et je l'assurai que je passois toujours cet endroit de ses Mémoires. L'histoire de Mme de Saint-Loup et de la croix y est narrée au point de la perfection. Vous m'allez demander si on ne peut point avoir un aussi aimable ouvrage ; non, Madame, on ne le verra plus, et en voici la raison : Gourville y parle de sa naissance avec une sincérité parfaite, et son neveu n'est pas un assez grand homme pour soutenir une chose aussi estimable à mon gré[1]. »

A la même époque, l'abbé de Caumartin, qui en avait eu aussi communication, les regardait comme « mal arrangés et écrits sans style, » mais ajoutait que « les faits en sont certains, » puisque Gourville n'y parle que « des choses qu'il a vues ou traitées lui-même ; » mais, pour la même raison que Mme de Coulanges, il pensait que ses héritiers ne les donneraient point au public[2]. L'abbé Lenglet, qui eut entre les mains l'édition de 1724, dit, dans sa *Méthode historique*[3], qu'ils ne se ressentent point de l'âge de l'auteur. Mme du Deffand, au dire de sa correspondance[4], les goûtait beaucoup ; enfin, Voltaire les a utilisés pour son *Siècle de Louis XIV*, mais en arrangeant les renseignements qu'il y prenait.

De nos jours, les éditeurs de Tallemant des Réaux[5] se sont demandé si ces Mémoires étaient parfaitement authen-

---

1. *Lettres de Mme de Sévigné*, t. X, p. 491-492.
2. Archives nationales, MM 825, fol. 54.
3. T. IV, p. 167.
4. T. I, p. 464.
5. *Historiettes*, t. VI, p. 372.

tiques; les notes mises sur le manuscrit de M. le baron Pichon ne laissent aucun doute à cet égard. Enfin, M. Lair[1] les accuse d'être très défectueux comme chronologie et comme détails, et de renfermer beaucoup de radotage. Nous verrons bientôt que la première affirmation est parfois exacte, quoique trop sévère; quant à la seconde, la lecture des Mémoires montrera si elle est justifiée.

Les Mémoires de Gourville sont donc généralement estimés. Le ton de sincérité de l'auteur, la simplicité et la bonhomie de son style, cette circonstance qu'il ne raconte que les événements auxquels il a pris part, la concordance de la plupart de ses récits avec ceux des auteurs contemporains, leur donnent un cachet de vérité incontestable. La présente édition ne modifiera pas cette opinion pour l'ensemble; mais, en entrant dans l'examen de tous les détails, dans l'étude approfondie de la chronologie des faits et de l'enchaînement des circonstances, on arrivera à constater bien des petites erreurs de temps, de lieux, de faits, difficiles à éviter dans les conditions où Gourville a rédigé ses Mémoires. En effet, n'ont-ils pas été dictés entièrement de tête, soixante ans après les événements racontés au début, par un homme âgé de soixante-dix-sept ans, dont la lucidité d'esprit avait subi de graves atteintes? Il faut ajouter que cette dictée a été faite très rapidement, en quatre mois et demi, et que l'auteur eut à peine le temps, avant de mourir, d'ajouter quelques détails ou de corriger des erreurs de peu d'importance. Dans ces conditions, on aurait plutôt lieu de s'étonner que les Mémoires soient aussi exacts qu'ils le sont pour l'ensemble des faits. Car il est certain que les erreurs secondaires dont il vient

---

1. *Nicolas Foucquet*, t. I, p. 491, note, et p. 495, note.

d'être parlé, et qui ont été signalées et rectifiées en note à mesure qu'elles se rencontraient, ne modifient pas le récit d'une manière très sensible.

Ces erreurs ont toujours pour cause le grand éloignement des faits racontés. Il est facile de le constater lorsque Gourville, par exemple, ne parle que de deux voyages à Stenay en 1650, tandis qu'il en fit plusieurs autres; quand il oublie M. de Longueville lors de la fuite du prince de Conti de Saint-Germain, au début de la Fronde; quand il confond ses deux voyages de Bordeaux à Paris pour la conclusion de la paix de 1653; quand il place en 1655, au lieu de 1654, l'envoi de Conti en Catalogne, et, en avril 1656, au lieu de novembre, son propre emprisonnement à la Bastille; quand il se trompe sur les dates de l'enlèvement de Girardin, du retour de Mme Foucquet à Paris, de la mort du marquis d'Aytona, ou de celle de Langlade. Il faut attribuer à la même cause le vague de ses indications et ses erreurs géographiques dans le récit de la course de Monsieur le Prince d'Agen jusqu'à la Loire, son inexactitude dans l'exposé du règlement obtenu par lui en Espagne pour la créance de Condé. L'erreur est plus extraordinaire lorsqu'il raconte avoir acheté au prix de onze cent mille livres la charge de secrétaire du Conseil, ne l'ayant payée en réalité que neuf cent mille.

Plusieurs critiques ont reproché à Gourville de n'avoir pas suivi rigoureusement l'ordre chronologique, d'avoir intercalé au milieu des événements d'une année des épisodes bien postérieurs. Dans les quelques occasions où ce fait s'est produit, on peut l'expliquer d'une manière plausible. Ainsi, lorsqu'il raconte la tentative de délivrance des Princes enfermés à Vincennes (février 1650) après avoir parlé de la paix qui ne fut conclue à Bordeaux qu'au mois de septembre sui-

INTRODUCTION.   cxv

vant, c'est que, n'ayant rien à dire de cette paix, il l'a mentionnée pour n'y plus revenir avant de passer au récit très détaillé du complot. De même, dans l'anecdote de Mme de Saint-Loup, il parle de différentes circonstances postérieures pour achever d'un coup tout ce qui regarde cette personne. On a surtout blâmé Gourville d'avoir placé en 1672 la mort du duc de la Rochefoucauld, celle de Langlade et celle de Foucquet, qui sont de 1680. C'est une simple apparence : en examinant de plus près le récit de Gourville, les critiques eussent compris comment il a été amené à parler de ces trois événements en 1672, et l'éditeur de la collection Petitot a fait cette remarque. Racontant comment Monsieur le Prince lui donna la capitainerie de Saint-Maur, puis comment Mme de la Fayette s'y installa sans façon à sa place, et voulant en finir avec ce sujet, Gourville explique ce qu'il dut faire pour l'expulser de Saint-Maur, comment elle s'unit à Langlade pour se venger à l'occasion du mariage du duc de la Rocheguyon, et combien M. de la Rochefoucauld, au moment de sa mort, regretta de s'être laissé circonvenir par eux. Se rappelant alors que la mort de Langlade et celle de Foucquet avaient été contemporaines de celle de l'auteur des *Maximes*, il les a mentionnées en passant.

Outre les erreurs causées par défaut de mémoire, il y a dans le récit de Gourville des omissions qui sont certainement volontaires. Les unes lui étaient commandées par sa discrétion à l'égard de faits scandaleux où avaient été mêlés des personnages qu'il respectait : c'est ainsi qu'il ne fait aucune allusion aux relations adultères de M. de la Rochefoucauld avec la duchesse de Longueville et avec Mme de la Fayette, et qu'il passe sous silence l'exil à Châteauroux de Madame la Princesse, Claire-Clémence de Brezé, et l'aventure scandaleuse qui servit de prétexte à cet exil. D'autres faits sont omis par Gourville parce qu'ils ne lui font pas honneur. Ainsi, il ne dit pas, en 1655, que Mazarin l'envoya en Catalogne pour reprendre adroitement au prince de Conti les provisions de gouverneur du Château-Trompette extorquées au cardinal par Daniel de Cosnac. En 1668, lors de sa première mission à Hanovre, il a soin de laisser croire que les premières démarches vinrent du gouvernement de Louis XIV. Pour celle de 1681, il rapporte que le Roi lui témoigna sa satisfaction, tandis qu'au contraire M. de Lionne releva vertement son imprudence et ses excès de zèle. De même, il a soin de laisser dans l'ombre presque toutes ses opérations financières au temps de Foucquet. Mais quel est le narrateur qui n'a point passé sous silence des faits de cette nature? A cet égard, reconnaissons plutôt la sincérité de Gourville, sachons-lui gré de n'avoir dissimulé ni sa naissance obscure, ni ses débuts sous la livrée, ni son vol à main armée de la caisse du receveur de la Rochefoucauld, ni son brigandage à l'égard du financier Burin, ni sa poltronnerie ou ses changements de maître successifs.

En résumé, sans dire que les Mémoires de Gourville soient une des sources les plus importantes de l'histoire du xviie siècle, étant donné le point de vue exclusivement personnel auquel il s'est placé, du moins faut-il reconnaître qu'ils en constituent une des plus curieuses et des plus sûres pour la période du règne de Louis XIV qui s'étend de 1643 à 1680. L'historien qui s'occupera de cette époque les consultera toujours avec fruit : il y trouvera d'utiles renseignements, d'intéressants portraits, et des anecdotes qui ne se rencontrent pas ailleurs.

MÉMOIRES

DE GOURVILLE

NOTE PRÉLIMINAIRE[1].

M. de Gourville, après avoir beaucoup écrit[2], et ne connoissant point si les Mémoires qu'il avoit faits pour se désennuyer étoient de sorte qu'il en pût faire voir quelque chose à de ses plus particuliers amis, ou si cela étoit si ridicule qu'il dût se contenter du plaisir de les avoir faits et les jeter au feu, pensa, pour s'en éclaircir, qu'il ne pouvoit mieux faire que de s'adres-

---

1. Cette note ne se trouve que dans le manuscrit de la Bibliothèque nationale et dans celui de M. le baron Pichon.
2. Quoique nous ne connaissions de Gourville que ses Mémoires, un passage d'une lettre qu'il écrivit après 1681 à la marquise d'Huxelles donne à croire qu'il avait en effet « beaucoup écrit. » Cette lettre a été publiée par le comte É. de Barthélemy (la Marquise d'Huxelles, p. 33), qui la date de 1660 ; elle est certainement postérieure au mois de mars 1681, puisqu'il y est fait allusion à la lettre du 18 mars insérée dans les Mémoires (ci-après, tome II, chap. XVII). Voici ce passage : « J'ai été charmé de la lettre que vous m'avez fait la grâce de m'écrire..... Je l'ai trouvée d'un si agréable style et si honorable pour moi, que je me propose de la mettre dans *mes petits ouvrages* pour les rendre plus agréables à ceux qui se voudront donner la peine de les lire. »

ser à un de ses anciens amis, et des plus capables d'en bien juger. Il le pria donc de vouloir jeter les yeux dessus, pour lui en dire son sentiment. Après s'en être donné la peine, il eut la bonté de lui écrire la lettre dont voici la copie, qu'il a trouvée être une garantie assurée pour oser, après cela, en faire voir quelques choses à de ses amis, en observant exactement tous les conseils qu'il lui donne.

Copie de la lettre écrite à M. de Gourville le 16ᵉ novembre 1702 [1].

« La confiance que vous avez en moi sur vos Mémoires convient à la date de notre amitié, et la sincérité avec laquelle je vais vous parler n'y convient pas moins. Vous êtes très heureux, dans l'état où vous êtes, de vous être fait un plaisir d'un amusement aussi honnête et aussi agréable que celui-là ; je m'en réjouis avec vous. Il me paroît que vous pouvez sans crainte communiquer ces Mémoires à vos véritables amis, et même à quelques personnes de mérite, quand elles ne seroient pas de ce nombre. Mais je persiste à vous dire que cette lecture ne doit jamais se faire hors de chez vous. Si vous confiez cet ouvrage, ne vous attendez pas que l'on vous garde aucune fidélité. Un maître le copiera pour lui ; un domestique le copiera et le donnera à un libraire pour gagner de l'argent. On l'en-

---

1. Gourville commença à écrire ses Mémoires le 15 juin 1702 (ci-après, p. 6), et les termina en quatre mois et demi (ci-après, tome II, chap. xx), c'est-à-dire vers le 1ᵉʳ novembre. Il venait donc de les achever lorsqu'il les communiqua à l'auteur de cette lettre.

verra en Hollande; il y sera imprimé, et reviendra ici falsifié et augmenté. Peut-être que les additions ne vous plairont pas, ni à beaucoup de gens que vous nommez. Que sait-on, par exemple, si, dans les endroits où vous parlez du Roi et du prince d'Orange, il ne prendra pas fantaisie à quelque Hollandois d'y mettre du sien, d'en parler à sa mode, et non pas à la vôtre? Il me semble que vous achèteriez trop cher le plaisir que vous avez de donner à votre âge des preuves de votre mémoire, s'il vous en coûtoit de donner la moindre atteinte au solide jugement qui a paru jusqu'ici dans toutes vos actions. Nous traiterons à fond cette matière, quand j'aurai l'honneur de vous voir. Cependant, Monsieur, j'ai cru pouvoir vous faire part de mes réflexions, dont vous ferez l'usage que vous jugerez à propos. La grâce que je vous demande est que vous vouliez bien garder cette lettre, afin que, si, dans la suite, ma prophétie venoit à s'accomplir, vous pussiez vous souvenir que j'ai, sur cela, rempli à votre égard tous les devoirs de l'amitié, ce que je ne manquerai jamais de faire dans toutes les occasions qui pourront se présenter. »

Chapitre Ier.

Mon oisiveté forcée. Mon aventure avec M. de Chaumont. Entreprise sur Vincennes pour la liberté de Monsieur le Prince, qui fut à la veille de son exécution[1].

Mon oisiveté forcée est l'effet d'un accident imprévu pour m'être frotté du talon gauche au-dessus de la cheville du pied droit. J'en fus si incommodé, que la gangrène se mit à ma jambe, ce qui obligea les chirurgiens à me faire beaucoup d'incisions; et, m'ayant conseillé de boire des eaux vulnéraires, qui m'échauffèrent extrêmement, et cela jusqu'au point qu'on ne croyoit pas que j'en puisse réchapper, environ la fin de l'année 1696 je fus réduit en tel état, que j'entendois quelques mots qui faisoient croire que chacun songeoit à ce qu'il feroit après ma mort. Mais l'espérance et le courage ne me manquèrent point, et, quelque temps après, je me trouvai en état que j'eus lieu d'espérer que ma vie étoit en sûreté pour cette fois-là.

Comme je fus assez longtemps sans avoir aucun commerce, le bruit s'étant répandu que mon esprit n'étoit plus comme il avoit été, et il y avoit peut-être quelque fondement[2], mes amis, qui étoient en grand nombre, me vinrent voir une fois ou deux chacun, et, jugeant apparemment que je ne pourrois plus être bon à rien, ils se contentèrent d'envoyer quelque

---

1. La division par chapitres avec sommaires n'existe que dans les manuscrits de la Bibliothèque nationale et de M. le baron Pichon. Nous l'adoptons cependant comme plus commode.
2. Voyez tome II, chapitre xx des Mémoires.

temps savoir de mes nouvelles, hors mes plus particuliers, en petit nombre, qui ont continué à me voir[1]. Mais, après être guéri, mes jambes se trouvèrent si foibles, que je n'ai pu marcher depuis, outre que, de temps en temps, la plaie que j'avois eue, et qui avoit été fort grande, s'est rouverte, et qu'avant cela il y avoit près d'un an que j'avois beaucoup de peine à marcher; et, sur la fin, il falloit que j'eusse toujours quelqu'un pour me soutenir. Mais cela n'empêcha pas que je n'eusse encore envie de me présenter devant le Roi; et, m'étant trouvé à son passage à Versailles[2], S. M., s'étant aperçue que je ne pouvois marcher, parce que j'étois soutenu par un homme, s'arrêta et eut la bonté de me demander de mes nouvelles et par quel accident je m'étois trouvé comme il me voyoit. Je répondis que c'étoit par une foiblesse qui m'étoit venue au genou et qui m'empêchoit de pouvoir presque plus marcher; et je pris la liberté de lui dire, comme par une espèce de pressentiment, que, comme je n'aurois peut-être plus l'honneur de la voir, je la priois de trouver bon que je la remerciasse, non seulement de toutes les bontés et de la bienveillance dont elle m'avoit honoré, mais encore qu'en finissant en dernier toutes les affaires que je pouvois avoir[3], elle m'avoit mis en état, quoi qu'il m'arrivât, de finir ma

---

1. Dans le manuscrit de M. le baron Pichon, cette phrase a été biffée en partie et arrangée par un correcteur du xviiie siècle; mais les éditions ont adopté une autre leçon.

2. Ni le *Journal de Dangeau* ni les *Mémoires de Sourches* ne font mention de cette dernière visite de Gourville à la cour.

3. C'est-à-dire en mettant fin aux réclamations qu'on pouvait lui faire à propos des affaires de finance auxquelles il avait été mêlé du temps de Foucquet : ci-après, tome II, chap. xix.

vie avec douceur et commodités. Elle eut la charité de m'entendre et de me dire qu'elle l'avoit fait avec plaisir et que, si j'avois encore quelque chose à desirer, elle étoit prête de le faire. Cela me toucha sensiblement, et j'en fus si attendri, que je ne pus lui répondre que par une inclination de la tête ; et j'en ferois connoître la raison, si j'avois le temps d'achever les Mémoires de tout ce qui s'est passé pendant le cours de ma vie, que je commence aujourd'hui 15e juin 1702 : ce que je n'ose espérer. On verroit que le Roi a eu des bontés pour moi au delà de ce que l'on peut s'imaginer.

Je ne sais par quel hasard il m'est venu en pensée de commencer à vouloir faire des Mémoires de tout ce qui m'est arrivé de plus singulier, l'ayant souvent refusé à la sollicitation de beaucoup de gens d'esprit qui s'offroient de les rectifier, sans que jamais j'aie eu la pensée de le faire ; et cela m'est venu aujourd'hui, alors que j'y pensois le moins, sur des questions que m'a faites un de mes amis sur les affaires du temps passé, ayant trouvé que ma mémoire me fournissoit les choses comme s'il n'y avoit que trois jours qu'elles fussent arrivées ; et c'est peut-être le plaisir que j'ai senti en cela qui me l'a fait entreprendre, estimant que ce seroit une chose qui m'amuseroit fort d'y employer une partie du temps que je donnois à me faire lire[1].

Je commencerai donc par dire que je vais entrer dans ma soixante-dix-huitième année, et que je suis né à la Rochefoucauld le 11 juillet 1625[2].

1. A me faire faire la lecture.
2. Voir, à l'appendice I, l'acte de baptême de Gourville, qui place sa naissance au 10 juillet, dix heures du soir.

Ma mère, après la mort de mon père, me fit apprendre à écrire, et me mit en pension chez un procureur à Angoulême, à l'âge de dix-sept ans, où je ne demeurai au plus que six mois; et, étant revenu à la Rochefoucauld, M. l'abbé de la Rochefoucauld, depuis évêque de Lectoure[1], me prit pour son valet de chambre, mon frère aîné étant pour lors son maître d'hôtel[2]. J'y fus installé au mois de juin 1642.

Vers le commencement de décembre de la même année, le cardinal de Richelieu étant mort[3], les amis de MM. de la Rochefoucauld[4] leur mandèrent qu'ils feroient bien d'aller à Paris : ce qu'ils firent, et partirent incontinent. Après y être arrivé, j'y demeurai jusque vers le mois d'avril 1646. Je puis dire que M. l'abbé de la Rochefoucauld étoit fort content de moi et que j'avois sa confiance; mais M. le prince de Marcillac[5], qui depuis a été M. le duc de la Rochefoucauld, voulant aller à l'armée à la campagne de cette même année, pria Monsieur son frère de vouloir bien que je fisse la campagne avec lui pour lui servir de

1. Louis de la Rochefoucauld, né le 23 décembre 1615, abbé de Saint-Jean-d'Angely, nommé évêque de Lectoure en mai 1646, mort le 5 décembre 1654.
2. Ce frère s'appelait Élie Hérauld. Gourville lui acheta, le 2 août 1659, une charge de secrétaire du roi, qu'il résigna le 28 mai 1662 (Tessereau, *Histoire de la grande chancellerie*, t. I, p. 537 et 552).
3. Le 4 décembre 1642.
4. Dans le manuscrit de M. le baron Pichon, le correcteur du XVIII° siècle a ajouté ici : « Qui étoient en quelque peu de disgrâce. »
5. François VI (1614-1680), titré d'abord prince de Marcillac, puis duc de la Rochefoucauld à la mort de son père (1650), auteur des *Maximes* et des *Mémoires*.

maître d'hôtel. Mon frère parut y avoir quelque répugnance, parce qu'il craignoit que je ne fusse attaqué du poumon. En effet, de huit frères ou sœurs que nous étions, il en est mort sept, les uns un peu plus âgés que les autres. Mais cela n'a pas empêché que je ne me sois trouvé, l'année passée, quatre-vingt-dix neveux et nièces, arrière-neveux et nièces, d'un frère et de cinq sœurs, dont quatre étoient plus âgés que moi[1]. La loterie de l'Hôpital général me donna la curiosité de mander de tous côtés qu'on m'écrivît le nombre qu'ils étoient de chaque famille, et j'y mis un louis d'or pour chacun[2].

Mais je reviens à la campagne de 1646. Quelque répugnance qu'eût mon frère à me laisser partir, l'envie que je me sentis de parvenir à quelque chose me fit partir. Après[3] la prise de Courtrai[4], l'armée marcha au canal de Bruges, pour faire passer, avec M. le maréchal de Gramont, six mille hommes, qui devoient joindre M. le prince d'Orange, père du dernier mort[5]. Les ennemis, qui avoient posté leurs lignes à la portée du pistolet des nôtres, ayant su qu'on

1. On trouvera dans notre Introduction quelques renseignements sur la famille de Gourville.
2. C'est au commencement de 1700 que l'Hôpital général organisa une loterie de soixante mille louis d'or, avec douze cent cinquante lots (*Mémoires de Saint-Simon*, éd. des *Grands écrivains*, t. VII, p. 139, note).
3. Les deux phrases qui suivent ont été complètement modifiées par le correcteur du xviiie siècle dans le manuscrit de M. le baron Pichon.
4. Courtrai fut pris le 27 juin (*Gazette*, p. 501-512 et 537-548).
5. Guillaume X de Nassau, prince d'Orange, stathouder des Provinces-Unies, mort le 9 novembre 1650, père de Guillaume III, roi d'Angleterre, qui vient de mourir le 19 mars 1702.

capituloit, et peut-être dans le dessein d'aller voir le canal de Bruges, prirent leur marche de ce côté-là[1]. Comme personne ne doutoit que ce ne fût pour nous combattre à l'entrée de cette plaine à mesure que notre avant-garde y entroit on se mettoit en bataille. M. le duc de Retz[2] et M. le prince de Marcillac, qui étoient volontaires, se mirent dans le premier rang d'escadrons du régiment du Roi, que commandoit M. le comte de Montbas[3], et moi je fus mis, avec leurs gentilshommes, au second derrière eux. Mais les ennemis ne pensoient point à nous attaquer. Ainsi, sur le soir, chacun commença à se poster et chercher à se loger pour la nuit. Tout le monde convint que ce jour fut le plus chaud qu'on eût jamais vu. Comme il n'y avoit presque point de tentes, parce qu'on avoit laissé les gros bagages, je m'avisai d'aller couper du bois pour faire une petite hutte pour M. le prince de Marcillac; et, sachant qu'il y avoit un petit ruisseau, je portai un baril pour lui apporter de l'eau, et, comme homme peu expérimenté, je me couchai sur l'herbe et me fis arroser le long des bras et des jambes de cette eau avec le baril que j'avois fait porter; et étant revenu, je fis faire une hutte, où M. le prince de Marcillac coucha sur un matelas et de la paille, et moi

---

1. Sur la marche de l'armée vers le canal de Bruges, sur la rencontre de l'armée espagnole et sur sa retraite sous Bruges, voir les *Mémoires de Monglat*, p. 168, et la relation de la *Gazette*, p. 657-664, qui donnent des détails plus circonstanciés et plus compréhensibles que le récit de Gourville.

2. Henri de Gondi, né en 1590, mort le 12 août 1659.

3. François Barton, vicomte de Montbas, d'abord mestre de camp du régiment de cavalerie du cardinal Mazarin, mort lieutenant général en juillet 1652.

auprès. De très grand matin, on commença à faire marcher les troupes qui devoient passer le canal avec M. le maréchal de Gramont. Je voyois tout le monde monter à cheval, sans que je pusse remuer ni bras ni jambes. Mais, comme je voyois que le soleil prenoit de la force, j'avois espérance que cela pourroit me soulager beaucoup. Après être demeuré jusqu'à ce qu'on me dit que les troupes de l'arrière-garde marchoient, je me fis monter à cheval, et ayant trouvé un morceau d'une pique, je m'en fis faire un bâton, et m'en allai joindre les chevaux de bagages de M. le prince de Marcillac. Quelque temps après, j'entendis crier derrière moi : « Gare ! Gare ! » et en même temps je reçus un coup de canne sur la tête. Je me retournai brusquement et déchargeai un coup de bâton sur le cou de celui qui m'avoit frappé, sans savoir qui il étoit. Aussitôt je me vis environner de gens, et[1], le capitaine des Suisses de M. le duc d'Orléans m'ayant pris par les cheveux pour me jeter à bas, je lui donnai un si grand coup de coude dans l'estomac que je me fis quitter. M. le marquis de Mauny[2], capitaine des gardes de Monsieur, qui étoit présent, m'ayant reconnu dans ce triste état, se mit en devoir de me

---

1. Ici, le correcteur du manuscrit de M. le baron Pichon a mis en interligne : « M. de Souches. » C'est Gabriel de la Béraudière des Ouches, d'abord au service de M. de la Meilleraye et ensuite à celui de Gaston, qui le chargea de différentes missions pendant la Fronde (*Mémoires de N. Goulas*, éd. de la Société de l'Histoire de France, t. III, p. 315, 316, 388; *Mémoires de M*me *de Motteville*, t. III, p. 308-309; *Mémoires de Mademoiselle*, t. III, p. 300).

2. François d'Estampes, marquis de Mauny, mort en 1667, n'était pas capitaine des gardes de Gaston, mais son premier écuyer (*Mémoires de Goulas*, t. II, p. 159).

secourir, me fit faire place et me dit de m'enfuir : ce que je fis avec toute la diligence possible. On parla fort de cela le soir, et qu'il étoit bien extraordinaire d'avoir frappé un aide de camp de Monsieur, qui lui faisoit faire place. En même temps, je contai mes raisons et dis comme j'avois été frappé, sans savoir par qui, et que, m'étant trouvé un bâton à la main, je l'avois rendu, ne connoissant pas celui qui m'avoit frappé, ni que Monsieur fût présent. Enfin il fut arrêté que le capitaine des gardes de M. le prince de Marcillac[1] me mèneroit pour demander pardon à genoux à M. le comte de Chaumont[2], qui étoit au lit. Je lui dis que j'étois au désespoir de l'avoir frappé ne l'ayant pas connu; il me dit qu'il me pardonnoit et me montra son cou et sa tête fort enveloppés, et dit à M. de Bercenay, qui m'y avoit mené, qu'il alloit être saigné pour la troisième fois. Quand je l'ai rencontré depuis, je n'ai jamais fait semblant de le reconnoître[3].

L'on revint faire le siège de Mardyck[4]. Je pris mon temps d'aller seul à la tranchée pour voir à quel point j'aurois peur. Ne m'en étant pas beaucoup senti[5], j'avois refusé des gens qui m'avoient proposé de m'y

1. M. de Bercenay; il fut blessé à mort au combat du faubourg Saint-Antoine. (*Mémoires de La Rochefoucauld*, t. II, p. 411, où il est appelé *Bercenet*, et *Bercennes* dans les *Souvenirs du règne de Louis XIV*, par le comte de Cosnac, t. II, p. 72 et 76.)
2. Ce peut être Hugues, comte de Chaumont d'Arthieules, de la même maison que les Guitry, qui se maria une première fois, en 1655, avec la veuve de l'écuyer Benjamin, et une seconde fois, en 1666, avec la veuve de Henri de Castille, intendant du duc d'Orléans. Il devint lieutenant général.
3. Ici, le correcteur du manuscrit de M. le baron Pichon a ajouté : « Quoique, par occasion d'affaire, il soit venu chez moi. »
4. Le siège fut commencé le 4 août (*Mémoires de Monglat*, p. 168).
5. Ne m'étant pas senti beaucoup de courage.

mener, dans le doute où j'étois; mais, après cela, je me fis un plaisir d'être toujours auprès de M. le prince de Marcillac, quand il alloit la nuit, avec beaucoup d'autres, pour soutenir les travailleurs, et je m'offrois pour cela de porter ses armes[1]. Une nuit, étant debout et appuyé contre de la terre qui avoit été relevée pour couvrir ceux qui étoient dans ce petit poste, un coup de canon donnant au-dessus de cet ouvrage me couvrit de terre, et, comme la nuit étoit assez claire, on crut que j'avois été tué; mais j'en fus quitte pour la peur.

Quelques jours après[2], les ennemis firent une grande sortie environ l'heure de midi. M. le prince de Marcillac y courut en toute diligence et fut suivi de la plupart des gens de qualité, qui repoussèrent vigoureusement les ennemis. Mais il y en eut beaucoup de tués, et entre autres M. le comte de la Rocheguyon[3], qui ne laissa pour héritier de la maison de Liancourt qu'une petite fille âgée d'environ un an et demi ou deux ans, qui épousa ensuite M. le prince de Marcillac[4]. M. de la Feuillade[5] et quelques autres y furent aussi blessés à mort. M. le prince de Marcillac y reçut un coup de mousquet au haut de l'épaule; et après

---

1. Ici le correcteur du manuscrit Pichon a ajouté : « Au lieu d'un palefrenier qui avoit coutume de les porter. »

2. Le 13 août (*Monglat*, p. 168).

3. Henri-Roger du Plessis-Liancourt, comte de la Roche-Guyon.

4. Jeanne-Charlotte du Plessis-Liancourt épousa, le 13 novembre 1659, François VII, prince de Marcillac, duc de la Rochefoucauld en 1680, fils de l'auteur des *Maximes;* elle mourut le 30 septembre 1669.

5. Paul d'Aubusson, chevalier de la Feuillade. Ce n'est pas dans la sortie du 13 août qu'il fut blessé à mort, mais dans celle du 10 (*Mémoires de Monglat*, p. 168; *Gazette*, p. 735).

quelques jours, il se résolut de se faire porter dans un brancard, et on le ramena à Paris. M. l'abbé de la Rochefoucauld étant venu au-devant de lui, M. le prince de Marcillac lui dit qu'il se trouvoit si bien de moi, et du service que je lui rendois, qu'il lui feroit un fort grand plaisir s'il vouloit bien que j'y demeurasse. Je fus bientôt dans sa confidence et tout à fait dans ses bonnes grâces. Il acheta le gouvernement de Poitou[1], et, l'y ayant suivi, il me fit son secrétaire; et, après avoir reçu quelques instructions d'un nommé M. de Serizay[2], qui avoit beaucoup d'esprit et qui l'étoit de M. de la Rochefoucauld le père[3], je m'acquittai assez bien de ma commission.

M. le prince de Marcillac, étant retourné à Paris avec peu d'argent, parce que, outre que sa famille n'en avoit guère, on auroit fort souhaité qu'il n'y fût pas retourné, m'ordonna d'aller parler de quelques affaires à M. d'Hémery, pour lors contrôleur général[4]; j'avois ce jour-là

1. C'est par lettres patentes du 3 novembre 1646, enregistrées au Parlement le 19, que le prince de Marcillac fut pourvu du gouvernement des haut et bas Poitou, Châtelleraudais et Loudunois, vacant par la démission du comte de Parabère, qui avait succédé, en 1633, au père du prince (Archives nationales, X[1a] 8655, fol. 705 v°; *Archives historiques du Poitou*, t. XV, p. 132). Parabère ne donna sa démission que moyennant finance. Après l'arrestation des princes et la fuite de la Rochefoucauld avec Mme de Longueville, le Roi, par lettres du 13 janvier 1649, défendit aux officiers de la province d'obéir au gouverneur (*Archives historiques du Poitou*, p. 317).
2. Jacques de Serizay, poète, né à Paris en 1590 et mort à la Rochefoucauld en novembre 1653, fut le premier directeur de l'Académie française (*Biographie générale*, article de Paul Lacroix, et *Historiettes de Tallemant des Réaux*, t. III, p. 245).
3. François V, premier duc de la Rochefoucauld (1588-1650).
4. Michel Particelli, sieur d'Hémery, contrôleur général des finances de 1643 à 1648, mourut le 23 mai 1650.

une casaque rouge avec quelques galons dessus. Peu de jours après, M. le prince de Marcillac y ayant envoyé son intendant pour lui parler, M. d'Hémery, à la première rencontre qu'il vit M. le prince de Marcillac, lui dit : « Quand vous aurez quelque chose à me « faire dire, envoyez-moi une casaque rouge qui m'a « déjà parlé une fois de votre part. » Ainsi cela m'en fit connoître et me donna lieu de faire quelques affaires auprès de lui pour M. le prince de Marcillac, qui auroit été obligé de quitter Paris, si je ne m'étois avisé de demander à M. d'Hémery un passeport pour faire sortir huit cents tonneaux de blé du Poitou; et, après me l'avoir accordé, je lui demandai s'il ne trouveroit pas mauvais d'en mettre deux cents pour moi pour que j'en tirasse le profit : en souriant, il me dit qu'il le vouloit bien. Aussitôt que je l'eus retiré, je pris la poste pour m'en aller à Niort, où je trouvai moyen de trafiquer mon passeport et d'en tirer une lettre de change de dix mille livres. Je ne saurois exprimer la joie qu'eut M. le prince de Marcillac de se voir en état de continuer son séjour à Paris; mais toute sa famille en conçut beaucoup de chagrin contre moi[1]. M. le prince de Marcillac me dit de prendre mes deux mille livres et d'employer les huit autres pour son service; mais, avec le temps, les dix y furent à peu près employées.

Le Roi étant sorti de Paris la nuit de la veille des Rois 1649, M. le prince de Marcillac, ayant suivi, me laissa à Paris et me donna un billet pour M. l'abbé de

---

1. A cause des relations qui commençaient entre le prince de Marcillac et Mme de Longueville, et que le vieux duc de la Rochefoucauld voyait sans doute d'un mauvais œil.

Maisons[1], frère de Monsieur le Président[2], qui étoit insigne frondeur et qui étoit du nombre des six qui avoient été arrêtés[3] par le Parlement pour des affaires secrètes. Après être convenu que M. le prince de Conti, s'il vouloit rentrer à Paris, seroit élu généralissime[4], je trouvai moyen d'en sortir pour aller à Saint-Germain. M'étant fait lieutenant d'une compagnie de bourgeois dans le faubourg Saint-Honoré[5], commandée par un charcutier qui demeuroit joignant la porte où logeoit M. le prince de Marcillac[6], et après avoir monté la garde avec la compagnie, je fis venir un cheval et m'en allai à Saint-Germain[7]. Aussitôt il fut résolu que M. le prince de Conti partiroit le soir, sur les onze heures[8], avec M. le prince de Marcillac et M. de Noirmontier[9], et qu'on feroit tenir des

1. Pierre de Longueil, abbé de Maisons, conseiller clerc au Parlement, chanoine de la Sainte-Chapelle, mort le 19 mai 1656.
2. René de Longueil, marquis de Maisons, fut président à mortier, surintendant des finances (1650-1651), ministre d'État, mort le 1er septembre 1677. Il n'était que conseiller en 1649.
3. C'est-à-dire choisis (Chéruel, *Histoire de France pendant la minorité de Louis XIV*, t. III, p. 84, 88, etc.).
4. Gourville se trompe en disant qu'on avait décidé de choisir Conti pour généralissime, s'il rentrait à Paris. On élut d'abord le duc d'Elbeuf, et ce fut seulement lorsque Conti arriva qu'on lui donna le commandement suprême. Voir les *Mémoires de Retz*.
5. Le faubourg Saint-Honoré commençait au Palais-Royal.
6. Les La Rochefoucauld n'ont pas dû avoir d'hôtel attitré à Paris avant le mariage de François VII avec l'héritière de Liancourt. L'hôtel de Liancourt, situé rue de Seine, devint alors l'hôtel de la Rochefoucauld.
7. D'après La Rochefoucauld (*Mémoires*, t. II, p. 114-115), Gourville fut le messager ordinaire entre Paris et Saint-Germain ; on agissait sur les paroles qu'il portait des uns aux autres.
8. Le 9 janvier.
9. Louis de la Trémoïlle, marquis de Noirmoutier ou Noirmontier (1612-1666), duc en 1650.

chevaux prêts à l'abreuvoir[1]. Après cette résolution prise, M. le prince de Marcillac m'entretint fort longtemps pour m'instruire de ce qu'il vouloit que je disse à Paris en cas qu'il fût fait prisonnier, ne doutant pas qu'on ne lui coupât le cou. Après m'avoir dit beaucoup de belles choses, je m'avisai de lui dire que, s'il vouloit qu'elles fussent sues de la personne à qui il m'ordonnoit de les dire[2], il seroit plus assuré qu'il les écrivît pour les faire tenir plus sûrement, parce que, étant bien résolu de ne le point abandonner en cas que nous fussions pris, il y avoit bien de l'apparence que, si on lui coupoit le cou, je serois pendu. L'heure approchant du départ, M. le prince de Marcillac, s'imaginant que M. le prince de Conti auroit quelque peine d'aller à pied jusqu'à cet abreuvoir[3], chargea M. de Berquigny, son premier écuyer, d'aller prendre un cheval pour lui, de mener en main celui que M. le prince de Conti devoit monter, et de le venir joindre dans l'avant-cour[4] au-dessus de la porte qui entre dans le château. Étant donc venu, M. le prince de Marcillac mit pied à terre, et, s'approchant de cette porte pour voir quand M. le prince de Conti passeroit, ne l'ayant point averti de ce changement, le hasard fit que, quelqu'un sortant avec un flambeau, il voulut se mettre à l'écart pour n'être pas reconnu. Dans cet instant, M. le prince de Conti sortit accompagné de M. de Noirmontier, qui lui donnoit la main, parce qu'il

1. Cet abreuvoir se trouvait au nord du château de Saint-Germain. Le souvenir en est conservé dans le nom de la rue actuelle du Vieil-Abreuvoir.
2. Mme de Longueville, évidemment.
3. On sait que le prince de Conti était bossu et contrefait.
4. Dans la cour des cuisines (*Mém. de la Rochefoucauld*, p. 115).

avoit beaucoup de peine à marcher, pour aller jusqu'à l'abreuvoir pour y monter à cheval. Enfin, la porte du château étant fermée, et M. le prince de Marcillac nous l'étant venu dire à M. de Berquigny et à moi, pensant qu'il falloit que M. le prince de Conti eût été arrêté, M. le prince de Marcillac dit qu'il avoit été obligé de quitter cette porte à cause du flambeau et qu'il étoit peut-être sorti dans ce moment. Enfin, nous résolûmes d'aller à l'abreuvoir pour nous en assurer, et, n'y ayant trouvé que l'écuyer de M. de Noirmontier, dont M. le prince de Conti avoit pris le cheval et qui avoit eu ordre d'attendre M. le prince de Marcillac pour lui dire que Son Altesse étoit partie avec M. de Noirmontier, nous prîmes le parti de marcher[1]. Mais, ayant représenté qu'il falloit passer trois ponts[2] et que ces messieurs pourroient avoir donné l'alarme en s'en allant, on convint que le plus sûr étoit de nous en aller par derrière Meudon et de prendre un chemin qui nous mèneroit du côté du faubourg Saint-Germain, le sachant bien pour y avoir été à la chasse. Justement, nous allâmes tomber auprès d'une barrière où nous avions aperçu du feu. En approchant, ce fut des cris de « Qui va là? » et que, si nous voulions avancer, on tireroit. Je mis pied à terre, m'approchai de la barrière et dis que nous venions pour le secours de Paris. On me répondit que l'on ne pouvoit laisser

1. C'est dans la nuit du 9 au 10 janvier que le prince de Conti, le duc de Longueville, Marcillac et Noirmoutier quittèrent Saint-Germain pour rentrer dans Paris (*Mémoires de Monglat*, p. 205). Mme de Motteville dit que ce fut sur un avis de Mme de Longueville prévenant Conti qu'il était temps de venir se mettre à la tête du mouvement. — Gourville oublie de citer M. de Longueville.

2. Ceux du Pecq, de Chatou et de Neuilly.

entrer personne sans l'ordre de M. le président Bauquemare[1]. Je l'allai trouver; il vint avec moi pour faire entrer M. le prince de Marcillac. Monsieur le Prince fut fort en colère contre M. le prince de Conti, et encore plus contre M. le prince de Marcillac[2].

L'on commença à lever des troupes et, de la part du Roi, à bloquer Paris. Après qu'on[3] eut fait quelque cavalerie, on songea à faire venir des convois, et, en ayant été disposé un considérable à Brie-Comte-Robert, M. de Noirmontier fut chargé de l'amener une nuit, et M. le prince de Marcillac sortit le soir, avec quelques escadrons de cavalerie, pour le favoriser. S'étant avancé vers Grosbois, la terre étoit toute couverte de neige, qui y fit fort souffrir ces nouvelles troupes. Le matin, on eut l'alarme; tout le monde monta à cheval. M. le prince de Marcillac se mit à la tête de l'escadron de M. le marquis de Rauzan[4], frère de MM. de Duras. Nos escadrons firent assez bonne mine en se mettant en ordre de bataille; mais, aussitôt qu'on eut commencé à tirer le premier coup, tout s'en alla en grand désordre, à la réserve de l'escadron

---

1. Charles de Bauquemare, d'abord conseiller au parlement de Rouen (1618), était passé au parlement de Paris en 1622 et avait été reçu le 29 août (Archives nationales, X^{1a} 1934). Il était président de la seconde chambre des requêtes du Palais depuis 1626, et mourut à quatre-vingt-deux ans, le 4 mai 1671 (*Gazette*, p. 466), laissant deux fils jumeaux, dont Dangeau (t. VI, p. 64-65, avec Addition de Saint-Simon) a raconté la curieuse histoire.

2. Voir les *Mémoires de Monglat*, p. 205.

3. Les Parisiens.

4. Frédéric-Maurice de Durfort, comte (et non marquis) de Rauzan, frère cadet de Jacques-Henri et de Guy-Aldonce de Durfort, qui devinrent les maréchaux de Duras et de Lorge; il mourut, peu après, des blessures qu'il reçut dans ce combat.

de Rauzan, qui fit ferme pour quelque temps. M. le marquis de Sillery, beau-frère de M. le prince de Marcillac[1], M. de Bercenay, son capitaine des gardes, et moi étions auprès de lui. Le cheval sur lequel j'étois fut blessé de trois coups, dont il mourut[2]. Ces Messieurs furent pris, et moi aussi, et menés au château de Lissy[3]. M. le prince de Marcillac fut extrêmement blessé, et son cheval tué; mais il ne laissa pas de monter sur un autre qui se rencontra par hasard, et se rendit à Paris[4]. Quelque temps après, on parla de paix, et elle se fit[5].

Monsieur le Prince s'étant fort signalé pour favoriser M. le cardinal Mazarin, tout le monde disoit que c'étoit lui qui l'avoit maintenu. Cela lui fit croire qu'il pouvoit lui demander tout ce qu'il jugeroit à propos, et qu'il n'oseroit lui refuser, en sorte qu'il eut de grandes prétentions[6]. Monsieur le Cardinal, en étant fort embarrassé, résolut de le faire arrêter au Palais-Royal avec M. le prince de Conti et M. de Longueville[7].

1. Louis Brûlart, marquis de Sillery et de Puyzieulx (1619-1691), avait épousé en mai 1638 Marie-Catherine de la Rochefoucauld.
2. *Mémoires de La Rochefoucauld*, t. II, p. 126.
3. Lissy, Seine-et-Marne, canton de Brie-Comte-Robert.
4. La *Gazette*, p. 136-138, donne un long récit de ce combat, qui eut lieu le 19 février 1649. Le comte de Grancey attaqua près de Servon la troupe commandée par Marcillac et la mit en déroute (*Mémoires de Monglat*, p. 208, etc.).
5. Paix de Rueil, 11 mars 1649.
6. On voit que Gourville se rend fort bien compte des exigences de Condé. M. le duc d'Aumale (t. V, p. 381) dit que la cause de l'arrestation des princes fut que Condé avait rendu trop de services et qu'il gênait.
7. Le 18 janvier 1650. Tous les mémoires du temps racontent en détail cette arrestation; M. Tamizey de Larroque a publié en 1871 la relation du comte de Cominges, qui fut chargé avec Guitaud de s'assurer des princes.

Ayant appris cela à la ville, je m'en vins en toute diligence au logis de M. le prince de Marcillac. J'y appris bientôt que Mme de Longueville devoit se retirer à Rouen, que M. le prince de Marcillac l'accompagneroit, et l'on fit toute la diligence que l'on put en prenant beaucoup de chevaux à la campagne et dans les villages, que l'on attela au carrosse. On y arriva le lendemain. Après l'avoir reçue, on lui représenta qu'elle n'y pouvoit avoir aucune sûreté[1], et, le jour suivant, nous allâmes à Dieppe[2], d'où Mme de Longueville partit pour s'en aller en Hollande et de là se rendre à Stenay. M. le prince de Marcillac se retira en Angoumois, et, M. le duc de Bouillon étant à Turenne, ils complotèrent ensemble de mener Madame la Princesse et M. le duc d'Enghien à Bordeaux, où ils savoient qu'il y avoit un esprit de révolte. Je fus envoyé à Madame la Princesse la douairière[3] à Chantilly, pour la disposer à envoyer Madame la Princesse[4] et M. le duc d'Enghien[5]

1. Le Parlement reçut froidement la princesse, et le marquis de Beuvron, gouverneur de la ville, lui fit entendre qu'il comptait rester fidèle au Roi et faire son devoir vis-à-vis d'elle, s'il le fallait (*Mémoires de Mme de Motteville*).

2. Si Gourville alla à Dieppe, comme son récit le fait croire, il revint immédiatement à Rouen et se mit au service du Cardinal. Une lettre de Colbert à Le Tellier, du 7 février, montre qu'il contribua à la remise de Pont-de-l'Arche entre les mains des troupes royales (*Lettres de Colbert*, t. I, p. 1-2).

3. Charlotte-Marguerite de Montmorency, veuve de Henri III, prince de Condé; elle mourut le 2 décembre 1650. — Ce voyage de Gourville est d'avril 1650, et postérieur par conséquent à la tentative d'évasion des princes qu'il va raconter quelques lignes plus loin.

4. Claire-Clémence de Maillé-Brezé, mariée au grand Condé le 11 février 1641.

5. Henri-Jules de Bourbon, né le 29 juillet 1643, devint prince de Condé en 1686 et mourut le 1er avril 1709.

à Montrond[1], ce qu'elle fit. Ceux qui n'ont pas vu la foiblesse où étoit le gouvernement alors ne pourroient pas s'imaginer comment tout cela se passoit sans qu'on l'empêchât[2].

M. le prince de Marcillac, pour lors devenu M. de la Rochefoucauld par la mort de son père, décédé au château de la Rochefoucauld[3], sous prétexte de faire mener son corps à Verteuil, où ils sont inhumés[4], assembla plus de deux ou trois cents gentilshommes[5], avec leurs valets et d'autres gens de ses terres, et, y ayant fait jusqu'à six ou sept cents hommes de pied, cela accompagna le corps à Verteuil. Alors M. de la Rochefoucauld proposa à ses amis de vouloir bien aller avec lui à Saumur, où le gouverneur, qui étoit mis par M. le maréchal de Brezé, promettoit de le recevoir[6]. Il marcha jusqu'à Lusignan, et, m'ayant

1. Ce château avait été acheté à Sully par le père du grand Condé, qui l'avait fortifié et en avait fait une des plus fortes places du royaume. On écrivait aussi *Mouron* et *Mouzon*.
2. Gourville omet de raconter tous les détails de son voyage à Chantilly, ses conférences avec Lenet, le don de 2,000 pistoles que Madame la Princesse fit, par son entremise, à La Rochefoucauld pour l'aider à lever des troupes, etc. (voir les *Mémoires de Lenet*, p. 227-228, ceux de *La Rochefoucauld*, t. II, p. 178-179, et, plus haut, notre Introduction).
3. François V mourut le 8 février 1650.
4. Le domaine de Verteuil appartenait de toute ancienneté à la famille de La Rochefoucauld. Ils avaient leur sépulture dans l'église des Cordeliers, aujourd'hui détruite (*Mémoires de Saint-Simon*, éd. des *Grands écrivains*, t. III, p. 154, note). Quelques semaines plus tard, les troupes royales s'emparèrent de la ville, qui fut rasée (Bibl. nat., ms. franç. 4184, fol. 112 : ordre du roi au sieur de Chalesme pour se saisir des châteaux de la Rochefoucauld, Verteuil et la Vergne).
5. Lenet (p. 244) dit douze ou quinze cents, ce qui est évidemment exagéré.
6. Urbain de Maillé, maréchal de France et beau-père du grand

envoyé devant pour avertir le gouverneur de sa marche, j'appris en approchant qu'il avoit fait un traité et qu'il y avoit reçu des troupes du Roi. Je revins aussitôt en porter la nouvelle à M. de la Rochefoucauld qui arrivoit à Lusignan, ce qui l'obligea à s'en retourner et à congédier ses amis[1].

M. de Bouillon et M. de la Rochefoucauld menèrent Madame la Princesse et Monsieur le Duc à Bordeaux, où ils furent reçus. Bientôt après, M. le maréchal de la Meilleraye[2] y mena des troupes pour tâcher de les réduire. Les vendanges approchant[3], Bordeaux songea à faire sa paix. Je fus envoyé à Monsieur le Cardinal et ménageai une entrevue de M. de la Rochefoucauld et de M. de Bouillon avec lui, laquelle se fit en sortant de Bordeaux, après l'amnistie[4].

Condé, était mort le 13 février 1650. Il avait le gouvernement de Saumur, et du Mont, son lieutenant, était dévoué à Condé. Mazarin, après la mort de Brezé, avait donné le gouvernement de la ville au comte de Cominges, qui avait arrêté les princes au Palais-Royal (Duc d'Aumale, *Histoire des princes de Condé*, t. VI, p. 14-16; Bibl. nat., ms. franç. 4181, n° 129).

1. Duc d'Aumale, *Histoire des princes de Condé*, t. VI, p. 15-16.
2. Charles II de la Porte, maréchal de France en 1639, mort le 8 février 1664.
3. Duc d'Aumale, p. 40. — Ce fut le 3 octobre que Madame la Princesse, accompagnée de son fils, des ducs de Bouillon et de la Rochefoucauld, de Tavannes, Guitaud, Coligny, etc., de Mme Gerbier et de Gourville, quitta Bordeaux sur une petite galère (Lettre de Sainctot au maréchal de Villeroy, dans les *Archives historiques de la Gironde*, t. VI, p. 420).
4. Gourville passe si rapidement sur les événements de la première campagne de Guyenne, qu'il oublie de raconter les voyages que La Rochefoucauld lui fit faire à Stenay vers Mme de Longueville et à Paris auprès des partisans des princes (*Mémoires de Lenet*, p. 346-347 et 403; *Mémoires de Mme de Motteville*, t. III, p. 192-193, et notre Introduction). — Quant à l'entrevue qu'il ménagea aux deux ducs avec le Cardinal, Lenet (p. 388) raconte

L'aversion[1] générale qu'on avoit pour M. le cardinal Mazarin et les grandes actions qu'avoit faites Monsieur le Prince faisoient que quasi tout le monde le plaignoit et souhaitoit sa liberté. Je ne sais par quel hasard quelques-uns des sergents et caporaux des compagnies des gardes qui le gardoient à Vincennes raisonnèrent entre eux que ce seroit bien faire leur fortune s'ils pouvoient donner la liberté à Monsieur le Prince[2].

Un caporal qui avoit été de la conférence, nommé Francœur, qui étoit de mes amis et de qui j'avois tenu un enfant[3], m'étant venu voir et m'ayant dit ce qui s'étoit passé à Vincennes, il ne m'en fallut pas davantage pour être fort desireux de me signaler à quelque prix que ce pût être. Je chargeai mon compère de mettre sur le tapis le discours qu'on avoit tenu pour la liberté de Monsieur le Prince, et de faire envisager que, si on pouvoit lui procurer sa liberté, ce seroit le moyen de faire leur fortune et à tous ceux qui entreroient dans ce dessein. Je lui dis de leur proposer de faire un régiment sous le nom de M. le duc d'Enghien,

---

que ce fut par l'entremise du duc de Candalle et de Mme de Saint-Loup, sa maîtresse.

1. Gourville revient en arrière : le traité de Bordeaux est de la fin de septembre 1650, et les faits qui vont suivre sont du mois de février précédent.

2. La tentative de délivrance des princes que Gourville va raconter en détail ne se trouve relatée dans aucun des autres Mémoires du temps. M. le duc d'Aumale (*Histoire des princes de Condé*, t. VI, p. 34) ne cite comme source que nos Mémoires. M. Chéruel (*Histoire de la minorité de Louis XIV*, t. IV, p. 35) signale deux lettres de Le Tellier à Mazarin qui confirment l'exactitude du récit de Gourville et dont nous donnerons des extraits à l'appendice II.

3. Sur les fonts du baptême.

dont les sergents seroient les capitaines et distribueroient les autres offices à ceux qui auroient le plus servi à la liberté, et une somme d'argent pour chaque soldat qui y seroit entré; mais surtout de bien prendre garde de ne pas mêler mon nom à tout cela. Quelques jours après, il vint me dire qu'il ne doutoit pas que la chose ne pût réussir, et, après avoir eu encore une conférence sans me nommer, à ce qu'il me dit, il me proposa si je voudrois entendre dans le mail de l'Arsenal[1] deux sergents qui auroient pouvoir de traiter. Je lui dis qu'auparavant je voulois aller trouver Madame la Princesse douairière pour m'assurer de l'exécution des promesses que je pourrois faire, et qu'à mon retour nous conviendrions du jour que je pourrois aller au rendez-vous. J'allai aussitôt trouver Madame la Princesse, de qui j'étois déjà assez connu, pour lui conter tout ce que je viens de dire et lui demander ses ordres pour savoir jusqu'à quelle somme je pouvois promettre. J'oserois quasi dire qu'elle m'embrassa; du moins elle mit ses deux mains sur mes bras en me disant que je pouvois promettre tout ce que je voudrois, en m'assurant qu'elle me le feroit délivrer. Mais je pensai que je ferois mieux de m'assurer d'avoir une somme fixe. Je lui demandai si je pouvois m'engager jusqu'à cent mille écus. Elle me répondit que oui, et même jusqu'à cinq cent mille francs, s'il étoit nécessaire. Je lui parlai du régiment que j'avois proposé: elle me dit que tout cela étoit fort bon, qu'elle me conjuroit de suivre cette affaire avec grand soin, et qu'elle

---

1. On peut voir sur le plan de Gomboust (1653) la représentation de ce mail, longue et large avenue d'arbres qui s'étendait le long de la Seine entre le fleuve et l'Arsenal, vis-à-vis l'île Louviers.

m'alloit faire donner une ordonnance de six mille livres sur son trésorier, en cas que je crusse devoir faire quelques avances à ceux avec qui j'avois fait l'entreprise. Elle fit appeler M. de la Tour, son secrétaire[1], et signa l'ordonnance qu'elle fit dresser. Je m'en revins aussitôt et envoyai chercher mon compère Francœur pour lui dire que j'étois prêt de me trouver au rendez-vous qu'il m'avoit proposé à l'Arsenal, et nous marquâmes pour cela le lendemain, à trois heures après midi. Mais, aussitôt qu'il fut sorti de ma chambre, combien de réflexions me vinrent dans la pensée! La première fut de délibérer si cette entreprise n'étoit pas un cas pendable à mon égard, et l'impossibilité qu'il y avoit quasi que cela pût réussir; de l'autre côté, la gloire et l'avantage que j'en pouvois tirer. Je me trouvai le lendemain au rendez-vous que nous avions pris, et je vis venir Francœur et deux sergents des gardes avec lui. Je commençai par leur demander comment ils prétendoient pouvoir mettre Monsieur le Prince hors des portes de Vincennes. Ils me dirent qu'il n'y avoit presque point de sergents ni soldats qui ne parlassent souvent du chagrin qu'ils avoient d'être obligés de garder ce prince qui avoit si souvent hasardé sa vie pour le service du Roi, comme quelques-uns disoient l'avoir vu en plusieurs occasions, pour maintenir un étranger qui l'avoit si injustement fait arrêter, et que Francœur, en qui je me fiois, pou-

---

1. M. de la Tour fut successivement secrétaire des princesses jusqu'en 1653, époque où il alla rejoindre en Flandre le prince de Condé. Il remplit auprès de lui les fonctions de trésorier jusqu'en 1659. En 1660, il est secrétaire ordinaire du prince. (Communication de M. G. Macon, et Archives nationales, Z^{1a} 522.)

voit me dire que, de huit sergents ou caporaux qui avoient entendu la proposition qu'il avoit faite, il n'y en avoit pas un qui n'eût dit qu'il étoit prêt de hasarder sa vie pour procurer la liberté à ce grand prince. Je leur parlai des grandes récompenses qu'ils pourroient avoir en faisant une si belle action. Francœur me dit que ces Messieurs voudroient bien savoir à quelle somme cela pourroit aller, afin de s'en servir à en gagner d'autres. Je ne balançai pas à leur promettre deux cent mille francs, qu'ils toucheroient à Chantilly, à partager entre ceux qui l'y voudroient conduire, laissant à Monsieur le Prince de gratifier ceux qui auroient le plus contribué à sa liberté. Je leur dis ensuite que Francœur leur devoit avoir dit la pensée que j'avois eue qu'on fît un régiment sous le nom de M. le duc d'Enghien, et que, si Monsieur le Cardinal apprenoit la liberté de Monsieur le Prince, il n'avoit point d'autre parti à prendre que de sortir du royaume. Quelle gloire auroient alors ceux qui lui auroient nécessité[1]! Les deux sergents et Francœur se séparèrent de moi pour un moment, et me rejoignirent pour me dire qu'ils espéroient de venir à bout de faire réussir l'affaire. Ils firent beaucoup de façons pour prendre vingt pistoles que je leur présentai pour boire avec ceux qu'ils auroient dessein d'engager, et nous convînmes que nous ne nous assemblerions plus et que Francœur porteroit les paroles de part et d'autre. Il me vint trouver peu de jours après pour me dire la résolution qui avoit été prise de prendre leur temps un dimanche, que M. de Bar[2] avoit accou-

---

1. Ceux qui l'y auraient obligé.
2. Guy de Bar, d'abord capitaine aux gardes, maréchal de camp

tumé d'aller à vêpres, et où les officiers qui se trouvoient à la garnison, à son exemple, y alloient aussi ; qu'ils prétendoient faire faire des tire-fonds[1], dont l'anneau seroit assez large pour passer des morceaux de bois qui iroient d'un jambage à l'autre, qu'ils en mettroient aux portes par où l'on entroit dans l'église, et qu'ils prétendoient qu'aussitôt après ils crieroient : « Liberté ! Liberté des princes, et deux cent mille « francs à distribuer à ceux qui la leur voudront pro- « curer ! » et que ceux qui avoient fait l'entreprise étoient persuadés qu'il n'y auroit pas un seul homme qui ne se tournât de leur côté, et qu'ils me répondoient du succès. Je lui donnai dix pistoles pour faire ces petits frais ; ensuite j'allai retrouver Madame la Princesse, pour lors à Merlou[2]. Pour cette fois-là, elle m'embrassa tout de bon, après que je lui eus conté ce que je viens de dire, et elle m'ajouta qu'elle avoit jeté les yeux sur quatre personnes pour me venir trouver à Paris, pour être présentes à l'entreprise, et que M. Dalmas[3], son écuyer, se rendroit le mercredi à Paris avec les autres et un nombre de chevaux pour

le 28 janvier 1649, avait reçu le 20 janvier 1650 une commission spéciale pour commander à Vincennes et y garder les princes (Archives nationales, O1 11, fol. 91) ; il fut fait lieutenant général le 10 juillet 1652, gouverneur d'Amiens et grand bailli de Picardie en 1653, et mourut en décembre 1694.

1. Anneau de fer qui aboutit en vis. Les tonneliers s'en servent pour tirer et faire entrer dans la rainure la dernière douve du fond d'un tonneau (*Dictionnaire de l'Académie*, éd. 1718).

2. Merlou ou Mello, petit village avec un château appartenant aux Condé, situé à deux lieues nord-ouest de Creil.

3. Étienne Dalmas, né en Gascogne, était, dès 1644, au service de Madame la Princesse douairière ; il eut en 1646 la capitainerie de Chantilly. On le retrouve en 1660 écuyer du grand Condé (Communication de M. G. Macon, et Archives nationales, Z1a 522).

monter les princes : ce qui fut exécuté. Mais, le vendredi, tous quatre, ou quelqu'un d'eux en particulier[1], ayant été saisi de peur, fit semblant le même jour d'aller à confesse à Notre-Dame, au pénitencier[2], et, s'étant accusé d'un vol dont il vouloit faire la restitution, il lui donna un paquet où il avoit mis quelque argent, et lui dit qu'il trouveroit le nom de la personne[3] écrit dans ce papier. Le pénitencier, étant rentré chez lui, et voulant voir à qui il falloit faire cette restitution, trouva un écrit : « Dimanche, à trois heures, on « doit mettre les princes en liberté ; il y a une intelli- « gence dans Vincennes pour cela. » Le pénitencier aussitôt alla porter ce billet à Monsieur le Coadjuteur[4], et, le samedi, M. de Beaufort monta à cheval, suivi d'un nombre de cavaliers, et alla dans les villages aux environs de Vincennes pour voir s'il ne trouveroit point quelques personnes préposées pour soutenir l'entreprise. Cela s'étant répandu le même jour, étant bien persuadé qu'il n'y avoit plus rien à faire, M. de Bar ayant assurément été informé de cela, je m'en allai passer chez Francœur, que je trouvai sur le point de partir pour aller à Vincennes, pour lui donner avis de ce que j'avois appris. Il me dit qu'il en avoit déjà ouï parler et qu'il s'en alloit pour avertir ses camarades. Sur-le-champ, je m'en allai prendre mes bottes et puis deux chevaux de louage de mon voisinage, et

1. Une des quatre personnes envoyées par la princesse de Condé.
2. Le concile de Latran, en 1215, avait prescrit l'établissement dans toutes les églises cathédrales d'un prêtre appelé pénitencier, qui était spécialement chargé d'absoudre les cas réservés à l'évêque.
3. Ici le correcteur du manuscrit de M. le baron Pichon a ajouté : « A qui il falloit restituer. »
4. Paul de Gondy, le futur cardinal de Retz.

m'en allai prendre la poste à Longjumeau. Je fis beaucoup de diligence pour arriver à la Rochefoucauld, où, m'étant rendu fort fatigué, je contai mon aventure à M. de Serizay, dont j'ai déjà parlé, qui étoit homme d'esprit, mais fort bouillant, qui se mit dans une grande colère et me traita non seulement de téméraire, mais de fou achevé, me disant que, du temps du cardinal de Richelieu, huit jours après, je n'aurois pas été en vie. Je lui répondis que peut-être aussi dans ce temps-là je ne l'aurois pas entrepris, et qu'à bon compte je m'en allois chez de mes amis, en attendant que j'eusse su la suite qu'auroit eue cette affaire, et que je viendrois quelquefois à la brune pour lui en demander des nouvelles. Et, soit que l'avis qui avoit été donné fut regardé comme une chose faite exprès et sans fondement, ou de quelque façon que ce fût, j'appris que cela n'avoit produit que le changement des compagnies des gardes pour en mettre d'autres.

Chapitre II.

Deux voyages que je fis à Stenay. Ma prison à Sedan. Mon retour à Bordeaux, ayant manqué de prendre M. le cardinal de Retz.

Je fis ensuite deux voyages en poste à Stenay[1]. Le premier étoit au commencement de janvier. Les derniers chevaux que je pouvois prendre, c'étoit à Sainte-Menehould, les frontières étant presque désertes et les chemins extrêmement mauvais. Il y avoit beaucoup de bois à passer, et les paysans y étoient en petites troupes et tuoient indifféremment tous les pas-

1. Cette place avait été donnée à Condé par Louis XIV en 1648.

sagers. Je me trouvai vers le soir proche d'un endroit où mon postillon me dit qu'il y avoit ordinairement grand danger, et, le voulant éviter, il prit à côté du chemin. Quatre hommes sortirent de derrière une masure pour nous couper, et, quoique nous ne pussions plus galoper, voyant néanmoins qu'ils ne le pouvoient pas, ils nous tirèrent trois coups de fusil; mais j'en fus quitte pour la peur. Il faisoit un temps diabolique. La nuit étant venue, je souffris des peines qui ne peuvent s'exprimer. Le postillon, ayant voulu quitter le grand chemin, prit sur la droite dans la campagne, croyant qu'il y faisoit meilleur; mais mon cheval, qui étoit extrêmement las, enfonçoit de sorte qu'il ne pouvoit plus marcher. J'avois mis mon manteau à cause qu'il tomboit une petite neige fondue, et cela l'avoit rendu fort pesant. Je voulus mettre pied à terre pour soulager le cheval; mais nous avions tous deux tant de peine, que nous ne pouvions avancer qu'un tant soit peu. Le vent me donnoit dans le nez, qui me faisoit extrêmement souffrir. Le postillon, qui avoit aussi mis pied à terre pour la même raison, ayant trouvé la souche d'un arbre, je m'assis dessus, tournant le visage du côté d'où je venois. Là je fis réflexion que j'avois un frère et quatre sœurs qui étoient apparemment couchés bien chaudement et qui, avec le temps, me feroient bien des neveux, et que les uns et les autres, si je faisois quelque fortune, ne songeant point aux peines qu'elle m'auroit coûté, prétendroient vraisemblablement que je leur en devrois faire bonne part[1]. Je m'entretins ensuite avec mon

1. On verra en effet que Gourville ne manqua pas de « faire bonne part » de ses biens à sa famille.

postillon de ce qu'il croyoit que nous pouvions faire. Il me dit que nous ne saurions arriver au lieu qu'il s'étoit proposé, où nous aurions pu être en sûreté; mais qu'à un demi-quart de lieue il y avoit une espèce de cabaret où il connoissoit l'hôte pour être un honnête homme, que cependant il y avoit souvent des canailles chez lui, et qu'il étoit à craindre que, nous voyant dans ce lieu, ils ne sortissent devant nous pour tâcher de nous assommer. Cela me fit grand peur. Mais, avec tout cela, je ne voyois point d'autre parti à prendre que celui d'en courre le hasard, et, pour pouvoir m'y rendre, je donnai mon manteau, qui m'accabloit, au postillon, qui le mit sur son cheval, et nous fûmes plus d'une grosse demi-heure à nous y pouvoir rendre; encore nous tint-on assez longtemps à la porte, n'osant pas ouvrir, ne sachant quels gens nous étions. Enfin, ayant ouvert, il parut que je faisois pitié à ce pauvre cabaretier en l'état où il me voyoit. Après m'être séché et avoir mangé, je dormis sur de la paille un assez long temps; nos chevaux ayant bien repu, nous partîmes, et j'arrivai environ midi à Stenay. Il s'est présenté bien des rencontres qui m'ont obligé quelquefois de faire des réflexions sur le triste état où je m'étois trouvé sur la souche, et, grâce à Dieu, ma famille a été bien augmentée, comme je l'ai marqué ailleurs[1]. Peu de jours après, je retournai à Paris sans avoir trouvé aucune aventure.

Au second voyage que je fus obligé d'y faire, je fus arrêté par delà Grand-Pré[2] par des cavaliers de la

1. Ci-dessus, p. 8.
2. Dép. des Ardennes, arrondissement de Vouziers, à quelques lieues de Stenay.

compagnie d'ordonnance de M. le maréchal de l'Hospital[1], qui me menèrent à M. le comte d'Aspremont, qui en étoit lieutenant[2], et il m'envoya à Sedan comme prison empruntée. En y arrivant, le geôlier, qui étoit un homme de très méchante mine, prit plaisir à me faire voir comment on donnoit la question, en me disant que je l'aurois bientôt, et il me mit au cachot, avec mon homme, sur de la paille. Le lendemain au soir, soit par pitié ou par curiosité, sa femme me vint voir, et, le jour suivant, elle revint encore et m'apprit que M. de Fabert[3] ne vouloit point prendre connoissance de mon affaire : ce qui me fit bien augurer de ma destinée.

Elle me dit que son mari devoit me donner des draps et un matelas pour coucher, et qu'on me laisseroit sortir l'après-dînée dans la cour : ce qui me fit un fort grand plaisir. Après[4] quelques entretiens avec elle, la voyant disposée à me secourir, je la priai de me donner du papier et de l'encre, et elle me promit de porter ma lettre à la poste, sans que personne en sût rien : de sorte que j'écrivis à Paris pour mander l'état où j'étois, et qu'il ne falloit faire autre démarche que vers M. le maréchal de l'Hospital, de qui

---

1. François de l'Hospital, maréchal de France depuis 1643, était gouverneur de Champagne et Brie ; il s'était défait de ce gouvernement à la fin de 1649 et avait reçu en échange celui de Paris.

2. François de la Mothe-Villebert, comte d'Aspremont, capitaine aux gardes en 1667.

3. Abraham de Fabert, qui ne devint maréchal de France qu'en 1658, était gouverneur de Sedan depuis 1643 ; c'est lui qui, en 1654, s'emparera de Stenay.

4. Tout le passage qui suit, jusqu'à *de sorte que*, a été biffé dans le manuscrit de M. le baron Pichon.

ma liberté dépendoit[1]. Mme de Puyzieulx[2] s'étant trouvée de ses amies, elle fit si bien qu'elle obtint une lettre de lui à M. le comte d'Aspremont pour me faire mettre en liberté[3]. Mais, comme celui-ci avoit écrit que, s'il avoit envie de me faire sortir, il seroit bien aise de profiter de quelque chose sur les contributions que ses terres payoient à Stenay, et y ayant envoyé proposer que, si on vouloit lui donner six mille livres à déduire sur les contributions, il me feroit sortir, cela fut accordé, et, m'ayant envoyé deux chevaux et un tambour pour me mener à Stenay, j'y fus reçu avec grande joie.

Après quelque séjour dans cette ville, je m'en retournai à Paris, et M. de la Rochefoucauld, y étant revenu quelque temps avant la liberté de Monsieur le Prince, alla au-devant de lui jusqu'à sept ou huit lieues du Havre[4]. En revenant avec Son Altesse, nous trouvâmes en deux endroits qu'on faisoit des feux de joie dans des villages pour le retour de Monsieur le Prince, et entre autres un d'une représentation avec une vieille jupe rouge sur une figure de paille, représentant Monsieur le Cardinal, qu'on brûloit. Paris, à ce que l'on dit alors, témoigna autant de joie à son retour

---

1. La fin du paragraphe a été biffée dans le manuscrit Pichon.
2. Charlotte d'Estampes-Valençay, veuve de Pierre Brûlart, marquis de Sillery et de Puyzieulx, secrétaire d'État sous la régence de Marie de Médicis. Son fils, comme nous l'avons dit, avait épousé la sœur du duc de la Rochefoucauld, et cela explique l'intervention de Mme de Puyzieulx en faveur de Gourville.
3. Mme de Motteville raconte que la délivrance de Gourville eut lieu sans que la cour en fût avertie (t. III, p. 193).
4. C'est le 13 février 1651 que Mazarin, « battant de vitesse » La Rochefoucauld et les autres amis des princes, vint leur annoncer que la régente les avait mis en liberté.

comme il en avoit témoigné quand il fut arrêté. Je commençai là d'être connu de Monsieur le Prince[1], et, quelque temps après, lui ayant parlé deux ou trois fois, il me donna des marques de sa bienveillance; et entre autres, un soir que j'étois allé pour le voir souper à l'hôtel de Condé[2], il me commanda deux fois de me mettre à sa table, ce que je fis, et qui me fit grand honneur et regarder avec un peu plus de distinction qu'on ne faisoit auparavant. Enfin, étant entré de plus en plus dans sa confidence, il me parloit de toutes ses affaires les plus secrètes et de ce qui se négocioit à Bordeaux et à Madrid[3], dans la résolution où il étoit de faire la guerre. Je tombai fort malade d'une fièvre double-tierce, dont je crus mourir; mais, huit ou dix jours après, étant un peu mieux et même en convalescence, et dans l'espérance de pouvoir bientôt me mettre en chemin, Monsieur le Prince, sur le point de partir pour s'en aller à Bordeaux, monta chez M. de la Rochefoucauld, au troisième étage, où j'étois logé, et, m'ayant conté où étoit l'état de toutes ses affaires, m'ordonna de m'en aller, tout le plus tôt que je pourrois, le trouver, et de voir M. de Chavigny pour pouvoir lui rendre compte de tout ce qui se pas-

---

1. Outre les deux voyages à Stenay dont il vient de parler, Gourville en fit certainement d'autres : dans une lettre de Mme de Longueville à son frère, datée de Stenay le 24 février 1651 et publiée par M. le duc d'Aumale (t. VI, p. 481), la princesse écrit : « Gourville vous dira pourquoi je ne puis partir lundi. »

2. L'hôtel de Condé était rue Neuve-Saint-Lambert, aujourd'hui rue de Condé, et comprenait tout le triangle formé par les rues de Vaugirard, de Condé et Monsieur-le-Prince.

3. Par l'entremise de Lenet (ses *Mémoires*, p. 528-531, et l'*Histoire des Princes de Condé*, t. VI, p. 101-103).

soit sur les affaires présentes[1]. Aussitôt que je me crus en état de pouvoir faire le voyage en carrosse, j'allai recevoir les ordres de M. de Chavigny[2], à qui Monsieur le Prince avoit dit de prendre une entière confiance en moi. Après un assez long entretien sur toutes choses, il me chargea entre autres de dire à Monsieur le Prince que M. le coadjuteur de Paris, et depuis cardinal de Retz, étoit si fort le maître de l'esprit de M. le duc d'Orléans, qui étoit la grande affaire, qu'à moins qu'on ne le fît enlever et conduire en lieu de sûreté, il n'y avoit aucune espérance de rien faire de bon avec Monsieur, et qu'on pourroit le mener à Damvillers[3]. Je partis donc par le carrosse d'Orléans, n'osant pas m'hasarder d'aller à cheval. A Orléans, je pris un bateau pour me conduire à Amboise, où je pris la poste. Étant arrivé à Bordeaux, Monsieur le Prince passa une grande partie de la nuit à se faire rendre compte de tout ce que m'avoit dit M. de Chavigny, et, convenant de sa proposition, il me dit de m'aller reposer et qu'il songeroit entre ci et le lendemain à ce qu'il auroit à me dire sur tout cela.

Dans la seconde conversation, il me nomma trois ou quatre personnes, en cherchant une qui fût capable d'exécuter ce dessein; mais, aussitôt qu'il m'en avoit

---

1. Comparez les *Mémoires de Mme de Motteville*, t. III, p. 448.
2. Chavigny avait été congédié par la régente le 12 juillet 1651, en même temps que Servien et Le Tellier (*Princes de Condé*, t. VI, p. 81); mais il ne tarda pas à rentrer au ministère. C'était un très ancien partisan des Condé, et il leur fut toujours fidèle; jusqu'à sa mort, il fut le porte-parole officiel de Monsieur le Prince (*ibidem*, p. 158-159).
3. Autrefois Dampvilliers. — Cette place (aujourd'hui département de la Meuse, arr. de Montmédy) appartenait au duc de la Rochefoucauld. Louis XIV la fit démanteler en 1673.

nommé un, il trouvoit des raisons qui l'en devoient empêcher. Enfin, ayant jeté les yeux sur M. le marquis de Clérembault[1], qui étoit pour lors capitaine de cavalerie dans son régiment, et qu'il estimoit fort, il me fit croire qu'il en demeureroit là; mais, après un peu de réflexion, il me dit que c'étoit un homme amoureux et qu'il voudroit voir sa maîtresse à Paris[2] : ce qui étoit une raison insurmontable. M'ayant remis à une autre conversation, il me dit enfin qu'il ne voyoit que moi qui pût l'exécuter, et que je lui ferois un extrême plaisir de vouloir bien l'entreprendre; que lui et M. de la Rochefoucauld me donneroient des ordres pour tirer le nombre que je voudrois de la compagnie de cavalerie de Damvillers, que l'officier qui mèneroit ceux que je voudrois faire venir à Paris auroit ordre de les payer. Nous convînmes que je ferois avancer le reste, quand je jugerois à propos, du côté de Reims, pour favoriser la conduite. M. de la Rochefoucauld me dit que je pouvois passer en Angoumois, que j'y avois des amis et des parents à qui je pouvois me fier, et que j'en pouvois faire aller quelques-uns à Paris. Monsieur le Prince, m'ayant donné trois cents pistoles et deux chevaux, me dit qu'il ne doutoit pas que je ne vinsse bien à bout du reste[3].

1. René Gilier, marquis de Clérembault, était capitaine dans le régiment de Condé depuis 1650. Il devint successivement, de 1661 à 1680, maître d'hôtel et premier écuyer de Madame Henriette et de Madame Palatine; il mourut en 1713, gouverneur de Toul.

2. Sur les nombreuses maîtresses de Clérembault, on peut voir les *Mém. de Saint-Simon,* éd. des Grands écrivains, t. III, p. 13, note 3.

3. Dans le manuscrit de M. le baron Pichon, le correcteur a ajouté ici en interligne : « C'étoit apparemment pour m'encourager, me donnant peu d'argent et s'étant excusé sur ce qu'il n'en avoit guère. »

Mais, en chemin faisant, trouvant qu'il me falloit au moins prendre quinze ou seize hommes pour les faire venir à Paris, tant à pied qu'à cheval, je considérai la médiocrité de mes finances. Je ne laissai pas de marcher avec confiance, espérant que la fortune m'assisteroit comme elle avoit fait en plusieurs autres occasions où je voyois peu d'espérance de faire réussir mes desseins. Étant arrivé en Angoumois, je fis quelques tours aux environs de la Rochefoucauld, où j'avois des parents, et m'assurai d'en faire venir quelques-uns à Paris et d'y joindre de leurs amis avec d'autres qui étoient encore de ma connoissance. Je m'assurai aussi de trois jeunes hommes qui avoient été laquais dans la maison de la Rochefoucauld et qui savoient bien les rues de Paris. Et m'étant rendu à la Rochefoucauld, le sieur Mathière, frère de M. Tabouret[1], qui levoit la taille de ces côtés-là, y étant venu, me vint voir; et, lui ayant demandé des nouvelles de la recette et quand il portoit son argent à Angoulême, il me dit que, lorsqu'il y avoit sept ou huit mille livres, qu'il y faisoit un tour. Je considérai que la fortune me présentoit cette occasion pour favoriser mes desseins par le secours que je pourrois trouver, en prenant bien mes mesures; et l'ayant fait questionner sur l'argent qu'il pouvoit avoir, j'appris que cela pouvoit aller à plus de quatre mille livres, sans comp-

1. Martin Tabouret avait commencé par être tailleur, puis il s'était mis dans la recette des tailles, était devenu un partisan accrédité et avait même acheté une charge de secrétaire du roi (*Historiettes de Tallemant des Réaux,* t. IV, p. 445). Quant au sieur Mathière, nous n'avons pu trouver aucun renseignement sur ce receveur. Gourville doit se tromper lorsqu'il en fait le frère de Tabouret.

ter quatre ou cinq cents livres qu'il avoit reçues à la Rochefoucauld. Je me proposai de profiter de l'occasion que ma bonne fortune me présentoit, et, laissant passer quelques jours qu'il eût augmenté sa recette, je fis observer sa marche. Ayant appris qu'il étoit dans une bourgade et qu'il avoit envoyé dans les villages des environs pour faire venir en ce lieu-là les collecteurs du voisinage y apporter leur argent, je pris quatre hommes qui avoient leurs chevaux, de ceux dont je m'étois déjà assuré, et deux à pied avec chacun un fusil, et m'en allai au lieu où il étoit. Et n'ayant pas eu de peine, en y arrivant, d'apprendre le cabaret où il faisoit sa recette, je mis pied à terre avec deux des cavaliers ; j'entrai dans sa chambre le pistolet à la main, et lui demandai : « Qui vive ? » M'ayant répondu : « Vivent les Princes ! » je lui dis : « Vive le Roi ! » Il s'écria : « Hé ! Monsieur, vous savez « bien que c'est pour lui que j'amasse de l'argent. » Lors, je lui dis : « J'ai besoin, M. Mathière, de celui « que vous avez pour le service de Messieurs les « Princes. » Et m'approchant d'une table où il comptoit de l'argent qu'un collecteur lui avoit apporté, je me saisis d'une grosse bourse qui étoit dessus, où il y en avoit trois ou quatre autres attachées pour mettre les différentes espèces d'or qui avoient cours dans ce temps-là, et, ayant vu un sac où il y avoit de l'argent dans un coffre qui étoit ouvert, et m'en étant saisi, je lui demandai ce qu'il pouvoit y avoir en tout cela. Il me dit qu'il y avoit plus de cinq mille livres. Je lui dis que, comme j'avois besoin de ses chevaux, je lui donnerois une quittance de huit mille livres. En effet, je l'écrivis et la signai, ayant mis qu'il lui en seroit tenu compte comme ayant reçu de lui cette somme pour le service de Messieurs les Princes. Un de mes gens m'étant venu dire que l'on s'étoit saisi de trois chevaux, je voulus faire des honnêtetés à M. Mathière; mais, comme il me parut qu'il ne recevoit pas trop bien mon compliment, je lui donnai le bonsoir et m'en allai avec mes deux hommes montés et un cheval en main. Après avoir marché un quart de lieue, ayant laissé deux hommes pour voir si on ne me feroit point suivre par quelqu'un, je les attendis, et, ayant su d'eux qu'ils n'avoient vu personne, je pris au travers des champs pour quitter le chemin, je m'en allai chez un de mes parents du côté de Saint-Claud[1], avec deux cavaliers qui étoient avec moi. Je dis aux autres d'aller à un village, à quelque distance de là, attendre de mes nouvelles. Je convins avec le sieur de la Plante (ce parent s'appeloit ainsi[2]) qu'il feroit marcher les gens que nous avions résolu en différentes troupes. Je lui laissai l'argent qu'il jugea à propos pour donner grassement à ceux qui devoient faire le voyage de Paris, pour s'y rendre et pour s'en retourner chez eux, et le lieu où ils sauroient de mes nouvelles en arrivant à Paris; je donnai la même adresse à ceux qui conduiroient les autres petites troupes, et pour lors je

---

1. Saint-Claud-sur-le-Son, Charente, arrondissement de Confolens.

2. Jacques Lesueur, sieur de la Plante, à qui Gourville donna, pour la « bonne amitié » qu'il lui portait, par acte du 20 mars 1661, 500 livres de rente viagère assise sur la terre de Gourville et le logement dans la maison seigneuriale dudit lieu (Archives nationales, Y 200, fol. 41 v°). Il fut aussi mêlé aux affaires de finances de Gourville (mss. V^c de Colbert 228, fol. 117-119).

pris le nom de M. de la Mothe[1], disant qu'il faudroit s'informer où j'étois, sous ce nom-là, à l'adresse que j'avois donnée à Paris. Je m'en allai joindre mes autres gens au village que je leur avois marqué ; je laissai l'argent nécessaire à l'un d'eux pour les conduire à Paris à la même adresse et leur dis de s'en aller par le grand chemin, mais doucement, afin de me donner le temps d'y arriver avant eux, et je m'y rendis sans être entré dans le chemin d'Orléans.

Ayant vu [à Paris] des gens à qui je pouvois me confier, j'appris que Monsieur le Coadjuteur alloit tous les soirs à l'hôtel de Chevreuse, dans la rue Saint-Thomas-du-Louvre, d'où il ne sortoit point devant minuit. L'ayant fait observer, on me rapporta qu'il s'en retournoit toujours par le guichet[2] et sur le quai. A mesure que mes gens arrivoient d'Angoumois, je les logeois par petites troupes dans des cabarets, et, peu de jours après, le courrier que j'avois envoyé à Damvillers étant revenu, il me dit que j'aurois incessamment les cavaliers que j'avois demandés, dont il y en avoit deux qui savoient parfaitement bien le chemin qu'il falloit tenir ainsi que je l'avois mandé, et que le reste de la compagnie, qui étoit entretenue à Damvillers, viendroit au voisinage de Reims et y seroit le jour que j'avois marqué. Il me nomma aussi les villages par où ils devoient passer, pour y venir en cas que je ne les trouvasse pas arrivés. Les dix cavaliers, avec l'officier[3] que j'avois demandé, étant arrivés, je

---

1. C'était en réalité le nom d'un des beaux-frères de Gourville, comme nous le verrons ci-après.

2. Le guichet du Louvre. Il donnait sur le quai au bout de la rue Fromenteau (voir le plan de Gomboust).

3. Cet officier s'appelait La Rochecorbon : ci-après, p. 43, note 2.

les fis loger dans des cabarets du côté du Roule. Je commençai d'espérer du succès de mon entreprise, et, croyant qu'il falloit que ce fût le plus tôt qu'il se pourroit, je disposai toutes mes affaires pour l'exécution. Je donnai par écrit à mes gens ce que chacun auroit à faire, et, le soir de l'entreprise étant venu, pour n'être pas découvert par les passants, j'en avois fait mettre quinze ou seize dans un endroit où l'on descend sur le bord de la rivière et où quelquefois on décharge des foins et autres choses[1]. Ceux-là étoient destinés, deux pour se saisir des laquais qui portoient les flambeaux et les éteindre, deux pour arrêter les chevaux du carrosse, deux pour monter sur le siège du cocher pour le tenir, et les autres pour empêcher les laquais de descendre de derrière le carrosse pour donner avis de ce qui se passeroit. Moi, je devois me présenter à la portière avec un bâton d'exempt, deux hommes à mes côtés, deux à l'autre portière avec des armes, et j'aurois dit que j'arrêtois Monsieur le Coadjuteur de la part du Roi; je l'aurois monté derrière un cavalier, ayant là un cheval tout prêt que mon valet m'y tenoit, des chevaux à l'autre guichet pour monter quatre cavaliers que j'avois amenés de la Rochefoucauld, et un cheval en main avec des bottes pour faire monter Monsieur le Coadjuteur quand je l'aurois jugé à propos; et le cavalier que j'avois destiné pour mettre derrière Monsieur le Coadjuteur avoit un bon coussinet, que j'avois fait faire exprès, avec une sangle fort large et assez grande pour les embrasser tous deux; je l'avois fait venir auprès des galeries du Louvre avec un autre cavalier qui m'avoit

---

1. Le port au Foin ou le port Saint-Nicolas.

dit que les autres étoient au bout du Cours[1]. Le tout étant disposé à onze heures, et ayant été averti par deux hommes que j'avois mis pour le suivre, l'un d'eux m'étant venu dire qu'il étoit entré dans l'hôtel de Chevreuse, et m'étant assuré qu'il y étoit encore, après que mon affaire fut toute disposée, je ne doutai plus du succès, et je comptois déjà mon coadjuteur à Damvillers.

Environ minuit, un de mes hommes m'étant venu dire qu'il étoit sorti quatre ou cinq carrosses de l'hôtel de Chevreuse, mais qu'il n'avoit point aperçu celui de Monsieur le Coadjuteur, ce qui m'embarrassa un peu, j'allai heurter à la porte de l'hôtel de Chevreuse. Quelque temps après, le suisse, à moitié déshabillé, ouvrit, et, lui ayant demandé si Monsieur le Coadjuteur n'étoit pas encore là, il me dit qu'il étoit sorti dans le carrosse de Mme de Rhodes[2], ce qui me surprit et me fâcha beaucoup ; je jugeai que ce qui avoit fait que mes gens ne l'avoient pas remarqué, c'est qu'il n'étoit pas dans son carrosse et qu'on n'avoit point allumé de flambeau devant. Je renvoyai tout mon monde et me retirai fort déconcerté. Le lendemain, ayant vu les gens qui étoient dans la confidence et leur ayant dit ce qui s'étoit passé, ils furent d'avis que je devois renvoyer mes gens et m'en retourner, de crainte que quelqu'un ne se fût aperçu de quelque chose qui auroit donné l'alarme ; mais l'extrême desir que j'avois

---

1. Le Cours-la-Reine, que Marie de Médicis avait fait planter en dehors de la porte de la Conférence.

2. Louise de Lorraine, fille naturelle de Louis, cardinal de Guise, et de Charlotte des Essarts, était veuve de Claude Pot, seigneur de Rhodes, grand maître des cérémonies. — Ce n'était point dans son carrosse que le coadjuteur était sorti : ci-après, p. 43, note 2.

de venir à bout de l'entreprise me fit souhaiter de faire encore une tentative le soir. Mais, soit qu'on eût eu quelque connoissance de mon dessein ou que le hasard le fît, Monsieur le Coadjuteur alla passer la soirée chez Mme la présidente de Pomereu[1]. Je fis aussitôt partir les cavaliers pour les renvoyer à Damvillers, et les autres en Angoumois, à la réserve de trois que je gardai avec moi pour m'en retourner à Bordeaux, où j'arrivai un peu confus[2]. Mais, après que j'eus rendu

1. Denise de Bordeaux, femme de François de Pomereu (ou Pomereuil), sieur de la Bretesche, président au Grand Conseil. Ses relations avec Retz étaient connues (*Mémoires du cardinal de Retz*, t. I, p. 179, etc.; *Historiettes de Tallemant des Réaux*, t. IV, p. 524).

2. C'est dans le courant d'octobre 1651 qu'eut lieu cette tentative d'enlèvement du Coadjuteur. Le récit de Gourville, pour ce qui regarde les causes de son insuccès, est forcément erroné et incomplet; les *Mémoires de Retz* (t. IV, p. 28-38) et ceux de Guy Joly (p. 64-65), mieux informés, et pour cause, vont nous permettre de le compléter. Gourville doit être cru sur parole quand il raconte les préparatifs du complot et les dispositions prises par lui; mais sans doute il n'a jamais su au juste pourquoi son projet avait manqué. Voici, d'après Retz et Guy Joly, comment les choses se passèrent. Le Coadjuteur, qui allait tous les soirs à l'hôtel de Chevreuse, suivait toujours les quais pour retourner à l'archevêché. Ce soir-là, il survint une grosse pluie, et Mme de Rhodes, qui avait un carrosse de deuil et qui craignait de le gâter, demanda au Coadjuteur de la reconduire dans le sien. Elle demeurait rue Saint-Honoré, près de l'hôtel de Brissac, de sorte que le Coadjuteur, en sortant de l'hôtel de Chevreuse, au lieu de tourner du côté du quai, prit par la rue Saint-Honoré : cela le sauva. Le lendemain, un des hommes employés par Gourville, qui connaissait M. Talon, intendant des places frontières, alla lui raconter la chose. Celui-ci courut aussitôt chez le Coadjuteur. Retz, sans attacher grande importance à l'avis de M. Talon, résolut cependant de ne point aller à l'hôtel de Chevreuse; il se rendit seulement chez la présidente de Pomereu, Vieille-rue-du-Temple, et rentra de bonne heure. Gourville ne semble pas dire qu'il fit ce soir-là une seconde tentative d'enlèvement. Retz et Guy Joly, au con-

compte à Monsieur le Prince de toute la conduite que j'avois tenue dans cette affaire, il me louangea beaucoup et me cajola fort sur l'ordre de bataille que j'avois fait pour l'exécution et sur l'entreprise que j'avois faite contre le receveur des tailles en Angoumois. On ne peut pas mieux traiter une personne qu'il me traita alors et depuis : il me faisoit souvent l'honneur de me parler de toutes les affaires qui se passoient.

Bientôt après, j'appris que deux gentilshommes, l'un de M. le prince de Conti et l'autre de M. de la Rochefoucauld, étant à Damvillers et s'en voulant aller à Bordeaux, prirent l'occasion de se mettre avec les cavaliers qui venoient dans le voisinage de Reims, et, y ayant attendu pour voir ce que c'étoit qu'on avoit fait marcher ces gens-là, ceux qui étoient venus à Paris les ayant joints pour leur dire de s'en retourner, ils surent de ceux-ci tout ce qui s'étoit passé de leur connoissance. Ces messieurs, étant arrivés à Paris, ne purent s'empêcher de parler de ce qu'ils avoient ouï dire ; ils y mêlèrent mal à propos le nom de Monsieur le Coadjuteur ; ils furent arrêtés et menés à la Bastille. Étant interrogés, ils dirent ce qu'ils savoient, et peut-être plus. Monsieur le Coadjuteur,

---

traire, d'après les aveux de La Rochecorbon (l'officier qui commandait le détachement de Damvillers et qui fut arrêté peu après), racontent que Gourville, averti par ses espions, voulut tenter une seconde fois l'aventure, mais que le temps de rassembler ses hommes lui fit manquer l'occasion ; car il ne vint s'embusquer avec eux auprès des Blancs-Manteaux qu'un quart d'heure après le départ du Coadjuteur. — Mme de Motteville (t. III, p. 453-454) parle aussi de cette tentative d'enlèvement, mais seulement d'après le récit que Gourville lui en fit plus tard.

quoique ce ne fût que des ouï-dire, me fit faire mon procès[1].

Je conçois aisément que, si quelqu'un voyoit ces Mémoires, que je fais pour m'amuser, il ne pourroit jamais les croire véritables : les vieux qui ont vu l'état où étoient les choses dans le royaume ne sont plus, et les jeunes, ne les ayant connues que sur le point que le Roi a rétabli son autorité, croiroient que ce sont des rêveries, quoique ce soit assurément des vérités. M. Mathière, avec lequel j'ai fait quelques affaires depuis mon retour en France, en parlant de mon aventure, m'a assuré qu'on lui avoit tenu compte du billet que je lui avois donné.

Chapitre III.

Comment Monsieur le Prince m'envoie à M. de Bouillon. Peine que j'eus à me sauver de la recherche de Monsieur le Coadjuteur. Affaire de Miradoux. J'évite d'être mené à M. de Montausier.

Monsieur le Prince croyoit que M. le duc de Bouillon lui avoit promis de demeurer dans ses intérêts;

---

1. Les *Mémoires de Retz* (t. IV, p. 34) et ceux de Guy Joly (p. 65) sont en désaccord avec le récit de Gourville. Il n'y est point question des deux gentilshommes, et nous avons vu que le Coadjuteur apprit le complot dès le jour même par M. Talon. Ayant su que les conjurés avaient quitté Paris, il fit courir après eux. La Rochecorbon fut arrêté à Chartres et ramené à la Bastille, où le lieutenant criminel l'interrogea. Il nia tout; mais, son valet ayant parlé, il fut contraint d'avouer. Il s'évada d'ailleurs au bout de quelques mois. Quant à Gourville, La Forêt, lieutenant du prévôt de l'Ile-de-France, l'arrêta peu après à Montlhéry, comme il se rendait à la cour où M. de la Rochefoucauld avait des négociations secrètes;

peut-être lui avoit-il parlé un peu plus ambigument pour voir s'il pourroit faire un traité avantageux avec la cour. Monsieur le Prince ayant reçu des lettres par lesquelles on lui mandoit que M. de Bouillon, et surtout M. de Turenne, ne paroissoient point disposés à se déclarer comme il le souhaitoit, mais qu'on disoit seulement que, si S. A. vouloit bien envoyer un pouvoir au gouverneur de Stenay[1] pour remettre la place entre les mains de M. de Turenne purement et simplement, cela les détermineroit tout à fait, Monsieur le Prince me proposa si je voulois bien être porteur de cet ordre pour qu'il sût une fois à quoi s'en tenir, me demandant si je croyois que ce qu'on avoit mandé qu'avoit fait Monsieur le Coadjuteur contre moi ne devoit point m'empêcher de l'entreprendre. Je voyois bien quelque péril à le faire ; mais l'envie que j'avois dans le fond du cœur de retourner à Paris l'emporta. J'espérois y prendre si bien mes mesures, quand j'y serois arrivé, que Monsieur le Coadjuteur n'en sauroit rien. J'allai rendre compte à M. de la Rochefoucauld de ce qui se venoit de passer avec Monsieur le Prince. Il blâma fort ma témérité, et me dit cependant que, puisque je m'étois engagé à faire ce voyage, il ne vouloit point s'y opposer. Le lendemain, Monsieur le Prince m'ayant donné un ordre pour le gouverneur de Stenay, tel qu'on le souhaitoit, et de l'argent pour

---

mais, deux heures plus tard, il arriva un ordre du premier président pour le faire relâcher. Ni Retz ni Guy Joly ne parlent de procès fait à Gourville, et, les archives de la lieutenance criminelle du Châtelet n'existant plus pour cette époque, il est impossible de contrôler ces divers récits.

1. C'était M. de Chamilly : ci-après, p. 54.

mon voyage, je ne songeai qu'à mettre mon billet en lieu où il ne fût pas trouvé, en cas que je fusse arrêté par les chemins. Je l'enveloppai dans un parchemin et le fis mettre dans un des panneaux de ma selle. Étant parti en poste[1], j'appris par un gentilhomme de ma connoissance que je trouvai, en mettant pied à terre, à la poste de Villefagnan[2], et qui venoit d'Angoulême, que M. de Montausier[3] étoit fort en colère contre moi de ce qu'on l'avoit assuré que j'avois voulu prendre des mesures pour le faire arrêter et mener à Bordeaux lorsqu'il venoit dans son carrosse à Angoulême. Je continuai mon chemin, faisant mon compte d'arriver à Poitiers un peu de nuit et, après y être entré, de prendre sur la gauche, le long de la muraille, où il y a un chemin qui va rendre proche la porte de Châtellerault, et où il n'y a que quelques petites maisonnettes. Mais, voulant sortir de la poste de Chaunai[4] où j'avois pris des chevaux, je trouvai M. le comte de Sainte-Maure, cousin germain de M. de Montausier[5], qui étoit entré et qui avoit mis pied à terre avec six ou sept autres Messieurs qui étoient avec lui, dont je connoissois la plupart, et un d'entre eux étoit de mes amis, appelé M. de Guipe. Croyant tous faire leur cour de me mener à M. de Montausier, ils mangèrent un morceau et montèrent à cheval dans ce dessein, en

1. Novembre 1651.
2. Charente, arr. de Ruffec.
3. Charles de Sainte-Maure, plus tard duc de Montausier; il était alors gouverneur de Saintonge et d'Angoumois.
4. Vienne, arr. de Poitiers, cant. de Couhé.
5. Claude de Sainte-Maure, seigneur de Fougeray, qui ne mourut qu'en 1698. Son père, Guy de Sainte-Maure, et Léon III, père de M. de Montausier, étaient frères.

me disant que M. de Montausier auroit une grande joie de me voir. Je leur dis que je savois bien qu'on m'avoit rendu de mauvais offices auprès de lui, mais que je connoissois son bon cœur et que je ne doutois pas que je ne le désabusasse, que je ne craignois que le retardement que cela apporteroit à mon voyage; j'étois pourtant bien fâché d'y aller. Ces Messieurs, étant montés à cheval, et moi sur celui que j'avois pris à la poste, prirent le chemin pour me mener à Angoulême. En marchant, je songeois comment je pourrois m'en empêcher. Il me vint dans la pensée de hasarder de me faire mener chez M. de Châteauneuf[1], qui étoit lors premier ministre, et duquel j'étois un peu connu; je savois bien qu'il craignoit autant le retour de M. le cardinal Mazarin que Monsieur le Prince[2]. M'étant adressé au lieutenant-colonel du régiment de Montausier, à qui depuis j'ai eu occasion de faire grand plaisir, je lui dis, comme en conversation, que j'avois peur que M. le comte de Sainte-Maure et eux aussi ne fissent mal leur cour en me menant à Angoulême, parce que j'allois trouver M. de Châteauneuf pour des affaires d'une très grande conséquence, et que je craindrois aussi d'être blâmé si je ne l'avois pas dit. Celui-ci l'alla dire à M. de Sainte-Maure, et, cela s'étant répandu entre eux, ils crurent qu'il valoit mieux faire leur cour à M. de Châteauneuf qu'à M. de Montausier. M. de Sainte-Maure, pour lui en porter

---

1. A Poitiers, où se trouvait alors la cour. — Charles de l'Aubespine, marquis de Châteauneuf-sur-Cher, garde des sceaux, revenu en faveur depuis 1650.

2. *Mémoires de Monglat*, p. 259. — Mazarin était alors à Brülh, près Cologne.

plus tôt la nouvelle, prit mon cheval de poste et me donna le sien ; mais, en marchant, je trouvai qu'après avoir perdu l'idée du premier abord que je craignois de la part de M. de Montausier, je commençois à douter si le parti que j'avois pris étoit le meilleur. Enfin nous arrivâmes à Poitiers. Le lendemain, M. de Sainte-Maure et une partie de ces Messieurs m'ayant mené chez M. de Châteauneuf dans le temps que l'on servoit sur la table, ce ministre sortant de son cabinet pour dîner, M. de Sainte-Maure lui dit : « Voilà « Gourville[1], que je vous avois dit que nous avions « pris hier. » M. de Châteauneuf leur répondit : « Messieurs, le Roi vous remercie; » et dit, en s'adressant à moi d'un air gracieux : « Il faut que vous dîniez « avec moi. » Ces Messieurs s'en retournèrent peu satisfaits, et moi je me mis à table fort content. Après que M. de Châteauneuf eut donné quelques audiences de peu de durée dans son cabinet, il me fit appeler et me garda bien une bonne heure et demie. La conversation roula principalement sur les raisons qui devoient obliger Monsieur le Prince à s'accommoder avec la cour, et que peut-être trouveroit-il de plus grands avantages dans ce temps-là qu'il n'en pourroit

---

1. Ce nom de Gourville, que nous trouvons ici pour la première fois, fut probablement donné à Jean Hérauld dès son entrée au service de l'abbé de la Rochefoucauld, sa famille possédant peut-être quelque petit bien dans cette localité. En tout cas, on ne l'appela jamais autrement. La première pièce de l'époque où on le voit appelé Gourville est une lettre de Colbert à Le Tellier du 7 février 1650 (*Lettres de Colbert*, t. I, p. 1-2). Ce fut seulement le 25 octobre 1660 qu'il acheta du duc de Longueville, pour cent mille livres, la terre et seigneurie de Gourville, par acte passé devant Gigault et Anceau, notaires à Paris (ci-après, appendice VI).

avoir dans la suite. Ayant repassé sur toutes les propositions qui avoient été faites à Paris et entré dans le détail de ce qu'il croyoit qu'on pourroit faire présentement, je lui dis que je ne pouvois point du tout savoir ce que Monsieur le Prince penseroit là-dessus, mais que, quand je serois de retour auprès de lui, je ne manquerois pas de lui rendre compte de tout ce qu'il m'avoit fait l'honneur de me dire. Enfin, il me fit connoître clairement ce que j'avois soupçonné, et s'ouvrit jusqu'à me dire que, si Monsieur le Prince ne s'accommodoit pas, on presseroit la reine pour le retour de Monsieur le Cardinal, à quoi elle avoit beaucoup de pente; qu'il ne pouvoit pas s'empêcher de considérer que ce seroit un nouveau bouleversement dans le royaume. Il entra même dans le détail des raisons qui le lui faisoient craindre. Je n'eus pas de peine d'entrer dans ses sentiments. Comme on le vint avertir d'aller chez la reine, il me fit beaucoup d'honnêtetés, et me dit que je pouvois continuer mon voyage; que, quand je serois retourné auprès de Monsieur le Prince, si je trouvois l'occasion de lui faire savoir quelque chose, je pouvois lui envoyer quelqu'un. Il sortit, et, l'ayant suivi, je trouvai dans l'antichambre M. de Guipe, mon ami, qui étoit venu pour savoir quelle auroit été ma destinée. Je le priai de me mener où étoit logé M. de Sainte-Maure. Il m'y mena et me fit rendre ma selle. Je la fis porter à la poste, où il m'accompagna et me vit monter à cheval. Je le priai de faire mes compliments à M. de Sainte-Maure et à ces autres Messieurs, et de dire à M. de Montausier que, la première fois que je passerois dans le voisinage d'Angoulême, j'irois lui faire la révérence et tâcherois de le désabuser de ce qu'on lui avoit dit de moi. Je le priai de me vouloir faire savoir à Bordeaux la réponse qu'il lui auroit faite[1].

Je m'en allai tout le plus vite qu'il me fut possible jusqu'à Loches, où je me reposai. J'y appris qu'il y avoit deux courriers qui couroient devant moi. Je craignis qu'il n'y en eût quelqu'un qui fût pour donner avis à Monsieur le Coadjuteur que j'allois à Paris. Je partis de grand matin pour tâcher de passer mes courriers. A deux heures après midi, j'en passai un pendant qu'il prenoit des chevaux à une poste, et, voyant que l'autre paroissoit aussi pressé que moi, je me fis une affaire de le devancer. Mon valet, ayant toutes les peines du monde à me suivre, me dit à Étampes qu'il n'en pouvoit plus; je lui dis d'y coucher et que, le lendemain, il s'en vînt, qu'il savoit bien où il auroit de mes nouvelles. Enfin, je passai mon courrier proche de Châtres[2] et arrivai environ à dix heures et demie[3]. Je payai mon postillon grassement, et fus descendre derrière le Cheval de bronze[4]. Après lui avoir fait mettre ma selle à terre, je lui dis de s'en aller. Un moment après, je pris ma selle et la portai du mieux que je pus chez un cordonnier, en qui j'avois beaucoup de confiance, et qui logeoit fort près de là. Ayant frappé à sa porte, il demanda ce que c'étoit.

---

1. Guy Joly raconte (p. 65 et suiv.) que Gourville fut arrêté à Poitiers par les soins de M. de Châteauneuf, qui en avertit le Coadjuteur, mais en le prévenant que la reine l'avait fait relâcher aussitôt.

2. Aujourd'hui Arpajon, Seine-et-Oise.

3. Du soir. Il avait donc fait plus de soixante lieues à cheval dans la journée.

4. La statue d'Henri IV sur le Pont-Neuf.

Je lui dis : « Lyonnois, » qui étoit son nom, « c'est
« votre compère. » Ayant reconnu ma voix, il m'ouvrit. Aussitôt que je fus entré, il ferma sa porte et me
dit : « Ah! Monsieur, je suis au désespoir de vous
« voir là. Monsieur le Coadjuteur prend toutes les
« mesures qu'il peut pour tâcher à découvrir quand
« vous viendrez à Paris, et un de ses gens, qui a su
« que je vous connoissois fort, a dit qu'il me donne-
« roit cinquante pistoles si je voulois contribuer à vous
« faire arrêter. » Je lui dis : « Je suis bien persuadé
« que vous n'en ferez rien. » Je le priai de me débotter, de me donner des souliers et de serrer ma selle et
mes bottes, jusqu'à ce que je les envoyasse chercher
par mon valet, quand il seroit arrivé; il le connoissoit
bien. Je sortis en lui disant de ne pas être en peine
de moi, et que, si on venoit lui demander de mes
nouvelles, il dît, comme il avoit fait, qu'il n'en savoit
point. Il me dit qu'il le feroit; mais il ne me parut
pas encore assuré sur mon chapitre. Il me demanda
si je voulois qu'il me vînt conduire; mais je le remerciai, et, m'en étant allé en lieu de sûreté, fort fatigué,
je me reposai une bonne partie du lendemain. Ayant
envoyé savoir de M. le duc de Bouillon à quelle heure
je pourrois avoir l'honneur de le voir, il me marqua
à onze heures et demie du soir. Après lui avoir fait
des compliments de la part de M. de la Rochefoucauld, je lui dis que Monsieur le Prince m'avoit envoyé
auprès de lui pour le prier de considérer que le délai
qu'ils prenoient pour se déclarer, lui et M. de Turenne,
faisoit grand tort à ses affaires. Il me répondit qu'il
n'avoit jamais promis positivement à Monsieur le
Prince d'entrer dans son parti, et que la manière

dont il en avoit usé avec lui et M. de Turenne, après sa liberté, les mettoit en état de chercher leur avantage, mais qu'il y avoit mieux à faire que cela, et qu'il avoit été ravi d'apprendre que j'étois à Paris, parce qu'il ne savoit comment faire savoir à Monsieur le Prince qu'il avoit charge de lui proposer un accommodement qu'il croyoit lui être avantageux et à ses amis, qui étoit à peu près les mêmes choses qui[1] avoient été proposées quelque temps avant son départ. Il me dit de presser M. de la Rochefoucauld de contribuer de toutes ses forces à porter Monsieur le Prince à un accommodement, puisqu'il avoit parole qu'on lui donneroit le gouvernement de Blayc[2] et qu'on feroit MM. de Marcin[3] et du Dognon[4] maréchaux de France, et ce dernier gouverneur de Brouage[5], et

1. Le correcteur du manuscrit de M. le baron Pichon a biffé la fin de cette phrase et mis à la place en interligne : « que Monsieur « le Prince avait demandées avant son départ. »
2. Le gouvernement de cette place importante appartenait alors au duc Claude de Saint-Simon, qui, pendant la Fronde des princes, se distingua par sa fidélité au roi et par les refus qu'il opposa aux propositions de Condé (*Mémoires de Saint-Simon,* édit. des Grands Écrivains, t. I, p. 197-199 et 453-462).
3. Jean-Gaspard-Ferdinand, comte de Marcin, d'une famille noble du pays de Liège, passa au service de la France en 1648, servit en Catalogne en 1649 et reçut le gouvernement de Stenay en 1651. En 1653, il retourna aux Espagnols, et mourut en 1673 (ci-après, tome II, chap. xvi).
4. Louis Foucault, comte du Dognon, servit comme vice-amiral sous le duc de Brezé, en 1646, au siège d'Orbitello ; à la mort de Brezé, il s'empara du gouvernement de Brouage et refusa de le rendre à moins de recevoir en échange le bâton de maréchal de France. Il l'eut, en effet, le 20 mars 1653, et mourut le 10 octobre 1659.
5. Brouage était un port de mer de Saintonge pourvu d'un gouvernement particulier dont le ressort comprenait quarante-deux

encore quelques autres choses pour des particuliers attachés à Monsieur le Prince. Je lui dis que je ne manquerois pas de rendre compte à S. A. de tout ce qu'il venoit de me dire, qui sembloit être bon et avantageux pour tout le monde, et que je ne doutois pas que lui et M. de Turenne ne trouvassent en cela leur convenance. Il l'avoua, et me dit qu'ils regarderoient cela comme une nouvelle obligation qu'ils auroient à Monsieur le Prince, si la chose pouvoit réussir. Il me chargea de m'en retourner le plus tôt qu'il me seroit possible, pour lui mander les intentions de Monsieur le Prince; qu'il feroit savoir à Monsieur le Cardinal qu'il m'avoit chargé de ces propositions. Je persévérai toujours à lui dire que Monsieur le Prince m'avoit chargé de tirer une dernière résolution de lui et de M. de Turenne, afin que S. A. pût savoir à quoi s'en tenir; qu'on lui avoit mandé que l'affaire dépendoit de savoir s'il vouloit remettre Stenay à M. de Turenne pour en être absolument le maître, et qu'il m'avoit donné un ordre pour M. de Chamilly, gouverneur de Stenay, pour cela. Je voulus le tirer de ma poche et lui faire voir; mais il me dit qu'il n'en étoit pas question présentement, étant persuadé qu'après ce qu'il m'avoit dit l'affaire s'accommoderoit au contentement de tout le monde. N'en pouvant tirer davantage, je pris congé de lui[1].

Le lendemain, un nombre des amis de Monsieur le

paroisses. Cette place, environnée de marais et très forte par elle-même, était un entrepôt considérable pour le sel des gabelles et avait à ce titre une véritable importance.

1. Comparez les *Mémoires de la Rochefoucauld*, t. II, p. 304 et 306, et l'*Histoire des princes de Condé*, par M. le duc d'Aumale, t. VI, p. 97.

Prince se devant assembler chez M. le président de Maisons¹, je fus invité d'y assister pour pouvoir rendre compte à Monsieur le Prince de l'état où toutes choses pouvoient être en ce temps-là. Je m'y rendis dans une chaise à porteurs. Après que l'assemblée fut finie, pensant qu'on pourroit bien m'avoir observé, je priai M. de Flamarens² de prendre ma chaise et de me donner sa place dans la calèche de M. de Croissy-Foucquet³. Apparemment que quelqu'un qui étoit là pour m'épier alla rendre compte comme j'y étois venu ; la résolution fut prise de m'arrêter en sortant. En effet, M. de Flamarens n'eut pas fait la valeur de cent pas que des gens armés firent mettre les porteurs bas, et, ayant ouvert la porte pour me prendre prisonnier, ils furent bien surpris d'entendre dire à celui qui étoit dedans : « Vous cherchez Gourville, et je suis Fla« marens ; » lequel, en ayant reconnu quelques-uns, fit des plaisanteries sur leur méprise et continua son chemin. Le lendemain au soir, il vint me dire que

1. Déjà cité p. 14.
2. Antoine-Agésilan de Grossoles, marquis de Flamarens, fut tué au combat du faubourg Saint-Antoine dans l'armée de Condé.
3. Antoine Foucquet, sieur de Croissy, né le 27 mai 1615, avait été reçu conseiller au Parlement, après examen préalable, le 11 janvier 1641, le rapport sur son information de vie et de mœurs ayant été fait le 22 décembre précédent (Arch. nat., X¹ᵃ 8387). Grand partisan des princes, il fut exilé par la déclaration d'octobre 1652. Étant resté à Paris, il fut arrêté le 12 mars 1653 et mis à Vincennes. Le roi nomma des commissaires pour le juger ; mais, sur la réclamation du premier président, l'affaire fut renvoyée au Parlement (*Princes de Condé*, t. VI, p. 376-377 ; J. Lair, *Nicolas Foucquet*, t. I, p. 275-279). Ayant été renvoyé absous, il se retira à Francfort (*Annuaire-Bulletin de la Société de l'histoire de France*, 1886, p. 239). Son procès se trouve à la Bibliothèque nationale, ms. Joly de Fleury 2396.

j'aurois bien de la peine à sortir de Paris, qu'on avoit cherché des gens qui connussent mon visage, et que Monsieur le Coadjuteur avoit demandé dix ou douze des gardes de Monsieur pour en mettre sur toutes les routes par où l'on croyoit que je devois passer. Je lui demandai s'il pouvoit bien me conduire une nuit, avec dix ou douze de ses amis, à deux ou trois lieues de Paris, quand j'en voudrois partir; il m'assura qu'il le feroit très volontiers. Il étoit fort des amis de M. de la Rochefoucauld et avoit beaucoup de bonté pour moi. Je crus que je devois laisser passer quelques jours pour amortir l'ardeur de ceux qu'on avoit mis pour me prendre. Après avoir considéré sur la carte par où je pouvois mieux m'en retourner à Bordeaux, et m'être assuré de trois chevaux de louage, je fis prier M. de Flamarens de venir me prendre avec ses amis devant le grand portail de Saint-Eustache, à dix heures et demie du soir. Y étant venu très ponctuellement, il me trouva avec mon valet et celui que je menois pour ramener les chevaux de louage. Je le priai de me conduire jusque sur le pont de Charenton, où, étant arrivé environ minuit, je lui demandai de vouloir bien y demeurer une heure, afin d'empêcher que personne venant de Paris ne passât pendant ce temps; il me dit même qu'il y demeureroit davantage. Je pris mon chemin comme si je voulois aller à Melun. Le jour étant venu après que j'eus passé Lieusaint[1], quoique je fusse persuadé qu'on ne seroit pas allé là pour m'observer, je pris néanmoins le parti de prendre un che-

---

1. Village du canton de Brie-Comte-Robert, sur la route de Paris à Melun par Villeneuve-Saint-Georges.

min sur la droite pour aller passer la rivière[1], ce que je fis au-dessus de Ponthierry[2], et j'allai prendre des chevaux de poste à Auxonnettes[3] et renvoyai mon louager. Prenant mon chemin du côté de Milly[4], je me rendis à Gien, où je m'étois proposé d'aller m'embarquer. J'y arrivai devant la nuit. Ayant arrêté un petit bateau couvert de toile et deux bateliers, après y avoir fait mettre quelques provisions, je m'embarquai, quoique mes bateliers me remontrassent qu'ils n'avoient jamais vu les eaux si hautes. La lune, qui étoit fort claire, ayant manqué avant que je fusse au pont de Baugency, mes bateliers ne voulurent jamais hasarder de le passer que le jour ne fût venu; et comme je m'étois levé sur le bout du bateau pour me jeter à la nage en cas de nécessité, je touchai le haut de l'arche en passant. J'allai si vite que j'arrivai le lendemain à Saumur, où, ayant pris des chevaux, je m'en allai à Lusignan et me rendis fort heureusement à Bordeaux.

Après avoir rendu compte à Monsieur le Prince de ce dont m'avoit chargé M. le duc de Bouillon, il se mit dans une espèce de colère contre lui, et, à mon avis, pensa plutôt à ne pas faire ce qu'il proposoit, que d'examiner si cela lui étoit avantageux et à ses amis.

1. La Seine.
2. Hameau de la commune de Pringy, sur le bord de la Seine et de la route de Fontainebleau.
3. Ce village, qui dépend aujourd'hui de la commune de Saint-Fargeau, était peu éloigné de Ponthierry, mais point sur une route, et il semble peu probable que Gourville ait pu y trouver des chevaux de poste.
4. Milly en Gâtinais, dans l'arrondissement actuel d'Étampes. Ce château était le domaine patrimonial du maréchal de Brezé, père de Madame la Princesse.

Il me dit qu'il vouloit qu'il se déclarât avant que d'écouter ses propositions. Je pris la liberté de lui dire qu'ayant réfléchi beaucoup dans mon chemin, j'étois persuadé que son traité étoit fait avec Monsieur le Cardinal, ou bien avancé[1]; mais tout cela ne le toucha point, non plus que ce que lui put dire après M. de la Rochefoucauld.

Enfin Monsieur le Prince se mit en campagne; il défit M. de Saint-Luc[2] proche de Miradoux[3], et, le régiment de Champagne s'étant jeté dedans tout entier, voulut le prendre; mais, quelque diligence qu'il eût faite, il ne put avoir qu'un canon[4]. Ayant su que M. le comte d'Harcourt[5] pouvoit lui tomber sur le corps, il se retira et alla prendre des quartiers pour ses troupes

1. Sur la part que prit Gourville aux négociations de Condé avec le cardinal, voir les *Mémoires de Retz*, t. IV, p. 23 et 235.
2. François d'Espinay, marquis de Saint-Luc, lieutenant général en Guyenne (1641), maréchal de camp (1647), lieutenant général des armées (1650), gouverneur du Périgord et de Montauban, mort en avril 1670.
3. Le 26 février 1652. — Miradoux est à deux lieues nord-est de Lectoure.
4. Le régiment de Champagne, un des quatre vieux corps, revenait de Catalogne. Sur l'affaire de Miradoux, voyez l'ouvrage de M. le duc d'Aumale, p. 118-119, le *Choix de Mazarinades* publié par M. Moreau, t. II, p. 418, les *Mémoires de la Rochefoucauld*, t. II, p. 333-336, la *Bibliographie des Mazarinades*, t. III, p. 358, et les *Souvenirs du règne de Louis XIV*, par le comte de Cosnac, t. I, p. 398 et suivantes.
5. Henri de Lorraine, comte d'Harcourt, était né en 1601 et s'était acquis une grande réputation en Bohême, en Allemagne et en Italie; la régente lui avait confié le commandement de l'armée royale. Il était grand écuyer depuis le 8 août 1643, place que Louis XIII avait peut-être eu l'intention de donner au duc Claude de Saint-Simon (*Mémoires de Saint-Simon*, édit. des Grands Écrivains, t. I, p. 186-188).

proche la rivière, vis-à-vis d'Agen; il prit le sien à Roquefort[1]. Après y avoir demeuré quelques jours, j'écrivis à Paris, et, voulant faire une méchante plaisanterie, je priois qu'on me mandât où étoit M. le comte d'Harcourt, parce qu'effectivement il y avoit quelques jours qu'on n'en parloit point. Dans cet instant, on me dit que tout le monde montoit à cheval, parce que M. le comte d'Harcourt avoit enlevé les gardes de Monsieur le Prince[2]. J'ajoutai à ma lettre : « N'en prenez pas la peine, parce qu'il a déjà enlevé « quelques-uns de nos quartiers. » Monsieur le Prince, qui étoit à Pergain[3], se retira et marcha, avec le peu qu'il avoit de troupes, au port de Boé[4], où il y avoit quelques bateaux. Il y en arriva bientôt d'autres pour nous passer de l'autre côté. Comme chacun s'étoit pressé de passer, cela faisoit du désordre; je me mis au lieu où arrivoient les bateaux, avec une canne que j'avois à la main, et j'arrêtai cette précipitation, marquant ceux qui devoient entrer dans le bateau les uns après les autres, et assurément je n'y fus pas inutile. Heureusement M. le comte d'Harcourt et ses troupes avoient poussé ceux des autres quartiers, qui cherchoient à se sauver vis-à-vis d'Agen, à un autre port au-dessous, et nous donnèrent le temps de passer

1. A deux lieues sud-ouest d'Agen, dans le canton de la Plume.
2. A Astaffort (*Princes de Condé*, p. 119). Les *Mémoires de la Rochefoucauld*, témoin oculaire, donnent beaucoup de détails sur cette affaire.
3. Pergain-Taillac, commune du canton d'Astaffort.
4. Village du canton d'Agen, sur la rive droite de la Garonne; vis-à-vis, sur la rive gauche, il y avait un port communiquant avec Boé au moyen d'un bac.

tous. Monsieur le Prince ayant voulu entrer dans Agen par une porte où il y avoit de nos troupes, les habitants, s'étant révoltés, firent des barricades, Monsieur le Prince et M. de la Rochefoucauld, s'étant avancés, coururent assurément grand risque ; mais enfin ils en vinrent à bout par douceur et firent ouvrir cette barricade et encore une autre qu'ils trouvèrent. Après cela, nos troupes s'avancèrent et entrèrent toutes[1].

Chapitre IV.

Voyage de Monsieur le Prince à son armée, qui étoit sur la Loire. Combat du faubourg Saint-Antoine. Retraite de M. de la Rochefoucauld à Damvillers. Voyage que je fis à Bruxelles pour dégager M. de la Rochefoucauld, et celui que je fis à Paris, où je vis Monsieur le Cardinal.

Quelques jours après, Monsieur le Prince ayant eu des nouvelles que M. de Beaufort, qui commandoit les troupes de Monsieur, et M. de Nemours, qui commandoit les siennes, quoique beaux-frères[2], avoient de grands démêlés ensemble, jusque-là que l'on craignoit qu'ils n'en vinssent aux mains, et que, si Monsieur le Prince pouvoit se rendre à cette armée[3], cela pourroit obliger la cour à faire une paix telle qu'il la

1. *Mémoires de Lenet*, p. 540 ; *Mémoires de la Rochefoucauld*, p. 338-343.
2. La sœur du duc de Beaufort, Élisabeth de Vendôme, avait épousé, le 11 juin 1643, Amédée de Savoie, duc de Nemours.
3. L'armée qui opérait au nord de la Loire contre les corps commandés par le maréchal d'Hocquincourt et par Turenne.

pouvoit desirer, Monsieur le Prince prit le parti de s'y rendre avec un très petit nombre de gens avec lui[1]. Ayant concerté l'affaire avec M. de la Rochefoucauld, ils convinrent qu'il y auroit seulement M. de la Rochefoucauld, qui souhaita que M. le prince de Marcillac, quoique fort jeune[2], en fût aussi, M. le marquis de Lévis[3], M. de Chavagnac[4], M. de Guitaud[5], M. de Bercenay, capitaine des gardes de M. de la Rochefoucauld, moi et Rochefort, valet de chambre de S. A. Le jour qui fut choisi pour partir étoit le dimanche des Rameaux[6]. Ces Messieurs ayant pris des habits modestes, qui paroissoient plutôt habits de cavaliers

1. Monglat et La Rochefoucauld disent que ce fut sur le conseil de Chavigny qu'il prit cette détermination.

2. Qui devint plus tard le duc François VII. Il avait alors dix-huit ans, étant né en 1634.

3. Gaston-Jean-Baptiste de Lévis, sénéchal héréditaire de Carcassonne et de Béziers, plus tard gouverneur du comté de Foix, mort le 6 mai 1687. — Dans le manuscrit de la Bibl. nat., les mots : *M. le marquis de Lévy*, se trouvent ajoutés en interligne.

4. Gaspard, comte de Chavagnac, né en 1624, d'abord gentilhomme du prince de Condé, passa ensuite au service des Espagnols aux Pays-Bas, puis à celui de l'Empereur. Il mourut le 11 février 1695. On a sous son nom des Mémoires qui ne sont probablement pas de lui.

5. Guillaume de Pechpeyrou-Cominges, comte de Guitaud, né le 5 octobre 1626, entra au service de Condé en 1647 (*Mémoires de Bussy-Rabutin*, t. I, p. 159); blessé à ses côtés au combat du faubourg Saint-Antoine, il le suivit en Flandre et fit auprès de lui pendant son exil les fonctions de premier gentilhomme (*Princes de Condé*, t. VI, p. 336); chevalier des ordres en 1661, il mourut le 27 décembre 1685. Lainé (*Archives de la noblesse*, t. VIII, p. 29-40) a donné une longue notice sur ce personnage, qu'on confond souvent avec son cousin François, aussi comte de Guitaud, capitaine des gardes d'Anne d'Autriche, mort en 1663. Voyez aussi les *Lettres de Mme de Sévigné*, Notice biographique, p. 149-153.

6. Le 24 mars 1652.

que de seigneurs[1], dès le matin Monsieur le Prince fit partir ses domestiques par eau, disant qu'il les iroit joindre à cheval à Marmande. Je fus chargé de m'en aller devant, avec un guide à cheval que j'avois trouvé, et j'avois mis derrière lui un porte-manteau dans lequel il y avoit quatre mousquetons avec leurs bandoulières, mêlés avec de la paille, l'un pour Monsieur le Prince, qui le donna à Rochefort à porter, l'autre pour M. de la Rochefoucauld, le troisième pour son capitaine des gardes, et l'autre pour moi, estimant que M. le prince de Marcillac auroit assez de peine à supporter la fatigue du voyage : en effet, il donna bien de l'embarras, et à moi beaucoup de peine, à cause de sa jeunesse. Ces autres Messieurs s'en étant pourvus chacun de leur côté, je m'en allai pour passer la rivière du Dropt[2], au lieu où Monsieur le Prince devoit congédier tous ceux qui l'avoient accompagné jusque-là, et passa seulement avec ceux que je viens de nommer[3]. M'étant mis à couvert d'une masure toute proche, j'en sortis d'abord que je vis ces Mes-

---

1. Monsieur le Prince était vêtu de gris, avec un justaucorps betterave et une écharpe noire ; il portait les cheveux courts et « deux grandes moustaches nouées avec des galands noirs, un grand caudebec retroussé et une jarretière noire au col au lieu de rabat ; » les autres étaient vêtus à l'avenant (*Particularitez de la route de Monsieur le prince de Condé*, etc.; Bibl. nat., Lb^{37} 2365).

2. Gourville confond évidemment le Dropt avec le Lot, qui est la première rivière qu'on rencontre en se dirigeant d'Agen vers le nord, tandis qu'on ne trouve le Dropt qu'après avoir passé Cahusac (voyez plus loin, p. 64).

3. Le marquis de Lévis et M. de Bercenay attendaient le prince et ses autres compagnons, avec des chevaux, à Lanquais, seigneurie du duc de Bouillon, dans l'arrondissement actuel de Bergerac (*Mémoires de La Rochefoucauld*, t. II, p. 356).

sieurs, et, ayant le mémoire des lieux où nous devions passer, je pris le devant avec mon guide. En marchant, l'on convint que chacun prendroit un nom de guerre, auquel on fut bientôt accoutumé[1]. On arriva à la nuit fermée proche de ***[2], dont M. de ***[3] étoit gouverneur pour Monsieur le Prince, quoique nous eussions eu dessein de l'éviter. La sentinelle, ayant pris l'alarme, s'écria et la donna aux autres[4]. Je dis que nous étions des gens de Monsieur le Prince pour entrer dans la ville; et, en effet, quand nous fûmes vis-à-vis de la porte, ces Messieurs marchant deux à deux, je leur dis de faire halte, et j'entrai seul. Ayant trouvé Monsieur le gouverneur à table, je lui dis que Monsieur le Prince m'envoyoit avec quelques cavaliers pour avoir des nouvelles de M. de Biron[5]. Après

1. M. de Lévis avait un passeport du comte d'Harcourt pour retourner en Auvergne avec ses gens; le prince et ses compagnons prirent les noms des domestiques marqués sur le passeport (*La Rochefoucauld*, t. II, p. 356-359). Les *Particularitez de la route de M. le prince de Condé*, etc., donnent les noms que prirent les voyageurs : Monsieur le Prince s'appelait *Motheville*, comme nous le verrons ci-après, p. 70, M. de la Rochefoucauld *Beaupré*, le prince de Marcillac (qu'elles appellent le prince de Tarente) *Florimont*, M. de Guitaud *La Place*, Chavagnac *Saint-Arnoud*, Gourville (qu'elles nomment Lestourville) *Longuepleyne*, etc.

2. Gourville, à cinquante ans de distance, a oublié les noms propres. Le vague de la suite du récit au point de vue géographique ne peut s'expliquer que par ce motif (voir plus loin, p. 68, note 3).

3. Le correcteur du manuscrit de M. le baron Pichon a ajouté ici : « Dont un de MM. de la Force étoit, etc. »

4. Le même correcteur a biffé cette phrase et l'a remplacée par la suivante : « Néanmoins, le guide nous approcha si près, que la sentinelle ayant demandé : « Qui va là ? » je répondis, etc. »

5. François de Gontaut, marquis de Biron, chevalier des ordres depuis 1651, commandait comme lieutenant général un petit corps de troupes royales.

avoir bu un coup, je ressortis et me mis à la tête de ma petite troupe. Nous nous trouvâmes le lundi matin, sur les huit heures, proche de Cahusac[1], qui étoit à M. de la Rochefoucauld. Un homme qui en sortoit m'ayant dit qu'il venoit d'y entrer une compagnie de cavalerie[2], je dis à ces Messieurs de prendre un chemin qui étoit à droite, qui les mèneroit à une petite métairie, à cinq ou six cents pas de Cahusac. Ayant trouvé là des officiers de M. de la Rochefoucauld, je me fis connoître et priai l'officier de vouloir bien s'en aller ailleurs, ce qu'il me promit, après qu'il eut repu. Je fis mettre dans des paniers du pain, du vin, des œufs durs, des noix et du fromage, et les fis porter dans la grange, où je trouvai toute la petite troupe endormie. Après avoir mangé, ils dormirent encore une heure. Les chevaux ayant eu leur saoûl d'avoine, nous marchâmes bien avant dans la nuit et entrâmes dans un village où il y avoit un cabaret. L'on y demeura trois ou quatre heures, et, n'y ayant trouvé que des œufs, Monsieur le Prince se piqua de bien faire une omelette. L'hôtesse lui ayant dit qu'il la falloit tourner pour la faire mieux cuire et enseigné à peu près comme il falloit faire, l'ayant voulu exécuter, il la jeta fort bien dans le foyer. Je priai l'hôtesse d'en faire une autre et de ne la plus confier à ce cuisinier. Nous avions toujours un cheval pour les guides que nous prenions de temps en temps. Quelque faim qu'eussent la plupart de nos gens, ils avoient encore plus d'envie

1. Cahusac, près de la rivière du Dropt, dans le canton de Castillonnès (Lot-et-Garonne).
2. Le correcteur du manuscrit de M. le baron Pichon a ajouté ici : « Des troupes de Monsieur le Prince. »

de dormir sur de la paille qu'ils avoient fait apporter. Pour moi, je prenois soin des chevaux et de compter avec les hôtes : ainsi j'avois très peu de temps pour me reposer. Nous partîmes deux ou trois heures avant le jour ; nous fûmes repaître en chemin, pour aller passer le soir la Dordogne[1] ; et, comme l'on nous avoit dit qu'à ce poste-là on faisoit difficulté de passer des gens qu'on ne connoissoit pas, surtout quand il y en avoit un certain nombre, je dis que j'allois avancer et qu'on me fît suivre par un seul de deux ou trois cents pas, et que les autres vinssent plus lentement. En m'avançant, j'entendis des sonnettes de mulets qui étoient un peu devant moi. Je mesurai ma marche pour arriver à peu près comme eux, et le batelier, les ayant entendus un peu de loin, se trouva du côté de deçà. J'avois un sifflet d'argent, dont je me faisois entendre fort loin ; et, ayant appelé celui qui étoit derrière moi, il s'avança. Après que le premier mulet fut dans le bateau, je m'approchai et laissai encore passer le second, puis je priai le muletier d'attendre pour les autres que nous fussions passés. Une partie de ceux qui étoient derrière s'étant avancée, nous passâmes la rivière en deux voitures[2].

Le mercredi, étant partis sur les trois heures du

1. Ce serait donc seulement le mardi soir qu'ils auraient passé la Dordogne. Gourville se trompe évidemment. Condé, ayant retrouvé M. de Lévis à Lanquais (ci-dessus, p. 62, note 3), localité très proche de la Dordogne, dut passer cette rivière dès le lundi, soit à Port-de-Lanquais, soit à Badefol, où il y avait un bac. Le récit de Gourville doit se rapporter au passage d'une autre rivière.
2. Lenet (p. 540) raconte que Condé fut reconnu dans un village par Mme de Flamarens, qui lui offrit de coucher dans son château. — Il est étonnant que ni Gourville ni La Rochefoucauld ne le disent.

matin, marchant auprès de notre guide, que je questionnois de temps en temps, et voyant que nous approchions d'un lieu qui me parut assez gros, je lui demandai si nous devions passer dedans. Il me dit que non, mais que nous passerions près la porte que nous laissions à gauche, que la rivière en étoit là si près qu'il n'y avoit guère plus que la largeur du chemin, et qu'il y avoit quelques jours que, y étant passé, on y faisoit une espèce de garde. Je me mis pour lors une écharpe blanche[1] dont je m'étois nanti. Voyant quelques hommes dehors devant la porte, je les priai[2] de ne laisser entrer personne de ceux qui me suivoient : je fus aussitôt obéi. Nous passâmes et allâmes repaître dans un assez grand village, où un paysan dit à Monsieur le Prince qu'il le connoissoit bien, et en effet le nomma. L'ayant entendu, je me mis à rire, et, quelques autres s'approchant, je leur dis ce qui venoit d'arriver. Tous plaisantant sur cela, le pauvre homme ne savoit plus qu'en croire[3]. Quand nous voulûmes partir, M. le prince de Marcillac, qui n'avoit presque

1. L'écharpe blanche était la marque distinctive des troupes royales ; les partisans des princes portaient l'écharpe isabelle, les Ormistes de Bordeaux l'écharpe bleue, les Espagnols l'écharpe rouge, et les troupes de Mazarin l'écharpe verte (*Mémoires de Retz*, t. IV, p. 23, note). Nous avons vu plus haut, p. 62, note 1, que Condé portait dans son voyage une écharpe noire.

2. Ici, le correcteur du manuscrit de M. le baron Pichon a corrigé ainsi : « Je leur dis de rentrer et de fermer la porte, et de ne « laisser entrer aucun de ceux qui me suivoient. »

3. Gourville, comme Lenet, passe sous silence un épisode du voyage que Monglat raconte (p. 264) et que La Rochefoucauld (p. 357) mentionne à mots couverts : un gentilhomme du Périgord, chez lequel les voyageurs s'étaient arrêtés et qui ne les connaissait pas, parla à table de la liaison de La Rochefoucauld avec Mme de Longueville, que le prince ignorait peut-être.

pas mangé et qui s'étoit endormi, après qu'on l'eut éveillé pour monter à cheval, étoit si assoupi, qu'il sembloit qu'il eût perdu toute connoissance, et, deux de ces Messieurs l'ayant levé, aussitôt qu'on ne le soutenoit plus, ses genoux fléchissoient. Enfin, je lui jetai beaucoup d'eau sur le visage, qui le fit revenir, et on le monta à cheval. On se mit en marche. La plupart de nos chevaux étoient fort fatigués, et, passant auprès d'une noblesse[1] qui paroissoit considérable, ayant su le nom du maître, M. de Chavagnac dit qu'il le connoissoit fort et qu'il pourroit bien trouver chez lui chevaux à acheter. En effet, il en acheta deux qu'il nous amena, dont nous en reconnûmes un qui avoit été de l'écurie de M. de la Rochefoucauld il n'y avoit pas bien longtemps ; et, dans le lieu où nous allâmes repaître, nous trouvâmes un homme au cabaret, qui en avoit deux, dont l'un paroissoit assez bon, que nous achetâmes encore. Nous hasardâmes de mettre à ceux que nous quittions la bride attachée sur le haut de la tête, et quelqu'un demeuroit derrière pour les faire suivre ; mais, le lendemain, celui qu'avoit quitté M. le prince de Marcillac étant accoutumé à suivre quand on le menoit aux relais pour la chasse, nous nous aperçûmes que les autres suivoient avec lui, et que même, quelquefois qu'ils se mettoient dans les blés pour manger, quand ils nous voyoient un peu éloignés, ils venoient au grand trot nous joindre. Nous allâmes coucher cette nuit-là dans un château qui appartenoit à M. le marquis de Lévis[2], où la plupart de ces Messieurs, pour

1. Fief noble, relevant directement du roi (*Dict. de Trévoux*).
2. C'est Charlus, comm. de Bassignac, dans l'arr. de Mauriac (*La Rochefoucauld*, p. 357).

la première fois depuis le départ, se mirent entre deux draps. M. de la Rochefoucauld s'étant senti pour la première fois de la goutte, qui le prit assez rudement, je lui fis faire toute la nuit un gros bas qui se boutonnoit par les côtés, dont il se trouva fort soulagé. Tous ces Messieurs étoient tellement fatigués, à la réserve de Monsieur le Prince, qu'à peine pouvoient-ils se soutenir quand ils mettoient pied à terre. Le lendemain au matin, M. le prince de Marcillac ayant laissé aller son cheval, il passa dans l'eau, où il y avoit dessous un terrain fort bourbeux, qu'on appelle tartre bourbonnoise[1], tomba dedans, et, comme l'on dit, l'eau lui entra par le collet. Peu de temps après, nous passâmes devant chez un homme qui faisoit des sabots. Il mit pied à terre, moi avec lui, et, ayant tiré une chemise d'un porte-manteau que j'avois derrière moi, où j'en avois mis deux pour Monsieur son père et deux pour lui, je fis du feu avec les petits éclats qui sortent de ces manufactures. J'eus bientôt séché ses habits, et nous ne fûmes pas longtemps sans joindre ces Messieurs, qui n'alloient que le pas, pendant que nous allions toujours le trot. Nous arrivâmes le vendredi, sur les quatre heures[2], dans un village sur le bord de la Loire, un peu plus bas que l'endroit où la rivière d'Allier tombe dans celle-ci, que l'on appelle le Bec-d'Allier[3]. Mais, n'y ayant point trouvé de bateaux,

1. Dans le manuscrit de la Bibliothèque nationale, ce membre de phrase a été ajouté en interligne.
2. La Rochefoucauld dit le samedi, ce qui est plus vraisemblable.
3. L'époque éloignée des événements à laquelle Gourville écrivait ses Mémoires lui a fait commettre quelques inexactitudes et est cause que son récit de cette course extraordinaire manque de précision. En combinant ses données avec celles que fournissent

nous y fûmes fort embarrassés. M. le marquis de Lévis, qui étoit connu en ce pays-là, ayant appris qu'il y en avoit un au-dessus, envoya pour le faire amener. Tous nos gens se mirent à dormir. Monsieur le Prince examinant avec moi ce que nous pouvions faire, je lui proposai qu'aussitôt que nous aurions un bateau nous fissions marché avec le maître pour nous mener à Orléans, et que, quand nous aurions passé Sully, où étoit la cour, nous nous informerions, aux maisons que nous trouverions de l'autre côté de la rivière, où étoit l'armée que nous voulions aller joindre : ce que nous n'aurions pas apparemment de peine à découvrir; qu'ainsi nous nous y pourrions rendre en toute sûreté, et que nous pourrions laisser tous nos chevaux à M. le marquis de Lévis, qui s'en retournoit dans ses maisons. Monsieur le Prince approuva la pensée ; mais son embarras étoit que nous ne savions pas à quelle distance de la rivière pourroit être cette armée. Ayant

le duc de la Rochefoucauld (p. 356-363), Lenet (p. 540-541), Monglat (p. 264), Mme de Motteville (p. 473) qui l'avait entendu raconter à Gourville, M. le duc d'Aumale (t. VI, p. 130) et les *Particularitez de la route*, etc., on peut arriver à préciser davantage. Parti d'Agen le dimanche 24 mars à midi, Monsieur le Prince, pour donner le change, prit la route de Marmande ; après avoir passé le Lot, où Gourville l'attendait et où il congédia ceux qui l'avaient accompagné depuis Agen, il continua à suivre quelque temps la route de Marmande, passa près de Tonneins, dont M. de la Force était gouverneur, et arriva le lundi matin à Cahusac, où il traversa le Dropt. Continuant sa route, il atteignit Lanquais, passa la Dordogne près de ce village et, tournant vers l'est, gagna la vicomté de Turenne. Après s'être arrêté une nuit au château de Charlus, il traversa l'Auvergne du nord au sud, entra en Bourbonnais, passa à trois lieues de Moulins, et, longeant l'Allier à quelque distance, atteignit la Loire au Bec-d'Allier le samedi 31 mars, ayant fait plus de cent trente lieues en moins de sept jours.

eu la nouvelle que le bateau étoit arrivé et que nous pouvions passer en deux fois avec nos chevaux, il préféra ce parti à l'autre. Nous nous embarquâmes et passâmes de l'autre côté. Nous prîmes un guide qui nous devoit faire passer à côté de la Charité; mais, s'étant trompé, nous nous trouvâmes tout contre la porte. La sentinelle ayant demandé : « Qui va là ? » je m'avisai de répondre que c'étoient des officiers du Roi qui alloient à la cour, et si on ne pouvoit pas entrer. Monsieur le Prince cria que l'on fît dire à M. de Bussy[1], qui en étoit gouverneur pour le Roi, qu'il le prioit de lui faire ouvrir, que c'étoit La Motheville, qui étoit le nom qu'il avoit pris, faisant semblant d'y vouloir entrer. Ayant paru d'autres soldats sur la porte, il y en eut un qui dit qu'il alloit avertir Monsieur le gouverneur. Un peu après, je dis tout haut à Monsieur le Prince : « Vous avez du temps pour cou« cher ici ; mais nous autres, dont le congé finit demain, « nous sommes obligés de marcher pour arriver à « Sully » (où étoit le Roi). Ayant marché et quelques autres m'ayant suivi, disant à Monsieur le Prince : « Demeurez si vous voulez, » il se mit en marche aussi, en se plaignant que nous étions d'étranges gens, mais qu'il ne vouloit pas se séparer, et prioit qu'on fît ses compliments à Monsieur le gouverneur[2]. Nous fûmes

1. Roger de Rabutin, comte de Bussy, plus connu sous le nom de Bussy-Rabutin, était gouverneur du Nivernais depuis 1645 et maréchal de camp depuis 1651. Il commandait dans la Charité avec deux compagnies de cavalerie (*Mémoires de La Rochefoucauld*, p. 358). Après avoir d'abord embrassé le parti de Condé, il s'était rallié depuis peu à celui du Roi (*Monglat*, p. 264).

2. Monglat (p. 264) dit que cet épisode se passa à Cosne. C'est une erreur : Gourville, ayant quitté Condé à la Charité pour se rendre à Paris, n'aurait pu y assister.

bien aises de la façon que cela s'étoit passé. Monsieur le Prince m'ayant dit, avant que nous passassions la rivière, qu'il falloit que je prisse la poste pour aller dire à M. de Chavigny qu'il espéroit joindre incessamment l'armée, il prit sur la droite pour s'en aller passer à Châtillon[1] avec ces Messieurs[2].

Je fis encore tant de diligence, nonobstant ma lassitude, que j'arrivai à Paris, à l'hôtel de Chavigny[3], à cinq heures du matin. M. de Chavigny[4], en ayant été averti, vint dans son cabinet en robe de chambre, me fit appeler, et me témoigna une grande joie d'apprendre ce que je lui disois, n'ayant eu aucune nouvelle du départ de Monsieur le Prince. Après m'avoir retenu longtemps et m'avoir fait raconter comment nous avions pu faire tant de chemin au travers de la France sans avoir trouvé aucun embarras, il entra en matière de ce qu'il falloit faire quand Monsieur le Prince seroit arrivé, ne doutant pas qu'en l'état où étoient les affaires de la cour, il ne pût faire un traité très avantageux pour lui et ses amis, et que, pour y trouver de la sûreté à l'avenir, il faudroit demander un conseil de

1. Châtillon-sur-Loing, à cinq lieues de Gien où le roi était arrivé le matin même. Condé y entra le lundi de Pâques, 1er avril, au soir (*Princes de Condé*, p. 130).
2. Gourville passe sous silence la fin du voyage de Condé, à laquelle il n'a pas assisté, et qui en fut néanmoins la partie la plus périlleuse et la plus mouvementée. Voyez les *Mémoires de La Rochefoucauld*, p. 359-363, ceux de Monglat, p. 264, et l'ouvrage de M. le duc d'Aumale, t. VI, p. 131.
3. Dans le quartier du Marais, entre la rue de la Couture-Sainte-Catherine, la rue des Ballets et la rue Pavée (plan de Gomboust).
4. Dans le manuscrit de la Bibliothèque nationale, les huit derniers mots, omis par le copiste par suite d'un bourdon, ont été récrits en interligne par une autre main.

douze personnes, que l'on ne pourroit choisir sans que le plus grand nombre se trouvât dans les intérêts de S. A. Je vis bien que M. de Chavigny souhaitoit cela, espérant être le maître du conseil. Je ne laissai pas d'approuver tout ce qu'il me disoit. Il m'ajouta que, si Monsieur le Prince pouvoit bailler quelque échec aux troupes du Roi avant que de venir à Paris, il seroit reçu avec une grande joie, et que cela donneroit une grande disposition pour le bien de ses affaires[1]. Il me dit ensuite qu'il iroit rendre compte à Monsieur de mon arrivée et de ce que je lui avois dit, et que je ferois bien de lui aller faire la révérence après m'être reposé; qu'apparemment il seroit bien aise de me questionner sur ce voyage. Après dîner, j'allai au Luxembourg, où je fus fort bien reçu de Monsieur, qui me fit bien des questions sur la route que nous avions tenue, et, Monsieur le Coadjuteur y étant entré, je le saluai d'une inclination de tête, songeant que je n'avois plus à le craindre. Quelque temps après, je sortis de la chambre de Monsieur; je trouvai beaucoup de gens qui savoient l'arrivée de Monsieur le Prince à l'armée. Y en ayant quelques-uns qui me reconnurent, ils s'attroupèrent autour de moi pour m'entendre parler; mais je m'excusai sur ma lassitude, et que je n'avois presque pas dormi depuis le départ d'Agen, et je m'en allai. Aussitôt que je sus par M. de Chavigny que Monsieur le

---

1. Voyez les *Mémoires de M*me *de Motteville*, t. III, p. 474, qui écrit d'après le récit que Gourville lui fit peu après de sa conversation avec Chavigny, et ceux de La Rochefoucauld, p. 365-366. Une partie des amis de Condé l'engageait à rester à l'armée; Chavigny et quelques autres l'appelaient au contraire à Paris pour combattre l'influence croissante du coadjuteur.

Prince avoit joint ses troupes et qu'il étoit à Château-renard[1], après m'avoir entretenu à peu près des mêmes choses qu'il m'avoit déjà dites, je pris congé de lui pour partir le lendemain au matin. Étant arrivé auprès de S. A., et lui rendant compte de tout ce que j'avois à lui dire de la part de M. de Chavigny, un officier lui amena deux paysans, qui lui donnoient avis que M. d'Hocquincourt[2] étoit logé à Bléneau avec ses troupes, à deux lieues de Châteaurenard. Monsieur le Prince ordonna qu'on avertît tout le monde de monter à cheval et de faire marcher les troupes qui étoient auprès de lui, et, pour achever de donner les ordres, il me remit à une autre fois et s'en alla.

Bientôt après, il fit marcher un escadron devant lui et donna ordre qu'on fît avancer beaucoup de tambours, de timbales et de trompettes, et, après avoir commandé que l'on entrât dans le village, les timbales et les trompettes firent un si grand bruit, que tout ce qui étoit là ne songea qu'à s'enfuir et à abandonner tout ce qui leur restoit de bagage. Monsieur le Prince apprit aussitôt que M. d'Hocquincourt, sur la première alarme, s'étoit sauvé avec ce qu'il avoit pu de troupes. Tout le bagage, dont une partie étoit déjà en chemin, fut pillé. Monsieur le Prince, ayant été averti qu'on avoit trouvé un gué, passa le canal[3] ; j'eus l'honneur de le suivre de bien près ; ce qu'il y avoit de gens de

1. En Gâtinais, à quatre lieues de Montargis.
2. Charles de Monchy, marquis d'Hocquincourt, avait été nommé maréchal de France le 5 janvier 1651 ; il fut tué devant Dunkerque le 13 juin 1658, dans les rangs de l'armée espagnole, où il était passé à la suite de dissentiments avec la cour.
3. Le canal de Briare, terminé depuis 1642.

considération auprès de sa personne passèrent avec lui. M. de Nemours fit mettre le feu à une maison pour servir de signal à ceux qui venoient pour joindre, et, quelques coureurs ayant rapporté qu'il y avoit trois escadrons sous une futaie fort proche, Monsieur le Prince en forma un d'environ soixante-dix ou quatre-vingts personnes et voulut charger ces gens-là, qui, ne voyant qu'un petit nombre, firent ferme. Mais, un assez grand nombre de troupes ayant passé à la file et le joignant, ils s'enfuirent; on passa quasi toute la nuit à les poursuivre, et les autres troupes, qui se retiroient comme elles pouvoient. Monsieur le Prince, ayant su que M. de Turenne étoit dans une plaine à quelque distance de là, marcha pour l'attaquer avant que les troupes de M. d'Hocquincourt pussent l'avoir joint. M. de Turenne ayant laissé son canon tout braqué sur un défilé qu'il falloit passer, les canonniers, couchés auprès, firent semblant de se retirer, et, ayant aperçu qu'il y avoit déjà passé cinq ou six escadrons qui se mettoient en bataille à mesure qu'ils étoient passé le défilé, M. de Turenne revint et son canon, tirant tout de ce côté-là, fit assez de désordre. Après s'être bien canonné de part et d'autre, et la plupart des troupes de M. d'Hocquincourt ayant joint M. de Turenne, et ne tirant plus de part et d'autre, plusieurs gens de qualité et beaucoup d'officiers vinrent saluer Monsieur le Prince. Les deux troupes furent longtemps mêlées; enfin chacun se retira[1].

1. Voir le récit du combat de Bléneau, 7 avril 1652, par M. le duc d'Aumale, t. VI, p. 137-147, les *Souvenirs du règne de Louis XIV*, par le comte de Cosnac, t. II, p. 92-101, et la préface de *Mazarin*

CHAPITRE IV.

Monsieur le Prince étant venu à Paris avec tous ses amis[1], tout le monde témoigna une grande joie de le voir, et, si je ne me trompe, Monsieur sortit pour aller au-devant de lui[2]. Quelques jours après, Monsieur le Prince, voulant prendre Saint-Denis, fit sortir des compagnies de bourgeois qui faisoient plus de deux ou trois mille hommes. Ayant posté ses troupes à côté du grand chemin qui va à Saint-Denis et les bourgeois de l'autre, la nuit étant venue, Monsieur le Prince s'avança assez près du fossé, suivi d'un grand nombre de personnes de qualité et d'officiers. Il avoit envoyé M. de Gaucourt[3] pour demander aux Suisses, qui étoient dedans en petit nombre, s'ils vouloient se rendre prisonniers de guerre, sinon qu'on les alloit attaquer et qu'ils ne pouvoient pas tenir. Eux l'ayant refusé, et la plupart étant venus du côté qu'ils voyoient bien qu'on les vouloit forcer, tirèrent environ cinquante ou soixante coups de mousquet, sans tuer ni blesser personne. Néanmoins, l'épouvante fut si grande, peut-être parce qu'on ne s'y attendoit pas, que tous ces gens, qui étoient en grand nombre, s'enfuirent, de sorte qu'il ne resta que Monsieur le Prince, M. de la

---

et *Colbert,* du même auteur, p. vIII-x. Il est à remarquer que Gourville ne semble pas regarder le combat de Bléneau comme une victoire pour Monsieur le Prince.

1. Il s'était rendu aux raisons de Chavigny (*La Rochefoucauld,* p. 374).

2. Ce ne fut pas à cette époque, mais antérieurement, lorsque l'on sut à Paris que Condé était à Châtillon-sur-Loing. On crut qu'il allait arriver dans la capitale; Monsieur envoya de ses gardes à Villejuif et sortit lui-même au-devant du prince. (*Particularitez de la route,* etc.)

3. Joseph-Charles, dit le comte de Gaucourt, mort sans postérité en 1684.

Rochefoucauld, M. le prince de Marcillac, Guitaud, et, si j'ose dire, moi. Monsieur le Prince dit que de sa vie il n'avoit rien vu de pareil. Il courut pour rassurer les bourgeois, qu'il ne douta pas qu'ils ne fussent ébranlés, entendant fuir tout ce monde. Ensuite, il alla à ses troupes et leur commanda de passer le fossé et d'entrer dans la ville, ce qu'ils firent sans aucune résistance, les Suisses, après avoir tiré, s'étant mis dans l'église[1]. Les bourgeois s'étant avancés du côté où j'étois demeuré, je leur dis qu'il n'y avoit qu'à descendre dans ce petit fossé et à monter de l'autre côté ; les plus hardis descendirent, et j'en poussai quelques-uns qui balançoient pour les faire descendre. N'ayant trouvé que peu d'eau dans le fond, ils remontèrent du côté de la ville, et, ayant crié, étant de delà, qu'ils ne voyoient ni n'entendoient personne, tous ceux qui entendirent ce que leurs camarades avoient dit vouloient se jeter tout à la fois dans le fossé. Et moi, entendant qu'on avoit ouvert une porte qui étoit tout contre, je repris mon cheval, que j'avois donné à tenir à un bourgeois, et, entrant dans la ville, je vis beaucoup de ceux que la terreur panique avoit fait fuir qui commençoient à revenir. J'allai d'abord au couvent des Filles de Sainte-Marie, qui avoient été recommandées à M. de la Rochefoucauld par Mme la comtesse de Brienne[2]. Après les avoir rassurées, je leur demandai du bois et fis faire un grand feu devant la porte, et je

---

1. L'église de l'abbaye.
2. Toutes les éditions, sauf celle de 1724, ont imprimé : *Mme la comtesse de Brionne*. — Louise de Béon avait épousé en 1623 Henri-Auguste de Loménie, comte de Brienne, secrétaire d'État des affaires étrangères ; elle mourut le 2 septembre 1667.

vis venir plusieurs de mes gens, qui avoient eu les jambes mouillées, pour se sécher, qui contoient là leurs prouesses; mais, ce qu'on auroit peine à croire, c'est que je vis revenir deux personnes de qualité qui avoient de la réputation, et qui devoient avoir fui bien loin, puisqu'il y avoit du temps que l'on étoit entré; ils me demandèrent avec empressement où étoit Monsieur le Prince[1].

Quelques jours après[2], les troupes du Roi reprirent cette ville, et, la cour étant revenue à Saint-Germain, M. de Chavigny, ayant trouvé Monsieur le Prince fort disposé à se confier en lui, commença à négocier avec Monsieur le Cardinal. Mais, après qu'il se fut passé quelque temps sans rien terminer, Monsieur le Prince, ayant conçu quelque défiance de M. de Chavigny, me chargea d'aller trouver Monsieur le Cardinal pour lui dire, une fois pour toutes, qu'il étoit bien aise de savoir si S. É. vouloit faire la paix ou non. Je lui proposai les conditions dont j'avois été chargé[3], mais, comme c'étoit assez que l'un proposât quelque chose pour que l'autre y apportât des difficultés (ce que j'ose dire

1. C'est le 11 mai qu'eut lieu l'attaque de Saint-Denis. Le récit de Gourville s'accorde avec ceux de Mme de Motteville (t. VI, p. 34) et de La Rochefoucauld (p. 376-378), qui semblent copiés l'un sur l'autre, et avec celui de Monglat (p. 267). Sur ces événements, on peut voir l'*Histoire de l'abbaye de Saint-Denis,* par Félibien, p. 483-490, et un manuscrit des Archives nationales, K 118, n° 36, intitulé : « Extrait du livre des choses mémorables arrivées en l'abbaye de Saint-Denis, années 1649 à 1652, » qui contient des détails très circonstanciés.

2. Dès le lendemain, 12 mai (*Gazette*, p. 503-504).

3. Mme de Motteville (t. IV, p. 7-8) et La Rochefoucauld (t. II, p. 381-385) rapportent l'instruction que Monsieur le Prince avait donnée à Gourville pour ces négociations.

avoir mieux connu que personne), toutes les négociations n'aboutirent à rien[1].

M. de Turenne marchant du côté de Vincennes pour venir attaquer le faubourg Saint-Antoine, Monsieur le Prince y ayant fait venir des troupes en faisant le tour par les faubourgs, l'on commença de rudes combats. M. de la Rochefoucauld, l'ayant su, et sur le point de monter à cheval, m'envoya au Luxembourg pour apprendre la vérité de l'état des choses ; et, ayant fait sortir ses chevaux, il y en avoit un pour moi, quand je serois revenu. M. le marquis de Flamarens[2] étant venu à cet instant pour voir M. de la Rochefoucauld, à qui il dit qu'on étoit tout à fait aux mains, ce qui le fit aussitôt partir, il prit mes bottes et mon cheval, qu'on avoit sorti avec les autres pour accompagner M. de la Rochefoucauld. Il fut tué presque en arrivant dans le faubourg. M. de la Rochefoucauld y reçut un coup, qui par miracle ne lui perdit pas les deux yeux[3].

1. Selon Mme de Motteville (t. IV, p. 9), ce fut le duc de Bouillon qui empêcha la négociation d'aboutir ; le cardinal était alors à Saint-Germain. Voir aussi les *Mémoires de la Rochefoucauld*, p. 385-387.

2. Le correcteur du manuscrit de M. le baron Pichon a biffé tout ce qui suit jusqu'à : « il prit mes bottes, » et l'a remplacé seulement par : « s'étant trouvé là. »

3. La Rochefoucauld resta cependant quelque temps aveugle. — L'édition de 1782, reproduite dans les collections Petitot et Michaud, a intercalé ici la phrase et les deux vers qui suivent, qu'on ne trouve dans aucun manuscrit : « Au sujet de cet accident, il fit graver un portrait de Mme de Longueville, avec ces deux vers au bas :

Faisant la guerre au Roi, j'ai perdu les deux yeux,
Mais, pour un tel objet, je l'aurois faite aux dieux. »

D'après une note de l'édition Petitot, ces deux vers seraient la parodie d'un passage de la tragédie d'*Alcyonée*.

Les Parisiens étant incertains de ce qu'ils vouloient faire, Mademoiselle fit tirer le canon de la Bastille sur les troupes du Roi, et, M. de la Rochefoucauld se présentant à la porte, tout couvert de sang, et disant aux bourgeois que le risque où étoit le prince et l'état où ils le voyoient, tout cela étoit pour empêcher que le Mazarin ne se rendît pas maître de Paris, les portes lui furent ouvertes[1] et le furent depuis pour tous les gens de Monsieur le Prince. Après que je fus revenu du Luxembourg, je demandai mon cheval ; mais l'on me dit que M. de Flamarens l'avoit pris avec mes bottes. Il me fallut quelque temps pour en chercher un autre, et, étant à cheval pour aller auprès de M. de la Rochefoucauld, je le trouvai près des Jésuites[2], tout couvert de sang, et néanmoins sur son cheval, que deux hommes tenoient, dont je fus cruellement affligé. Deux jours après, étant logé à l'hôtel de Liancourt[3], on me vint avertir que mon cheval, que M. de Flamarens avoit mené à la porte Saint-Antoine, venoit d'arriver chez un maréchal qui étoit tout vis-à-vis. Je l'allai prendre et le fis mettre dans l'écurie, en disant à celui qui l'avoit amené qu'il étoit permis de prendre son bien où on le trouvoit. Il s'en alla, et je n'en ai pas entendu parler depuis.

M. de Lorraine, qui avoit pris de l'argent des Espa-

---

1. Ce fut Gourville et le prince de Marcillac qui ramenèrent dans Paris La Rochefoucauld, aveuglé par sa blessure et à demi étouffé par le sang qui en couloit. Mademoiselle, se rendant à la Bastille, les rencontra tous trois dans la rue de la Tixeranderie (*Mémoires de Mademoiselle*, éd. Michaud et Poujoulat, p. 120).

2. Aujourd'hui l'église Saint-Paul-Saint-Louis.

3. Rue de Seine : ci-dessus, p. 15.

gnols pour venir joindre les troupes de Monsieur le Prince, qui étoit pour lors à Villeneuve-Saint-Georges[1], la cour lui ayant donné une somme considérable, s'en retourna[2], et Monsieur le Prince se trouva obligé de s'en aller à Stenay avec ce qu'il avoit de troupes[3].

Vers la fin de septembre, M. de la Rochefoucauld s'en alla, avec une partie de sa famille, à Damvillers[4], dont M. le marquis de Sillery étoit gouverneur. Peu de jours après qu'il y fut arrivé, Monsieur le Prince me manda de l'aller trouver et me dit qu'ayant appris qu'il y avoit beaucoup de désordre à Bordeaux entre M. le prince de Conti, Mme de Longueville et ses principaux amis, il me demandoit si je pourrois bien le ramener à Bordeaux. Je lui dis que je n'en doutois pas, pourvu qu'il voulût bien qu'il n'y eût que lui et

---

1. Gourville passe sous silence les négociations de Condé avec la cour, qui se continuèrent pendant tout l'investissement de Paris et auxquelles il prit une part active (*Mémoires de Guy Joly*, p. 79).

2. *Histoire des princes de Condé*, p. 168-176. Le traité de Charles IV de Lorraine avec la cour est du 16 juin 1652 et antérieur au combat du faubourg Saint-Antoine. Il est vrai qu'il reprit l'offensive à la fin d'août et se réunit à Condé; mais, à cette époque, ce ne fut point sa défection qui amena la fin de la Fronde des princes et la retraite de Condé à Stenay. Lenet donne, dans ses Mémoires (p. 572), une lettre de Gourville sur les derniers temps du séjour du prince à Paris.

3. Il quitta Paris le 13 octobre. Chavigny, son zélé partisan dans le ministère, était mort le 11.

4. La Rochefoucauld, chassé de Paris par la déclaration du 20 octobre (Arch. nat., X^{1a} 8658, fol. 50 v^e), avait demandé et obtenu d'y rester à cause de son état de santé, la blessure qu'il avait reçue aux yeux au combat du faubourg Saint-Antoine n'étant point guérie (*Princes de Condé*, t. VI, p. 580-581). Il ne partit pour Damvillers que plus tard.

moi, se pouvant souvenir de la peine que nous avoient faite ces Messieurs qui l'avoient accompagné d'Agen à Paris. Mais, quelques jours après, ayant reçu des nouvelles de Bruxelles telles qu'il les pouvoit désirer, il prit bientôt le parti d'aller de ce côté-là. Et[1] moi, me trouvant à Damvillers fort désoccupé, ayant fait réflexion que l'on pourroit bien prendre quelques prisonniers auprès de Paris et les mener par les chemins où j'avois voulu conduire Monsieur le Coadjuteur, j'en fis la proposition à M. le marquis de Sillery et à M. de la Mothe[2], qui étoit lieutenant de Roi de Damvillers et homme de beaucoup d'entendement, qui fut fait depuis lieutenant général. Je leur dis que je croyois qu'on pourroit prendre M. Burin, contre qui j'avois quelque

1. Tout ce qui précède, depuis le commencement du paragraphe, a été biffé par le correcteur dans le manuscrit de M. le baron Pichon, et remplacé par le texte suivant : « Vers la fin de septembre, M. de la Rochefoucauld s'en alla, avec une partie de sa famille, à Damvillers, d'où M. le marquis de Sillery étoit gouverneur. Quelque temps après, Monsieur le Prince me manda de l'aller trouver à Stenay et me fit l'honneur de me parler des difficultés qu'on lui faisoit à Bruxelles sur le rang qu'il y devoit avoir, et me demanda si je croyois qu'il pût s'en retourner en Guyenne, en cas qu'il s'y trouvât nécessité. Je répondis à S. A. S. que je le croyois très possible pourvu qu'elle voulût bien se résoudre à n'avoir que moi à sa suite, se devant souvenir des peines que lui avoient données ces Messieurs qui l'avoient accompagné quand il étoit venu à Paris : à quoi S. A. S. me parut résolue. Mais, bientôt après, elle me dit que, ses affaires étant ajustées avec les Espagnols, je pourrois m'en retourner : ce que je fis. »
2. Charles Guillaud de la Mothe s'attacha de bonne heure au prince de Condé et devint lieutenant-colonel du régiment d'Enghien en 1667 ; il passa brigadier en 1672, maréchal de camp en 1676, lieutenant général en 1678, et mourut le 9 juin 1684 (Pinard, *Chronologie historique militaire*).

petite rancune[1], directeur des postes, homme fort riche et surtout en argent comptant. Étant convenu que j'écrirois à Paris pour savoir s'il n'alloit pas toujours à[2] sa maison de campagne, comme il avoit accoutumé, l'on me manda qu'il y alloit encore souvent. M. de Sillery et M. de la Mothe jetèrent les yeux sur huit personnes, les uns officiers, les autres cavaliers, de ceux que j'avois fait venir à Paris pour l'affaire de Monsieur le Coadjuteur. On les fit partir, et ils réussirent si bien, qu'ils amenèrent M. Burin à Damvillers, où il arriva extrêmement fatigué et désolé[3]. Je fis ce que je pus pour lui être de quelque consolation, et, ayant entrepris[4] de traiter de sa liberté, il convint de quarante mille livres, à condition qu'il feroit venir des lettres de change de cette somme à Verdun, et qu'après qu'on les auroit apportées à Damvillers, il auroit sa liberté. L'argent étant venu quelque temps après, il s'en alla.

M. de la Rochefoucauld passa toute l'année 1653 à

---

1. Le manuscrit Pichon ajoute ici : « parce qu'il avoit plus d'argent que moi et s'en étoit servi pour me faire de la peine. »

2. Ici, le correcteur du manuscrit de M. le baron Pichon a ajouté en interligne : « la Grange. » — C'est la Grange-le-Roi, près Brie-Comte-Robert, que le financier céda peu après au conseiller Le Lièvre de Fourrille, et qui fut érigée en marquisat en faveur de celui-ci en 1659 (Archives nationales, X[1a] 8661, fol. 326).

3. Burin (toutes les éditions portent : *Barin*) était premier commis de Jérôme de Nouveau, surintendant des postes. Ce fut à la fin de janvier 1653 qu'il fut enlevé près de Vincennes par des cavaliers (Loret, *Muse historique*, 1er février 1653, et *Historiettes de Tallemant des Réaux*, t. V, p. 112, 113, 120).

4. Tout ce qui précède, depuis : « Je fis, » a été biffé par le correcteur du manuscrit Pichon et remplacé par : « où je ne fus pas fâché de le voir. Néanmoins, j'entrepris, » etc.

Damvillers, et, ayant eu des nouvelles de Paris que tous ses amis lui conseilloient de se dégager absolument d'avec Monsieur le Prince le plus tôt qu'il pourroit, surtout dans la vue d'assurer le mariage de M. le prince de Marcillac avec Mlle de la Rocheguyon, sa cousine germaine[1], je fus chargé d'aller à Bruxelles pour le dégager d'avec Monsieur le Prince. Je partis avec un seul cavalier. Y étant arrivé, je reçus beaucoup de témoignages de bonté de la part de Monsieur le Prince, et, ayant exposé à S. A. que, M. de la Rochefoucauld ne pouvant lui être d'aucune utilité, et les raisons de famille qu'il avoit de retourner en France, je lui en venois demander son agrément et la permission, Monsieur le Prince entra assez bien dans ces raisons et me donna M. de Ricous[2] pour me mener chez M. de Fuensaldagne[3]. Je dégageai ainsi M. de la Rochefoucauld d'avec les Espagnols. Monsieur le Prince m'ayant demandé avec assez d'instance que, quand M. de la Rochefoucauld auroit eu permission de retourner en France, je le vinsse trouver à Bruxelles, qu'il auroit soin de ma fortune, je le lui promis et m'en retournai. Ce voyage d'aller et de venir ne fut pas sans beaucoup de péril, parce que, les troupes de Monsieur le Prince ayant pris par force des quartiers d'hiver en plusieurs lieux du pays de Liège et aux environs du chemin que je devois tenir, les paysans s'étoient jetés dans les bois et ne faisoient quartier à personne ; mais, ma bonne étoile m'ayant conduit,

1. Voyez ci-dessus, p. 12, et ci-après, p. 85, note 1.
2. Gaspard Ricous, premier maître d'hôtel du prince ; voyez l'*Histoire des princes de Condé*, t. VI, p. 382, note.
3. Don Luis Perez de Vivero, comte de Fuensaldaña, était gouverneur général des armes aux Pays-Bas.

j'arrivai à Damvillers. Il fut question d'envoyer quelqu'un à Paris, aux amis de M. de la Rochefoucauld, pour dire qu'il étoit entièrement dégagé d'avec Monsieur le Prince et les Espagnols. On jeta pour cela les yeux sur un de mes parents que j'avois mis auprès de M. de la Rochefoucauld, et je ne pus m'empêcher de dire que je croyois que j'étois plus propre pour cela que l'autre; mais l'on me fit beaucoup de difficulté, parce qu'on avoit mandé à M. de la Rochefoucauld que Monsieur le Cardinal avoit montré beaucoup d'aigreur contre moi. Cependant, à la fin, on convint qu'il falloit que je hasardasse le voyage pour cette fois-là. Ce n'étoit pas plus l'envie que j'avois de retourner à Paris que l'utilité que M. de la Rochefoucauld pouvoit tirer de mon voyage, puisqu'il s'agissoit de son retour en France.

Je me mis en chemin pour Paris, où étant arrivé, la première chose que je fis fut d'aller descendre chez Mlle de Lagny, dont le fils avoit été élevé auprès de moi, et à qui je donnois mes commissions quand j'étois absent[1]. En me voyant, elle se mit à pleurer d'une grande force et me dit qu'on avoit mis, depuis peu de jours, son fils, deux dames avec qui j'avois quelque commerce, et un valet que j'avois envoyé à Paris il y avoit trois semaines, prisonniers[2], et que l'on

1. Le correcteur du manuscrit de M. le baron Pichon a ajouté ici : « et depuis a fait une grosse fortune. » — Cette Mlle de Lagny était la mère de Jean-Baptiste de Lagny, d'abord commis des poudres et salpêtres à la Rochelle, puis fermier général, secrétaire du Roi en 1685, directeur général du commerce et des grandes compagnies en 1686, mort en janvier 1701 (*Mercure*, p. 43-44).

2. Le même correcteur a biffé les six mots qui précèdent et mis à la place : « à la Bastille. »

disoit que Monsieur le Cardinal étoit fort en colère contre moi. Cela m'étonna assez; mais, ayant pensé à ce que j'avois à faire, je me résolus d'aller trouver M. de Liancourt[1], oncle de M. de la Rochefoucauld, pour lui dire le sujet de mon voyage et le prier de parler à Monsieur le Cardinal. Mais il me dit qu'il étoit bien embarrassé, qu'il ne savoit comment s'y prendre parce qu'il avoit ouï dire qu'on avoit fait entendre à Monsieur le Cardinal que j'avois été en commerce avec le frère de Ricous, auquel il avoit fait faire le procès et exécuter[2]. Je l'assurai bien positivement que cela n'étoit pas[3], et le priai de demander à Monsieur le Cardinal s'il vouloit bien m'entendre sur ce pied-là, et qu'en quelque temps qu'il eût des preuves du contraire, je consentois qu'il me fît mourir. Après cela, je le priai de dire à Monsieur le Cardinal que ce seroit une chose de conséquence à l'égard de tous ceux qui étoient encore attachés à Monsieur le Prince, de voir qu'il refusât à M. de la Rochefoucauld de revenir en France, ne lui ayant voulu demander cette grâce qu'après avoir fait ce qu'un honnête homme devoit faire, de s'être entièrement dégagé d'avec Monsieur le Prince et les Espagnols, et que cela pourroit même avoir sa conséquence à Bordeaux, parce

1. Roger du Plessis-Liancourt, duc de la Rocheguyon depuis 1643. Sa sœur, Gabrielle du Plessis, était la mère de François VI, duc de la Rochefoucauld.

2. Jean Ricous, arrêté par ordre de Mazarin comme coupable de menées contre l'État, fut condamné à être roué, et exécuté le 11 octobre (*Mémoires de Mademoiselle*, t. II, p. 438, 530-538; *Gazette* de 1653, p. 1051-1052; J. Lair, *Nicolas Foucquet*, t. I, p. 282-286; *Princes de Condé*, t. VI, p. 382-383).

3. Nous venons de voir cependant qu'il avait été en relations avec lui à Bruxelles (ci-dessus, p. 83).

que M. de la Rochefoucauld y avoit beaucoup d'amis[1], et que tous les parents et amis de M. de la Rochefoucauld se disposoient à lui venir demander cette grâce et à l'en presser jusqu'à ce qu'ils l'eussent obtenue. M. de Liancourt me rapporta ensuite qu'aussitôt qu'il eut dit à Monsieur le Cardinal que j'étois arrivé à Paris, il lui répondit que je pourrois bien n'en pas sortir; mais, après que M. de Liancourt lui eut dit les protestations que je l'avois prié de lui faire, et que j'étois prêt d'aller me mettre à la Bastille, s'il le souhaitoit, pour me faire faire mon procès, il parut sur cela fort radouci et écouta tout ce que M. de Liancourt lui voulut dire. Après avoir dit qu'il me connoissoit avoir de l'esprit et capable de servir le Roi, il chargea M. de Liancourt de me faire savoir de me trouver le lendemain à dix heures chez ce dernier, où il se rendroit pour me parler. En effet, il n'y manqua pas. Je commençai par lui faire de nouvelles protestations, à peine de ma vie, que j'étois innocent du crime dont on m'avoit accusé vers lui, et lui répétai à peu près les mêmes choses que j'avois prié M. de Liancourt de lui dire. J'y ajoutai encore tout ce que je m'étois pu imaginer depuis pour tâcher à lui faire accorder le retour de M. de la Rochefoucauld, ce qu'il fit sur-le-

1. Gourville fait encore une erreur de date. Il vient de dire que Mazarin l'accusait d'avoir été en relations avec le frère de Ricous, récemment exécuté. Or, l'exécution de Ricous est du 11 octobre 1653. Comme la paix de Bordeaux fut signée le 31 juillet précédent, si Gourville n'est venu à Paris, pour traiter de l'amnistie du duc de la Rochefoucauld, qu'après l'exécution de Ricous, on ne voit pas de quelle conséquence la grâce du duc aurait pu être à Bordeaux. En réalité, Gourville se trompe en mêlant ici le nom de Ricous, puisque l'amnistie du duc de la Rochefoucauld est antérieure à la reddition de Bordeaux.

champ; et après avoir dit sur mon chapitre beaucoup de choses obligeantes, et beaucoup au delà de ce que je me serois jamais attendu, il ajouta qu'il falloit que je m'attachasse au service du Roi et au sien particulier, que c'étoit là le vrai chemin de la fortune. Je l'en remerciai fort, en le suppliant de trouver bon que j'écrivisse à M. de Guitaud pour le prier de dire à Monsieur le Prince de ne plus attendre aucuns services de moi, ni mon retour auprès de lui, comme je lui avois promis, m'étant engagé à servir le Roi et Monsieur le Cardinal à l'occasion du retour de M. de la Rochefoucauld que je lui étois venu demander. Il reçut fort bien tout cela[1]. Après quoi, je le suppliai de vouloir bien faire mettre en liberté les quatre personnes qu'il avoit fait mettre en prison à mon occasion. Il me dit qu'il le vouloit bien, mais qu'il ne falloit pas que ces femmes demeurassent à Paris. Je lui répondis qu'il y en avoit une qui avoit une maison à Courbevoie, et lui demandai s'il vouloit bien leur permettre d'y aller demeurer; il se mit à rire et dit qu'il le vouloit bien, et que je n'avois qu'à aller chez M. le Tellier pour avoir le passeport pour M. de la Rochefoucauld pour s'en aller dans ses maisons en Angoumois, et l'ordre au gouverneur de la Bastille pour mettre en liberté les gens pour qui je lui avois parlé. M. de Liancourt, qui avoit été présent à tout cela, me louangea beaucoup de la conduite que j'avois tenue dans cette affaire, et du zèle que j'avois pour M. de la Rochefoucauld. Aussitôt après, je m'en allai chez

---

1. C'est là le plus frappant exemple de la facilité à changer de maître qu'on a si souvent reprochée à Gourville. Condé ne lui en sut pas d'ailleurs mauvais gré.

M. le Tellier, qui fut non seulement surpris de me voir, mais encore plus de ce que je lui venois dire de la part de Monsieur le Cardinal. Après m'avoir un peu entretenu, il me dit qu'il ne manqueroit pas, sur le soir, de voir S. É. et recevoir ses ordres; que je pouvois retourner le lendemain, à neuf heures, qu'il me remettroit les ordres entre les mains. Les ayant reçus, je dépêchai un courrier à M. de la Rochefoucauld, et m'en allai à la Bastille avec un carrosse, d'où je tirai mes prisonniers, et menai les deux dames à Courbevoie[1].

Chapitre V.

Paix de Bordeaux, dont je porte la première nouvelle à Monsieur le Cardinal. S. É. me fait donner deux mille écus de pension sur des bénéfices. Monsieur le Cardinal m'ordonne de tâcher à parler à Monsieur le Prince, qui assiégeoit Arras.

Dans le séjour que je fis à Paris en attendant le retour de M. de la Rochefoucauld, je vis deux ou trois fois Monsieur le Cardinal. Je jugeai bien qu'il avoit envie que j'allasse à Bordeaux sur ce qu'il me demanda si je n'étois pas bien dans l'esprit de M. le prince de

1. Nous n'avons pu retrouver la date exacte ni le texte de l'amnistie accordée à M. de la Rochefoucauld. La correspondance de Mazarin est muette à cet égard; les registres du Parlement, où se trouvent les amnisties accordées successivement au prince de Conti, à Mme de Longueville, au comte d'Harcourt, au comte de Maure et à bien d'autres, ne contiennent point de lettres d'abolition pour La Rochefoucauld. Son amnistie et son retour en Angoumois sont certainement antérieurs au mois de juillet 1653, comme nous le verrons plus loin.

Conti et de Mme de Longueville. Je lui dis que j'avois l'honneur d'en être bien connu et que M. de Marcin et M. Lenet[1] étoient très particulièrement de mes amis; que je ne doutois pas que, dans le temps que la vendange approcheroit[2], cela ne causât quelque nouveau mouvement à Bordeaux, et que l'importance étoit de tâcher de profiter des occasions qui se pourroient présenter. « Comment croyez-vous, me dit-il, pouvoir « entrer dans cette ville? » Je lui dis que, lorsque je croirois que l'occasion en seroit favorable, je pourrois y aller sous prétexte d'en faire sortir les meubles que M. de la Rochefoucauld y avoit laissés; et sur ce qu'il me demanda encore si j'étois connu de M. de Vendôme[3] et de M. de Candalle[4], je lui répondis que je l'étois très peu du premier et beaucoup du second,

---

1. Les éditions de 1724 et de 1782 portent *M. Lainé*. A Bordeaux, Marcin commandait les troupes; Lenet s'occupait de l'administration et des finances (*Princes de Condé*, p. 289 et 295). — Pierre Lenet avait commencé par être président (1637), puis procureur général (1641), au parlement de Dijon, charge à laquelle il joignit, en 1646, celle de procureur général à la Table de marbre; il reçut un brevet de conseiller d'État en 1647. Condé l'employa avec succès dans les intrigues de la Fronde. Après la paix de Bordeaux, le prince le chargea de différentes missions auprès de la cour de Madrid, et, en 1659, Lenet contribua à le faire comprendre dans le traité des Pyrénées. Tombé en disgrâce quelques années après, il mourut le 3 juillet 1671.

2. L'époque de la vendange avait été déjà la cause de la première paix de Bordeaux (ci-dessus, p. 22).

3. César, duc de Vendôme, bâtard de Henri IV et de Gabrielle d'Estrées, commandait l'armée royale contre Bordeaux, et spécialement la flotte.

4. Louis-Charles-Gaston de Nogaret de la Vallette, duc de Candalle, fils du duc d'Épernon et de Gabrielle-Angélique légitimée de France, secondait M. de Vendôme, son oncle, dans les opérations militaires en Bordelais, où il commandait l'armée de terre. Il mourut le 28 janvier 1658, à trente-un ans.

que j'osois même dire qu'il m'honoroit de sa bienveillance. Il me dit qu'il en étoit bien aise, que je pourrois m'adresser à lui et à M. d'Estrades[1]. Il me sembla que tout cela lui fit plaisir, et il ajouta qu'il me donneroit une lettre de créance pour M. de Candalle, qu'après cela il s'en remettoit à mon savoir-faire, dont il avoit bonne opinion; que je n'aurois qu'à venir le lendemain matin prendre la lettre. Bernouin, son valet de chambre, me la remit[2] et me donna deux cents pistoles. M. de la Rochefoucauld étant arrivé en Angoumois, je me rendis auprès de lui et lui rendis compte de tout ce qui m'étoit arrivé, dont il me parut fort aise. Je m'acheminai ensuite pour joindre M. de Candalle, qui étoit aux environs de Bordeaux. Je passai dans un endroit qu'on appeloit le Fort-César, que M. de Vendôme avoit fait faire sur le bord de la rivière[3]; il y avoit beaucoup de canons, par le moyen desquels on prétendoit empêcher que la flotte d'Espagne, commandée par le marquis de Sainte-Croix[4], ne montât plus haut, où étoit l'armée navale de M. de Vendôme.

1. Godefroy, comte d'Estrades (1607-1686), lieutenant général en 1650, servait en cette qualité dans l'armée du duc de Vendôme. Il fut ambassadeur en Hollande et en Angleterre en 1668, maire perpétuel de Bordeaux en 1674 et maréchal de France en 1675.
2. Cette lettre ne se trouve pas dans les minutes de la correspondance de Mazarin pendant la guerre de Guyenne conservées aux Archives nationales, KK 1221, ni parmi celles qui ont été publiées dans les *Archives historiques de la Gironde*, t. XV.
3. Vendôme avait fait bâtir ce fort en Médoc, et non pas dans l'Entre-deux-Mers (*Gazette de France*, p. 521; lettre du duc de Vendôme aux échevins de Bayonne, 23 mai 1653, publiée par M. A. Communay, *l'Ormée à Bordeaux*, p. 218).
4. Alvare de Bazan, troisième marquis de Santa-Cruz, était lieutenant général des armées navales d'Espagne; il mourut en novembre 1660.

Je trouvai M. de Chavagnac, qui avoit été du voyage d'Agen ; il commandoit dans ce poste-là, et il me fit conduire au camp de M. de Candalle, qui témoigna une grande joie de me voir, laquelle s'augmenta encore de beaucoup quand je lui eus donné ma lettre de créance, parce qu'il espéroit que, si je pouvois trouver l'occasion de faire quelque chose, il en auroit l'honneur. Ensuite, nous parlâmes à M. d'Estrades, et j'appris d'eux que l'Ormée[1] commençoit à perdre son crédit. C'étoit une cabale de séditieux que MM. de Marcin et Lenet avoient formée pour le service de Messieurs les Princes[2], qui, pendant quelque temps, s'étoit maintenue avec beaucoup d'autorité : le nommé Duretête[3] en étoit comme le chef; et M. le prince de Conti, depuis peu de jours, étoit entré, par le moyen de M. de Chouppes[4], dans quelque négociation. Je fus là

1. Toutes les éditions, sauf celle de la collection Michaud, ont imprimé : *l'armée,* ce qui ne signifie rien. On désignait sous le nom d'Ormée le parti populaire à Bordeaux pendant la Fronde. M. A. Communay a publié en 1887 un livre intitulé : *L'Ormée à Bordeaux,* que nous avons déjà cité.

2. *Mémoires de Lenet,* p. 408.

3. Christophe Duretête, bourgeois de Bordeaux et procureur postulant au Parlement (La Colonie, *Histoire curieuse de la ville de Bordeaux,* t. III, p. 373).

4. L'édition de 1782 porte : *Madame Choupes.* — Aymar de Chouppes, issu d'une famille protestante (*France protestante,* t. III, p. 357 et suiv.), né vers 1612, fut page de la petite écurie (1625), volontaire aux gardes (1628), cornette de chevau-légers (1630), commandant d'artillerie (1643), maréchal de camp (1647), entra avec son régiment dans le parti de Condé au début de la Fronde, et fut même envoyé par le prince de Conti en Espagne pendant le siège de Bordeaux (*Mémoires de Cosnac,* t. I, p. 53-54), mais ne tarda à passer aux troupes royales (*Princes de Condé,* t. VI, p. 306; *Archives historiques de la Gironde,* t. XV, p. 372). Après la paix, il fut fait lieutenant général (1653) et servit en cette qualité sous

quelques jours. Nous avions très souvent des nouvelles de tout ce qui se passoit dans la ville. Enfin, nous apprîmes un jour qu'il se faisoit des assemblées de plusieurs personnes qui ne parloient que de paix. Je crus alors que la conjoncture étoit favorable. Je dis donc à ces Messieurs que je croyois qu'il n'y avoit plus de temps à perdre. Ils trouvèrent bon que j'écrivisse à M. Lenet pour lui dire que je souhaitois bien aller à Bordeaux pour retirer les meubles que M. de la Rochefoucauld y avoit laissés. Il me manda que je pouvois venir, que M. de Marcin s'étoit chargé de dire à la porte qu'on me laissât entrer quand je voudrois, et que l'un et l'autre auroient bien de la joie de me voir : ce qui me fit dire à M. de Candalle et à M. d'Estrades que cela me paroissoit de bon augure. M'étant mis en chemin, j'arrivai après la nuit fermée et m'en allai tout droit chez M. Lenet, qui ayant fait avertir M. de Marcin, nous passâmes une bonne partie de la nuit ensemble en conférence. Ils m'avouèrent bonnement l'embarras où ils étoient, qui étoit fort grand : « Je vois bien, » leur dis-je, par ce que je savois déjà et par ce qu'ils venoient de me dire, « que la fortune « m'a amené ici bien à propos, » et que, si je trouvois les choses disposées comme elles me paroissoient, je croyois qu'il n'y avoit pas un moment à perdre pour entrer en quelque proposition. Enfin, je m'ouvris à

---

le prince de Conti en Catalogne (1654), reçut la charge de lieutenant général en Roussillon (1655-1661), eut en 1659 une mission diplomatique en Portugal (Vicomte de Caix de Saint-Aymour, *Recueil des instructions des ambassadeurs en Portugal*, p. 49 et suiv.). Lors de la disgrâce de Foucquet, il fut chargé de commander à Belle-Isle (*Archives de la Bastille*, t. II, p. 169) et mourut en 1673. Il a laissé des Mémoires, imprimés en 1753.

eux du commerce que j'avois eu avec Monsieur le Cardinal en le quittant, et que j'étois en état de faire un traité avec eux, que je ferois signer à M. de Candalle, leur disant aussi ce qui s'étoit passé de lui à moi. Je m'aperçus qu'il falloit qu'ils se crussent bien pressés par la joie qu'ils témoignoient à mesure que je m'ouvrois à eux; cela alla jusqu'à entrer dans les conditions du traité. Je ne trouvai de difficulté, dans ce qu'ils me proposoient, que de vouloir que les troupes qu'avoit là Monsieur le Prince pussent l'aller joindre à Stenay et qu'on leur donnât l'étape par la France. Enfin, je réduisis cela à quelques régiments d'infanterie qui portoient le nom de Monsieur le Prince et de M. le duc d'Enghien, et qu'en licenciant toutes les autres [troupes], ils pourroient choisir les meilleurs hommes pour mettre dans leurs régiments, pourvu que cela ne passât pas le nombre de deux mille quatre ou cinq cents hommes, ayant jugé, par ce que m'avoit témoigné Monsieur le Cardinal en le quittant, que la joie qu'il auroit de voir Bordeaux réduit lui feroit agréer le reste. J'appris de M. de Marcin que, lorsqu'on avoit dit, chez M. le prince de Conti, que j'avois demandé à venir pour retirer les meubles de M. de la Rochefoucauld, M. l'abbé de Cosnac[1], Sarrasin[2] et Guille-

1. Daniel de Cosnac, l'auteur des *Mémoires* publiés en 1852 pour la Société de l'Histoire de France, était alors aumônier du prince de Conti. Il devint évêque de Valence et Die en 1654, fut premier aumônier et confident de Madame Henriette d'Angleterre, et passa à l'archevêché d'Aix en 1687.

2. Jean-François Sarrasin (il signe ainsi), poète et littérateur, était secrétaire des commandements du prince de Conti; il mourut en décembre 1653, empoisonné, dit-on, par un mari jaloux (*Mémoires de Cosnac*, t. I, p. 13, 189, 191; Loret, *Muse historique*, t. 1, p. 572-573, 579-581; *Historiettes de Tallemant des Réaux*, t. V,

ragues[1], qui s'étoient emparés de l'esprit de ce prince, dirent qu'il me falloit jeter dans la rivière[2]. Mais je dis à MM. de Marcin et Lenet que, connoissant bien M. le prince de Conti, et de la manière que j'avois été avec lui, il n'étoit pas impossible que, dans le soupçon qu'on lui avoit donné de mon arrivée, il ne voulût entrer en quelque chose avec moi; que je leur rendrois compte de ce qui se seroit passé et que nous conviendrions de quelle manière ils pourroient lui parler en cas que je me fusse trompé. Ayant su à peu près l'heure que M. le prince de Conti devoit aller à la messe, je me mis à portée de me présenter à lui quand il monteroit en carrosse. En effet, m'ayant aperçu, il me dit d'un air goguenard : « Apparemment que vous venez ici « pour quelque bonne affaire. » Je lui dis qu'elle n'étoit pas grande, puisque ce n'étoit que pour retirer les meubles que M. de la Rochefoucauld y avoit laissés, et il monta en carrosse avec deux de ces Messieurs. Moi, sans m'étonner de rien, je suivis le carrosse jusqu'à l'église où il étoit entré, et, l'ayant aperçu au côté droit du chœur, je m'en allai mettre

p. 291). M. Hippeau lui a consacré une notice dans les *Mémoires de l'Académie de Caen*, 1855, p. 397-400.

1. Gabriel-Joseph de la Vergne, vicomte de Guilleragues, succéda à Sarrasin comme secrétaire des commandements du prince de Conti (*Mémoires de Cosnac*, t. 1, p. 191), reçut la charge de président à la Cour des aides de Guyenne en 1654 et devint premier président le 31 mars 1660, acheta en 1669 la charge de secrétaire du cabinet, la vendit bientôt après, et fut envoyé en 1677 comme ambassadeur à Constantinople; il y mourut le 4 mars 1685 (*Mémoires de Saint-Simon*, édition des Grands Écrivains, t. III, p. 197-198).

2. En tout cas, Gourville ne sut pas mauvais gré de ce propos à Cosnac, puisqu'il lui fit obtenir immédiatement la charge de maître de la chambre du prince de Conti (*Mémoires de Cosnac*, t. I, p. 82-84).

proche la balustrade du côté gauche afin qu'il me pût voir. Après l'élévation, s'étant tourné du côté où j'étois, comme j'avois toujours les yeux sur lui, je m'aperçus qu'il me faisoit signe de m'approcher. Je passai par-dessus la balustrade pour aller à lui, et, en passant par devant ces deux Messieurs, qui étoient restés à la balustrade, je les saluai. Il commença par me dire que ce n'étoient pas les meubles de M. de la Rochefoucauld qui m'avoient amené, et m'ajouta qu'il avoit su que j'avois couché chez M. Lenet, où j'avois vu M. de Marcin; qu'apparemment nous n'y avions pas seulement parlé des meubles. Je lui répondis que, si par hasard j'étois chargé de quelque chose de plus grande conséquence, S. A. trouveroit bon que je ne m'en découvrisse point si tôt à elle. A la fin de la messe, il me dit de le suivre, et, étant dans son carrosse, il m'ordonna d'y monter avec ces Messieurs que j'ai nommés. Lorsqu'il fut arrivé chez lui, il se mit au lit, comme il avoit accoutumé, et me fit dire d'entrer; il fit de plus mettre une table auprès de son lit et me commanda de dîner seul avec lui, au grand étonnement de ces Messieurs, qui avoient proposé de me jeter dans la rivière. Après dîner, M. le prince de Conti me dit que, si je ne voulois pas lui dire mon secret, dont je m'étois ouvert à MM. de Marcin et Lenet, du moins je lui disse si j'étois chargé de quelque chose qui les regardât tous. Je lui dis alors que, puisqu'il me le commandoit, je pouvois lui dire qu'en l'état où étoient les affaires de Leurs Altesses, je me trouvois assez heureux d'avoir occasion de pouvoir leur rendre service et à tout ce qui étoit du parti de Monsieur le Prince dans Bordeaux. Il me parut qu'il se savoit bon gré de m'en avoir tant fait avouer. L'inquiétude le prit que je n'eusse déjà arrêté quelque chose avec MM. de Marcin et Lenet, et qu'ils ne fussent entrés là-dessus avec Mme de Longueville. Je lui dis qu'en tout cas, s'il vouloit bien m'honorer de sa confiance, je lui promettois de ne rien faire avec personne sans sa participation, et que je m'en allois chez Mme de Longueville, que je n'avois pas encore eu l'honneur de voir. Il me demanda donc en confidence quelle conduite il auroit à tenir. Sur cela, je lui dis qu'assurément M. de Marcin et M. Lenet ne manqueroient pas de lui parler, pour voir avec Mme de Longueville ce qu'ils auroient tous à faire dans une conjoncture aussi fâcheuse que celle où ils se trouvoient; et que, quand ils seroient ensemble, il falloit oublier toutes les petites divisions et partialités qu'il y avoit eu entre eux et faire ensemble un traité le plus avantageux qu'ils pourroient pour tout ce qui pouvoit regarder les intérêts de Monsieur le Prince. Il m'en remercia et me dit que je visse donc ces Messieurs pour les obliger à lui parler. Je sortis de là avec espérance que je ne manquerois plus mon affaire, et j'allai dire à MM. de Marcin et Lenet ce qui venoit de se passer, dont ils furent fort aises. De là, je m'en allai pour faire la révérence à Mme de Longueville, à qui M. Lenet avoit déjà parlé. Elle me reçut assez froidement, ayant pensé de mettre la négociation entre les mains de M. de Matha[1] pour aller traiter avec M. de Candalle. Je convins avec MM. de Marcin et Lenet qu'il falloit incessamment faire un traité particulier, selon le pou-

1. Charles de Bourdeille, comte de Matha, mort en 1674.

voir que j'en avois, et que je le mettrois sous le nom de M. de Candalle afin de le lui faire signer, et qu'après cela ils pussent entrer en négociation avec Messieurs de la ville pour faire un traité de concert avec eux, de crainte qu'ils n'en commençassent un sans leur participation. Le peuple s'échauffant et demandant la paix, M. le prince de Conti, Mme de Longueville, MM. de Marcin et Lenet s'assemblèrent chez Madame la Princesse, où étoit M. le duc d'Enghien, fort jeune. M. le prince de Conti dit dans l'assemblée tout ce que je lui avois dit l'après-dînée ; et tous ensemble résolurent de faire le lendemain un traité avec moi. Chacun exposa ce qu'il pouvoit souhaiter qui y fût employé, et MM. de Marcin et Lenet insistèrent toujours pour que l'on tâchât de faire que les troupes de Monsieur le Prince eussent l'étape par la France pour se rendre à Stenay. MM. de Marcin et Lenet, à onze heures du soir, me contèrent tout ce qui s'étoit passé, et que M. le prince de Conti avoit parlé à merveille. Nous remîmes au lendemain à faire un projet de traité ; et, dès six heures du matin, j'envoyai mon valet à M. de Candalle pour lui dire que, dans le jour, j'espérois faire un traité en son nom, que je ferois signer, et lui en porterois un double afin qu'il le signât ; que je n'étois embarrassé que sur le sujet des troupes que l'on vouloit faire passer à Stenay ; et, en ayant parlé à M. le comte d'Estrades en présence de l'homme que j'y avois envoyé, ils me mandèrent de tâcher de les réduire au plus petit nombre que je pourrois, mais qu'après tout il falloit finir le traité ; qu'il signeroit le double quand je le lui enverrois. Dès que mon homme fut revenu avec cette réponse, je proposai à ces Messieurs de

I   7

commencer à faire un mémoire de ce que nous avions à traiter, et, prenant la plume[1], je leur dis de me faire leurs propositions.

La première fut que le Roi donneroit une amnistie générale pour tous ceux qui avoient suivi le parti de Messieurs les Princes ;

Que les troupes qu'avoit Monsieur le Prince à Bordeaux seroient conduites par étapes à Stenay : sur quoi je leur répondis que cela étoit impossible, et, après quelque contestation, je leur dis qu'il falloit réduire cela aux régiments d'infanterie de Monsieur le Prince et de M. le duc d'Enghien, mais qu'ils pourroient choisir, pour cela, entre toutes les troupes, les officiers et les soldats qu'ils voudroient, pourvu que cela ne passât pas deux mille quatre ou cinq cents hommes ; et nous en fîmes le second article du traité.

Ils me proposèrent ensuite, pour le troisième article, que Madame la Princesse et Monsieur le Duc auroient la liberté de s'en aller en Flandres trouver Monsieur le Prince avec tous leurs domestiques, et MM. de Marcin et Lenet avec les leurs, et un nombre d'officiers principaux qui pourroient s'embarquer aussi, et les autres qui voudroient s'en aller par terre pourroient se mettre dans les régiments.

Le quatrième fut que M. le prince de Conti auroit la liberté d'aller faire son séjour à Pezénas[2], et Mme de Longueville à Montreuil-Bellay[3].

---

1. Daniel de Cosnac (p. 94) dit au contraire que les articles du traité furent dressés en l'absence de Gourville.

2. Hérault, arr. de Béziers. Ce comté était venu à la maison de Condé avec l'héritage des Montmorency ; il avait été attribué au prince de Conti.

3. Maine-et-Loire, arr. de Saumur. Cette seigneurie apparte-

Moi, je leur demandai une lettre signée de tous pour M. de Sainte-Croix, qui commandoit l'armée navale des Espagnols, laquelle étoit dans la Garonne, portant qu'ayant été obligés de signer un traité avec M. de Candalle pour le Roi, ils le prioient de s'en retourner, et qu'en cas que la ville de Bordeaux n'eût pas fait sa paix dans un mois, ils promettoient d'en sortir avec leurs troupes[1].

Dans le temps que ces deux Messieurs s'en allèrent chez Madame la Princesse, où l'on devoit signer le traité et d'où ils me devoient mander quand je m'y rendrois, je dressai les deux traités de ma main et les portai quand ils m'eurent envoyé chercher. Ces Messieurs, ayant rendu compte à l'assemblée de ce que nous avions arrêté ensemble, le traité fut bientôt signé, et, l'ayant porté sur-le-champ à M. de Candalle, il le signa avec bien de la joie, et, si je l'ose dire, en me donnant bien des louanges de la manière que j'avois conduit tout cela. Je lui répondis que le principal gré qu'il en falloit avoir étoit à ceux qui en avoient fait naître l'occasion, et je m'en retournai sur-le-champ[2].

M. de Candalle s'étant beaucoup approché de Bordeaux, aussitôt ces Messieurs, qui avoient déjà com-

---

nait aux Longueville depuis 1488; ils la vendirent en 1664 au maréchal de la Meilleraye.

1. Daniel de Cosnac donne, dans ses *Mémoires* (t. I, p. 95-97), le texte intégral du traité conclu entre les princes et le duc de Candalle, l'original étant resté entre ses mains. Ce texte s'accorde avec ce que dit Gourville et reproduit intégralement une note chiffrée que Lenet envoya aussitôt à Condé et qui existe encore aux archives de Chantilly. Voir aussi les *Souvenirs du règne de Louis XIV*, par le comte de Cosnac, t. VIII, p. 312.

2. *Mémoires de Cosnac*, t. I, p. 85-86 et 93-94.

mencé quelque pourparler avec ceux de la ville pour faire un traité avec M. de Vendôme, conduisirent les choses au point que l'on convint du château de Lormont[1] pour faire le traité de paix. Cependant j'allois et venois à Bordeaux et au camp de M. de Candalle[2]. Le jour convenu étant arrivé, je me rendis à Lormont comme un curieux; et, comme on étoit presque convenu des demandes que faisoit Bordeaux, qui n'alloient pas à grand'chose après l'amnistie, les députés de la ville étant chargés de proposer ce qui regardoit Messieurs les Princes, proposition fut faite pour les troupes de la manière que M. de Marcin me l'avoit expliqué. Ces Messieurs parurent faire sur cela beaucoup d'instance, et MM. de Candalle et d'Estrades, sachant de quoi j'étois convenu, le proposèrent comme un expédient pour ajuster l'affaire, et cela passa. M. d'Estrades sortit à l'instant, vint dans la chambre prochaine, où j'étois avec beaucoup d'autres gens, et, m'ayant tiré à part, me dit que l'affaire des troupes étoit accordée. Le reste des autres conditions passa sans beaucoup de difficulté. Ainsi la paix fut signée sur les dix heures du soir[3]. J'étois convenu avec M. de Candalle et

1. A trois kilom. de Bordeaux, sur la rive droite de la Garonne.
2. *Mémoires de Cosnac*, t. 1, p. 94-95.
3. Le 27 juillet. — Sur le rôle de Gourville dans la paix de Bordeaux, sur son habileté à s'insinuer auprès du prince de Conti et à se faire prendre comme négociateur par le prince et les princesses, on peut voir le récit très détaillé des *Mémoires de Daniel de Cosnac*, t. I, p. 81-86, 93-95; A. Communay, *l'Ormée à Bordeaux*, p. 69-71; Sainte-Beuve, *Causeries du lundi*, t. V, p. 368; les *Souvenirs du règne de Louis XIV*, par le comte de Cosnac, t. VIII, p. 23-126; les lettres publiées dans les *Archives historiques de la Gironde*, t. XV, p. 365, 367, 372 et 378; les papiers de Lenet à la Bibliothèque nationale, Ms. franç. 6716, et une lettre du même à Condé, du 27 juillet, conservée aux archives de Chantilly.

pas entendu parler, mais que, quand cela n'y seroit pas, on pourroit peut-être encore y remédier. Et m'ayant demandé comment je l'entendois, je lui dis que je croyois qu'on pouvoit faire deux amnisties, l'une conforme au traité et l'autre pour en exclure Duretête et quatre autres[1] que je lui nommai; que, s'il vouloit me renvoyer avec les deux amnisties, je ne doutois pas que je ne pusse faire accepter celle de l'exclusion de ces séditieux : ce qui me parut lui faire un fort grand plaisir. Il me dit de revenir le lendemain, ne doutant pas que M. de Montesson ne fût arrivé avec le traité (et en effet il arriva le soir, mais plus de vingt-quatre heures après moi), et qu'il vouloit encore m'entretenir là-dessus. Le lendemain, S. É., ayant vu le traité, me dit[2] d'aller voir M. de la Vrillière[3] pour lui faire entendre mon expédient. J'y fus donc, et, lui ayant proposé la chose, il me dit qu'il étoit bien vieux, mais qu'il n'avoit jamais vu ni entendu dire qu'on eût donné deux amnisties pour la même affaire; et sur ce que je lui représentai que l'intention de Monsieur le Cardinal étoit que l'on présen-

1. Les Bordelais exclus de l'amnistie furent Duretête (ci-dessus, p. 91), Tranquars et Desert, conseillers au Parlement, Blarru, orfèvre, Raymond de Cleirac, fils d'un avocat, et Pierre de Villars, avocat et favori du prince de Conti qui l'emmena avec lui (Loret, *Muse historique,* 18 septembre; A. Communay, *l'Ormée à Bordeaux*).
2. Tout ce qui précède, depuis « mais plus de vingt-quatre heures, » a été biffé par le correcteur du manuscrit de M. le baron Pichon et remplacé par : « et, après l'avoir entretenu, il m'ordonna d'aller voir, » etc.
3. Louis Phélypeaux; il avait succédé à son père comme secrétaire d'État le 26 juin 1629 et ne mourut que le 5 mai 1681. Il était gendre du surintendant d'Hémery.

tât celle de l'exclusion de Duretête et des autres la première, pour tâcher de la faire recevoir, et qu'en cas d'impossibilité on donneroit l'autre, mais que j'étois fort persuadé que la ville de Bordeaux, ayant déjà joui du plaisir qu'ils avoient eu de savoir la paix faite, et voulant éloigner les troupes aussitôt que l'amnistie auroit été acceptée, ne feroit pas de difficulté de la recevoir, que du moins c'étoit mon opinion, il me dit qu'il s'en alloit prendre les ordres de Monsieur le Cardinal là-dessus. Les deux amnisties ayant été mises en la meilleure forme, S. É. me les remit et me fit donner deux mille écus. Je lui parlai du passage des troupes de Monsieur le Prince ; il me dit qu'il alloit envoyer M. de Villoutreys[1], l'un des gentilshommes du Roi, pour donner les ordres et faire fournir l'étape, qu'il le feroit partir incessamment. Il m'ajouta que je ferois un bon service au Roi, si l'amnistie avec les réserves pouvoit être acceptée ; et après m'avoir fait encore beaucoup d'honnêtetés, il m'assura qu'il auroit soin de ma fortune. Je partis et m'en retournai à Bordeaux, où l'affaire se passa comme je l'avois espéré[2]. Duretête fut arrêté peu après, roué et

1. Pierre II, seigneur de Villoutreys. Saint-Allais a donné une généalogie de cette famille dans son *Nobiliaire de France*, t. XIV, p. 456.
2. Gourville confond dans son récit deux voyages successifs qu'il fit vers Mazarin. Nous avons vu, p. 101 et note 1, qu'il avait quitté Bordeaux le 27 juillet dans la nuit, alors que le traité des princes était seul signé et qu'on était encore en pourparlers pour celui de la ville. Arrivé le 30 juillet au soir à Paris, où Mazarin venait de rentrer, il en repartit le 11 août, chargé des observations du Cardinal pour le duc de Candalle (Archives nationales, KK 1221, fol. 447). Il quitta une seconde fois Bordeaux le 21 août, emportant des lettres de M. de Candalle et de l'évêque de

mis en quartiers sur les portes de la ville[1]. On peut dire que cet homme avoit maîtrisé Bordeaux et pendant un temps maintenu le parti des Princes. On fit sauver deux des autres[2], à qui M. le prince de Conti, après son mariage, fit donner des lettres de grâce[3]. Je portai en même temps une lettre de Monsieur le Cardinal à M. de Candalle, laquelle lui fit grand plaisir. M. le prince de Conti me reçut fort bien. M. l'abbé de Cosnac et les autres ne purent s'empêcher de se divertir un peu avec moi de l'aventure de la messe[4], et

Tulle, qui approuvaient l'idée d'excepter de l'amnistie Duretête et ses principaux complices (*ibidem*, KK 1220, fol. 485). Il arriva à Paris le 26 août, et Mazarin fit immédiatement dresser la double amnistie que Gourville remporta en Guyenne (KK 1221, fol. 457 v°). — Le texte de l'amnistie définitive se trouve dans le registre du parlement de Bordeaux qui contient les enregistrements des années 1652 à 1658; Duretête, Villars, des Tranquars, Blarru, Desert et Cleirac y sont nommément exceptés. Nous devons cette indication à l'obligeance de notre confrère M. Brutails, archiviste de la Gironde.

1. *Mémoires de Cosnac*, t. I, p. 110-111. Les recherches que notre confrère M. Brutails a bien voulu faire pour nous dans les liasses criminelles du parlement de Bordeaux n'ont pas amené la découverte de l'arrêt de condamnation de Duretête; ces liasses sont d'ailleurs incomplètes pour cette période. Au rôle d'audience du 9 février 1654, on trouve cette simple mention : « Entre le procureur général du Roi et Christophe Duretête; » mais il n'a pas été possible de retrouver aucune pièce du procès.

2. Villars suivit le prince de Conti; des Tranquars, Blarru et Desert étaient en Angleterre, et Cleirac en Espagne, d'après le texte de l'amnistie enregistré au parlement de Bordeaux. Les *Mémoires de Cosnac*, t. I, p. 111, disent que trois d'entre eux furent pendus. Ce ne peut être que les trois derniers, puisque, en 1660, des Tranquars faisait partie de la maison du prince de Condé (Archives nationales, Z¹ᵃ 522).

3. Ces lettres n'ont pas été retrouvées dans les enregistrements du parlement de Bordeaux.

4. Ci-dessus, p. 94-95.

nous fûmes tous bons amis. Chacun prit sa route conformément au traité ; M. le prince de Conti s'en alla à Pezénas[1], et ces Messieurs emmenèrent avec eux une Mme de Calvimont, dont le prince étoit amoureux[2]. Pour moi, en m'en retournant à Paris, je passai à Verteuil, où étoit M. de la Rochefoucauld, qui fut fort réjoui pendant deux jours que je lui rendis compte de mon bonheur et de mes aventures. M. de Vendôme, ayant su comme les choses s'étoient passées, ne me l'a jamais pardonné. Je fus parfaitement bien reçu de Monsieur le Cardinal, qui, peu de temps après, me fit donner deux mille écus de pension sur des bénéfices[3].

Dans ce temps-là, M. l'abbé de Cosnac et ces autres Messieurs songèrent à faire le mariage de M. le prince de Conti avec Mlle de Martinozzi, nièce de Monsieur le Cardinal[4]. M. l'abbé de Cosnac eut, peu de jours après ce mariage, l'évêché de Valence[5], et est présentement archevêque d'Aix[6].

1. Le prince se retira au château de la Grange-des-Prés, belle maison que le connétable de Montmorency avait fait bâtir à peu de distance de Pezénas.
2. Catherine de Queux, fille du sieur des Tranquars, conseiller au parlement de Bordeaux et l'un des chefs de l'Ormée, avait épousé Gabriel de Calvimont, seigneur de la Mothe-Montravel. Daniel de Cosnac a raconté sa liaison avec le prince de Conti (*Mémoires*, t. I, p. 48-51, 104-108).
3. Gourville fit amortir cette pension peu après, comme on le verra par la suite.
4. Cosnac, dans ses *Mémoires* (t. I, p. 115 et suivantes), attribue à Sarrasin la première idée de ce mariage. Mme de Motteville (t. III, p. 227) en fait honneur à Gourville.
5. Le mariage eut lieu le 21 février 1654, et ce fut seulement le 24 juin suivant que Daniel de Cosnac reçut les évêchés unis de Valence et de Die.
6. En effet, Cosnac, qui fut archevêque d'Aix à partir de 1687, ne

Après avoir demeuré pendant quelque temps à Paris, je fis un tour à la cour[1]. Le siège d'Arras étant fort avancé[2], Monsieur le Cardinal me dit qu'il voudroit bien que je pusse parler à Monsieur le Prince et lui donner idée d'une souveraineté par où il croyoit pouvoir le tenter[3]; mais je lui représentai que Monsieur le Prince n'étoit nullement capable d'entendre aucune proposition de cette nature en l'état où étoient les choses. Il me dit que son dessein étoit que, quand même Arras seroit pris, Monsieur le Prince pût prendre des vues pour un accommodement général où il trouveroit bien son compte : ce qui me fit penser, pour la seconde fois, que Monsieur le Cardinal envisageoit dès ce temps-là que la paix générale lui pourroit être nécessaire; et il conclut qu'il étoit toujours d'avis que j'allasse sans escorte au camp de M. de Turenne[4], dans la pensée que je pourrois être pris prisonnier et mené à Monsieur le Prince, comme il auroit désiré. Mais, par hasard, j'y arrivai avec mon valet sans aucune aventure; et, étant fort connu de M. le marquis d'Humières, depuis maréchal de France[5], j'allai à son

mourut qu'à près de quatre-vingts ans, le 18 janvier 1708, après Gourville.

1. Le correcteur du manuscrit de M. le baron Pichon a ajouté ici : « qui étoit alors à la Fère. » Cela place le voyage de Gourville du 9 au 12 août.

2. L'investissement de la place avait été commencé le 3 juillet 1654, et la tranchée ouverte le 15; le siège fut levé le 25 août par les Espagnols.

3. M. le duc d'Aumale (*Histoire des princes de Condé*, t. VI, p. 396) attribue à Condé le désir de se créer une principauté indépendante en Argonne.

4. Turenne était alors campé à Monchy-le-Preux, à proximité d'Arras.

5. Louis de Crevant, lieutenant général en 1657 et maréchal de

quartier. Il me témoigna beaucoup de joie de me voir et me donna une petite chambre dans le logis qu'il occupoit. Je fus bien surpris, le soir, quand on lui servit à souper, de voir que c'étoit avec la même propreté et la même délicatesse qu'il auroit pu être servi à Paris. Jusque-là personne n'avoit porté sa vaisselle d'argent à l'armée, ni ne s'étoit avisé de donner de l'entremets[1] et un fruit régulier. Mais ce mauvais exemple en gâta bientôt d'autres, et cela s'est poussé si loin jusqu'à présent, qu'il n'y a pas d'officiers généraux, colonels ni mestres de camp, qui n'aient de la vaisselle d'argent et qui ne se croient obligés de faire, autant qu'ils peuvent, comme les autres[2]. Aussitôt qu'on eut soupé, il me mena dans sa chambre, où, après m'avoir entretenu quelque temps sur ce qui se passoit à la cour, je lui demandai quelle opinion il avoit sur le secours d'Arras. Il me répondit qu'on avoit de grandes espérances de pouvoir forcer les lignes, mais qu'il étoit persuadé que les officiers généraux n'en seroient pas si bien traités[3].

Le lendemain, j'allai voir M. de Turenne et j'eus l'honneur de dîner avec lui ; il n'avoit que de la vais-

France en 1668, fut fait grand maître de l'artillerie en 1685, chevalier des ordres en 1688, duc d'Humières en août 1690, et mourut le 30 août 1694.

1. « Plats de ragoût qu'on met sur la table entre les services, et particulièrement entre le rôt et le fruit » (*Dictionnaire de Trévoux*). Le *Dictionnaire de l'Académie* de 1718 dit, d'une manière plus générale : « Ce qui se sert sur table après le rôti et avant le fruit. »

2. Sur le luxe des tables à l'armée, on peut voir une note de M. de Boislisle dans son édition des *Mémoires de Saint-Simon*, t. V, p. 352 ; les *Mémoires du marquis de Sourches*, t. III, p. 214 ; les *Caractères de La Bruyère*, t. II, p. 195, et les *Lettres de Pellisson*, t. II, p. 212.

3. N'en seraient pas récompensés.

selle de fer blanc, avec une grande table servie de toutes sortes de grosses viandes en grande abondance. Il y avoit plus de vingt officiers à sa table, et encore quelques autres petites. Il y avoit des jambons, des langues de bœuf, des cervelas, et du vin en quantité. M. de Turenne, à quelque occasion que j'eus d'être seul avec lui, me dit qu'il avoit quelque espérance de pouvoir forcer les lignes, mais qu'il doutoit fort que, s'il en pouvoit venir à bout, il en fût mieux pour cela dans ses affaires. Il y avoit une assez grande gaîté parmi les officiers, et je leur entendois souvent dire : « Nous secourrons Arras, et nous en aurons de plus « méchants quartiers d'hiver. »

Le lendemain, M. le marquis d'Humières, étant de garde, me demanda si je voulois aller avec lui ; je lui dis que j'en serois fort aise. L'après-dînée, les ennemis sortirent en très grand nombre ; M. de Turenne y accourut, après avoir donné ses ordres pour être suivi de beaucoup de troupes. Il y eut quelques charges de part et d'autre. M. le duc de Joyeuse y reçut une blessure au bras, dont il mourut peu de temps après[1]. Sur le soir, M. de Turenne, ayant appris que Monsieur le Prince avoit marché, et se trouvant six ou sept mille hommes qui étoient sortis avec lui à cette alarme, marcha pour tâcher de le rencontrer, et assez avant dans la nuit ; mais, n'ayant aucunes nouvelles, il voulut s'en retourner. Un officier de

1. Louis de Lorraine, duc de Joyeuse et d'Angoulême, né le 11 janvier 1622, grand chambellan en 1644 et colonel général de la cavalerie légère, mourut à Paris, le 27 septembre 1654, des suites de la blessure qu'il avait reçue le 22 août (*Mémoires de Monglat*, p. 301 ; *Gazette*, p. 1064).

cavalerie, si je ne me trompe, nommé M. d'Espagnet[1], qui servoit de guide, ne sachant pas bien où il étoit, aperçut quelque feu, et croyant que c'étoit dans notre camp, alla assez près d'une barrière de celui des Espagnols, d'où ayant été crié : « Qui vive ? » le guide répondit : « C'est M. de Turenne. » Les autres crurent qu'il avoit dit : « Lorraine » et firent encore répéter : « Qui va là ? » et celui-ci ayant encore répondu : « M. de « Turenne, » ils firent une décharge de quelque mousqueterie et tirèrent un coup de canon. La surprise fut si grande que tout le monde s'enfuit dans le plus grand désordre du monde. Enfin, le guide reprit ses esprits et trouva notre camp. Il y a peut-être des officiers qui ont fait vingt campagnes sans avoir vu deux fois des terreurs paniques comme celle-ci et celle que j'avois vue à Saint-Denis [2].

Deux ou trois jours après, je m'en retournai à la cour et rendis compte à Monsieur le Cardinal de tout ce que j'avois fait pour tâcher à me faire prendre, mais que j'avois joué de malheur. Cela le fit rire, et il me dit qu'il étoit vrai, puisqu'il entendoit souvent parler de gens qui étoient pris en allant de la cour à l'armée et de l'armée à la cour. Aussitôt la nouvelle vint que les lignes avoient été forcées et Arras secouru[3]. L'Archiduc, qui commandoit l'armée d'Espagne[4], et les autres officiers se retirèrent de bonne heure en grand

---

1. Il appartenait à une famille originaire d'Espagne qui s'était établie en Provence et en Languedoc (Saint-Allais, *Nobiliaire de France*, t. VIII, p. 388).
2. Ci-dessus, p. 75-76.
3. Le 25 août 1654.
4. C'était don Juan d'Autriche, fils de Philippe IV.

désordre; et, sans la fermeté et l'expérience de Monsieur le Prince, cette armée auroit été entièrement défaite. Mais il fit une si belle retraite, qu'elle fut admirée en France et lui donna une si grande considération en Espagne, qu'il en fut traité de mieux en mieux[1].

Chapitre VI.

Copie de la lettre que M. le prince de Conti écrivit à M. de la Rochefoucauld sur mon chapitre. Mon voyage en Catalogne auprès de M. le prince de Conti. Tenue des États de Languedoc. Visite que Mme la princesse de Conti rendit à la reine de Suède, et le contre-temps qui arriva. M. le cardinal Mazarin me fait mettre à la Bastille. Ma sortie. Une petite historiette sur Mme de Saint-Loup.

L'année d'après[2], M. le prince de Conti fut fait général des armées du Roi en Catalogne[3]. Il écrivit à M. de la Rochefoucauld la lettre dont voici la copie[4]. Mlle de la Rochefoucauld[5] l'ayant trouvée parmi un

---

1. Voir le récit de la « Retraite d'Arras » par M. le duc d'Aumale, dans son *Histoire des princes de Condé*, t. VI, p. 405-414.
2. C'est-à-dire la même année, 1654.
3. *Mémoires de Cosnac*, t. I, p. 162; *Mémoires de Monglat*, p. 303, etc.
4. Gourville avait réussi à réconcilier La Rochefoucauld avec le prince de Conti (*Mémoires de Cosnac*, t. I, p. 107).
5. Il s'agit ici d'une des trois filles de François VI : Marie-Catherine, née en 1637 et morte en 1711, Henriette, née en 1638 et morte en 1721, ou Françoise, née en 1641 et morte en 1708, mais plutôt de l'aînée des trois, que, selon Saint-Simon (t. III de 1873, p. 421-423, et Addition au *Journal de Dangeau*, t. IX, p. 146), Gourville avait épousée secrètement. L'aînée seule portait

nombre de celles que Monsieur son père avoit mises à part, je ne sais par quel hasard elle la fit voir à quelques personnes de ses amis. Elle me l'apporta il y a environ trois mois.

Copie de la lettre écrite de la main de M. le prince de Conti a M. le duc de La Rochefoucauld, au camp de Saint-Jordy, le 17 septembre [1654].

Quoique j'eusse résolu de faire réponse à votre lettre et de vous rendre grâces de votre souvenir, j'ai présentement la tête si pleine de Gourville, que je ne vous puis parler d'autre chose. Comment! ce diable-là a été à l'attaque des lignes d'Arras! Sa destinée veut qu'il ne se passe rien de considérable dans le monde qu'il ne s'y trouve[1], et toute la fortune du royaume et de Monsieur le Cardinal n'est pas assez grande pour nous faire battre les ennemis, s'il n'y joint la sienne. Cela nous épouvante si fort, M. de Candalle et moi, que nous sommes muets sur cette matière-là. Sérieusement, je vous supplie de me l'envoyer bien vite en Catalogne; car, comme j'ai fort peu d'infanterie et que, sans infanterie, ou sans Gourville, on ne sauroit faire de progrès en ce pays, je vous aurai une extrême obligation de me donner lieu, en le faisant partir promptement, de faire quelque chose d'utile au service du Roi. Si je manque de cavalerie la campagne qui vient, je vous prierai de me l'envoyer encore, car, sur ma parole! la présence de Gourville remplace tout ce dont on manque. Il est en toutes choses ce que les quinolas sont à petite prime[2]. Et, quand j'aurai besoin de canon,

---

d'ailleurs le nom patronymique; les autres s'appelaient Mlle de Marcillac et Mlle d'Anville.

1. Daniel de Cosnac exprime la même idée, d'après Gourville lui-même (*Mémoires*, t. I, p. 81).

2. Jeu que l'on joue à quatre cartes. L'on a prime quand les quatre cartes sont de couleurs différentes, et l'on appelle *Quinola* une figure que l'on fait valoir ce que l'on veut et qui est ordinairement un valet (*Dictionnaire de l'Académie*, 1718, et *Dictionnaire* de Littré, aux mots Prime 7° et Quinola).

je vous demanderai encore Gourville. Au reste, je vous garde un commentaire assez curieux que j'ai fait sur des lettres que Mme de Longueville a écrites à Mme de Châtillon[1]. Je prétends vous le dédier, et ainsi, devant que de le faire imprimer, je veux qu'il ait votre approbation; ce sera à notre première vue. En attendant, je vous supplie d'être persuadé que je suis pour vous, comme je dois, dans les termes de notre traité.

ARMAND DE BOURBON.

P.-S. — Nous marchons après-demain pour aller attaquer une place en Cerdagne[2] appelée Puycerda[3]. J'attends Gourville pour en faire la capitulation[4].

Quoique la lettre de M. le prince de Conti parût fort pressante pour me faire aller en Catalogne, je craignois de n'y avoir point de satisfaction par la cabale qui étoit si animée contre moi. De plus, je me trouvois bien à Paris. Ainsi je pris le parti d'y passer l'hiver. Néanmoins, au printemps, je me résolus de faire ce voyage, et auparavant j'allai prendre congé de Monsieur le Cardinal. Je lui dis que M. le prince de Conti avoit témoigné qu'il seroit bien aise que j'allasse le trouver. Il me dit que, quand j'y serois, s'il y avoit quelque chose à lui mander qui en valût la peine, je pourrois lui écrire[5].

1. Isabelle de Montmorency, duchesse de Châtillon.
2. Les manuscrits portent *Sardaigne* ou *Sardagne*.
3. Puycerda, capitale de la Cerdagne, fut investie le 24 septembre 1654 et se rendit le 21 octobre (*Mémoires de Monglat*, p. 304; *Gazette*, p. 1084).
4. On peut voir les remarques que Sainte-Beuve a faites sur cette lettre, dans les *Causeries du lundi*, t. V, p. 371. M. Allaire (*La Bruyère dans la maison de Condé*, t. II, p. 156) la regarde comme une bouffonnerie de Sarrasin.
5. Gourville ne dit pas que le motif qui le fit aller en Catalogne fut le désir du Cardinal de retirer des mains du prince de Conti les provisions de gouverneur du Château-Trompette que Daniel

Quelqu'un manda à ces Messieurs qui étoient auprès de S. A. qu'ils n'avoient qu'à se bien tenir, et que j'allois partir pour la Catalogne. Quoiqu'ils se crussent maîtres de l'esprit de M. le prince de Conti, ayant mis dans leur cabale M. le marquis de Villars[1], qui avoit été fait premier gentilhomme de sa chambre, ils ne laissèrent pourtant pas, à ce que j'ai su depuis, d'être beaucoup embarrassés à mon arrivée, se souvenant de ce qui s'étoit passé à Bordeaux. Je ne sais comment ils avoient fait; mais je fus surpris d'être reçu de M. le prince de Conti avec un peu de froideur; et, ces Messieurs me regardant fort de côté, à proprement parler, personne n'osoit m'approcher ni me parler. La nuit étant venue et ne sachant où la passer, l'aumônier, à qui j'ai eu depuis occasion de faire plaisir, me donna la moitié de son matelas. Le lendemain, M. le prince de Conti, qui faisoit le siège de Castellon[2], devant aller à la tranchée, je montai sur mon cheval de poste et l'y allai attendre. M'étant approché de lui quand il mit pied à terre, il s'appuya sur mon bras pour lui aider à marcher. Il me demanda comment j'étois avec Monsieur le Cardinal. Je lui dis que, depuis

---

de Cosnac lui avait fait donner par surprise. Il faut rapprocher ce qui va suivre du passage des *Mémoires de Cosnac* (t. I, p. 210-214) où celui-ci raconte le motif et les épisodes du voyage de Gourville.

1. Pierre de Villars, père du maréchal, devint lieutenant général (1657), fut chargé de missions successives en Espagne (1668, 1671 et 1679), en Savoie (1676) et en Danemark (1683), et reçut l'Ordre en 1685.

2. Castellon-d'Ampurias. Le siège commença le 5 juin, et la ville se rendit le 1er juillet 1655 (*Mémoires de Cosnac*, t. I, p. 217; *Mémoires de Monglat*, p. 312). La *Gazette* donna dans son n° 95 une relation du siège.

la paix de Bordeaux, j'en avois toujours reçu de bons traitements, et qu'en prenant congé de lui pour venir trouver S. A., il m'avoit chargé de lui écrire, quand je serois auprès d'elle, s'il y avoit quelque chose qui en valût la peine. Il s'assit dans la tranchée et causa quelque temps avec moi. Il me demanda des nouvelles de M. de la Rochefoucauld, et, après lui avoir fait des compliments de sa part, je lui dis que c'étoit lui qui m'avoit conseillé de venir auprès de S. A. sur une lettre qu'elle lui avoit écrite il y avoit quelque temps, paroissant le désirer ainsi. Il me dit qu'on lui avoit donné de l'ombrage de mon arrivée, mais qu'il étoit très persuadé de mon affection, et, quand il fut question de se mettre à table, il m'ordonna de m'y mettre, au grand étonnement de la compagnie, et le soir j'eus un lit pour me coucher. M. le prince de Conti avoit autant d'esprit qu'un homme en puisse avoir, même de la science, agréable dans la conversation, du cœur et d'autres bonnes qualités; mais, avec tout cela, il avoit toujours quelqu'un à qui il donnoit un grand pouvoir sur son esprit.

La première occasion qu'il y eut d'envoyer à la cour, M. le prince de Conti m'en chargea. J'allai pour lors trouver la cour en Picardie[1]; on me donna mille écus pour mon voyage. En repassant par Paris pour m'en retourner, je trouvai fortuitement un nommé M. Rose[2], qui avoit acheté une charge d'intendant des

1. Gourville arriva à Guise, où se trouvait la cour, le 27 juillet 1655; il en repartit le 12 août pour retourner en Catalogne (Supplément aux *Mémoires de Cosnac* publié dans l'*Annuaire-Bulletin de la Société de l'Histoire de France*, 1881; Chéruel, *Lettres de Mazarin*, t. VII, p. 33, 35 et 39).

2. Ce M. Rose n'est certainement pas le même que le président

vivres des armées avec pouvoir de commettre quelqu'un dans chacune. Il me donna une commission pour en faire les fonctions en Catalogne, où j'appris que M. de Bezons[1], intendant, s'en étoit allé à Pezénas, où étoit Mme la princesse de Conti[2], à cause de quelque petite sédition qu'il y avoit eu dans les troupes contre lui, et ensuite à Paris. Je m'installai dans ma commission d'intendant des vivres, et m'en trouvai parfaitement bien[3].

A la fin de la campagne, M. Jacquier[4], qui avoit les vivres, ayant eu besoin de moi pour beaucoup de signatures, pour mettre son compte en état d'être rendu, me fit présent de quinze mille livres.

Je m'en retournai auprès de M. le prince de Conti. M. le marquis de Villars vivant fort bien avec moi, les autres prirent le parti de garder les bienséances, mais non pas sans chagrin de me voir aller et venir, et toujours bien avec M. le prince de Conti. La campagne

---

Toussaint Rose, alors secrétaire de Mazarin, dont Gourville aura occasion de parler dans la suite.

1. Claude Bazin, seigneur de Bezons, avocat général au Grand Conseil en 1639, conseiller d'État et intendant à Soissons en 1648, passa en Languedoc en 1653, revint au Conseil en 1673, et mourut le 20 mars 1684 doyen de l'Académie française.

2. Daniel de Cosnac a raconté dans ses *Mémoires*, t. I, p. 184-189, les motifs pour lesquels le prince de Conti avait fait venir sa femme à Pezénas.

3. On trouvera les provisions de Gourville dans notre tome II, appendice III.

4. François Jacquier, seigneur de Belle-Assise, d'abord commissaire des guerres, avait été chargé du gouvernement général des vivres avant qu'on en eût fait une régie, puis porta le titre de commissaire général des vivres depuis 1650 jusqu'à sa mort, en 1684 (*Mémoires de Saint-Simon*, éd. des Grands Écrivains, t. VI, p. 328 et notes).

finie, il s'en retourna à Pezénas. Comme gouverneur de Languedoc[1], il étoit chargé, de la part du Roi, de prendre des mesures pour la tenue des États. Sa Majesté souhaitoit qu'on lui donnât quinze cent mille livres, et Messieurs les évêques, avec de grandes remontrances, prétendoient que la province ne pouvoit pas passer un million, le pays étant fort ruiné. Je m'avisai d'écrire à Monsieur le Cardinal que, pour avoir quinze cent mille livres de Messieurs des États, et peut-être plus, et lever toutes les difficultés, il n'y avoit qu'à faire expédier des quartiers d'hiver, pour toutes les troupes de Catalogne, dans le Languedoc, et que j'étois bien persuadé qu'aussitôt que cela seroit su, l'on feroit de grandes instances auprès de M. le prince de Conti pour recevoir les quinze cent mille livres; qu'il falloit, en même temps, envoyer les expéditions pour les quartiers d'hiver en Guyenne, et charger le courrier de rendre à M. le prince de Conti celles qui regarderoient le Languedoc, et me faire remettre entre les mains le paquet qui regarderoit la Guyenne : ce que Monsieur le Cardinal goûta fort, et ordonna que cela fût exécuté[2]. Ainsi il me fit réponse qu'il avoit si fort approuvé ma pensée, qu'il mandoit à M. le

1. Le prince avait eu le gouvernement de Berry le 8 janvier 1655, mais avait été remplacé dans cette charge dès le 6 avril par le maréchal de Clérambault (Arch. nat., X¹ᵃ 8659, fol. 210 et 280). Il eut en échange le gouvernement de Champagne et de Brie, mais non pas celui de Languedoc, qu'il n'obtint qu'en 1660. Il ne présida les États de 1655 qu'en qualité de généralissime des armées de S. M. en Catalogne et en Languedoc (archives de la Chambre des comptes de Montpellier, communication de M. J. Berthelé).

2. Nous donnerons dans notre tome II, à l'appendice IV, une lettre de Gourville au Cardinal qui confirme dans une certaine mesure le récit qu'on vient de lire.

prince de Conti de prendre confiance en moi pour tout ce qui regardoit la tenue des États[1].

Le paquet étant venu à M. le prince de Conti, cela fit une grande rumeur parmi ceux qui étoient déjà à Pezénas, où l'on devoit faire l'assemblée. MM. les évêques d'Alet[2] et de Cominges[3], qui étoient les plus fermes pour ne donner qu'un million, furent les premiers à venir prier M. le prince de Conti d'avoir pitié de cette pauvre province qui alloit être ruinée, et le supplier de la vouloir garantir de ce naufrage. Je convins avec M. le prince de Conti qu'il leur diroit qu'il ne pouvoit pas s'en mêler à moins qu'on ne donnât dix-huit cent mille francs. Ils offrirent d'abord les quinze cent mille livres qu'on avoit demandées ; et, comme les troupes marchoient et s'approchoient, Monsieur de Cominges, que je connoissois fort, m'ayant parlé de cette affaire, je lui dis que je croyois qu'ils feroient bien d'offrir vitement seize cent mille livres à M. le prince de Conti, puisque cela évitoit à la province sa totale ruine (qui étoit le langage qu'il me tenoit). Et m'ayant demandé comment cela se pourroit faire, je lui dis que je croyois que M. le prince de Conti, à cette condition, pourroit faire passer les troupes en Guyenne.

Cela fut convenu bientôt après, parce que l'affaire

1. Nous n'avons pas retrouvé cette lettre dans la correspondance de Mazarin conservée aux Affaires étrangères ; il n'y existe d'ailleurs aucune autre lettre sur le rôle de Gourville que celle indiquée dans la note précédente. Il semble certain qu'il n'eut aucune mission officielle.
2. Nicolas Pavillon, qui occupa le siège d'Alet de 1637 à 1677.
3. Gilbert de Choiseul du Plessis-Praslin, évêque de Cominges de 1644 à 1671, puis évêque de Tournai, mort en 1689.

pressoit beaucoup, et, les paroles étant données, toutes ces troupes allèrent prendre leurs quartiers en Guyenne[1]. M. le prince de Conti fut fort aise de recevoir une lettre de Monsieur le Cardinal qui lui mandoit que le Roi étoit extrêmement satisfait de la conduite qu'il avoit tenue et de ce qu'il avoit obtenu de la province[2]. Cela augmenta de beaucoup la confiance qu'il avoit en moi, et je puis dire que, particulièrement pour tout ce qui regardoit la cour, j'étois le seul à qui il parloit[3].

N'ayant plus rien que faire dans ce pays-là, je m'en revins à Paris, et louai un appartement assez honnête dans le Petit-Bourbon[4]. J'achetai un carrosse et des chevaux, entretenant toujours un commerce de lettres avec M. le prince de Conti. Quelque temps après, Mme la princesse de Conti étant venue à Paris, je lui faisois régulièrement ma cour ; et, peu après, la reine de Suède y étant arrivée[5], Monsieur le Cardinal, qui en sortoit[6] avec le Roi pour quelque temps, m'or-

1. On trouvera dans D. Vaissète, *Histoire de Languedoc*, t. XIV de la nouvelle édition, col. 594-606, et dans les volumes de la correspondance de Mazarin conservés aux Affaires étrangères, *France* 1636, fol. 432, 458, 468, 473, etc., et 1638, fol. 173, etc., différentes pièces sur les États de 1655.

2. Cette lettre ne se trouve pas dans la correspondance de Mazarin aux Affaires étrangères.

3. Voir ci-après, p. 122.

4. Le petit hôtel de Bourbon, situé entre le Louvre et l'église Saint-Germain-l'Auxerrois : Ad. Berty, *Topographie historique du vieux Paris. Région du Louvre et des Tuileries*, t. I, p. 33 et suiv.

5. Christine de Suède était entrée en France le 9 août 1656 par Montélimar ; elle n'arriva à Paris que le 8 septembre et y séjourna jusqu'au 15 (*Gazette*, p. 869, 881, 893, etc.).

6. Sortait de Paris. C'est une erreur : la cour était en Picardie depuis plusieurs semaines.

donna de prendre garde qu'elle traitât Mme la princesse de Conti comme elle feroit Mademoiselle[1]. J'avois même dit à la reine de Suède, avant que Mademoiselle l'eût été voir, qu'elle devoit faire le même traitement à Mme la princesse de Conti qu'elle feroit à Mademoiselle ; que cela se pratiquoit ainsi. Je ne sais si quelqu'un lui avoit dit qu'elle y devoit mettre quelque différence. Quoi qu'il en soit, elle donna un fauteuil à Mademoiselle, et, quand Mme la princesse de Conti y alla, elle fit ôter les deux fauteuils qui étoient dans sa chambre, et n'y laissa que des sièges pliants, croyant bien que l'on n'auroit pas sujet de se plaindre si elle ne lui donnoit qu'un de ces sièges, elle-même n'en ayant qu'un pareil. En écrivant à Monsieur le Cardinal la chose comme elle s'étoit passée, je lui mandai que je ne m'amuserois point à lui témoigner le chagrin que j'en avois, mais que j'allois donner toute mon application à faire que la reine de Suède réparât ce qu'elle avoit fait. J'en étois un peu connu[2]. Dès le jour de son arrivée, je l'allai trouver pour lui dire que j'étois au désespoir de la différence que Sa Majesté avoit mise entre Mademoiselle et Mme la princesse de Conti ; que c'étoit une nouveauté en ce pays-ci, et que, si quelqu'un lui avoit dit le contraire, ce ne pouvoit être que dans la vue de faire donner cette mortification à Monsieur le Cardinal, qui s'en prendroit à moi de ce que je ne l'en aurois pas avertie, quoique pourtant elle savoit bien que j'avois pris cette liberté, et que je croyois que cela fâcheroit fort Monsieur le

---

1. Mlle de Montpensier, fille de Gaston d'Orléans.
2. Peut-être l'avait-il vue en septembre 1654, lorsque Christine avait séjourné aux Pays-Bas.

Cardinal. J'ajoutai tout ce que je crus qui lui pourroit faire prendre le parti de réparer ce qui s'étoit passé, et que je serois ravi de pouvoir mander à Monsieur le Cardinal qu'elle lui avoit fait le même traitement qu'à Mademoiselle, aussi tôt qu'il auroit appris la différence qu'elle y avoit mise. Elle s'y résolut sur-le-champ, et me marqua une heure, pour le lendemain, que Mme la princesse de Conti pourroit venir. En effet, elle lui donna un fauteuil comme elle avoit fait à Mademoiselle, et je l'écrivis aussitôt à Monsieur le Cardinal [1].

Quelque temps après, je fus connu de M. Foucquet, qui me goûta assez en me parlant un jour de la peine qu'il y avoit à faire vérifier des édits au Parlement [2]. Je lui dis que, dans toutes les chambres, il y avoit un nombre de conseillers qui entraînoient la plupart des autres, et que je croyois qu'on pourroit leur faire parler par des gens de leur connoissance, leur bailler à chacun cinq cents écus de gratification, et leur en faire espérer autant, dans la suite, aux étrennes. J'en fis une liste particulière, et je fus chargé d'en voir une partie que je connoissois; on en fit de même pour d'autres. M. Foucquet me parla de M. le président le Coigneux [3] comme d'une personne qu'il falloit tâcher

---

1. Nous n'avons trouvé nulle part mention de cet incident. Le volume des Archives nationales coté KK 1446 contient un exposé du cérémonial usité pendant tout le séjour de la reine à Paris; il n'est point question de la princesse de Conti.

2. Foucquet était procureur général au Parlement en même temps que surintendant des finances.

3. Jacques le Coigneux, marquis de Plailly et de Mortefontaine, était président à mortier depuis le 21 août 1651, et mourut le 23 avril 1686. On trouvera son historiette et celle de son père dans *Tallemant des Réaux*, t. IV, p. 1 et suivantes.

de voir. Je lui dis que j'allois quelquefois à la chasse avec lui, et que je verrois de quelle manière je pourrois m'y prendre. Un jour, me parlant des ajustements qu'il faisoit faire à sa maison de campagne[1], je lui dis qu'il falloit essayer de faire que Monsieur le Surintendant l'aidât à achever une terrasse qu'il avoit commencée. Deux jours après, j'eus ordre de lui porter deux mille écus et de lui faire espérer que cela pourroit avoir de la suite. Il se présenta une occasion au Parlement où M. Foucquet jugea que ce qu'il avoit fait avoit utilement réussi. Il[2] me chargea encore de quelques autres affaires, et, étant fort content de moi, cela me fit espérer que je pourrois faire quelque chose par ce chemin-là.

Mais, en ce temps, Monsieur le Cardinal se trouvant fatigué des demandes que lui faisoit M. le prince de Conti, pour lui et quelquefois pour ses amis, qui étoient appuyées par Mme la princesse de Conti, un de ces Messieurs de la cabale contre moi qui étoit auprès de S. A. et qui ne m'aimoit pas[3], étant venu à Paris, et Monsieur le Cardinal s'étant plaint de ses fréquentes demandes, il lui dit que c'étoit par mes conseils, et que j'avois beaucoup empiété sur l'esprit de Mme la princesse de Conti[4]; que, si S. É. me faisoit mettre à la

---

1. Morfontaine ou Mortefontaine, Oise, canton de Senlis.
2. Cette dernière phrase a été biffée par le correcteur du manuscrit de M. le baron Pichon et remplacée par la suivante : « J'eus « quelque espérance en ce temps-là de faire quelque chose par le « moyen de Monsieur le Surintendant. »
3. Ce doit être Daniel de Cosnac : ses *Mémoires*, t. I, p. 247.
4. Sur les intrigues qui s'agitaient autour du prince de Conti, on peut voir les mêmes Mémoires, t. I, p. 226-232, les *Lettres de Mazarin*, t. VII, p. 656, et notre appendice V.

Bastille et faisoit venir M. le prince de Conti, elle verroit qu'il ne lui feroit pas la moindre peine.

Monsieur le Cardinal, au commencement d'avril 1656[1], donna l'ordre à M. de la Bachelerie[2], gouverneur de la Bastille, de m'y mener[3]. Il vint pour cela le lendemain à mon appartement, accompagné de quelques gens, et, ayant trouvé mon laquais à la porte de ma chambre, il lui demanda si j'étois là et ce que je faisois. Ce laquais lui répondit que j'étois avec mon maître à danser. M'ayant trouvé que je répétois une courante, il me dit en riant qu'il falloit remettre la danse à un autre jour, qu'il avoit ordre de Monsieur le Cardinal de me mener à la Bastille. Il m'y conduisit dans son carrosse, et, comme il n'y avoit alors aucune personne de considération, il me mit dans une chambre au premier qui étoit la plus commode de toutes. Je fus renfermé avec mon valet pendant huit jours sans voir personne que celui qui m'apportoit à manger; mais Monsieur le gouverneur, m'étant venu voir, me dit que Monsieur le Surintendant l'avoit prié de me faire les petits plaisirs qui pourroient dépendre de lui et que je pourrois communiquer avec les autres prisonniers,

---

1. Une lettre de Guy Patin (t. II, p. 263) établit que ce fut en novembre, et non en avril, que Gourville fut envoyé à la Bastille. D'ailleurs les lettres de juillet 1656 que nous donnerons à l'appendice V prouvent que Gourville n'était pas en prison à cette époque, comme le présent passage pourrait le faire croire.

2. Toutes les éditions ont estropié ce nom : il signait *La Bachelerie*. — Antoine de Loyac, sieur de la Bachelerie, était gouverneur de la Bastille depuis le mois de septembre 1653; il mourut le 21 mars 1657 (Saint-Allais, t. XX, p. 29; Arch. nat., KK 1454, fol. 174; *Muse historique* de Loret, t. II, p. 315).

3. *Mémoires de Cosnac*, t. I, p. 247. Ce qui reste aujourd'hui des archives de la Bastille ne remonte qu'à 1659.

mais qu'il ne falloit pas qu'aucun de mes amis demandât à me voir. Cela me fit un grand plaisir, m'étant déjà ennuyé au delà de ce que l'on peut s'imaginer. Peu de temps après, un jour maigre, ayant fait venir un brochet fort raisonnable, je priai Monsieur le gouverneur d'en vouloir bien manger sa part, ce qu'il m'accorda. Nous passâmes une partie de l'après-dînée à jouer au trictrac, et j'en fus, dans la suite, traité avec beaucoup d'amitié. J'avois la liberté d'écrire et de recevoir des lettres tant que je voulois, et quelquefois une personne de mes amis venoit demander à voir d'autres prisonniers qui étoient proche de ma chambre : ainsi j'avois l'occasion de lui pouvoir parler ; mais cela n'empêchoit pas que je ne m'ennuyasse extrêmement, surtout depuis les neuf heures du soir, que l'on fermoit ma porte, jusqu'à huit heures du matin. Je m'avisai, pour m'amuser, de me faire apporter des fèves, que je fis mettre dans des papiers séparés par nombre. Je me promenois dans ma chambre, qui avoit onze pas entre les encoignures des fenêtres, et, chaque tour que je faisois, mon valet tiroit une fève du papier et la mettoit sur la table : comme le nombre étoit fixé, quand j'avois achevé, j'avois fait deux mille pas.

Je fis venir des livres ; mais, en les voulant lire, mon esprit étoit aussitôt aux moyens que je pourrois trouver pour me tirer de là, de sorte que je n'avois presque aucune application à ce que je lisois, et mes amis ne voyoient point de jour à m'en tirer. Cependant, y ayant, entre autres, six prisonniers raisonnables, je pensai que, si j'avois les clefs de leurs chambres et de la mienne, je pourrois faire cacher mon valet un soir avant qu'on fermât ma porte, et, lui ayant baillé ma clef pour l'ouvrir, j'irois faire sortir les autres, et nous pourrions descendre dans le fossé par un endroit que j'avois remarqué, et remonter par l'autre. Pour y parvenir, étant tous six logés dans deux degrés[1], j'en trouvai moyen en[2] gagnant celui qui avoit le soin d'ouvrir nos portes. Je pris les mesures de chaque clef avec de la cire et je les envoyai dans une boîte à la Rochefoucauld, pour en faire faire de pareilles par un serrurier habile qui y demeuroit. Mais, vers le mois de septembre, sachant que M. l'abbé Foucquet[3] étoit fort employé par Monsieur le Cardinal pour faire mettre des gens à la Bastille et qu'il en faisoit aussi sortir, je tournai toutes mes pensées de ce côté-là. A ce propos, je me souviens d'un procureur qui avoit de l'esprit, grand railleur, qui y avoit été mené par l'ordre de M. l'abbé Foucquet. Comme nous nous promenions un jour ensemble, un homme qui venoit d'entrer dans la cour, surpris d'y voir un lévrier, quand il fut auprès de nous, demanda comment ce lévrier étoit là. Le procureur répondit avec son air goguenard : « Monsieur, dit-il, c'est qu'il avoit « mordu le chien de M. l'abbé Foucquet. »

Je fis proposer à mes amis de dehors de parler à

1. Deux escaliers.
2. Dans le manuscrit Pichon : « J'en trouvai moyen par l'attention que nous eûmes en faisant boire celui qui portoit les clefs, pendant que l'un de nous, avec de la cire, prenoit l'impression de celles de notre montée, que j'envoyai, etc. »
3. Basile Foucquet, frère du surintendant, avait eu plusieurs abbayes sans avoir reçu les ordres. Tous les Mémoires du temps parlent de ses intrigues galantes et de l'espèce de surintendance de la police que lui donna Mazarin. M. le duc d'Aumale, M. Chéruel et M. J. Lair ont signalé l'importance de son action entre 1650 et 1661.

Monsieur le Surintendant et de voir avec Monsieur son frère si, en parlant de temps en temps des autres prisonniers, comme il faisoit, à Monsieur le Cardinal, il ne pourroit pas trouver moyen de me faire sortir. Cela réussit si bien, que, Monsieur le Cardinal devant partir deux ou trois jours après, avec le Roi, pour aller à la Fère[1], M. l'abbé Foucquet lui porta la liste de tous les prisonniers qui étoient à la Bastille, comme il avoit accoutumé de faire de temps en temps : il ordonna la sortie de trois, dont j'en fus un. Ayant reçu l'ordre, je sortis aussitôt. Dès le soir, étant allé dans l'antichambre de Monsieur le Cardinal pour le remercier, M. Rose[2], son secrétaire, me félicita, en passant, de ma sortie. Je le priai de dire en entrant que j'étois là. Monsieur le Cardinal répondit : « Je sais bien « que je l'ai fait sortir, mais je ne sais pas qu'en faire. « Dites-lui qu'il vienne à la Fère, et que là je le verrai. »

M'y étant rendu et présenté le soir à lui, comme il sortoit de chez le Roi, je lui fis une révérence, en lui disant que j'avois bien des remerciements à faire à S. É. de m'avoir fait mettre à la Bastille et de m'avoir

1. Si Gourville fut enfermé à la Bastille en novembre 1656, ce fut seulement en 1657 qu'il en sortit. Or, cette année-là, la cour ne renouvela pas le long séjour qu'elle avait fait à la Fère l'année précédente; elle n'y séjourna que le 25 août et le 7 septembre. Mais Gourville était sorti de prison bien avant le mois d'août, puisque Mazarin, comme nous le verrons, lui offrit d'accompagner en Portugal le comte de Cominges, qui partit en mai. Il y a confusion dans les souvenirs de Gourville, et ce n'est pas à la Fère qu'il eut avec Mazarin la conversation qu'il va rapporter.

2. Toussaint Rose, dit le président Rose (1615-1701), d'abord secrétaire du Coadjuteur, puis de Mazarin, eut en 1657 une charge de secrétaire du cabinet qu'il exerça jusqu'à sa mort (*Mémoires de Saint-Simon*, éd. des Grands Écrivains, t. VIII, p. 22-34).

donné lieu de bien repasser sur ma conduite, que j'avois reconnue n'être pas trop bonne. Il se mit à rire et me dit de le venir trouver le lendemain à sept heures du matin. Dès que je parus, un valet de chambre lui alla dire que j'étois là. Il me fit entrer et congédia M. Vallot, premier médecin[1], qui étoit avec lui. Le voyant sortir, je dis à Monsieur le Cardinal qu'il s'en falloit bien que M. Vallot ni tous les autres médecins connussent aussi bien les remèdes propres à chacun que faisoit S. É., puisque, par ma propre expérience, je m'étois trouvé avec une maladie presque incurable, qu'un seul remède qu'elle m'avoit fait donner à propos m'avoit si bien guéri que ceux qui avoient cru me connoître ci-devant ne me connoîtroient plus à l'avenir, tant j'avois profité du temps que S. É. m'avoit donné pour faire des réflexions qui me seroient d'une grande utilité pour le reste de mes jours; que j'avois bien compris qu'au lieu que je voulois mener les autres à mon point, je ne devois songer qu'à entrer dans l'esprit de ceux à qui j'avois affaire[2].

Après m'avoir écouté patiemment en souriant, il me fit juger que mon discours ne lui avoit pas déplu. Il me dit : « Vous vous êtes donc un peu ennuyé à la « Bastille? » Je lui répondis : « Beaucoup, Dieu merci! « et j'ai bien résolu d'éviter tout ce qui pourroit jamais « m'y faire mettre. » J'ajoutai que, si S. É. vouloit me faire l'honneur de m'employer à quelque chose, elle

1. Antoine Vallot (1594-1671), premier médecin du Roi depuis 1652.
2. C'est une allusion à ce passage d'une lettre de Mazarin à Colbert, du 31 juillet 1656 (*Lettres de Colbert,* t. I, p. 497) : « Gour- « ville se vante... qu'il sait bien comme il me faut mener. »

verroit combien son remède m'avoit été salutaire. Il me dit qu'il y avoit longtemps qu'il s'étoit senti de la bonne volonté pour moi, qu'il étoit encore dans les mêmes sentiments, et qu'il songeoit à me faire secrétaire de l'ambassade de Portugal, où alloit M. le comte de Cominges[1], et que le Roi me donneroit de bons appointements. Je lui répondis que j'étois bien obligé à S. É. de vouloir couvrir d'un prétexte honnête l'exil où elle vouloit m'envoyer, que je la suppliois très instamment d'avoir la charité de me donner du temps pour connoître la vérité de ce que je lui avois avancé, et qu'elle m'avoit fait assez de bien par les pensions qu'elle m'avoit données sur des bénéfices, quoique j'en eusse amorti une partie, pour vivre doucement. Il me dit qu'il le vouloit bien, mais que je prisse garde de me mettre dans un bon chemin, parce que, si je ne tournois pas tout à fait mon esprit au bien, qu'il se tourneroit au mal. Je lui dis en souriant que je pouvois avoir été comme cela, mais qu'il m'avoit bien donné occasion de changer, comme j'avois fait. Je me sentis bien content du tour que j'avois donné à mon discours, et j'avois lieu d'espérer qu'il avoit fait impression.

Deux jours après[2], la nouvelle vint que Monsieur le

1. Gaston-Jean-Baptiste, comte de Cominges, maréchal de camp en 1649 et lieutenant général en 1652, partit au mois de mai 1657 comme ambassadeur extraordinaire à Lisbonne; il en revint en juillet 1659.

2. Nouvelle confusion de Gourville : le siège de Valenciennes dont il va parler est de juillet 1656, par conséquent antérieur à son emprisonnement à la Bastille. Pour observer l'ordre chronologique des événements, il faudrait reporter à la page 122 le paragraphe qui va suivre.

Prince avoit secouru Valenciennes[1] et que M. le maréchal de la Ferté[2] y avoit été pris prisonnier. Monsieur le Cardinal me parla fort de cette affaire et m'instruisit, pour m'envoyer à Paris, de la manière qu'il falloit que j'en rendisse compte à Monsieur le Chancelier et à Monsieur le premier président[3], et que je la débitasse dans le monde, en gardant la vraisemblance, parce qu'il craignoit que cette nouvelle ne fît beaucoup de bruit à Paris. Je crois que, dans ce temps-là, Monsieur le Coadjuteur s'étoit sauvé du château de Nantes[4]. Étant revenu et ayant été rendre compte à S. É. de la manière que je m'y étois conduit, il me parut fort content, et me dit ce jour-là que je ferois bien de tâcher d'entrer en quelque affaire de finance; qu'il voyoit tant de gens qui y faisoient leur fortune, qu'il ne croyoit pas que je pusse mieux faire que de me tourner de ce côté-là. Je lui répondis que je m'en allois donc faire ma cour le mieux que je pourrois à Monsieur le Surintendant.

M. de Langlade[5], pendant ma prison, continua à me donner des marques de son amitié[6]; mais, dans la

1. Cette place était assiégée par l'armée royale; Condé en fit lever le siège les 15-16 juillet 1656.
2. Henri II de la Ferté-Senneterre était maréchal de France depuis 1651 et duc et pair depuis novembre 1655. On trouvera, dans l'*Histoire généalogique,* t. IV, p. 881-884, les lettres patentes de duc et pair, qui contiennent l'énumération de tous ses services jusqu'à cette époque. Il mourut le 27 septembre 1681.
3. Séguier et Guillaume de Lamoignon.
4. C'est une erreur : le cardinal de Retz s'était évadé du château de Nantes deux ans auparavant, le 8 août 1654.
5. Gourville va intercaler ici un épisode dans lequel il raconte des faits bien postérieurs à l'époque où nous nous trouvons; on rencontrera par la suite d'autres intercalations du même genre.
6. Jacques de Langlade, seigneur de Méridan, avait commencé

suite, elle me causa bien des peines. Je trouvai que son commerce avoit continué de la même façon avec Mme de Saint-Loup[1], et ma mémoire me fournit une historiette que je trouve assez singulière pour que je la représente ici.

D'un côté, elle craignoit le diable; de l'autre, elle trouvoit tant de commodités à l'empire qu'elle avoit sur M. de Langlade, qu'elle ne pouvoit se résoudre à le perdre. Apparemment, elle songea aux moyens d'accommoder tout cela ensemble, et, pour y parvenir, elle en choisit un qui lui réussit extrêmement bien, et qui l'auroit brouillée et fait mépriser par tout autre.

Pour en commencer la scène[2], elle choisit un jour que je devois partir fort matin en poste pour faire un voyage en Guyenne; elle m'envoya prier, à deux heures après minuit, de ne pas partir sans la voir, et, y étant allé sur-le-champ pour savoir ce que ce pouvoit être, je la trouvai au coin de son feu, appuyée sur sa table, avec un air triste et dolent. Après avoir gardé quelque temps le silence, je sentis quelque effroi,

---

par être secrétaire du duc de Bouillon, dont il publia les *Mémoires*. En 1653, il était secrétaire des commandements de Mazarin; il entra ensuite dans la maison du prince de Conti, tout en possédant une charge de secrétaire du cabinet, qu'il vendit en 1657. On le retrouve dans les *Mémoires de Daniel de Cosnac*, de *Mademoiselle* et de *Lenet*, dans les *Lettres de Mme de Sévigné*, dans les *Historiettes de Tallemant des Réaux*. Il mourut en décembre 1680.

1. C'était Diane Chasteignier de la Rocheposay. Elle avait épousé le traitant Le Page, mais avait pris le nom de Mme de Saint-Loup, d'une terre achetée en Poitou. Ses galanteries avec le duc de Candalle, Vardes et autres sont connues. Elle a son historiette dans *Tallemant des Réaux*, t. VI, p. 172-182.

2. L'anecdote qui va suivre se retrouve avec moins de détails dans les *Historiettes de Tallemant des Réaux*, t. VI, p. 175.

CHAPITRE VI.

ne voyant pas à quoi tout cela pouvoit aboutir. Enfin elle me dit qu'elle n'avoit pas voulu me laisser partir sans m'avoir conté ce qui lui étoit arrivé, qui me surprendroit fort : qu'après qu'elle eut été couchée et fait sa prière, commençant à s'assoupir, elle avoit entendu tirer son rideau ; qu'ayant sorti sa main de sous sa couverture, elle avoit senti quelque chose à cette main, et, s'étant fait apporter de la lumière, elle y avoit trouvé une croix, qu'elle me montra, parfaitement bien faite. Je n'ai jamais pu savoir si elle s'étoit servi pour cela d'un fer chaud ou de quelque eau brûlante. La première chose qui me vint dans l'esprit, c'est que le miracle auroit pu se faire les rideaux fermés. En un mot, je ne le crus nullement. Mais, après qu'elle m'eut prié d'aller dire cette nouvelle à M. de Langlade, je sentis bien qu'il falloit au moins en faire semblant. Elle me dit ensuite qu'elle croyoit que ce miracle ne s'étoit pas fait pour elle seule. Je lui dis qu'à mon égard j'attendrois à mon retour pour voir le changement que cela apporteroit en elle, et je m'en allai, dans un grand embarras, conter l'aventure à M. de Langlade, qui s'étant aussitôt levé, nous y fûmes ensemble. Ce furent de grands cris et beaucoup de larmes de leur part. Elle répéta à M. de Langlade que ce miracle n'avoit pas été fait pour elle seule. Il dit que son cœur le lui marquoit bien, puisqu'il se trouvoit déjà tout changé, et, comme je ne savois que penser ni que dire à tout cela, je m'en allai monter à cheval pour faire mon voyage, y pensant fort et ayant de la peine à croire ce que je venois de voir et d'entendre.

A mon retour, j'allai voir Mme de Saint-Loup. Je

trouvai sa tapisserie[1] couverte de petits cadres où il y avoit des sentences et des dictons pleins de dévotion, avec un assez gros chapelet qui pendoit sur son écran. Elle me dit qu'elle avoit bien prié Dieu pour moi et qu'elle souhaitoit fort que je fisse mon profit de ce qui lui étoit arrivé, comme avoit fait M. de Langlade. Je la remerciai de ses vœux et de ses prières, ne me trouvant pas encore touché. Mais, quand l'heure du dîner fut venue, je le fus encore moins, quand je vis servir deux potages, l'un à la viande pour eux deux, et un maigre pour moi, me disant qu'ils avoient été bien fâchés d'être obligés de rompre le carême à cause de leurs indispositions. Quand on eut ôté les potages, on servit une poularde devant eux et un petit morceau de morue pour moi. Mme de Saint-Loup, voyant que je la regardois, me dit qu'elle auroit bien mieux aimé manger cela que sa poularde. M. de Langlade citoit à tous propos saint Augustin; elle le faisoit souvenir des passages, et tous deux me jetoient de temps en temps quelques propos de dévotion. J'avoue que je ne me suis jamais trouvé dans un embarras pareil à celui où j'étois. N'en pouvant plus, aussitôt après dîner je sortis, sous prétexte de quelque affaire, et m'en allai chez M. de la Rochefoucauld lui raconter mon aventure, en lui disant que je ne pouvois pas m'empêcher d'ouvrir les yeux à M. de Langlade. Mais il me dit qu'il falloit bien s'en garder, qu'il avoit fait ce qu'il avoit pu pour tâcher d'entrer avec lui en matière sur ce sujet, mais qu'il étoit de toute impossibilité de lui faire entendre raison là-dessus. Il convint avec moi que cela lui don-

1. La tenture de son appartement, comme ci-après, p. 134.

noit un grand ridicule et que, force gens étant curieux d'aller voir cette croix, souvent Mme de Saint-Loup, en la montrant, leur demandoit quelque chose pour les pauvres[1]. M. de la Rochefoucauld me recommanda encore fortement de ne point entrer là-dessus avec M. de Langlade, qu'assurément je me brouillerois irréconciliablement avec lui. Le temps qui s'étoit écoulé effaçoit la croix; mais ce qu'on aura peine à croire, c'est qu'elle supposa que, par un autre miracle, la croix avoit été renouvelée. Elle disoit qu'étant aux Pères de l'Oratoire[2], fort attentive, comme on levoit le Saint-Sacrement, étant gantée, elle avoit encore senti à sa main la même chose que la première fois, et qu'ayant ôté son gant, elle avoit trouvé la croix très bien refaite. Mon étonnement augmenta beaucoup; mais M. de Langlade parut si persuadé de ce second miracle, qu'il l'attestoit avec des serments effroyables. Quelque temps après, cela n'empêcha pas qu'il ne songeât à se marier, apparemment suivant les règles de saint Paul[3], et qu'il ne se mît en tête d'aller en Périgord pour épouser Mlle de Campagnac[4], fille de qualité sans aucun bien, qu'il avoit connue fort jeune. Je me souviens qu'un soir, après avoir soupé avec lui à Saint-Mandé, nous nous mîmes en chemin, parlant de cela et faisant suivre notre carrosse. Nous con-

1. *Tallemant des Réaux*, t. VI, p. 176.
2. Rue Saint-Honoré.
3. C'est probablement une allusion au verset 9 du chapitre vii de la première épître de saint Paul aux Corinthiens : « Quod si non se continent, nubant. »
4. Les seigneurs de Campagnac étaient une branche de la maison de Gontaut. A propos de ce mariage, il faut voir une note du commentateur de Tallemant des Réaux, t. IV, p. 116.

tinuâmes notre chemin à pied jusqu'auprès de la porte Saint-Antoine, où j'avois une petite maison. Je n'oubliai rien de tout ce qui me pouvoit venir dans la pensée pour tâcher de le dissuader de son mariage, et, entre autres, qu'il devoit du moins rompre avec Mme de Saint-Loup, quoique je crusse qu'il n'y avoit point de mal; qu'il étoit difficile de s'imaginer qu'une femme pût s'accommoder de la société qu'il auroit avec elle, s'il la vouloit conserver, et qu'il devoit voir pendant quelque temps s'il pouvoit s'en passer. Mais il présumoit que, n'étant point amoureux, il pouvoit bien se marier et vivre honnêtement avec Mme de Saint-Loup, et que la demoiselle à qui il pensoit, étant dans une extrême nécessité, s'accommoderoit aisément de tout ce qui pourroit lui plaire. Tout ce que je lui pus dire ne changea en rien la résolution qu'il avoit prise de s'aller marier. Et ce qu'il y a encore de singulier et de très véritable, c'est qu'il m'écrivit, deux jours avant d'arriver chez Mlle de Campagnac, qu'il me prioit de faire dire des messes à son intention, afin que Dieu l'inspirât sur ce qu'il avoit à faire. Mais j'appris bientôt qu'il avoit fait son mariage, avant que j'eusse eu le temps de faire dire les messes, et qu'il s'en alloit amener sa femme à Paris. Mais ce qui ne devroit pas être moins difficile à croire, c'est que ma condescendance alloit encore si loin que je lui louai une maison proche de la mienne. Je lui fis faire un lit fort propre de damas jaune et deux tapisseries fort raisonnables, que je fis tendre dans son appartement. Je m'aperçus bientôt que Mme de Langlade ne s'accommodoit pas du commerce de son mari avec Mme de Saint-Loup, comme il se l'étoit imaginé. En effet, il causa beaucoup de brouilleries; mais, comme il se flattoit que cela ne venoit que de la forte amitié qu'elles avoient toutes deux pour lui, il s'en consoloit. Je n'ai point su s'il avoit été désabusé des miracles de Mme de Saint-Loup, ni que jamais personne eût osé lui en parler. Pour elle, je lui en ai parlé quelquefois depuis, et elle abandonna volontiers les miracles. Mais elle se savoit bon gré de la conduite qu'elle avoit tenue depuis, qu'elle croyoit fortement avoir effacé tout le passé[1]. Mme de Liancourt[2] étant venue à mourir, elle s'étoit persuadée que M. de Liancourt ne pouvoit jamais mieux faire que de l'épouser, et elle le disoit à bien des gens; mais, quand elle ne trouva pas de jour à pouvoir réussir, elle me parla fort souvent, et me croyoit dire de très bonnes raisons pour me montrer que je serois trop heureux si je l'épousois. Si j'avois aisément donné créance au sortilège, j'aurois craint que par là elle ne fût venue à bout de son dessein, tant elle en avoit envie, autant pour mon bonheur, me disoit-elle, que pour le sien. Elle me fit présent un jour d'un sac de senteur pour mettre sur mon lit, qui me donna si fort à la tête que je m'en réveillai la nuit tout troublé. Mon premier mouvement alla à penser si ce n'étoit point quelque secret pour me porter au mariage. Après tout cela, il faut convenir qu'elle avoit de l'esprit, fort amusante dans le commerce, et qu'elle a toujours eu bien des amis toute sa vie. Elle n'ignoroit rien de tout ce que

---

1. Voyez ci-dessus, p. 130, note 1.
2. Jeanne de Schonberg, femme de Roger du Plessis-Liancourt; elle mourut le 14 juin 1674, et son mari sept semaines après, le 1er août. Le *Dictionnaire de Moréri* a consacré un long article à la vie chrétienne et remplie de bonnes œuvres que menèrent ces deux époux.

savoit M. de Langlade, et je lui dois cette justice que je n'ai jamais appris qu'elle eût parlé de ce qu'on lui avoit confié. Il n'en étoit pas de même de M. de Gondrin[1], archevêque de Sens, qui la venoit voir fort souvent, qui avoit beaucoup d'esprit et parloit extrêmement bien, mais, à mon avis, beaucoup. Il auroit fort souhaité d'entrer en quelques affaires, comme c'étoit assez la mode en ce temps-là, tout étant en cabale[2]. Je fus fort d'avis qu'on[3] n'entrât pas bien avant avec lui, parce que je trouvois que sa vanité le portoit à aimer mieux le bruit d'une affaire que la réussite; au surplus, il étoit de très bon commerce.

Chapitre VII.

Comme M. le cardinal Mazarin ne voulut pas que je me fisse prévôt de l'Ile sans qu'il m'en coûte rien. Il me conseille de me mettre dans les finances. Il me prête deux millions sept cent mille livres pour y entrer. Stratagème de M. l'abbé Foucquet par un confesseur. Service que je rendis à M. Foucquet à Saint-Jean-de-Luz et à Toulouse.

Étant revenu à Paris[4], je m'attachai fortement à faire

---

1. Louis-Henri de Pardaillan de Gondrin, d'abord coadjuteur de son cousin Octave de Bellegarde, ensuite titulaire de l'archevêché de Sens (1646), était un des familiers du prince de Conti; il mourut le 19 septembre 1674.

2. « Société de personnes qui sont dans les mêmes intérêts. » (*Dict. de Trévoux.*)

3. C'est probablement le Surintendant que Gourville désigne par ce pronom indéfini.

4. Après être allé voir le cardinal en sortant de la Bastille : ci-dessus, p. 128.

ma cour à Monsieur le Surintendant. Il me parloit de beaucoup de choses, et m'employa même dans une fort gaillarde, dont je m'acquittai bien. Le bruit ayant couru qu'il avoit de la bonne volonté pour moi, quelques gens d'affaires me chargèrent de quelques propositions ; mais il me dit que je n'entendois pas assez ces matières, et, M. Girardin ayant été enlevé proche de Paris par M. de Barbezières[1], il passa par l'esprit à Monsieur le Surintendant de faire contribuer tous les gens d'affaires à m'acheter la charge de prévôt de l'Ile[2] pour les garantir de pareilles aventures. Le Roi fit mettre M. le comte de Chémerault[3], frère de M. de Barbezières, à la Bastille, dans une chambre, sans en sortir. Monsieur le Cardinal me chargea de le voir pour tâcher de traiter de la liberté de M. Girardin, et il me dit de promettre pour cela jusqu'à cinquante mille livres, mais que je tâchasse de ménager quelque chose dessus, si cela se pouvoit. M. de Chémerault me dit bonnement que, n'ayant point de pouvoir sur son frère, il ne savoit pas ce que nous pourrions faire. Je lui dis que je croyois que nous pourrions fixer une

1. Geoffroy de la Roche-Chémerault, sieur de Barbezières, maréchal de camp au service de Condé, enleva à Bagnolet, le 26 mai 1657, le financier François Girardin (Loret, *Muse historique*, t. II, p. 336 ; *Mémoires de Cosnac*, t. I, p. 169 ; *Histoire des princes de Condé*, t. VI, p. 379 et 719-721).
2. Le prévôt de l'Ile-de-France n'était autre que le prévôt des maréchaux de Paris ; sa juridiction ne s'étendait pas à toute la généralité de Paris, mais seulement à l'Ile-de-France.
3. Charles, chevalier, puis comte de Chémerault, avait épousé la fille du traitant Martin Tabouret, qui fut mis à la Bastille en même temps que son gendre (*Muse historique*, t. II, p. 345). Pour le distinguer, on l'appelait couramment Chémerault-Tabouret.

somme qui le¹ pût mettre en état de servir honorablement Monsieur le Prince. Ayant compté à peu près ce qu'il lui pourroit coûter à lever un régiment de cavalerie, nous trouvâmes que cela ne pourroit aller au plus qu'à vingt-cinq à trente mille livres, mais qu'il falloit encore ajouter à cela de quoi le mettre en équipage ; sur quoi, m'ayant dit de faire ce que je jugerois à propos, il m'assura qu'il écriroit à son frère tout de son mieux. Il conclut donc qu'il falloit lui faire donner quarante-cinq mille livres, et il me pria de lui dicter la lettre que je pensois qu'il devoit écrire. Nous commençâmes par dire qu'il avoit bien souffert dans une chambre pendant quelques jours, sans presque voir de lumière ; que j'avois eu ordre de Monsieur le Cardinal de lui venir parler de la liberté de M. Girardin, et que nous avions estimé que cela devoit aller à quarante-cinq mille livres, en y ajoutant les raisonnements que je viens de dire ; que je l'avois fait mettre en liberté dans la Bastille, pour quinze jours, pour lui donner le temps d'avoir réponse de lui, et qu'il seroit renfermé de nouveau s'il n'acceptoit pas ces offres ; mais que ce n'étoit pas seulement cela qui devoit l'y obliger, mais bien de considérer que, si le chagrin prenoit à M. Girardin dans sa prison et qu'il vînt à mourir, ils seroient tous deux dans une méchante posture. Monsieur le Cardinal, à qui je rendis compte de tout cela, m'en parut content et me dit que, si l'affaire étoit accommodée, il étoit d'avis que je prisse des lettres de crédit sur Anvers² et que, sous prétexte

1. Barbezières, qui était au service de Condé.
2. C'est dans la citadelle de cette ville que Girardin avait été conduit (*Princes de Condé*, t. VI, p. 379).

d'y aller faire compter de l'argent et ramener M. Girardin, ce seroit, dans le fond, pour avoir occasion de voir Monsieur le Prince, que l'on disoit en ce temps-là n'être pas trop bien traité des Espagnols, et que, si je trouvois quelque disposition en lui pour son retour, je pourrois l'assurer des bonnes grâces du Roi et d'une amitié très sincère de la part de S. É., et qu'on le rétabliroit dans tous ses biens et toutes ses charges. Mais, comme je représentai que Monsieur le Prince auroit peine à manquer aux Espagnols, il me dit que je pourrois encore lui proposer de chercher les moyens pour pouvoir se dégager d'eux avec bienséance. Je poussois déjà mes espérances que cela pourroit bien produire la paix entre les deux couronnes, sachant que les uns et les autres étoient bien las de la situation où ils se trouvoient. En attendant la réponse de M. de Barbezières à son frère, on apprit la mort de M. Girardin[1]. Monsieur le Cardinal me dit qu'il étoit bien fâché que je n'eusse pas eu ce prétexte pour voir Monsieur le Prince, sachant certainement qu'il n'étoit pas content de la manière dont vivoit M. de Fuensaldagne avec lui[2].

L'année suivante[3], M. de Turenne mit le siège devant Cambrai, et Monsieur le Prince, qui étoit avec ses troupes du côté de Valenciennes, en ayant eu avis, voulant joindre les troupes d'Espagne aux siennes

1. *Muse historique* de Loret, t. II, p. 383. Cette mort arriva dans le courant de septembre.
2. Condé, à la même époque, aurait désiré que la cour donnât un pouvoir à Gourville pour négocier l'échange général des prisonniers (*Histoire des princes de Condé*, t. VI, p. 719-720).
3. Non pas l'année suivante, mais à l'époque même (mai 1657) à laquelle eut lieu l'enlèvement de Girardin.

pour tâcher de le secourir, se résolut sur le champ d'en aller faire la tentative, et mena le marquis d'Yenne[1], gouverneur de Franche-Comté, qui étoit le seul des troupes espagnoles qui se trouvât avec lui, pour être témoin de sa bonne volonté, sachant bien qu'il alloit exposer ses troupes, qui étoient ce qu'il avoit de plus précieux. Il marcha le long du grand chemin, et, s'étant avancé sur une hauteur assez près de Cambrai, il remarqua lui-même la situation du camp et envoya faire une fausse attaque à la main gauche, à environ un bon quart de lieue de là, avec ordre à toutes ses troupes de ne point combattre, de ne songer qu'à la diligence de passer le plus vite qu'on pourroit, et que les troupes se suivissent de fort près. Il passa sur le ventre aux troupes que M. de Turenne avoit postées de ce côté-là, sans tirer un seul coup, et secourut par ce moyen la place, ce qui accrut grandement sa considération parmi les Espagnols[2]. On ne fit que trois prisonniers des gens de Monsieur le Prince, et le pauvre M. de Barbezières fut assez malheureux pour en être un[3]. On lui fit faire son procès pour avoir enlevé Mlle de la Bazinière[4], qu'il avoit amenée à Ste-

---

1. Philippe de la Baume, marquis d'Yenne, était sergent général de bataille dans l'armée espagnole. Il ne fut gouverneur de Franche-Comté qu'en 1661 ; il joua un rôle très important lors de la première conquête de cette province. Louis XIV lui donna douze mille livres de pension. Il mourut en 1688.

2. Ce fut le 30 mai que Monsieur le Prince secourut Cambrai. M. le duc d'Aumale a raconté ce fait d'armes dans le tome VI de son *Histoire des princes de Condé*, p. 454-456.

3. *Muse historique*, t. II, p. 345.

4. Madeleine Bertrand de la Bazinière. Sur cet enlèvement, qui remontait à 1647, on peut voir les *Mémoires de D. de Cosnac*, t. I, p. 165-167, et les *Historiettes de Tallemant des Réaux*, t. IV, p. 439.

nay, où je l'avois vue à un voyage que j'y fis pour lors, et il me parut qu'ils vivoient bien ensemble après avoir fait un mariage. Il fut condamné à avoir la tête tranchée, et exécuté[1].

Environ ce temps-là, le Roi étant à Metz[2], Monsieur le Surintendant m'envoya à Monsieur le Cardinal pour lui proposer de récompenser[3] celui qui avoit la charge de contrôleur général, qui ne la faisoit point[4], et qu'en la partageant entre MM. de Breteuil et Hervart[5], il en reviendroit dans les coffres du Roi de grosses sommes. En même temps, il fut d'avis que je lui parlasse de la pensée qu'il avoit eue de me faire acheter, par les gens d'affaires, la charge de prévôt de l'Ile. Monsieur le Cardinal accepta volontiers le secours que je lui proposois de la charge de contrôleur général; mais il parut fort éloigné de vouloir que j'eusse celle de prévôt de l'Ile, prenant pour prétexte qu'il faudroit faire

1. Ce fut le 28 septembre que Barbezières fut exécuté (*Muse historique*, t. II, p. 390). Les archives du Châtelet n'existant plus pour cette époque, l'arrêt de condamnation n'a pu être retrouvé.

2. La cour séjourna à Metz du 18 au 27 septembre 1657.

3. Dédommager (*Dictionnaire de Trévoux*).

4. Il y avait deux contrôleurs généraux, qui étaient Camus et Ménardeau-Champré (J. Lair, *Nicolas Foucquet*, t. I, p. 316). Ménardeau mourut au commencement d'octobre 1657 (*Muse historique*, t. II, p. 394).

5. Louis le Tonnellier de Breteuil avait été d'abord conseiller au parlement de Bretagne (1632), puis à celui de Paris (1637); il avait été nommé maître des requêtes en 1644, intendant de Languedoc en 1646, et de Paris en 1653. Quant à Barthélemy Hervart (il signe *Heruart*, et l'on disait ordinairement *Herval*), il avait rendu au Roi d'importants services financiers, qui lui avaient fait obtenir la place d'intendant des finances; il mourut conseiller d'État en 1676. Lui et M. de Breteuil furent nommés contrôleurs généraux le 20 octobre 1657.

une taxe sur les gens d'affaires, ce qu'il ne jugeoit pas à propos, et je ne sais ce qui lui passa par l'esprit, mais il rebuta fort la proposition[1]. Le lendemain, en prenant congé de Monsieur le Cardinal, il me dit qu'il m'avoit déjà parlé autrefois de me mettre tout à fait dans les finances, et, qu'ayant fait réflexion qu'on donnoit au moins quatre sols pour livre à ceux qui se chargeoient du recouvrement des tailles de Guyenne, ce qui alloit à des sommes immenses, et qu'en me chargeant d'en faire la recette pour le compte du Roi, on me donneroit dix ou douze mille écus par an d'appointements, et qu'il y auroit un gros bénéfice pour S. M. Mais, quoique cela me parût fort beau, je ne pus m'empêcher de lui représenter que je n'entendois pas assez tout ce grimoire-là pour m'en charger et que j'avois peur de ne pouvoir pas faire ce qu'il attendoit de moi. Il me répondit qu'il connoissoit la plupart de ceux qui passoient pour habiles en ces matières, et qu'il ne croyoit pas qu'ils eussent autant d'esprit et d'industrie qu'il m'en connoissoit. Après l'avoir remercié de la bonne opinion qu'il avoit de moi, je lui fis la révérence et m'en allai. Quand je fus de retour à Paris, je rendis compte à Monsieur le Surintendant de tout ce qui s'étoit passé à mon voyage, et je lui trouvai pour le moins autant de répugnance à me charger de l'affaire de Guyenne, dont Monsieur le Cardinal m'avoit parlé, comme S. É. en avoit eu pour la charge de prévôt de l'Ile, et je me remis dans mon train ordinaire.

1. Le prévôt de l'Ile était alors Louis David, sieur du Petit-Puis. Selon Tallemant des Réaux (t. VII, p. 240), Gourville était convenu avec lui de cent mille livres pour la moitié de sa charge.

Le Roi étant revenu à Paris[1], Monsieur le Cardinal se ressouvint de ce qu'il m'avoit proposé pour la Guyenne et parla à Monsieur le Surintendant, qui lui représenta que cela paroissoit impossible, parce que ceux qui faisoient ces traités faisoient de grosses avances et se mettoient plusieurs ensemble, tous gens qui, ayant du crédit, trouvoient de l'argent pour le porter à l'Épargne ; que je n'avois ni l'un ni l'autre. Monsieur le Cardinal lui répondit qu'il lui étoit dû deux millions sept cent mille livres des avances qu'il avoit faites pour le service du Roi, dont M. Foucquet devoit lui donner des assignations ; qu'il se contenteroit volontiers qu'il lui en donnât sur le traité que je ferois. M. Foucquet lui dit qu'il m'en parleroit pour voir si je trouverois des associés qui entrassent avec moi et qui pussent faire des avances. Me l'ayant dit aussitôt, je le priai de considérer que cela pouvoit faire ma fortune, et que, pour peu qu'il voulût paroître seconder les bonnes intentions que Monsieur le Cardinal avoit pour moi, je ne doutois point que je ne trouvasse des associés ; que j'avois déjà pensé que ceux qui avoient fait les traités des généralités de Guyenne les années passées, et qui étoient dans de grandes avances, voyant que j'en étois le maître, lorsque je ferois semblant d'en chercher d'autres pour m'accommoder avec eux, se trouveroient bien heureux de me mettre dans leur société pour une portion et de faire les avances pour moi, surtout me voyant sous sa protection. Je ne me trompai nullement dans ce que j'avois pensé, puisqu'en peu de jours je fus assuré

1. Le 5 novembre 1657.

de faire réussir mon projet. M. Foucquet, considérant que, si Monsieur le Cardinal n'avoit pas ses assignations, il en demanderoit sur d'autres fonds, et surtout, je crois, à cause de la bonne volonté où Monsieur le Cardinal paroissoit être pour moi, m'aida beaucoup en tout cela et me dit que je n'avois qu'à prendre mes mesures avec Monsieur le Cardinal.

Je l'allai trouver pour lui dire que je croyois être en état de faire le traité de Guyenne, ayant trouvé des associés, et que je pouvois l'assurer qu'il seroit payé très ponctuellement. Il me parut que cela lui fit plaisir, et il me dit qu'il chargeroit M. de Villacerf[1], qui tenoit ses registres pour les finances, de convenir avec moi. Ayant donc conféré ensemble, je lui fis un billet portant promesse de payer à l'ordre de S. É. deux millions sept cent mille livres en quinze payements égaux, de mois en mois, le premier commençant au mois d'octobre prochain; et, l'ayant daté et signé, M. de Villacerf le porta à Monsieur le Cardinal, qui, l'ayant lu, s'écria, regardant M. de Villacerf : « *Ha!* « *bestia! bestia!* » M. de Villacerf étonné lui demandant ce que c'étoit, Monsieur le Cardinal lui répondit : « Gourville n'a pas mis dans son billet : *Valeur reçue.* » M. de Villacerf lui répondit qu'il croyoit qu'il n'en seroit guère meilleur, mais qu'il me le feroit refaire. Il me le vint dire et me conta comme cela s'étoit passé. Il m'en a parlé beaucoup d'autres fois depuis et à d'autres gens, parce qu'il avoit trouvé la chose fort singulière. Je lui en refis un autre où je mis : *Valeur*

---

1. Jean-Baptiste Colbert, seigneur de Saint-Pouenge et de Villacerf, cousin du grand ministre, mort en 1663.

reçue, et le priai de dire à Monsieur le Cardinal que je n'y avois point entendu de finesse, mais que, comme c'étoit le premier billet que j'avois jamais fait, je voyois bien que je n'y avois pas observé toutes les formalités. Je fus assez heureux pour faire payer, à chaque échéance de chaque mois, la somme portée par le billet, à M. Colbert, qui étoit pour lors intendant de Monsieur le Cardinal. Il me donnoit des décharges, que je remettois ensuite à mes associés. Ma faveur fit tant de bruit parmi les gens d'affaires, que la plupart de ceux qui avoient quelque chose à proposer à Monsieur le Surintendant s'adressoient à moi. M. Foucquet trouva bientôt que je m'étois fort stylé, et fut bien aise que je lui fisse venir de l'argent.

Il arriva, quelque temps après, que M. l'abbé Foucquet, n'étant pas content de Monsieur son frère qui avoit laissé aller toute son autorité à M. de Lorme[1], qui avoit la plume sous lui, jusque-là qu'il ne regardoit presque plus ce qu'il lui faisoit signer, en sorte que le commis étoit devenu comme le maître des gens d'affaires, et Monsieur l'abbé, ayant plus de facilité avec lui pour avoir de l'argent, se mit en tête de faire tomber Monsieur son frère faute de crédit[2]. M. Foucquet, m'ayant parlé de cela, me dit qu'il falloit nécessairement qu'il perdît M. de Lorme. Je le priai de trouver bon que je parlasse à celui-ci avant de se

---

1. Jacques Amproux de Lorme ou de l'Orme, d'abord commis de Servien, avait obtenu, en septembre 1657, une charge d'intendant des finances. Plus tard, il fut compromis dans le procès de Foucquet et mis à la Bastille. Il mourut le 21 août 1679.

2. Sur toute cette intrigue et sur le rôle de Gourville, il faut voir le livre de M. Jules Lair, *Nicolas Foucquet*, t. I, p. 425 et suiv.

déterminer tout à fait. Je l'allai trouver, et lui dis que, comme il m'avoit fait plaisir, j'étois bien aise de lui dire que je croyois être en état de le lui rendre. Je lui exposai comme quoi M. Foucquet étoit mal satisfait de lui, étant persuadé qu'il étoit soutenu de M. l'abbé Foucquet, qu'il m'avoit permis néanmoins de lui parler avant que de prendre ses dernières résolutions, et que je venois l'exhorter de tout mon pouvoir à se réconcilier de bonne foi avec Monsieur le Surintendant et à faire tout de son mieux, comme il avoit fait par le passé. Mais M. de Lorme, qui, de son naturel, étoit fort orgueilleux et présomptueux, ne parut pas faire grand cas de tout ce que je lui disois : ce qui m'obligea de lui dire, en le quittant, que je m'étois voulu acquitter de l'obligation que je lui avois; que peut-être trouveroit-il dans la suite que lui et M. l'abbé Foucquet n'en étoient pas où ils pensoient. M. Foucquet, étant fort en peine quand je lui eus rapporté ce qui s'étoit passé, me demanda ce que je croyois qui se pouvoit faire. Je lui dis que j'estimois qu'il falloit commencer à chercher un crédit d'une somme un peu considérable indépendamment des gens d'affaires, et qu'après cela nous pourrions bien les mettre à la raison; que je ne voyois personne qui pût faire cela comme M. Hervart, qui avoit un grand crédit. En étant convenu, j'allai trouver M. Pellissari[1], qui étoit un galant homme, fort de mes amis, et lui et son frère[2] étoient de longue main les amis de

1. Claude Pellissari, trésorier de la marine depuis 1648 (*Dictionnaire* de Jal, p. 1151).
2. Georges Pellissari, trésorier des galères depuis 1651, mort en 1676 (*ibid.*).

M. Hervart. Après lui avoir confié toute l'affaire et ce que j'avois pensé, je le priai d'en jeter quelques petits propos à M. Hervart, en lui faisant voir de quelle utilité cela lui seroit. Celui-ci, accoutumé de fourrager dans les finances, ayant trouvé quelquefois M. de Lorme dans son chemin, M. Pellissari me fit espérer que nous pourrions bien venir à bout de notre dessein, et me dit qu'il nous donneroit à dîner le lendemain. Il me souvient que M. Stoppa[1] et M. de Saint-Maurice, tous deux de la faciende[2] de M. Hervart et de M. Pellissari, y dînèrent aussi. Avant que de nous séparer, M. Hervart me donna sa parole de prêter jusqu'à deux millions[3] dans le temps que nous convînmes, en lui donnant les assignations dont il me parla, avec de gros intérêts; qu'il avanceroit quatre cent mille livres comptant, et dans quelques jours encore autant. Je donnai une grande joie, dès le soir, à M. Foucquet, en lui portant cette nouvelle. Je lui dis qu'il falloit qu'il marquât son mécontentement contre M. de Lorme, particulièrement à quelques-uns de ceux que nous croyions être plus particulièrement attachés à lui, sans pourtant alors leur demander aucun secours. Ce bruit s'étant répandu, chacun commença à se détacher de M. de Lorme. Comme j'avois mis un homme auprès de sa porte pour me dire tous les gens d'affaires qui y seroient entrés, dès le lendemain, M. Foucquet ou moi leur en parlions; et, avant qu'il fût trois

1. Ce Stoppa, de la même famille que le colonel des gardes suisses qui mourut en 1701 (*Mémoires de Saint-Simon*, t. VIII, p. 52), était cousin de Pellissari (Jal, p. 1151).

2. Cabale, intrigue; ne se dit qu'en mauvaise part (*Académie*, 1718).

3. Non pas deux, mais trois millions (Lair, p. 427).

semaines, le crédit de M. Foucquet se rétablit sur tous ceux qui étoient des plus puissants. Des amis de M. de Lorme proposant d'eux-mêmes de faire des avances, les choses vinrent bientôt en tel état que M. Hervart étoit en peine si l'on voudroit exécuter tout ce qui avoit été arrêté avec lui, par l'avantage qu'il y trouvoit. Ainsi l'affaire se remit en son train ordinaire, et M. de Lorme fut disgracié.

Le désordre étoit épouvantablement grand dans les finances. La banqueroute générale qui se fit lorsque M. le maréchal de la Meilleraye fut surintendant des finances[1] remplit tout Paris de billets de l'Épargne, que chacun avoit pour l'argent qui lui étoit dû, et, en faisant des affaires avec le Roi, on mettoit dans son marché que M. Foucquet renouvelleroit de ces billets pour une certaine somme. On les achetoit communément au denier dix ; mais, après que Monsieur le Surintendant les avoit mis sur un autre fonds, ils étoient bons pour toute la somme. Messieurs les trésoriers de l'Épargne s'avisèrent entre eux d'en faire passer d'une épargne à l'autre[2], et par là ils ôtoient la connoissance de ce que cela étoit devenu ; et, M. Foucquet en rétablissant beaucoup, et ces Messieurs s'accommodant avec ceux qui avoient des fonds entre leurs mains, cela fit beaucoup de gens infiniment riches,

1. Charles II de la Porte, duc de la Meilleraye, maréchal de France et grand maître de l'artillerie, succéda à Hémery comme surintendant le 10 juillet 1648. Il fut obligé de se retirer un an après, après avoir fait faire à l'État une banqueroute complète, dont on trouvera le récit dans le *Journal* de Dubuisson-Aubenay, les *Mémoires* d'Omer Talon et le livre de M. Lair, t. I, p. 333-334.

2. C'est-à-dire d'un exercice à l'autre : il y avait trois trésoriers, qu'on supprima en 1664.

au delà de tout ce que l'on pourroit croire[1]. Cependant, parmi ce grand désordre, le Roi ne manquoit point d'argent; et, ayant tous ces exemples-là devant moi, j'en profitai beaucoup[2].

Je reviens à M. l'abbé Foucquet, qui fut outré de voir chasser M. de Lorme, et, croyant que c'étoit par mon savoir-faire, il jura ma perte d'une façon ou d'autre : ce qui fit peur à beaucoup de mes amis, parce qu'il entretenoit à ses dépens plus de cinquante ou soixante hommes, la plupart gens, comme on appelle, de sac et de corde, qui lui servoient d'espions et le faisoient craindre; mais je me mis en tête de n'avoir point de peur. Il n'oublia rien alors pour se raccommoder avec son frère à toutes conditions, pensant par là me faire plus de mal qu'il n'avoit pu me faire de peur. Il s'efforça de donner de la jalousie à M. Foucquet sur mon chapitre en toutes façons, et je m'apercevois quelquefois que cela faisoit impression. Mais, sans m'arrêter à beaucoup de particularités, je veux dire ici un tour de son métier.

Il machina toute une histoire. Pour y faire donner plus de créance, il la fit venir à Monsieur le Surintendant comme une révélation d'un confesseur, néanmoins comme du consentement du pénitent. Ayant fait choix pour cela d'un jésuite qu'il crut qui ne seroit pas fâché

---

1. C'est sans doute l'opération exposée par Colbert dans son mémoire de 1659 (P. Clément, *Lettres,* etc., t. VII, p. 165-166).

2. Il se mit aussi dans le commerce des blés (*Lettres de Colbert,* t. I, p. 305, 309 et 313) et dans bien d'autres affaires plus ou moins honorables (*Archives de la Bastille,* t. I, p. 359; Bibliothèque nationale, mss. V^c de Colbert, vol. 228, fol. 117-119, 121, 139, 214 et 294, et vol. 235, fol. 48, 49, 78, 171, 264-267, 305-308, etc.; voir notre Introduction).

de faire sa cour, il envoya une de ses bonnes gens se confesser à lui, qui, après avoir fait semblant de se confesser, le pria de l'éclaircir sur un cas de conscience, et lui dit qu'étant venu un jour pour me parler et étant entré dans ma chambre comme je venois de sortir, il eut peur, m'entendant revenir, que je ne fusse fâché de le trouver là, et qu'étant près d'une alcôve, il s'étoit caché derrière le rideau ; qu'étant entré avec moi un autre homme, qui avoit dit qu'il seroit bien aise de me parler en secret et que je fermasse ma porte, il avoit débuté par me dire qu'il y avoit une grande cabale qui avoit juré la perte de M. Foucquet d'une façon ou d'autre, et qu'il étoit chargé de savoir si j'y voudrois entrer, sachant que depuis quelque temps M. Foucquet n'avoit plus la même confiance en moi ; et qu'ayant baissé sa voix, il m'avoit parlé quelque temps sans que cette bonne âme eût pu entendre que quelques mots entrecoupés, dont il n'avoit pu tirer autre chose sinon qu'il falloit que ce fût quelque affaire bien considérable ; qu'il lui avoit paru pourtant que je n'y étois point entré. Le bon jésuite, après l'avoir entendu et questionné, lui dit qu'il croyoit qu'en conscience il étoit obligé de faire savoir à M. Foucquet le péril où il étoit; et celui-ci, qui s'y étoit bien attendu, lui répondit qu'il ne sauroit comment s'y prendre et qu'il le prioit de vouloir bien s'en charger. Il lui dit sa demeure en cas qu'on eût besoin de quelque éclaircissement de lui. Le Père ne perdit pas de temps à faire savoir à M. Foucquet ce qu'il avoit appris ; et, ayant su par lui la demeure du pénitent, il le pria de l'aller trouver et de le lui amener pour l'interroger en sa présence, lui marquant une heure pour cela. Le drôle, s'étant bien souvenu de ce qu'il avoit dit au Père, parut le conter très naïvement à Monsieur le Surintendant, qui lui demanda s'il avoit vu cet homme-là. Il lui dit qu'il n'avoit pu le voir que fort peu, mais que, s'il le voyoit, il pourroit le reconnoître. Monsieur le Surintendant, aussitôt après l'avoir entendu, fit appeler Vatel[1], son maître d'hôtel, homme de confiance, pour lui dire ce qui venoit d'arriver et pour voir avec cet homme comment on pourroit faire pour connoître la personne dont il étoit question. Apparemment qu'ayant rendu compte de tout cela à son bon abbé, il lui dit qu'il falloit aller avec le maître d'hôtel au Louvre, pour voir les gens comme ils y arrivoient. L'ayant donc proposé au sieur Vatel pour le mener avec lui et voir s'il le pourroit connoître, ils y allèrent trois jours de suite, et, ayant vu venir M. de la Rochefoucauld, qui avoit un bâton à la main, il lui dit que c'étoit l'homme qu'il avoit vu chez moi, qu'il se souvenoit qu'en me parlant il avoit laissé tomber son bâton, que je lui avois ramassé : ce que le sieur Vatel rapporta à M. Foucquet. Il ajouta que, quoiqu'il ne pût point deviner ce que ce pouvoit être, c'étoit une chose bien étrange que je ne l'avertisse pas de ce que j'avois su. Après que j'eus appris tout cela par le sieur Vatel, que je trouvai en Angleterre[2] pendant qu'on instruisoit le procès de M. Foucquet, et m'étant fait dire dans quel temps cela étoit arrivé, je rappelai dans ma

---

1. François Wattel, qu'on appelle communément Vatel, ne passa au service de Monsieur le Prince qu'après la disgrâce du Surintendant. Gourville en reparlera à propos de sa mort. Jal lui a consacré un long article dans son *Dictionnaire*, p. 1297-1301.

2. Il racontera ce voyage dans son chapitre xi.

mémoire qu'à peu près au temps qu'il me marquoit, M. Foucquet m'avoit paru plus réservé, et que, lui ayant parlé d'une affaire de M. de la Rochefoucauld, il me rebuta fort, en me disant qu'il savoit bien que M. de la Rochefoucauld n'étoit pas de ses amis; mais jamais il ne s'ouvrit à moi davantage sur cela.

Aussitôt que je me trouvai en argent comptant, je songeai à traiter des anciennes dettes de la maison de la Rochefoucauld, dont j'avois des remises que je mettois au profit de M. de la Rochefoucauld. Enfin, m'étant trouvé assez bien dans le temps et l'occasion que M. Châtelain[1] voulut vendre sa charge de secrétaire du Conseil, j'en fis le prix à onze cent mille livres[2]; et, en très peu de jours, s'il m'est per-

---

1. Claude Châtelain, fermier des gabelles. Son quartier de secrétaire du Conseil comprenait les mois de juillet, août et septembre, et Gourville lui succéda pour servir à la même époque (Arch. nat., E 1715, 12 janvier 1662).

2. Selon l'*Avis* de l'édition de 1782 de nos *Mémoires*, p. xxviii, ce serait le 16 juillet 1659 que Gourville acheta cette charge de secrétaire ordinaire du Conseil. C'est une erreur : à cette date, Gourville fut reçu « conseiller secrétaire du Roi, maison et couronne de France, » par résignation de Martin Tabouret (Tessereau, *Histoire de la grande chancellerie*); voir ci-après, p. 175. Mais nous avons retrouvé dans le minutier de Me Fauchey, successeur du notaire Anceau, l'acte même d'acquisition par Gourville de la charge de Châtelain; il est du 30 octobre 1660. Châtelain vend moyennant neuf cent mille livres (et non onze cent mille), payables 300,000 livres comptant, 400,000 livres le 31 juillet 1661, 100,000 livres le 31 décembre 1661, et 100,000 livres le 31 décembre 1662, l'office de « secrétaire, contrôleur et premier commis du Conseil d'État, direction et finances, » dont il était pourvu. Gourville y est qualifié de « chevalier, seigneur baron de Gourville et autres lieux, conseiller du Roi en ses conseils et secrétaire de S. M., demeurant rue Neuve-des-Bons-Enfants. » Cinq jours auparavant, il avait acheté la seigneurie de Gourville : ci-dessus, p. 49, note.

mis de le dire, il se trouva des gens en si grand nombre, qui s'offrirent à me prêter de l'argent pour en faire le payement, que cela alla jusqu'à sept cent et tant de mille livres. Avant de conclure, j'allai en demander la permission à Monsieur le Cardinal. Il me témoigna qu'il en avoit de la joie, qu'il se savoit bon gré de m'avoir mis en si bon chemin et de m'y avoir favorisé, qu'il voyoit avec plaisir que j'en avois profité. Il me demanda en riant jusqu'où je mettois mon ambition. Je lui dis que, sous son bon plaisir, si, dans la suite, il se trouvoit quelque charge de trésorier de l'Épargne à vendre, ce seroit là que je me voudrois borner. Il me dit que je ne pensois pas trop mal et que, si une telle occasion s'en présentoit, il m'y serviroit volontiers.

Le Roi étant allé en Provence[1] et Monsieur le Cardinal étant à Saint-Jean-de-Luz, où il avoit bien avancé le traité de paix, M. Foucquet se mit en chemin pour aller joindre la cour[2], et, me trouvant mieux avec lui que je n'avois été depuis quelque temps, il désira que je l'accompagnasse. Le lendemain que nous fûmes arrivés à Bordeaux[3], il m'envoya chercher en toute diligence pour me faire voir un grand projet que M. Colbert envoyoit à Monsieur le Cardinal pour le rétablissement des finances, qui en effet étoient dans un grand désordre[4]. Il projetoit une Chambre de jus-

1. Le Roi n'alla en Provence qu'après avoir passé par le Languedoc. Il était à Bordeaux le 19 septembre 1659.

2. Le 28 septembre (Lair, t. I, p. 487).

3. Gourville était arrivé à Bordeaux avant Foucquet (Lair, t. I, p. 491, note 3).

4. Ce projet a été publié par M. P. Clément dans les *Lettres de Colbert,* t. VII, p. 164-183.

tice, et par conséquent la perte de M. Foucquet. Cette Chambre devoit être composée de membres de tous les parlements, et il en faisoit M. Talon[1] procureur général; enfin, de la manière qu'il la fit quand M. Foucquet fut arrêté[2]. Après me l'avoir lu, je tâchai de le rassurer un peu, et, m'ayant dit qu'il falloit qu'il remît incessamment ce papier entre les mains de celui qui l'avoit apporté, et qu'il en vouloit pourtant garder une copie, il mit ce papier entre lui et moi, et nous le copiâmes, lui une page et moi l'autre, et ainsi jusqu'à la fin[3].

Je ne saurois m'empêcher de faire ici une petite disgression pour marquer que cette copie, après que M. Foucquet fut fait prisonnier, ayant été trouvée parmi ses papiers, lui sauva la vie, parce qu'aussitôt qu'il fut arrivé à Nantes, on nomma douze commissaires pour lui faire son procès, tous, ce me semble, maîtres des requêtes, avec Monsieur le Chancelier, dont MM. Pussort[4], Hotman[5] et Pellot[6], tous trois

1. Denis Talon, d'abord avocat du Roi au Châtelet, puis avocat général au Parlement en 1652, devint président à mortier en 1690 et mourut en 1698.
2. *Lettres de Colbert*, t. VII, p. 173-174.
3. Ce détail fut confirmé par Foucquet dans son procès : mss. V^c de Colbert, vol. 237, fol. 136, et ci-après, p. 190.
4. Henri Pussort, oncle maternel de Colbert, conseiller au Grand Conseil en 1641, devint conseiller d'État en 1664 et mourut en 1697.
5. Vincent Hotman, seigneur de Fontenay-sur-Conie, avait épousé une fille d'Oudard Colbert. Il fut conseiller au Grand Conseil en 1650, maître des requêtes en 1656, procureur général près la Chambre de justice (1663), intendant des finances (1666), intendant de Paris (1675-1679), et mourut en 1683.
6. Claude Pellot, maître des requêtes, avait épousé Madeleine Colbert. Il devint intendant de Bordeaux et de Montauban en 1662 et premier président du parlement de Rouen en 1669.

parents et dans une dépendance absolue de M. Colbert, étoient du nombre ; la plupart des autres étoient intendants dans les provinces ou aspirants à l'être. Le projet, qui s'étoit trouvé derrière un miroir dans un cabinet[1], et qui fit tant de bruit alors que l'on disoit que son intention avoit été d'exciter une guerre civile, tout cela, joint à la connoissance que tout le monde avoit de l'extrême dissipation des finances, faisoit croire par avance que M. Foucquet ne pouvoit pas s'empêcher d'être condamné. L'enlèvement de ses papiers sans aucune formalité, qui depuis fut d'un grand poids en sa faveur, n'auroit peut-être pas été relevé devant les commissaires ; mais, la copie dont je viens de parler ayant été trouvée dans ce même cabinet, M. Colbert voulut faire connoître au Roi qu'il avoit pensé au remède qu'on auroit dû apporter, il y avoit déjà du temps, à cette grande dissipation des finances, mais que c'étoit la faute de Monsieur le Cardinal de n'avoir pas écouté son projet. Il fit faire une nouvelle commission entièrement conforme à ce qu'il avoit pensé alors, et en composa la Chambre de justice comme elle fut établie. Un de ceux qui avoient été nommés pour commissaires, et que je crois pouvoir dire un des plus gens de bien d'entre eux, aussitôt qu'il eut su qu'il ne seroit point des juges de M. Foucquet, en me parlant de ce changement, me témoigna qu'il avoit une extrême joie de ce qu'il n'en seroit plus, et me dit en ces propres termes : « Vous savez mieux « que personne les obligations que je lui avois ; mais « je craignois extrêmement de ne pouvoir pas opiner « en sa faveur. »

1. Voir plus loin, p. 171 et 190.

Je reviens à la peine que ce projet avoit faite à M. Foucquet. Après qu'il m'en eut parlé, je convins que c'étoit une chose fâcheuse, mais qu'il me passoit dans l'esprit qu'on s'en pourroit servir en faisant regarder cela à Monsieur le Cardinal comme un effet de l'ambition de M. Colbert. Je lui proposai de trouver un prétexte pour m'envoyer à Saint-Jean-de-Luz ; que je ne désespérois pas de pouvoir me servir de la connoissance que j'avois de ce mémoire pour lui rendre de bons offices auprès de S. É. En effet, j'y allai[1], et je fus plus heureux que je n'avois osé l'espérer. Dans une seconde conversation que j'eus avec Monsieur le Cardinal, je lui dis qu'il couroit des bruits à Paris qu'il se faisoit une furieuse cabale contre Monsieur le Surintendant, que cela étoit capable de le décréditer, et j'ajoutai que je n'étois pas surpris qu'il se formât des cabales contre un surintendant, ce poste étant si fort à désirer que, pour peu que les hommes pussent, en se flattant, espérer d'y pouvoir parvenir, ils ne pouvoient résister à la tentation de faire quelques démarches pour y réussir. Cette pensée, m'étant venue par les chemins en réfléchissant sur tout ce que je pourrois dire à Monsieur le Cardinal, me plut si fort, que je la mis par écrit pour m'en mieux ressouvenir, trouvant que, par là, je désignois bien M. Colbert, sans le nommer. J'ajoutai qu'il étoit à craindre que les

---

1. M. Lair (p. 495 et note) n'admet pas que Gourville soit allé trouver Mazarin à Saint-Jean-de-Luz ; Foucquet y alla lui-même et eut une longue explication avec le Cardinal (*ibidem*, p. 491-492). Quoique Gourville ait écrit ses *Mémoires* quarante ans plus tard, il est difficile de le taxer d'erreur pour un fait aussi précis, qui semble d'ailleurs avoir été établi d'une manière évidente par feu M. Chéruel (*Mémoires sur Foucquet*, t. II, p. 10-11 et 30).

bruits qui s'en répandroient n'empêchassent M. Foucquet de trouver de l'argent, dont on avoit grand besoin ; que, s'il jugeoit à propos de lui faire un bon accueil quand il le verroit, cela feroit un bon effet. Il ne s'ouvrit de rien à moi ; mais il me parut que ce que je lui avois dit lui avoit fait quelque impression.

Monsieur le Cardinal étant venu avec le Roi à Toulouse[1], où étoit M. Foucquet, il le reçut assez bien d'abord ; mais, soit qu'il eût goûté la proposition qu'on lui avoit faite, soit qu'on eût encore écrit quelque chose dans ce même dessein, M. Foucquet étant sur le point de retourner à Paris, il lui dit de ne faire aucunes fermes ni traités sans lui en mander les conditions par un courrier, pour voir s'il les agréeroit. M. Foucquet, se souvenant de ce qu'il avoit vu à Bordeaux, se trouva dans un grand étonnement, et cette fois-là se crut perdu. Il m'envoya chercher en toute diligence, et, l'ayant trouvé se promenant à grands pas dans une chambre où il étoit avec M. de Brancas[2], qui étoit dans sa confidence par l'amitié qu'il avoit avec Mme du Plessis-Bellière[3], il me conta le discours que lui avoit fait Monsieur le Cardinal,

1. Louis XIV séjourna à Toulouse du 14 octobre au 28 décembre 1659. Ce qui va être raconté se passa à la fin de novembre.
2. Charles, comte de Brancas d'Oise, le *Distrait*, chevalier d'honneur d'Anne d'Autriche, qui avait épousé la fille de Garnier, trésorier des parties casuelles. Il était pensionné par Foucquet.
3. Suzanne de Bruc, veuve du marquis du Plessis-Bellière, s'était mise dans les affaires pour établir ses enfants. Elle se trouva en rapport avec Foucquet, et son intelligence supérieure fit naître entre eux une intime liaison. M. Lair (t. I, p. 544) ne croit pas qu'elle ait été pour le Surintendant autre chose qu'une amie, malgré les billets trouvés dans la cassette de Foucquet et qu'on lui attribua (Chéruel, *Mémoires sur Foucquet*, t. II, p. 292-293).

ajoutant qu'il voyoit bien cette fois-là qu'il n'y avoit plus de ressource pour lui, et qu'il ne doutoit pas que M. de Villacerf, dont Monsieur le Cardinal se servoit pour tout ce qui regardoit les affaires de finances, parent proche de M. le Tellier et de M. Colbert[1], ne fût celui qu'ils employoient pour l'aigrir contre lui. Et M. de Brancas m'ayant dit tout tristement : « Voilà « qui est bien mauvais, » aussitôt que j'y eus fait un moment de réflexion, je dis : « Il me semble que « Monsieur le Cardinal se met par là dans un étrange « embarras ; je m'en vais hasarder de lui parler. » Étant donc allé à son logis, après qu'il m'eut fait entrer, quand on lui eut dit que j'étois là, je le priai de me pardonner la liberté que j'allois prendre, de ne pas regarder si ce pouvoit être dans la vue de faire plaisir à Monsieur le Surintendant, mais de considérer si ce que je voulois lui dire pouvoit être bon à lui et au service du Roi, et qu'après qu'il auroit eu la bonté d'écouter ce que j'avois pensé lui devoir dire, je n'attendois aucune réponse, me remettant aux réflexions que je croyois qu'il jugeroit à propos d'y faire.

Je commençai mon discours par lui dire que M. Foucquet m'avoit conté ce qui lui étoit arrivé et m'avoit paru dans une grande désolation ; qu'après avoir fait réflexion sur les ordres que S. É. lui avoit donnés, j'avois pensé que, dans quelques sentiments que fût S. É. sur son chapitre, je croyois qu'il y avoit toute autre chose à faire, parce que, dans l'affliction où étoit M. Foucquet, le nombre de ses amis à qui il

---

1. Villacerf, fils d'Oudard Colbert, avait épousé la sœur du chancelier Le Tellier.

conteroit sa disgrâce en feroient assez courir le bruit, qui, le devançant à Paris, le mettroit hors d'état, à son arrivée, de trouver aucun des secours dont S. É. savoit bien que le Roi avoit besoin; que je croyois qu'un parti tout contraire devoit être plutôt du goût de S. É., quand même elle seroit prévenue contre Monsieur le Surintendant, dans quoi je ne voulus point entrer, et qu'au contraire, si elle vouloit le bien traiter publiquement et le renvoyer à Paris avec l'espérance d'un plus grand crédit qu'il n'avoit eu jusqu'à présent, il trouveroit tout l'argent qu'il voudroit; et que, comme il me sembloit que les dépenses de la guerre et toutes celles que je croyois que S. É. voudroit mettre sous sa disposition se montoient à vingt-huit millions, comme S. É. m'avoit fait l'honneur de me dire en quelque autre occasion, je croyois qu'il en pourroit demander trente, convenir du temps des payements et lui laisser à payer les charges ordinaires et les autres dépenses qui pourroient survenir. « Je suis
« persuadé, lui dis-je, que, quand Votre Éminence arri-
« vera à Paris, elle trouvera que l'argent sera commun
« à l'Épargne et qu'elle sera en état de disposer libre-
« ment des fonds qu'elle aura réservés à sa disposi-
« tion; que, si elle s'en trouve bien, en ce cas-là elle
« laissera subsister Monsieur le Surintendant, en l'accré-
« ditant toujours de plus en plus, jusqu'au jour qu'elle
« en voudra mettre un autre. Et, soit que, devant ou
« après l'avoir ôté, elle voulût faire une Chambre de jus-
« tice, Votre Éminence y trouvera beaucoup de facilité,
« puisque la plupart des gens d'affaires se trouveront en
« avance, pour le moins d'autant qu'ils ont de vaillant,
« et qu'ils sont à la discrétion de Votre Éminence pour

« ne leur laisser de bien que ce qu'elle jugera à propos. »

De la manière dont S. É. m'avoit entendu parler sans m'interrompre, ne doutant pas que ce que je lui avois dit ne lui eût fait impression, j'y ajoutai que, M. de Villacerf, à cause de l'alliance qu'il avoit avec M. le Tellier, n'étant pas, il s'en falloit bien, des amis de M. Foucquet, si le poste qu'il occupoit auprès de S. É. étoit donné à quelque autre à son choix, cela pourroit encore faire un bon effet pour le crédit qu'il devoit donner à M. Foucquet. Aussitôt je songeai d'entretenir S. É. de quelque autre chose. J'avois alors un champ libre sur le retour apparent[1] de Monsieur le Prince, parce que Monsieur le Cardinal m'en parloit souvent, et surtout dans le voyage que j'avois fait à Saint-Jean-de-Luz lorsqu'on étoit sur le point de conclure la paix.

Après cela, m'en étant allé aussitôt rendre compte à M. Foucquet de ce que j'avois cru devoir dire, dans la conjoncture présente, à Monsieur le Cardinal, et que j'osois croire que les raisons que je lui avois données étoient si bonnes que je ne doutois pas que le lendemain il ne le trouvât entièrement changé ; que, si par hasard il convenoit de changer M. de Villacerf, je tâcherois de m'introduire dans ce poste, s'il l'avoit agréable, je ne sais ce qui lui passa pour lors dans l'esprit, car il me dit que, si cela étoit, il voudroit pouvoir y placer Lépine[2], qui étoit un homme que lui avoit donné M. Chanut[3] et qui, à la vérité, étoit un bon

1. Dans le sens de probable.
2. Commis de Foucquet, chargé de la garde de ses archives.
3. Pierre Chanut, ancien ambassadeur en Suède et en Allemagne, qui mourut en 1662.

garçon. Je lui répondis fort ingénuement que je croyois qu'il feroit bien : ce qui surprit grandement M. de Brancas, que j'avois encore trouvé là. M. Foucquet étant sorti pour un moment, M. de Brancas me dit qu'il ne croyoit pas qu'il y eût personne au monde capable de faire et de dire ce qu'il venoit d'entendre. Je lui dis que je ne doutois point que le service que je venois de rendre à M. Foucquet ne me fît tort auprès de lui dans la suite, et un petit mouvement de colère causé par la réponse qu'il m'avoit faite m'y fit ajouter que, si cela étoit, ce pourroit être tant pis pour lui. M. de Brancas étoit assez de mes amis, parce que, de temps en temps, je lui donnois de l'argent de la part de M. Foucquet, et à bien d'autres aussi.

Le lendemain, M. Foucquet ayant été voir Monsieur le Cardinal, il lui dit qu'il avoit fait réflexion sur ce qui s'étoit passé la veille, et qu'il s'étoit résolu de prendre encore une véritable confiance en lui ; qu'il falloit qu'il s'en retournât à Paris, et que, quand Monsieur le Cardinal y seroit arrivé, ils verroient ensemble les fonds qui demeureroient en sa disposition, et qu'il les feroit recevoir ; cependant qu'il pourroit faire à Paris tout ce qu'il jugeroit à propos pour le service du Roi.

M. l'abbé Foucquet, étant pour lors à Toulouse et s'étant mis un peu mieux avec Monsieur son frère, le pria de nous mettre tous deux en bonne intelligence. M. Foucquet me l'ayant dit, je le fus trouver aussitôt et lui dis que tout ce qui s'étoit passé de lui à moi, dans ces derniers temps, ne m'avoit pas fait oublier le plaisir qu'il m'avoit fait en contribuant à me faire sortir de la Bastille, quoique c'eût été à la prière de Monsieur son frère ; que j'avois reçu avec plaisir l'ordre qu'il m'avoit donné de le voir; que je ferois tout ce qui dépendroit de moi pour mériter ses bonnes grâces et son amitié. Cela m'attira beaucoup de protestations de sa part : ce qui fit que, depuis, nous nous vîmes souvent et parûmes dans une bonne intelligence, dont on fut assez surpris dans le monde. Un courrier, qui s'en alloit en poste, ayant attrapé M. Foucquet, lui dit que nous paroissions de bonne intelligence et qu'on nous voyoit souvent ensemble. Il m'envoya un courrier sur-le-champ et me manda ce qu'il avoit appris, me priant de ne me pas trop ouvrir à son frère. Je ne lui témoignai pourtant rien de ce nouvel ordre, devant partir bientôt pour aller à Paris. En effet, j'y arrivai peu de temps après. Monsieur le Surintendant, qui me témoigna beaucoup d'amitié et de confiance, me chargea de grosses affaires, sous le nom de gens que je nommois, pour avoir lieu de distribuer beaucoup d'argent de sa part sans que personne en eût connoissance. J'allai loger dans une maison que Mme du Plessis-Guénegaud[1] m'avoit fait bâtir dans une place appartenant à M. du Plessis, tout devant l'hôtel de Nevers[2], qui leur appartenoit alors. Elle me la fit meubler, et c'est aujourd'hui l'hôtel de Sillery[3].

1. Isabelle de Choiseul, fille du marquis de Praslin, avait épousé, en 1642 (contrat aux Archives nationales, Y 182, fol. 62 v°), Henri de Guénegaud, seigneur du Plessis, trésorier de l'Épargne en 1638, secrétaire d'État en 1643, sur la démission du comte de Brienne, garde des sceaux des ordres en 1656. En 1669, il fut contraint de se défaire, en faveur de Colbert, de sa charge de secrétaire d'État : ci-après, chap. XVI.

2. L'hôtel de Nevers, sur le quai, près la porte de Nesle, porte déjà sur le plan de Gomboust (1652) le nom d'hôtel de Guénegaud; il devint ensuite l'hôtel de Conti, puis la Monnaie.

3. Sur le plan de J. de la Caille (1714), on voit très bien ce petit

Chapitre VIII.

Comme j'eus l'honneur de voir Monsieur le Prince à Tain, revenant de la cour. Mon arrivée à Toulon, où je rendis compte à Monsieur le Cardinal de la conversation que j'avois eue avec S. A. Je me mis dans le grand jeu et fis de grands profits. M. Foucquet me montre un projet qu'il avoit fait assez mal à propos; après lui avoir dit mon avis, il me dit qu'il l'alloit brûler. Je fus fait conseiller d'État. Le Roi me fait jouer avec lui longtemps avant qu'aucun homme ait eu cet honneur.

Le peu de séjour que je fis à Paris ne laissa pas de m'être d'une très grande utilité. M. Foucquet me dépêcha pour aller rendre compte à Monsieur le Cardinal de tout ce qui s'étoit passé. Je m'embarquai sur le Rhône à Lyon, et, ayant abordé à Tain[1], j'appris que Monsieur le Prince y dînoit, revenant de la cour

---

hôtel; il existe encore à l'extrémité de l'impasse qui prend naissance dans le renfoncement situé entre l'hôtel de Guénegaud et le collège des Quatre-Nations. — Ce fut au commencement de 1661 que Gourville s'y installa: en décembre 1660, il logeait encore rue Neuve-des-Bons-Enfants (Arch. nat., Y 202, fol. 375), et, en mars 1661, il habitait « sur le quai, près la porte de Nesle » (Y 200, fol. 41 v°). En 1691, il était encore propriétaire de ce petit hôtel, puisqu'il le loua au marquis de Puyzieulx et à l'évêque de Soissons, son frère, moyennant un loyer annuel de deux mille livres et cent cinquante bouteilles de vin de Sillery (Inventaire fait après le décès de Gourville). Cette dernière clause fit naître entre eux des contestations (Bibliothèque nationale, *Factums*).

1. Sur la rive gauche du Rhône, en face de Tournon.

pour la première fois depuis son retour en France[1]. Je mis pied à terre pour avoir l'honneur de lui faire la révérence. Il me témoigna une grande joie de me voir, et, ayant fait sortir ceux qui étoient avec lui, il me remercia d'un plaisir que j'avois fait à M. de Fontenay[2] sur un billet qu'il m'avoit écrit en sa faveur. Il se mit à me conter tout ce qui s'étoit passé pendant le petit séjour qu'il avoit fait auprès du Roi, et surtout entre lui et Monsieur le Cardinal. La conversation fut interrompue par M. de Polastron[3], que M. le maréchal de la Ferté envoyoit à la cour, sur la mort de M. le duc d'Orléans[4]. Cette nouvelle l'ayant surpris, il s'informa de beaucoup de particularités ; mais, ayant été averti que ses chevaux étoient au carrosse pour aller coucher à Vienne, il me dit que je lui ferois un fort grand plaisir si je l'y voulois suivre : ce que je fis. Après m'avoir beaucoup parlé de tout ce qui le regardoit, il me dit qu'il me disoit ses sentiments comme à un homme auquel il se confioit entièrement, comme il l'avoit fait autrefois. Après l'en avoir remercié et

1. Le prince de Condé avait quitté Bruxelles le 29 décembre 1659, pour se rendre auprès du Roi, alors en Provence. Il le rencontra à Aix, le 27 janvier, et repartit pour Paris le 10 février (*Gazette*, p. 36, 151-152 et 164).

2. Le correcteur du manuscrit de M. le baron Pichon ajoute ici : « Qui étoit gouverneur de M. le comte de Saint-Pol, et depuis « sous-gouverneur de M. le duc de Chartres, homme de beaucoup « d'esprit, sur un billet qu'il m'avoit écrit en sa faveur, qui alla « jusqu'à 40,000 livres que je lui fis toucher argent comptant. » — Claude de Nocé, seigneur de Fontenay, fut d'abord gouverneur des enfants du duc de Longueville ; en 1686, il eut la place de sous-gouverneur du duc de Chartres. Il mourut en 1714.

3. Antoine de Polastron, capitaine des gardes du maréchal de la Ferté.

4. Gaston mourut à Blois le 2 février 1660 (*Gazette*, p. 156).

l'avoir assuré que je lui serois aussi fidèle que je l'avois été, il me demanda si je croyois que je pusse entrer avec Monsieur le Cardinal sur cette rencontre. Je lui dis qu'il suffiroit de lui faire dire par quelqu'un que j'avois eu l'honneur de voir S. A. pour lui donner la curiosité de m'entendre. Il me demanda en riant : « Eh « bien ! que lui direz-vous ? » Je lui répondis : « Ce que « Votre Altesse m'a dit qui pourra lui faire plaisir, et « tout ce qu'elle auroit pu me dire, si elle avoit eu du « temps pour y réfléchir, comme j'en ai jusqu'à mon « arrivée à Toulon, » pour tâcher de cimenter l'amitié qu'il me disoit être commencée entre lui et Monsieur le Cardinal. Il m'embrassa fort, et me dit que je lui avois fait un grand plaisir de l'avoir cherché comme j'avois fait. M'étant embarqué, je me rendis à la cour, où je dis à M. le maréchal de Gramont[1] le bonheur que j'avois eu de faire la révérence à Monsieur le Prince et l'honneur qu'il m'avoit fait de me parler avec la même confiance qu'il avoit eue autrefois. Monsieur le Cardinal se disposa à m'en parler et à me faire conter tout ce que Monsieur le Prince m'avoit dit. En effet, il ne manqua pas de m'en faire la question. Je lui répondis que Monsieur le Prince avoit commencé par me faire souvenir de la répugnance qu'il avoit eue de se séparer de la cour ; qu'il avoit su bien mauvais gré depuis à tous ceux qui l'avoient poussé à entrer dans le méchant parti qu'il avoit pris ; qu'il se proposoit deux choses qui feroient toute son application à

---

1. Antoine III de Gramont, fait successivement lieutenant général et maréchal de France la même année (1641), puis ministre d'État en 1653, devint chevalier des ordres en 1661, duc et pair en 1663, et mourut en 1678.

l'avenir : la première, de n'oublier rien pour obliger Monsieur le Cardinal à être de ses amis, comme il lui avoit promis; la seconde, qu'il donneroit de si bons exemples à M. le duc d'Enghien, pour lui faire comprendre que les personnes de leur naissance ne doivent jamais se séparer des intérêts du Roi, qu'il tâcheroit de lui ôter l'impression que lui auroit pu faire sa conduite passée; qu'il le feroit souvenir souvent de tout ce qu'il avoit souffert avec les Espagnols et de la misère où il avoit été quelquefois[1]; qu'il se sentoit fort obligé à S. É. du bon traitement qu'il avoit reçu du Roi après tout ce qui s'étoit passé, et des assurances qu'il lui avoit données de son amitié, et, de temps en temps, d'autres petites choses qui tendoient à fomenter leur amitié. Je me persuadai que cela lui avoit fait quelque impression. En effet, j'appris par M. le maréchal de Gramont qu'il avoit été fort content de la conversation qu'il avoit eue avec moi, lui en ayant même dit une partie. Il en parla aussi à M. le maréchal de Villeroy[2] dans le même sens, et ajouta qu'après ce que je lui avois rapporté, il ne doutoit pas que l'amitié qu'ils s'étoient promise, Monsieur le Prince et lui, ne fût de longue durée. Monsieur le Cardinal me parut content de tout ce que je lui avois dit de la conduite de M. Foucquet. Peu après, je m'en retournai à Paris, où Monsieur le Prince me fit l'honneur de

1. M. le duc d'Aumale (*Histoire des princes de Condé*, t. VI, p. 326 et suiv.) a exposé la situation extrêmement précaire dans laquelle se trouva Condé pendant son séjour en Flandre.
2. Nicolas de Neufville, marquis de Villeroy, avait été fait, en 1646, gouverneur de Louis XIV et maréchal de France; il devint chef du conseil des finances en 1661, chevalier des ordres en 1662, duc et pair en 1663, et mourut en 1685.

me dire que M. le maréchal de Gramont lui avoit mandé que Monsieur le Cardinal avoit eu bien du plaisir de tout ce que je lui avois dit de la conversation que j'avois eu l'honneur d'avoir avec S. A., dont il me remercia fort. Il prenoit plaisir à me faire conter tout le détail de ce que j'avois dit à Monsieur le Cardinal.

Le Roi étant revenu à Paris[1], j'allois faire ma cour de temps en temps à S. É. Tout le monde s'apercevoit qu'elle me regardoit toujours de bon œil. En ce temps-là, on jouoit un jeu prodigieux, ordinairement au trente et quarante[2]. M. de Vardes[3] s'avisa un jour, m'étant venu voir, de me prier de lui donner quatre cents pistoles[4]. Après lui avoir dit que je le voulois de tout mon cœur, je chargeai un de mes gens de les aller prendre d'un commis pour les lui porter. Il me dit que c'étoit comme si je les lui avois données ; qu'il me demandoit de lui donner à dîner, s'il y avoit moyen, avec MM. d'Hervart et de la Bazinière[5], avec lesquels il avoit grande envie de jouer, à condition que je jouerois cette somme avec eux au hasard de la perdre.

1. Louis XIV rentra à Paris le 26 août 1660.
2. Jeu où celui qui amène le plus près de trente gagne (*Dict. de Trévoux*).
3. François-René du Bec-Crespin, marquis de Vardes, né en 1626, mort en 1688. Une lettre qu'il écrivit à Gourville au sujet du prince de Condé, le 14 avril 1674, a passé dans le catalogue de la vente Chambry (7 mars 1881, n° 646).
4. Les pistoles d'Espagne avaient alors cours en France; dans la suite, ce terme ne fut plus employé que comme monnaie de compte valant dix livres (*Lettres de Mazarin*, t. VII, p. 268).
5. Macé Bertrand, sieur de la Bazinière, trésorier de l'Épargne, était fils d'un autre Macé Bertrand et frère de Mme de Barbezières : ci-dessus, p. 140. Voy. *Tallemant des Réaux*, t. VII, p. 426 et suiv.

Le jour étant venu, l'après-dîner, je proposai à ces Messieurs s'ils vouloient jouer au trente et quarante; que, n'y ayant jamais joué, je serois bien aise de l'apprendre. Je gagnai pour la première fois sept à huit cents pistoles. Peu de temps après, Monsieur le Surintendant, étant à Saint-Mandé[1], proposa à M. d'Hervart et à d'autres gens de jouer. M. d'Hervart ayant dit à M. Foucquet que j'étois joueur et qu'il avoit joué avec moi, il me dit qu'il falloit que je fusse de la partie. J'y gagnai dix-sept cents pistoles et en donnai cent aux cartes[2], ne sachant pas trop bien comment il en falloit user en ces occasions. On jouoit presque tous les jours chez Mme Foucquet[3] assez gros jeu; Mme de Launay-Gravé, depuis marquise de Piennes[4], y jouoit ordinairement avec un nombre d'autres dames, et quelquefois aussi des messieurs; j'étois de ces jeux-là toutes les fois que je m'y rencontrois. M. le comte d'Avaux[5], s'y étant trouvé une fois, se mit au jeu, et, comme je me sentois heureux, je jouois un gros jeu,

1. On peut voir la description de cette maison dans l'ouvrage de M. Lair, t. I, p. 420 et 520-521.
2. « On appelle aussi *cartes* ce que les joueurs laissent pour la dépense des cartes » (*Académie*, 1718).
3. Marie-Madeleine de Castille, mariée le 5 février 1651.
4. Toutes les éditions ont imprimé *Launay-Grancé* ou *Grancey*. — Françoise Godet des Marais, sœur du célèbre évêque de Chartres directeur de Mme de Maintenon, avait épousé le financier Jean de Gravé, sieur de Launay. Devenue veuve de bonne heure, elle prit sur Colbert une très grande influence. En 1664, elle se remaria avec Antoine de Brouilly, marquis de Piennes. (*Mémoires de Retz*, t. II, p. 126; *Tallemant des Réaux*, t. VII, p. 372.)
5. Jean-Jacques de Mesmes, comte d'Avaux, d'abord conseiller au Parlement et maître des requêtes, puis conseiller d'État et président à mortier. Il épousa, le 8 mars 1660, une des filles du financier La Bazinière.

surtout quand je gagnois. M. d'Avaux, à la fin de la séance, se trouva me devoir dix-huit mille livres. Ces jeux-là se jouoient sans avoir l'argent sur table ; mais, à la fin du jeu, on apportoit une écritoire : chacun écrivoit sur une carte ce qu'il devoit à l'autre, et, en envoyant cette carte, on apportoit l'argent. M. d'Avaux me donna sa carte et me vint prier le lendemain de vouloir bien faire une constitution[1] de la somme qu'il me devoit : ce que je fis volontiers. On y jouoit aussi souvent des bijoux de conséquence, des points de Venise de grand prix, et, si je ne me trompe, on jouoit aussi les rabats pour soixante-dix ou quatre-vingts pistoles chacun. Un jour, M. Foucquet, voulant faire une partie de grands joueurs, pria M. de Ricouart[2] de lui donner à dîner dans une maison qu'il avoit proche de Paris[3]. M. d'Hervart étoit toujours le premier prié aux parties de jeu ; c'étoit le plus grand perdeur qui ait jamais été. M. de la Bazinière, qui ne s'en acquittoit quelquefois pas mal, y étoit aussi. Je ne me souviens pas bien de ceux qui y étoient encore, sinon de M. le maréchal de Clérambault[4], qui cherchoit souvent les occasions de jouer avec ces Messieurs. Toute la compagnie étant arrivée un peu devant dîner, on fit incontinent apporter des cartes, et je gagnai environ quatre

1. Une constitution de rente. « Les rentes mêmes s'appellent des constitutions » (*Académie*, 1718).
2. Antoine de Ricouart, fait comte d'Hérouville en 1654, maître des requêtes et conseiller d'État.
3. Sans doute Hérouville, Seine-et-Oise, canton de l'Isle-Adam.
4. Philippe de Clérambault, comte de Palluau, devenu maréchal de France en février 1653, après avoir été mestre de camp général de la cavalerie légère. Il eut le gouvernement de Berry en 1654, l'Ordre en 1661, et mourut le 24 juillet 1665.

à cinq cents pistoles avant qu'on se mît à table. Après dîner, M. Foucquet, qui se piqua beaucoup contre moi, me jouoit de si grosses sommes à la fois, quand j'avois la main, que j'avois des cartes coupées pour lui[1], qu'il faisoit valoir quelquefois cent pistoles pièce. Cela le fâchoit si fort, que toute la compagnie étoit étonnée de tout ce qu'il disoit; mais, voyant que le temps de s'en retourner étoit venu, il me fit une si grosse masse, que, lui ayant donné trente et un, et à moi quarante, il se racquitta par ce seul coup de plus de soixante mille livres qu'il me devoit. La gaieté le prit, et je fus fort raillé par ces Messieurs de n'avoir pas su me retirer avec une partie de ce grand profit que j'avois fait. Je leur dis en riant qu'en mon pays la bienséance étoit que celui qui gagnoit ne quittât point le jeu. Tout le monde se leva pour partir, et M. d'Hervart, ayant ramassé des cartes à terre, où il y en avoit un très grand nombre, s'adressa à moi pour voir si je voulois lui faire une masse de quelque chose. Je lui en fis une de cinq cents pistoles, qui étoit ce que je me proposois de perdre dans ce moment. L'ayant gagné, je pris les cartes. Il me poussa si fort deux ou trois coups de suite, qu'en très peu de temps il me dut cinq mille pistoles. Pour lors, je jetai les cartes, et lui dis que je ne voulois plus jouer à la mode de mon pays; cela fit fort rire toute la compagnie, et chacun monta en carrosse pour s'en aller. Je me souviens encore que, le jour qu'on devoit faire des feux d'artifice sur la rivière pour les faire voir à la Reine[2], M. de la Bazinière

1. En guise de jetons de caisse.
2. Sans doute le 29 août 1660, peu de jours après l'entrée de la nouvelle reine à Paris (Loret, *Muse historique*, t. III, p. 250).

pria à souper Monsieur le Surintendant, Madame la Surintendante et beaucoup d'autres personnes, où je me trouvois, sa maison étant vis-à-vis du lieu où l'on devoit faire le feu[1]. M. le duc de Richelieu[2], qui étoit là, me dit qu'il avoit ouï dire que j'étois grand et beau joueur, et prit un jeu de cartes qui étoit sur la table, les autres pour lors ne songeant point à jouer. En moins d'un demi-quart d'heure, je lui gagnai cinquante-cinq mille livres; mais, le feu commençant à paroître, me souvenant de la leçon qu'on m'avoit faite, je lui fis la révérence, dont il parut un peu surpris et fâché. Néanmoins, cela n'empêcha pas que je n'en fusse payé par une terre qu'il avoit en Saintonge, qu'il vendit à M. le maréchal d'Albret[3]. Tous mes grands profits venoient toujours lorsque je tenois les cartes, et que les autres se piquoient pour se racquitter de ce qu'ils avoient perdu. Quand les autres les tenoient, je ne jouois jamais gros jeu. Je m'étois fait une loi de ne jamais perdre de mon argent guères au-dessus de mille pistoles. Une seule fois en ma vie, m'étant piqué à mon tour, je perdis vingt mille livres.

Environ ce temps-là, M. Foucquet s'avisa de me lire, dans la galerie de Saint-Mandé, un projet qu'il avoit fait[4], quelques années auparavant, pour se maintenir au cas que Monsieur le Cardinal le voulût pous-

1. L'hôtel de la Bazinière, plus tard hôtel de Bouillon et hôtel Pellaprat, était sur le quai Malaquais; c'est aujourd'hui une dépendance de l'École des Beaux-Arts.
2. Armand-Jean de Vignerot, petit-neveu du cardinal de Richelieu, qui le substitua à ses nom, titre et armes.
3. César-Phœbus, comte de Miossens, maréchal de France en février 1653, chevalier de l'Ordre en 1661, gouverneur de Guyenne en 1670, mort en 1676.
4. On peut voir le résumé de ce projet célèbre dans l'ouvrage

ser, comme il y avoit des temps qu'il le craignoit. Ce projet étoit rempli de tout ce que ses amis devoient faire en ce cas-là. Il comptoit, parmi ses amis qui devoient faire un soulèvement, un nombre de gens auxquels il avoit fait donner de l'argent de pure grâce, et d'autres qui avoient des prétextes pour en demander. Je ne pus l'entendre sans beaucoup de surprise que cela eût passé dans son esprit comme quelque chose de bon. Enfin je lui dis qu'il mettoit là M. le maréchal de la Meilleraye pour lui avoir fait quelques plaisirs, à la vérité assez considérables, mais que je le priois de considérer quel établissement avoit ce maréchal, et s'il avoit pu s'imaginer qu'ayant un fils et de grands biens, il voudroit hasarder sa fortune pour l'amour de lui. Il m'avoit aussi nommé M. de Bar, gouverneur d'Amiens[1], au nombre de ceux qui devoient faire merveilles ; il fondoit sa prétention sur ce qu'il l'avoit fait payer de quarante mille livres de vieilles drogues[2]. Il m'avoit aussi nommé pour avoir un emploi ambulatoire vers ses amis. Je pris la liberté de lui dire que je pensois si peu comme lui, que, si, dans mon emploi, j'eusse été obligé de passer auprès d'Amiens pour son service, et qu'on eût rapporté à M. de Bar qu'il pouvoit me faire arrêter, si, dis-je, faisant semblant de ne pas entendre, il m'eût laissé passer à sa

de M. Lair, t. I, p. 411-416. L'éditeur des *Mémoires* de Gourville dans la collection Petitot en avait aussi donné des extraits en note, p. 337-340. Une copie figurée imprimée s'en trouve dans les mss. Vᶜ de Colbert, vol. 235, fol. 86-93. — D'après M. Lair, p. 497-498, ce fut en janvier 1660 que Foucquet communiqua ce mémoire à Gourville. Le Surintendant, lors de son procès, déclara ne point se rappeler s'il le lui avait montré.

1. L'ancien geôlier des princes à Vincennes; ci-dessus, p. 26.
2. Papiers d'État, assignations, billets de l'Épargne, etc.

considération, je croirois qu'il auroit bien reconnu le plaisir qu'il lui avoit fait de quarante mille livres. Je crois que je ne faisois pas ma cour ; néanmoins, cela lui fit une si grande impression, qu'il me dit qu'il n'y avoit rien à faire qu'à brûler ce projet. En effet, il appela un valet de chambre et lui dit d'apporter une bougie allumée dans un cabinet où il alloit par un souterrain qui traversoit la rue et répondoit par une sortie dans le parc de Vincennes[1]. Il me dit qu'il s'en alloit le brûler ; mais il me fit savoir dans la suite tout le contraire par les avocats qu'on lui avoit donnés pour conseil ; car, m'ayant fait prier en ce temps-là de venir à Paris pour concerter avec eux toutes les choses dont il pourroit se décharger sur moi, sur ce que je les priai de savoir de lui comment cet écrit s'étoit trouvé, puisque j'avois raison de croire qu'il étoit brûlé, il me fit faire réponse qu'ayant trouvé une personne qui étoit entrée par le côté de Vincennes comme elle avoit accoutumé, au lieu de brûler ce papier, qui étoit un assez gros volume, il l'avoit mis derrière son miroir, et l'y avoit si bien oublié depuis, qu'on le trouva à la même place après qu'il eût été arrêté. On voulut même en faire un principal chef de son accusation. Il acheta la terre de Belle-Isle dans le dessein de faire fortifier le château[2]. En effet, il y envoya le sieur Gestard, très bon architecte[3], qui y fit travailler assez longtemps. Il y avoit aussi envoyé un

---

1. J. Lair, *Nicolas Foucquet,* t. I, p. 410.
2. Sur les circonstances de cette acquisition, dont le contrat définitif fut signé le 5 septembre 1658, il faut voir l'ouvrage de M. Lair, t. I, p. 454-455.
3. M. Lair (t. I, p. 531, note) dit : *Gilard, charpentier.*

parent de M. Chanut[1], qui avoit servi dans les troupes, pour commander dans cette place, ce qui excita même beaucoup de bruit dès ce temps-là.

Pendant le reste de l'année 1660, je fis de grands profits au jeu. M. Foucquet, étant un jour à Vaux avec M. le maréchal de Clérambault, m'écrivit à Paris, où j'étois, de leur mener M. d'Hervart. Ayant su qu'il étoit à une maison qu'avoit M. Pellissari, à peu près sur le chemin de Vaux, je partis sur-le-champ pour y aller coucher. M. d'Hervart me proposa alors de jouer aux dés, parce que j'étois trop heureux au trente et quarante, et qu'il n'y joueroit jamais que je n'eusse joué aux dés avec lui; mais, comme je n'y entendois rien, je le priai de jouer pour nous deux, et, après que j'y eus perdu sept ou huit mille livres, je lui dis que je ne jouerois pas davantage que je n'eusse appris le jeu. Il en fut très content, et nous jouâmes ensuite au trente et quarante, où je lui gagnai jusqu'à douze ou treize mille livres. Nous convînmes de partir le lendemain pour aller à Vaux; mais, comme on mettoit les chevaux au carrosse, il me dit qu'il vouloit s'acquitter des quatre ou cinq mille livres que je lui avois gagnées le soir précédent, et, nous étant remis au jeu au trente et quarante, je lui gagnai jusqu'à soixante-quatorze mille livres. Comme je lui eus dit que c'étoit assez et qu'il falloit partir pour Vaux, il me déclara qu'il n'iroit point jusqu'à ce qu'il se fût racquitté. Alors j'aimai mieux prendre le parti d'y aller seul. Ces Messieurs, qui attendoient la proie, impatients de son arri-

---

1. L'édition de 1782 et les éditions postérieures disent : *M. de Charce*. M. Lair (t. I, p. 531) a supposé qu'il fallait lire ici *Charnacé*.

vée, sortirent sur le perron pour voir mettre pied à terre à M. d'Hervart; mais, me voyant sortir seul du carrosse, M. le maréchal de Clérambault dit à M. Foucquet : « Ah! Monsieur, faites-lui faire son procès, car « assurément il a pillé la voiture. » Je contai en riant à ces Messieurs comment l'affaire s'étoit passée chez M. Pellissari; mais il me parut qu'ils ne trouvoient pas cela aussi plaisant que moi. Nous nous mîmes au jeu tous trois. M. Foucquet auroit bien voulu me gagner au moins ce qu'il pouvoit perdre pour ne lui avoir pas amené M. d'Hervart, et, se piquant extrêmement quand j'avois la main, il me jouoit des poignées de cartes coupées qui valoient dix et vingt pistoles chacune. J'en mis pour dix mille livres à part devant moi, ayant presque autant d'envie que lui qu'il se racquittât du surplus. Cela étant arrivé, il ne fut néanmoins pas trop content de voir que je quittois le jeu. Tout cela se répandant dans le monde, on y parloit fort de ma bonne fortune, et ceux qui comptoient que je gagnois le moins disoient que mon gain alloit à plus d'un million[1].

Au mois de décembre, je trouvai moyen d'obtenir des lettres de conseiller d'État, dont je prêtai le serment devant M. le chancelier Séguier[2]. Cela n'étoit pas alors de beaucoup de considération, et ne l'est devenu que quelque temps après, que l'on en fit un

1. De même, Dangeau, quelques années plus tard, dut sa faveur et sa fortune à son habileté au jeu.
2. Ce n'est pas en décembre 1660 que Gourville obtint un brevet (et non des lettres) de conseiller d'État; nous avons vu ci-dessus, p. 152, note 2, qu'il fut reçu en cette qualité le 16 juillet 1659. L'original de ce brevet a été signalé dans le catalogue d'autographes de M. Eug. Charavay, avril 1893.

nombre pour entrer ordinairement dans les conseils. Tous les conseillers d'État qui avoient été faits auparavant n'y ont point eu d'entrée, et cette qualité n'étoit utile qu'à ceux qui avoient assez de crédit pour se faire payer des appointements.

Vers le commencement de 1661, je ne sais par quel bonheur je me trouvai à l'appartement de Mme la comtesse de Soissons[1], où, le Roi étant venu pour jouer à la petite prime et n'ayant trouvé que Mme la maréchale de la Ferté[2], qui avoit accoutumé de jouer avec lui et une autre dame, il me commanda d'être de la partie. Je crus devoir l'honneur qu'on me fit à Mme la comtesse de Soissons, qui étoit des amies de M. de Vardes, et moi des siens. Cela fut cause d'une conversation que Monsieur le Prince eut avec Monsieur le Cardinal, qui tourna fort à mon avantage, étant convenus que, lorsque j'avois été dans les intérêts de l'un d'eux, je lui étois demeuré fidèle. M. de Nogent[3] étant entré dans la chambre de Monsieur le Cardinal, S. É. lui demanda ce que faisoit le Roi. Il lui répondit qu'il jouoit chez Mme la comtesse de Soissons avec des dames, et que je faisois le cinquième. Quelque temps après, Monsieur le Cardinal dit tout haut que la fortune se jouoit bien des hommes et qu'elle en alloit quelquefois chercher qui étoient dans l'obscurité pour les mettre au grand jour. Après que le Roi eut quitté le jeu, montant pour aller chez Monsieur le Cardinal, je trouvai

---

1. Olympe Mancini, alors toute en faveur.
2. Madeleine d'Angennes, seconde femme du maréchal de la Ferté-Senneterre, qu'elle avait épousé le 25 avril 1655.
3. Nicolas Bautru, comte de Nogent, capitaine des gardes de la porte, mort en septembre 1661.

M. le commandeur de Jars[1] qui en sortoit ; il y avoit les entrées libres. Il m'arrêta pour me dire qu'il falloit que je fusse un des plus heureux hommes du monde après ce qu'il venoit d'entendre dire à Monsieur le Prince et à Monsieur le Cardinal sur mon sujet. Il m'ajouta qu'il n'étoit pas impossible que, quand Monsieur le Cardinal avoit parlé de mon étoile fortunée, il n'eût fait réflexion à la sienne. Je pris le parti de descendre avec Monsieur le Commandeur pour apprendre en détail ce qu'il ne m'avoit dit qu'en gros, par le plaisir que j'en sentois. Dans la suite, il arriva que, ne m'étant pas trouvé pour jouer avec le Roi, S. M. me demanda après pourquoi j'avois manqué. Je répondis que Monsieur le Surintendant m'avoit mené à Saint-Mandé. Il fit dire ensuite à M. Foucquet qu'il seroit bien aise qu'il m'expédiât à Paris quand il y auroit quelque chose à lui dire[2].

Au mois de mars, Monsieur le Cardinal tomba malade, et, la dernière fois que j'eus l'honneur de le voir, ce fut par rencontre, qu'il se promenoit sous les pins proche de Vincennes, pour prendre l'air, cinq ou six jours avant sa mort. L'ayant aperçu qui n'avoit avec lui que son seul lieutenant des gardes, qui suivoit sa

1. François de Rochechouart, entré de très bonne heure dans l'ordre de Malte; il mourut en 1670. Sur l'importance du rôle de ce confident d'Anne d'Autriche pendant le règne de Louis XIII et la régence, il faut voir le portrait qu'en a donné Saint-Simon (*Écrits inédits*, t. VI, p. 332-336). M. de Boislisle, en publiant pour la première fois le même morceau dans la *Revue historique* (1881, t. XV, p. 338-341), avait indiqué les principaux auteurs ou documents qu'on peut en rapprocher.

2. Le correcteur du manuscrit Pichon ajoute ici : « Ce qui fit que, bien des gens lui ayant parlé là-dessus pour lui donner de la jalousie, je m'aperçus que cela avoit produit son effet. »

chaise, je voulus l'éviter. S'en étant aperçu, il me fit appeler, et, ayant fait arrêter ses porteurs, il s'amusa un moment à me parler, et me dit qu'il se croyoit à la fin de sa vie, dont je fus fort touché. En effet, je remarquai sur son visage le méchant état où il étoit. Sa mort étant arrivée[1], le conseil du Roi fut composé seulement de MM. le Tellier, Foucquet et de Lionne.

M. de la Rochefoucauld, n'étant pas trop bien dans ses affaires, ayant de la peine à subsister, me demanda de vouloir bien faire recevoir les revenus de ses terres et de lui faire donner tous les mois quarante pistoles pour ses habits et ses menus plaisirs, ce qui a duré jusqu'à sa mort. Non seulement je faisois payer les arrérages, mais encore éteindre beaucoup de petites dettes dues pour sa maison, tant à Paris qu'en Angoumois : ce qui lui faisoit un plaisir si sensible, qu'il en parloit souvent à bien des gens pour l'exprimer. M. le prince de Marcillac, voulant aller à l'armée, n'ayant ni argent ni équipage, et désirant avoir un service de vaisselle d'argent pour y porter, sa famille jugea qu'il lui falloit jusqu'à soixante mille livres. Je les prêtai, et ils m'en firent une constitution. Dans la suite, il m'emprunta encore de l'argent de temps en temps jusqu'à la somme de cinquante mille livres, et, en ayant encore eu besoin de vingt mille, je me disposai à les lui prêter[2]. M. de Liancourt, qui sut jusqu'où ces emprunts alloient, et qu'ils n'étoient pas trop assurés, dit qu'il vouloit, pour que je ne les pusse pas perdre, en être caution.

1. Le 9 mars 1661.
2. D'après l'inventaire fait après le décès de Gourville, il aurait encore prêté quatre-vingt-dix mille livres au duc en 1681, contre une constitution de cinq mille livres.

Chapitre IX.

Mauvais offices qu'on me rendit auprès de M. Foucquet. Sa prison. La visite de mes papiers à Fontainebleau et ma retraite en Angoumois.

Il se trouva des gens alors qui n'oublièrent rien pour me rendre de méchants offices auprès de Monsieur le Surintendant, qui m'en ayant témoigné quelque chose, je lui dis tout ce que je pus imaginer pour effacer cette impression de son esprit. Il commençoit dès lors à espérer de gagner les bonnes grâces du Roi. La cour alla, cette année-là, à Fontainebleau beaucoup plus tôt qu'elle n'avoit accoutumé, et elle y passa tout l'été[1]. M. Foucquet, je pense, songea à vendre sa charge de procureur général dans le dessein de mettre l'argent qu'il en retireroit dans le Bois-de-Vincennes, à la seule disposition de la volonté du Roi, pensant par là lui faire voir combien il prenoit de confiance en ses bonnes grâces[2]. Il me dit un jour l'envie qu'il avoit d'en traiter, sans pourtant me dire ce qu'il vouloit faire de l'argent. Je lui dis que M. de Fieubet[3] pourroit bien l'acheter, parce que, ayant eu dessein d'en avoir une de secrétaire d'État ou de président à mortier, dont il avoit voulu donner jusqu'à seize cent mille livres, il

---

1. En 1661, Louis XIV resta à Fontainebleau du 22 avril au 27 août, jour de son départ pour Nantes.
2. *Mémoires de l'abbé de Choisy,* éd. Lescure, t. I, p. 131-134; Chéruel, *Mémoires sur Foucquet,* t. II, p. 175-177; Lair, *Nicolas Foucquet,* t. II, p. 34-36.
3. Gaspard de Fieubet, seigneur de Cendray, conseiller au Parlement, maître des requêtes, chancelier de Marie-Thérèse et conseiller d'État, mort dans la retraite en 1694.

n'avoit pas pu y parvenir, et que, s'il vouloit m'en fixer le prix, peut-être pourrois-je bien lui faire son affaire. Il me dit de l'aller trouver et que, s'il en vouloit donner treize cent mille livres, je pouvois conclure avec lui, mais que, s'il n'en vouloit donner que jusqu'à douze, sans rompre, je vinsse lui en rendre compte. J'allai donc trouver M. de Fieubet, qui étoit à sa maison de campagne. Il étoit pour lors bien de mes amis, et nous vivions dans une grande confiance l'un et l'autre. Je lui exposai la chose tout comme je viens de la dire. Je lui conseillai en même temps d'en donner plutôt quatorze cent mille livres que de laisser perdre cette occasion, qu'il ne trouveroit peut-être plus, puisque, quand M. Foucquet auroit déclaré la vouloir vendre, il viendroit peut-être des gens à la traverse, qui pourroient lui faire de plus grandes offres. Il me dit qu'il goûtoit mes raisons et qu'il vouloit bien tout ce que je lui proposois. Pour lors, les paroles étant données, je crus que j'avois bien fait ma cour à Monsieur le Surintendant. Mais, le lendemain, étant venu coucher à Paris dans le dessein de m'en retourner à Fontainebleau, environ une heure après minuit, on vint me réveiller et me dire que Mme du Plessis-Bellière me prioit d'être à six heures du matin chez elle. Je repassai dans mon esprit ce que ce pouvoit être. Il me vint en pensée que cela pourroit regarder quelque changement sur les ordres que M. Foucquet m'avoit donnés pour la vente de sa charge, et je me résolus de lui dire, en entrant dans sa chambre, comme je fis avant qu'elle m'eût parlé : « Madame, « si ce que vous me voulez dire regarde la charge de « procureur général, je dois vous dire par avance

« qu'elle est vendue à cent mille francs de plus que ce
« que M. Foucquet m'avoit permis de la donner. »
Elle s'écria : « Ah! mon Dieu! voilà un grand mal-
« heur. » Lui ayant voulu dire la manière que M. Foucquet m'avoit donné ses ordres, elle me dit qu'elle le savoit bien, mais que, bientôt après que je fus parti, M. de Boylesve[1] l'étant venu voir à Fontainebleau, et lui ayant parlé du dessein qu'il avoit de vendre sa charge, il lui en avoit offert jusqu'à dix-huit cent mille livres pour M. le président Barentin, son gendre[2]. Je lui répliquai que j'étois très fâché de ce qui s'étoit passé, mais que je ne pouvois pas empêcher que cela ne fût fait. Elle m'avoua que, dans le fond, elle voyoit bien que je n'avois pas tort, mais que cela n'empêcheroit pas que M. Foucquet n'en eût bien du chagrin. Elle m'ajouta qu'elle s'en alloit partir avec les mêmes relais qui l'avoient amenée, et que, comme je savois bien qu'elle étoit fort de mes amies, elle feroit tout de son mieux. Elle me conseilla de n'arriver à Fontainebleau qu'après elle. Ainsi, voyant qu'elle pourroit être arrivée de bonne heure, je pris mon temps pour n'y être que sur le soir, et, l'ayant trouvée avec Monsieur le Surintendant, je commençai à lui dire que j'étois au désespoir d'avoir si promptement exécuté les ordres qu'il m'avoit donnés. Il n'en disconvint en aucune façon; mais il dit qu'il en étoit d'autant plus fâché,

1. Claude de Boylesve, intendant des finances; sa charge avait été une des six supprimées par Foucquet en 1658.
2. Jacques-Honoré Barentin, d'abord conseiller au parlement de Rouen (1647), puis à celui de Paris, maître des requêtes, intendant à Poitiers et à Limoges, ne fut président au Grand Conseil qu'en 1665. Il avait épousé Claude-Louise de Boylesve.

sans m'expliquer aucunement le parti qu'il vouloit prendre. A mon égard, je pris, quelque temps après, celui de me retirer. Aussitôt, cette affaire fit grand bruit; bien des gens qui n'aimoient pas M. Foucquet prirent ce prétexte-là pour lui faire de méchants offices auprès de la Reine mère, M. de Fieubet étant son chancelier[1]. Cela obligea M. Foucquet à me dire qu'il ne voyoit point par où se tirer du méchant pas où je l'avois jeté qu'en voulant bien dire que j'avois outrepassé ses ordres. Je répondis que je savois assez ce que je lui devois, que j'étois capable de prendre tel autre parti qu'il voudroit, mais non pas celui-là ; que, si cela venoit, j'étois prêt de partir et de sortir du royaume pour n'y rentrer que quand il voudroit ; qu'après cela il pourroit dire tout ce qui lui plairoit ; qu'assurément on ne me trouveroit plus pour dire le contraire. Mais cela ne le contenta pas. Enfin il se tira de là par dire qu'il ne pouvoit pas s'empêcher de donner la préférence de sa charge à M. de Harlay, son parent et extrêmement de ses amis[2]. En effet, il traita avec lui pour les quatorze cent mille livres qu'en avoit voulu donner M. de Fieubet : ce qui fit dire à bien des gens que cela m'avoit brouillé avec lui; néanmoins, je continuai à faire comme auparavant.

M. Foucquet étoit persuadé que sa faveur auprès

1. M. de Fieubet était chancelier de Marie-Thérèse, et non d'Anne d'Autriche; c'était son beau-frère, le président de Maisons, qui possédait cette dernière charge.
2. Achille II de Harlay, mort le 7 juin 1671, fut installé procureur général le 20 août 1661 (Archives nationales, X^{ta} 8392). Il nous a été impossible de retrouver le lien de parenté dont parle Gourville.

du Roi augmentoit de jour en jour ; il négligea bien des gens avec lesquels il gardoit beaucoup de mesures auparavant. Mme de Chevreuse[1] entra fort pour lors avec la Reine mère pour perdre M. Foucquet et mettre M. le maréchal de Villeroy en sa place[2]. M. de Laigues[3], qui étoit tout à fait des amis de Mme de Chevreuse, me dit un jour que l'on publioit dans le monde que je n'étois point bien du tout avec M. Foucquet, et qu'il étoit bien aise de savoir si, en cas qu'on en mît un autre en sa place, je voudrois bien entrer avec lui. Je lui répondis que je n'étois pas tout à fait assuré dans quels sentiments M. Foucquet étoit pour moi, mais que, s'il lui arrivoit une disgrâce avant qu'il m'eût donné sujet de le quitter et de déclarer que je n'étois plus dans ses intérêts, je courrois sa fortune.

Le bruit du voyage de Nantes s'étant répandu, un autre de mes amis me dit que l'on comparoit déjà M. Foucquet au favori d'un empereur qui avoit fait naître une occasion de mener son maître dans un pays bien éloigné de sa résidence ordinaire, dans la seule pensée de pouvoir manger des figues qu'il avoit dans son jardin ; que M. Foucquet n'avoit pensé, en proposant au Roi de faire un voyage à Nantes, qu'à aller voir Belle-Isle. Je repassois tout cela dans mon esprit pour délibérer comment je pourrois en faire un bon usage envers M. Foucquet sans commettre mes amis. Le temps du départ s'approchant, M. Foucquet me

---

1. La célèbre Marie de Rohan-Montbazon.
2. Le maréchal fut en effet chef du conseil des finances après la chute de Foucquet : ci-après, p. 191.
3. Geoffroy, marquis de Laigues, capitaine des gardes du duc d'Orléans ; il était alors l'amant de Mme de Chevreuse.

demanda ce que l'on disoit à son sujet, et comment on croyoit qu'il étoit avec le Roi. Je lui répondis que les uns disoient qu'il alloit être déclaré premier ministre, et les autres qu'il y avoit une grande cabale contre lui pour le perdre ; que ceux-ci se croyoient si assurés de faire réussir leur projet, qu'un de mes amis, qui étoit dans la confidence, m'avoit demandé si je voudrois bien entrer auprès de son successeur, et cela sur le bruit qui avoit couru que l'affaire de M. de Fieubet m'avoit entièrement brouillé avec lui, mais que j'avois répondu comme je devois ; qu'un autre m'avoit fait la comparaison sur le voyage de Nantes avec le favori d'un empereur, comme je viens de le dire, et qu'il savoit bien que je n'avois pas deviné cette comparaison, dans la profonde ignorance où j'étois de toutes sortes d'histoires. Il me dit qu'il seroit bien nécessaire que je lui nommasse les gens qui m'avoient parlé, pour en mieux tirer la conséquence. Je m'en excusai fort, en lui disant que je serois bien aise que ce que je lui disois lui donnât lieu d'examiner s'il y avoit quelque apparence aux discours que l'on m'avoit faits, ou non, mais que je ne pouvois ni ne devois nommer les gens qui m'avoient fait une aussi grande confidence dans la seule vue de me faire plaisir. Je voulus prendre la liberté d'y ajouter qu'on disoit que plusieurs gens se plaignoient qu'il n'avoit plus les mêmes égards pour eux. Me coupant court, il me dit qu'il croyoit être par delà tous mes raisonnements[1]. En me retirant, je ne pus pas m'empêcher de faire beaucoup de réflexions

1. Dans son procès, Foucquet reconnut que Gourville, à diverses reprises, lui avait donné avis que Colbert et d'autres complotaient sa perte (mss. V^c de Colbert, vol. 237, fol. 140, etc.).

sur tout ce que je venois d'entendre[1]. Je conclus en moi-même que la trop grande confiance que je voyois en M. Foucquet pouvoit bien venir de trop de présomption ; que je ferois bien de prendre mes mesures sur ce pied-là et faire un tour à Paris, pour y donner quelque ordre à mes affaires, en cas qu'il se trompât, parce que, si, au contraire, les choses étoient comme il le pensoit, il ne pourroit m'arriver aucun mal de la résolution que je voulois prendre. Aussitôt après dîner, je retournai chez lui, sous prétexte de quelque affaire ; mais c'étoit seulement pour lui demander s'il n'avoit rien à m'ordonner pour Paris, où j'allois faire un petit tour. Quoique j'y arrivasse fort tard, je passai une partie de la nuit à mettre tout ce que j'avois de papiers de conséquence à part, et les fis porter chez Mme du Plessis-Guénegaud, avec quasi tout ce que je trouvai d'argent chez moi.

Le départ du Roi étant fixé pour aller à Nantes, M. Foucquet prit le devant avec Madame sa femme, pour y arriver en même temps[2]. Je partis un jour ou deux après pour aller m'embarquer à Orléans, afin de m'y rendre. Quelques jours s'étant passés, je me souviens que, m'étant trouvé avec M. de Turenne et M. le maréchal de Clérambault dans le château[3], un homme, s'étant avancé vers nous, dit à ces Messieurs que M. Foucquet venoit d'être arrêté, en sortant du

1. M. Lair (t. II, p. 54, note) place cette conversation entre le 18 et le 28 août 1661.
2. Louis XIV quitta Fontainebleau le 27 août ; Foucquet avait dû partir la veille.
3. Le château de Nantes.

Conseil[1], par M. d'Artagnan[2], qui l'alloit conduire au château d'Angers. Je crus voir, à la contenance de M. de Turenne, qu'il avoit su quelque chose du dessein qu'on avoit pris d'arrêter Monsieur le Surintendant. M. le prince de Marcillac, qui m'aperçut, étant venu à moi pour m'apprendre la même nouvelle, je le priai sur-le-champ d'aller à mon logis et de vouloir bien faire porter chez lui une cassette que mes gens lui donneroient : ce qu'il eut la bonté de faire. Je m'en allai sur-le-champ au logis de M. Foucquet, où je trouvai qu'on mettoit le scellé, et qu'on avoit envoyé un ordre à Mme Foucquet de partir incessamment pour s'en aller à Limoges. Je la trouvai dans une grande désolation et fondant en larmes. Elle me dit qu'elle n'avoit pour toute chose dans sa bourse que quinze louis d'or; qu'elle ne savoit comment faire. Je l'assurai qu'elle pouvoit compter sur moi et sur tout ce que je pourrois dans le malheur qui lui étoit arrivé; qu'elle n'avoit qu'à dire qu'on mît ses chevaux au carrosse, que j'allois chercher un gentilhomme de mes amis pour l'accompagner jusqu'à Limoges, et de l'argent pour l'y conduire[3]; et, prenant congé d'elle, je m'en retournai chez moi, où je n'appris rien de nouveau. Mais, bien-

---

1. Le 5 septembre 1661.
2. Charles de Batz de Castelmore, comte d'Artagnan, capitaine-lieutenant de la première compagnie des mousquetaires, tué en 1673 au siège de Maëstricht. C'est le héros du roman d'Alexandre Dumas, *les Trois Mousquetaires*.
3. Dans l'énumération faite en 1685, lorsque Gourville abandonna au comte de Vaux le montant des billets souscrits par Mme Foucquet pour l'argent qu'il lui avait avancé, il n'est pas question d'un prêt fait aussitôt après l'arrestation du Surintendant (Arch. nat., Y 247, fol. 216); voyez ci-après, p. 193.

tôt après, un de mes amis me vint avertir qu'on avoit arrêté deux des principaux qui étoient attachés à M. Foucquet, dont je crois que M. Pellisson[1] étoit un. Après avoir été quelque temps à voir le parti que j'avois à prendre, je compris qu'il n'y avoit point eu d'ordre pour moi. Je me résolus d'aller chez M. le Tellier. Ayant voulu entrer, son suisse me dit qu'on ne le voyoit point; mais, par hasard, M. le Tellier, ayant mis la tête à la fenêtre pour appeler quelqu'un de ses gens, m'aperçut et cria au suisse de me laisser entrer. Je lui dis, en l'abordant, qu'ayant appris qu'on avoit arrêté des gens attachés à M. Foucquet, je venois savoir ma destinée. Il me répondit qu'il n'y avoit eu aucun ordre qui me regardât, et que, pourvu que je voulusse lui promettre de suivre la cour à Paris, je pouvois le faire en toute sûreté. Voyant l'honnêteté avec laquelle il me traitoit, je l'en remerciai; je le suppliai d'agréer que je lui représentasse que M. Foucquet avoit été incommodé de sa santé, comme il le savoit, et que, s'il étoit de sa bonté et de sa générosité de lui faire donner son médecin au lieu d'un valet de chambre, qu'on ne pourroit guères lui refuser. M. le Tellier me dit qu'il en parleroit au Roi, quoique je savois mieux que personne la manière extraordinaire dont M. Foucquet l'avoit traité[2]. Je louai infiniment sa générosité, et pris congé de lui.

1. Paul Pellisson, secrétaire du Roi en 1652, commis de Foucquet en 1657, conseiller d'État (1660). Il fut emprisonné en même temps que le Surintendant, mais mis en liberté en 1666. Choisi comme historiographe par Louis XIV (1670), il fut chargé de la régie des économats en 1674, et mourut en 1693.

2. Sur les dissentiments entre Foucquet et Le Tellier, on peut voir les *Mémoires sur Foucquet*, par M. Chéruel, t. II, p. 43.

M. le Tellier et encore plus M. Colbert blâmoient fort en général la conduite de M. Foucquet, et surtout, en particulier, de ce qu'il avoit fait le mariage de sa fille avec M. le comte de Charost[1], celui de son frère avec Mlle d'Aumont[2], et encore d'avoir acheté la maison de M. d'Hémery, qui à la vérité étoit fort belle[3]. Ils disoient que, sur tout cela, il falloit qu'il se fût bien oublié.

La cour devant partir le lendemain, je m'en allai chez M. de Lionne, que je trouvai fort étonné de ce qui venoit d'arriver. Je lui dis ce que j'avois appris de M. le Tellier sur ma destinée. Il me dit que, si je voulois m'en aller avec lui, il me mèneroit volontiers à Paris. De là, je m'en allai chercher M. Pecquet[4], médecin de M. Foucquet, pour le disposer à s'aller enfermer avec lui, M. le Tellier m'ayant fait espérer qu'il en auroit la permission; en effet, il l'eut. Je lui donnai un mémoire de tout ce qui s'étoit passé et des bruits qui couroient sur sa détention; je le chargeai de le mettre en lieu qu'on ne le pût pas trouver, si on le visitoit. Il l'alla trouver au château d'Angers, où il étoit encore.

1. Marie Foucquet, née du premier mariage du Surintendant, épousa en 1657 Armand de Béthune, comte, puis duc de Charost.
2. Gilles Foucquet, marié à Anne, fille du marquis d'Aumont.
3. Au bout de la rue Croix-des-Petits-Champs. Elle devint l'hôtel des la Vrillière, puis celui du comte de Toulouse, enfin l'hôtel de la Banque de France. (A. de Boislisle, *La place des Victoires et la place de Vendôme*, p. 42, note 2.)
4. Les manuscrits donnent *Pequay* ou *Pecquay*; les éditions (sauf celle de 1724), *Pignay*. — Jean Pecquet, de Dieppe, médecin de la Faculté de Montpellier, se rendit célèbre par ses découvertes anatomiques et signala, un des premiers, le phénomène de la circulation du sang; il mourut en février 1674.

Le lendemain, je partis avec M. de Lionne[1]. Par les chemins, nous parlâmes souvent de ce qui le pouvoit regarder. Étant persuadé qu'on l'avoit cru fort des amis de M. Foucquet, je lui dis qu'il pouvoit prendre ses mesures sur ce que tout l'argent que je lui avois donné par son ordre depuis deux ans, qui étoit très considérable, ne seroit jamais su, dont il me remercia fort[2]. Il a toujours depuis conservé beaucoup d'amitié pour moi ; même, quand j'étois dans les pays étrangers, il assuroit mes amis qu'il me rendroit tout le service qu'il pourroit[3]. Étant arrivé à Orléans le lendemain matin, qui étoit un jour de fête[4], j'allai entendre la messe avec lui. M. le Tellier, qui sortoit de l'église, me dit qu'ayant mandé à Monsieur le Chancelier[5] de faire mettre le scellé chez Mme du Plessis-Bellière, qu'il l'avoit aussi fait mettre chez moi[6]. Cela ne me fit pas

---

1. Il semble difficile de concilier ce départ, le 7 septembre, avec l'ordre de ne point sortir de Nantes qu'aurait reçu Gourville dès le 5, d'après une lettre de M. de Croissy au chancelier Séguier (*Archives de la Bastille*, t. I, p. 351).

2. Sur les besoins d'argent de M. de Lionne, sur ses demandes au Surintendant et sur ce que lui remit Gourville, on peut voir une lettre de lui dans les *Mémoires sur Foucquet,* par M. Chéruel, t. II, p. 67. Il fut trouvé chez Foucquet un « portrait » dépeignant Lionne comme un « homme qui n'est propre à rien et à qui on fera faire toutes choses pour cent pistoles » (*Mémoires de Conrart,* p. 614).

3. On aura, en effet, plus d'une occasion de constater les bonnes dispositions de Lionne à l'égard de Gourville pendant son exil à l'étranger.

4. Le 8 septembre, fête de la Nativité de la sainte Vierge.

5. Le chancelier Séguier.

6. C'est le même jour, 8 septembre, que le scellé fut mis chez Gourville : lettre de Berryer à Colbert, dans les *Archives de la Bastille,* t. I, p. 358. Le procès-verbal de l'opération, faite par le maître des requêtes Baltazar, se trouve dans le ms. fr. 7620,

grand'peine, par la précaution que j'avois prise avant que de partir.

Nous arrivâmes à Fontainebleau, où étoit la cour. Quelques jours après, M. Colbert, y ayant fait porter les coffres qu'on avoit scellés chez moi, les fit ouvrir, et, ne trouvant que des papiers d'aucune conséquence dans le premier, il fit tirer ceux du second l'un après l'autre, pour voir ce que c'étoit[1]. Je lui dis qu'il pouvoit bien s'en dispenser, parce qu'assurément il ne trouveroit rien de ce qu'il pouvoit chercher, parce que, avant le départ, sur la trop grande opinion que j'avois vue à M. Foucquet de sa faveur, et le discours que m'avoit fait un de mes amis de ce qui étoit à craindre pour lui, j'avois pris à tout hasard le parti de mettre ordre à mes affaires. Il me dit que je n'avois donc qu'à faire emporter mes coffres chez moi.

Le bruit de ce beau projet qu'on avoit trouvé derrière un miroir[2] fit un grand vacarme, et, quand on considéroit les commissaires qu'on lui avoit donnés, on le regardoit comme un homme perdu dans peu de temps. La copie du projet de Chambre de justice que M. Colbert avoit envoyé à Monsieur le Cardinal, dont j'ai parlé[3], s'étant trouvée, M. Colbert, voyant qu'il y en avoit une partie écrite de ma main, me pria de lui dire qui l'avoit envoyé à M. Foucquet. Il me nomma deux ou trois personnes, me disant qu'il falloit que ce fût une de ces trois-là ; mais je lui dis que je n'en

fol. 425. La levée du scellé eut lieu le 19 (ibid., fol. 328). On trouvera le procès-verbal à l'appendice VII.

1. Le procès-verbal de scellé dit qu'il ne se trouva qu'une cassette, qui fut en effet portée à Fontainebleau.
2. Ci-dessus, p. 155 et 171.
3. Ci-dessus, p. 153-155.

savois rien, quoique je le susse fort bien. M. le Tellier me dit, un jour que je m'étois retiré chez moi à une heure après minuit, que cela faisoit soupçonner que je me donnois quelque mouvement avec les amis de M. Foucquet. Je lui répondis que, s'il vouloit prendre la peine de s'en informer, il trouveroit que j'avois joué ces deux fois-là avec le Roi; mais que, puisqu'on m'observoit, je le suppliois de me dire si je ne ferois pas bien de m'en aller hors de la cour jusqu'à ce que le procès de M. Foucquet fût fini. Il me répliqua qu'il avoit eu envie de me le conseiller, et que M. de Langlade, qui étoit de mes amis, feroit bien de prendre le même parti. Je le remerciai, je pris congé de lui, et m'en allai chez M. Colbert, qui d'abord me demanda si je n'avois point vu M. le Tellier. Je lui répondis que je l'avois si bien vu, que je venois prendre congé de lui pour m'en aller en Angoumois. Il me dit que je lui ferois un grand plaisir, si je voulois bien auparavant porter à l'Épargne quatre ou cinq cent mille livres, que je pourrois reprendre ensuite en Guyenne. Comme je voyois bien qu'il prenoit le timon des affaires, quoique M. de Villeroy eût été fait chef des finances, et voulant lui faire ma cour, je lui dis que je porterois, avant la fin du jour, pour cinq cent mille livres de billets qu'il pourroit faire recevoir par le trésorier de l'Épargne, faisant mon compte de les retirer de la Guyenne, et peut-être quelque chose de plus. Il me témoigna m'en savoir bon gré ; mais cela me réussit fort mal, parce que, bientôt après, on donna un arrêt qui m'empêcha de retirer ce que j'avois avancé[1]. Le soir, M. le Tellier m'envoya dire qu'il

1. Sans doute l'arrêt du Conseil du 12 septembre, défendant à

voudroit bien me parler. En y allant, je ne laissai pas de sentir quelque petite émotion, ne sachant pas ce que ce pouvoit être ; mais je trouvai que c'étoit pour me prier d'aller à Paris demander à Monsieur le Prince[1] quelque chose dont on avoit besoin pour des octrois que M. le marquis de Villequier, son gendre[2], avoit à Mâcon[3]. Je lui dis que je ne doutois pas que je ne le pusse en toute sûreté, et que j'espérois qu'il ne m'arriveroit rien de ce retardement. Il m'en assura. Trois jours après, je lui apportai ce qu'il avoit souhaité de Monsieur le Prince. Je pris de nouveau congé de lui, en lui disant que je m'en allois auprès de M. de la Rochefoucauld : c'étoit vers la fin d'octobre 1661[4]. Il me chargea de lui dire qu'il étoit sur la liste de ceux qui devoient être faits chevaliers de l'Ordre, dont la cérémonie devoit se faire le premier jour de l'an[5]. Je m'en vins coucher à Paris, et partis le lendemain dans mon carrosse pour aller à la Rochefoucauld avec tous

tous fermiers, receveurs généraux et autres de rien payer aux traitants jusqu'à ce qu'il en fût autrement ordonné (Archives nationales, E 1712). Cette mesure avait déjà été prise quelques jours auparavant, d'après une lettre au chancelier Séguier, du 10 septembre, qui mentionne particulièrement le tort qu'elle causait à Gourville (*Archives de la Bastille*, t. I, p. 359).

1. Comme gouverneur de Bourgogne.
2. Louis-Marie-Victor d'Aumont, marquis de Villequier, et duc d'Aumont à la mort de son père, avait épousé, le 21 novembre 1660, Madeleine-Fare le Tellier.
3. Il n'est pas question de ces octrois dans le contrat de mariage des deux époux, 20 novembre 1660 (Arch. nat., Y 199, fol. 89 v°).
4. Une lettre de Colbert à M. Pellot (*Lettres de Colbert*, t. II, p. 237) dit que Gourville se retira en Angoumois dès le mois de septembre 1661. Cependant, un arrêt du Conseil du 22 septembre (Arch. nat., E 348 b, n° 28) montre qu'à cette date il exerçait encore effectivement à Paris sa charge de secrétaire du Conseil.
5. Il fut fait chevalier de l'Ordre le 31 décembre 1661.

mes domestiques, qui étoient composés d'un cuisinier, d'un maître d'hôtel qui jouoit de la basse, d'un officier qui me servoit aussi de valet de chambre, et de deux laquais. Ils jouoient tous trois du violon; c'en étoit la mode alors. J'envoyai en même temps un service de vaisselle d'argent que j'avois.

Chapitre X.

Mon arrivée à la Rochefoucauld, où j'appris le désordre qui arrivoit tous les jours dans mes affaires. M. de Vardes me fait venir à Paris pour me parler d'une affaire qui l'embarrassoit fort. On me fait mon procès. Je prends le parti de sortir du royaume. J'ai l'honneur de voir Monsieur le Prince en secret à Dijon.

J'arrivai à la Rochefoucauld, où je fus très bien reçu. Deux jours après, j'allai à Limoges voir Mme Foucquet. Je lui portai de l'argent, dont je savois qu'elle avoit grand besoin[1]. Étant revenu, je trouvai M. de la

---

[1]. Mme Foucquet fut autorisée le 25 novembre 1661 à quitter Limoges pour se rendre à Saintes (*Archives de la Bastille*, t. I, p. 400); c'est donc avant cette date que Gourville la rencontra à Limoges. D'ailleurs, le jour précis de son voyage devrait être indiqué, semble-t-il, par un des billets que Mme Foucquet souscrivit à Gourville pour les prêts qu'il lui fit à diverses reprises, billets qui sont énumérés dans l'acte d'avril 1685 par lequel Gourville abandonna leur montant au fils du Surintendant (Arch. nat., Y 247, fol. 216). Il n'en est rien : les deux premiers de ces billets, de chacun deux mille livres, sont des 14 et 23 décembre 1661, époque à laquelle Mme Foucquet était à Saintes. Peut-être le prêt du mois de novembre, ainsi que celui fait à Nantes (ci-dessus, p. 186) et celui dont il va être question plus loin (ci-après, p. 200),

Rochefoucauld qui se disposoit pour aller à Paris, sur ce que je lui avois dit de la part de M. le Tellier ; et, sur ce qu'il mettoit en délibération s'il se déferoit de son équipage de chasse, qui étoit fort bon, je lui dis que, s'il l'avoit agréable, comme apparemment, à son retour, il seroit bien aise de le retrouver encore, je m'accommoderois avec celui qui en avoit soin et qui en faisoit la dépense, et lui payerois la moitié : ce qui fit grand plaisir à celui-ci, parce que je lui payois ma portion par mois et par avance. J'étois bien aise de me donner cette occupation, parce que j'aurois bien de la peine à passer ma vie sans avoir rien à faire.

M'étant ainsi établi, je passois mes journées assez doucement. Je mangeois ordinairement à la table de M. de la Rochefoucauld, avec Mme la princesse de Marcillac[1] et Mlles de la Rochefoucauld[2]. Je leur donnois souvent des repas ; nous faisions de petites parties de promenade ou de chasse[3].

Quand M. de la Rochefoucauld fut arrivé à la cour, il me manda, quelque temps après, que les choses

et dont nous n'avons pas non plus retrouvé la trace, avait-il été remboursé avant 1685 : ce qui expliquerait que la mention ne s'en trouve pas dans l'acte précité ; ou bien encore les billets avaient-ils été renouvelés en bloc à l'échéance. La donation de 1685 énumère en effet trois autres billets : le premier, du 16 août 1662, de douze mille livres ; le second, du 1er septembre suivant, de soixante mille livres ; le troisième, du 8 décembre de la même année, de dix mille livres. — Pour ne point revenir sur ces prêts, disons que Gourville remit encore à Mme Foucquet quinze mille livres, le 8 novembre 1669 (Y 250, fol. 35).

1. Jeanne-Charlotte du Plessis-Liancourt ; ci-dessus, p. 12.
2. Ci-dessus, p. 111.
3. C'est peut-être alors que commença entre lui et la fille aînée du duc la liaison qui, croit-on, devait aboutir plus tard à un mariage secret : voir ci-dessus notre Introduction.

s'aigrissoient contre les gens qui avoient été attachés à M. Foucquet, parce que l'on commençoit à s'apercevoir que son procès ne finiroit pas si tôt qu'on avoit cru. Aussitôt après que j'eus donné à M. Colbert les cinq cent mille livres qu'il m'avoit demandées, j'avois fait partir un courrier pour la Guyenne, avec ordre aux commis[1] de me faire voiturer à la Rochefoucauld l'argent qu'ils auroient, espérant par là de remplacer ce que j'avois donné en partant de la cour. Je reçus bientôt cent mille livres ; mais je n'en pus tirer davantage, parce qu'on donna un arrêt qui défendoit à ceux qui faisoient les recettes en Guyenne de payer à d'autres qu'au sieur Tabouret de la Bussière[2], sous le nom duquel j'avois mis le traité des généralités de Guyenne[3], et dans lequel néanmoins je lui avois donné une fort petite part. Ainsi je n'en reçus pas davantage de ce côté-là. Mais j'avois envoyé en Dauphiné un homme, qui m'en apporta autant : de sorte que cela, joint à la petite provision que j'avois faite avant que M. Foucquet fût arrêté, faisoit une somme assez considérable.

J'appris en ce temps-là que M. Berryer[4], qui étoit

1. Les commis de la recette des tailles.
2. Nicolas Tabouret, sieur de la Bussière et frère du traitant Martin Tabouret déjà nommé ci-dessus, p. 37, avait été le commis de Gourville pour ses affaires de finance en Guyenne, d'après les arrêts du Conseil des 16 novembre 1662 et 16 août 1683 (ci-après, appendice VII). Par le premier de ces arrêts, le Roi défendait aux receveurs de rien payer à Gourville ou à La Bussière. Nous n'avons pas trouvé d'arrêt ordonnant de remettre les fonds à ce dernier ; ce doit être une erreur de Gourville. Cependant il répète la même chose au cours du mémoire publié par feu M. Ravaisson dans les *Archives de la Bastille*, t. II, p. 442.
3. La Guyenne était divisée en deux généralités : Bordeaux et Montauban.
4. Louis Berryer, sieur de la Ferrière, fils d'un paysan de Nor-

tout à fait en faveur, avoit une commission pour faire ma charge, ce qui me déplut grandement. Le connoissant fort, je crus bien qu'il feroit son possible pour en jouir le plus longtemps qu'il pourroit. J'appris bientôt aussi qu'on avoit arrêté celui sous le nom duquel je faisois mes affaires[1], entre autres les traités des généralités de Guyenne de 1660, et toutes les décharges pour retirer les promesses qu'il avoit mises à l'Épargne, ce qui paroissoit par le procès-verbal qui en avoit été fait, mais qui ne se sont pas trouvées depuis. J'appris que l'on faisoit aussi beaucoup de diligence pour découvrir les effets que je pouvois avoir. On mit ensuite un exempt du prévôt de l'Ile en garnison dans ma maison ; on me manda qu'il buvoit et faisoit boire quatre pièces de vin de l'Ermitage que j'avois fait mettre dans ma cave après l'avoir bien fait choisir : ce qui me déplut beaucoup. Quand les courriers arrivoient, j'avois toujours de fort tristes nouvelles. Je me levois fort matin et faisois mes réponses après. On ne s'apercevoit point que cela eût fait aucune impression sur moi. Effectivement, après que je m'étois représenté ce que j'étois avant ma fortune et l'état où je me voyois encore alors, je trouvois de si grandes ressources en moi-même pour me consoler,

---

mandie, d'abord laquais, puis huissier, entra au service de Mazarin et se mêla d'affaires de finance, devint secrétaire du Conseil à la place de Gourville le 21 octobre 1662, fut atteint d'une folie passagère à la suite du procès de Foucquet (décembre 1664), eut en 1681 la charge de secrétaire des commandements de la Reine, une place de conseiller d'État avec pension de 3,000 livres en 1682, fut compris au nombre des financiers taxés en 1686, et mourut au mois de septembre de la même année.

1. C'était Henri de Saunières, sieur de l'Ermitage : arrêt du Conseil du 19 août 1683, ci-après, appendice VII.

que tous ceux qui me voyoient en étoient fort surpris. Mme la marquise de Sillery étant venue à la Rochefoucauld avec Mesdemoiselles ses filles[1], la compagnie fut de beaucoup augmentée, et tous les soirs nous dansions au son de mes violons. A la vérité, je ne me souvenois pas trop bien de la courante, que j'apprenois quand on vint me prendre pour me mener à la Bastille[2], et je n'avois pas grande disposition par la grosseur dont j'étois devenu depuis ce temps-là. Je prenois de fort grands plaisirs à la chasse du cerf, que je courois assez souvent, et à celle du lièvre, où toutes les dames venoient dans deux carrosses.

Vers le mois de juin, M. le marquis de Vardes me pria de faire un tour à Paris, souhaitant extrêmement de me parler; je ne manquai pas de m'y rendre aussitôt. Il me donna à la garde d'un vieux philosophe nommé Neuré[3], sans lui dire qui j'étois. Cet homme avoit pris une petite ferme en deçà de Sèvres, où M. de Vardes me vint voir aussitôt que je fus arrivé. Il me conta la liaison d'amitié qu'il avoit faite avec M. le comte de Guiche[4], la belle lettre qu'ils avoient

1. Marie-Catherine de la Rochefoucauld, sœur de l'auteur des *Maximes*, avait épousé, en mai 1638, Louis Brûlart, marquis de Sillery. Ses filles étaient à cette époque : Marie-Catherine, qui devait se marier en 1664 avec Jean-Baptiste de Rochefort-d'Ailly, comte de Montferrand et de Saint-Point, et Jeanne-Andrée, qui épousera en 1672 le marquis de Boisfévrier.

2. Ci-dessus, p. 123.

3. Ce philosophe est probablement Antoine de Neuré, que le duc de Longueville avait chargé en août 1653 de l'éducation de ses fils, le comte de Dunois et le comte de Saint-Pol (Archives nationales, Y 192, fol. 382), et qui avait été aussi précepteur chez le marquis de Vardes (*Mercure*, décembre 1677).

4. Armand de Gramont, comte de Guiche, tué dans la campagne

écrite et fait porter par un de mes gens, comme s'il arrivoit d'Espagne, à la señora Molina, première femme de chambre de la Reine[1] et qui avoit beaucoup de crédit sur son esprit, mais que celle-ci l'avoit donnée au Roi : ce qui faisoit un grand vacarme[2]. Je lui dis qu'il m'auroit fait plaisir de me faire venir auparavant que d'écrire cette lettre, parce que je l'aurois bien empêché. Il avoit beaucoup d'esprit et d'imagination; mais il avoit besoin d'être conduit. Le bonhomme Neuré, fort chagrin, comme le sont ordinairement les philosophes, contre les gens d'affaires, à cause de leur bien, louoit fort la Chambre de justice, et, en distinguant entre autres quelques-uns, il me nommoit souvent, surtout parce qu'il avoit vu une pendule chez M. de la Rochefoucauld qui alloit six mois, et qui, par conséquent, m'avoit coûté beaucoup d'argent. Il ne m'épargnoit pas dans ses discours. Je ne manquois pas à l'applaudir et de renchérir sur tout ce qu'il disoit, et même contre moi en particulier. Il me conta un jour qu'un homme d'affaires qu'il avoit prié de le cautionner pour sa ferme, qui n'étoit pourtant que de cinq cents livres, avoit fait saisir son troupeau, qui étoit ce qu'il avoit de plus cher au monde. Je lui demandai si ce

---

du Palatinat le 29 novembre 1673. On connaît l'histoire de ses galanteries avec Madame Henriette.

1. Maria de Molina, première femme de chambre de Marie-Thérèse, renvoyée en 1673, remplit les mêmes fonctions auprès de la reine d'Espagne fille de Monsieur. Saint-Simon (*Écrits inédits*, t. VII, p. 279) dit qu'elle était sœur bâtarde de Marie-Thérèse.

2. Mme de Motteville (t. IV, p. 325-326 et 372-373) a raconté cet épisode d'une prétendue lettre de la reine d'Espagne adressée à Marie-Thérèse, et dans laquelle il était question de la liaison du Roi avec Mlle de la Vallière et Madame Henriette. On peut voir aussi les *Mémoires de Mme de la Fayette*, p. 190, etc.

n'étoit point que cet homme eût été contraint de payer pour lui le prix de sa ferme. Il en convint; mais il n'en blâmoit pas moins l'homme d'affaires. Comme je n'avois pas envie de le contredire en rien, je demeurois d'accord qu'il avoit grande raison.

Je retournai peu de jours après en Angoumois, où je recommençai la même vie que j'y avois menée. Je prenois autant de plaisir à la chasse que si je n'avois fait autre chose toute ma vie. M. de la Rochefoucauld, étant retourné en Angoumois, me dit que je ferois le salut de sa maison, si je voulois bien acheter sa terre de Cahuzac[1], qui valoit dix mille et quelques livres de rente; que j'en jouirois sous son nom, et que je lui ferois un fort grand plaisir de la prendre pour trois cent mille livres, parce que, dans ce temps-là, les terres se vendoient au denier trente. Il m'ajouta qu'il prendroit en payement les cent cinquante mille livres que je lui avois prêtées pour payer ses dettes à Paris; qu'il souhaitoit extrêmement d'en acquitter une de M. de Roucy[2], parce qu'ils n'étoient pas alors bien ensemble; que du surplus il retireroit la terre de Saint-Claud[3], qui étoit une dépendance de son duché qu'il avoit été obligé de vendre, il y avoit quelques années, pour dix mille livres. J'avois toujours tant d'envie de faire ce qu'il souhaitoit, qu'il n'eut pas beaucoup de peine à me faire consentir à sa proposition.

M. de Langlade, qui étoit alors tout à fait de mes amis, avoit un billet de moi de cent mille livres pour

1. Ci-dessus, p. 64.
2. François II de la Rochefoucauld-Roye, comte de Roucy, mort en 1680.
3. Ci-dessus, p. 39.

des affaires que je puis dire que je lui avois faites auprès de M. Foucquet. Il acheta une terre en Poitou, que je payai en retirant mon billet. Ainsi, en peu de jours, je vis mes grands fonds presque évanouis ; et, par-dessus cela, Mme Foucquet, qui avoit été transférée à Saintes, m'envoya un homme avec une lettre, pour me prier de lui envoyer quinze mille livres[1] dont elle avoit un extrême besoin pour payer les dettes qu'elle avoit contractées là, afin de s'en aller à Paris[2], suivant la permission qu'elle en avoit, pour solliciter le jugement du procès de son mari.

Je passai le reste de l'année en Angoumois, de la même manière que j'ai dit[3]. Mais, au commencement de la suivante, qui étoit 1663, encore que l'autorité du Roi se fût fort rétablie, M. Colbert, voyant qu'il y avoit de la difficulté à condamner M. Foucquet sur le péculat, s'étoit résolu de faire quelques exemples. M. Berryer me choisit parmi tous les gens d'affaires pour me donner la préférence sur cela, parce qu'il trouvoit

---

1. D'après l'énumération donnée ci-dessus (p. 193, note 1), il n'y eut pas en 1661-1662 de prêt de quinze mille livres fait par Gourville à Mme Foucquet ; cependant, cette circonstance précise que le prêt eut lieu pendant le séjour de Mme Foucquet à Saintes (décembre 1661 à mars 1662 : *Archives de la Bastille*, t. I, p. 400, et t. II, p. 15) porte à croire que Gourville ne se trompe pas. Peut-être cette avance fut-elle remboursée à Gourville avant la donation de 1685.

2. C'est en mars 1662 que Mme Foucquet revint à Paris. Gourville place à tort ce fait après le mois de juin (*Archives de la Bastille*, t. II, p. 15).

3. Le 2 mars 1662, la Chambre de justice avait ordonné l'arrestation de Gourville ; mais on ne l'inquiéta que tout juste autant qu'il fallait pour qu'il se tînt tranquille (Lair, t. II, p. 102-103 et note, et p. 232).

beaucoup de plaisir et d'utilité à faire les fonctions de ma charge avec la sienne[1]. Je fus même averti, par un prévôt du voisinage, qu'on lui avoit fait des propositions pour me prendre de la part du bon M. Berryer[2]. Je me résolus de partir; mais ce ne fut pas sans beaucoup de chagrin, parce que je menois une vie assez douce et que je ne savois où aller pour ne pas m'ennuyer beaucoup. Mes amis m'avoient mandé de temps en temps que la Chambre de justice finiroit bientôt, et, comme on m'écrivoit encore la même chose, sans aucune certitude, je fis courir le bruit que j'allois en Espagne. Sur le midi, je partis avec un de mes beaux-frères nommé M. de la Mothe[3], un homme qui avoit soin de mes chevaux, un cuisinier et un valet de chambre. Je feignis de prendre le chemin comme si j'avois voulu gagner celui de Bordeaux; mais, comme il falloit passer par la forêt de Braconne[4], y étant entré, je tournai court pour aller coucher chez M. de la Mothe qui étoit fort de mes amis et qui a

1. Lair, t. II, p. 232.
2. On peut voir dans les *Archives de la Bastille*, t. II, p. 93, une lettre de M. de Jonzac, gouverneur de Cognac, à Colbert au sujet de Gourville. Au Cabinet des titres, vol. 1378, il y a une circulaire, en date du 18 novembre 1662, adressée aux lieutenants généraux des provinces pour leur enjoindre de prêter main-forte au sieur de la Grange, chargé d'arrêter Gourville. On trouvera aussi dans les mss. V^c de Colbert, vol. 228, fol. 127, 132 et 136, divers arrêts de prise de corps contre lui.
3. François du Riou, sieur de la Mothe, à qui Gourville fit donner plus tard l'intendance des biens de Condé en Berry et en Bourbonnais (Archives nationales, Y 252, fol. 302 v°).
4. La forêt de Braconne, entre la Rochefoucauld et Angoulême, s'étend du nord au sud sur une longueur de quatorze kilomètres et sur une largeur de cinq.

été depuis lieutenant général[1]. Le matin, comme je voulus partir, je le trouvai botté; il me dit qu'il vouloit me conduire jusqu'à la dînée, et mena son valet avec lui. Il m'assura bientôt après qu'il ne me quitteroit point que je ne fusse en lieu de sûreté. Je lui fis bien des compliments là-dessus, en l'exhortant de ne pas s'en donner la peine; mais, comme c'étoit un homme d'esprit et d'entendement, et que j'étois persuadé que c'étoit son amitié pour moi qui lui avoit fait prendre ce parti, je l'en remerciai de bon cœur. Nous prîmes notre chemin pour aller tout droit en Franche-Comté. Il me mena chez M. Dumont[2], qui étoit à Monsieur le Prince et qui avoit sa maison à trois lieues de Dôle. Il nous reçut avec beaucoup de témoignages de bonté. Après y avoir demeuré quelques jours, celui-ci ayant fait savoir à M. de Guitaud que j'étois dans sa maison, il ne l'eut pas plutôt dit à Monsieur le Prince, qui étoit à Dijon pour la tenue des États, qui alloient finir, que S. A. lui ordonna de m'envoyer un homme pour me dire de l'aller voir. J'y fus sept à huit jours, sans qu'il y eût que peu de gens qui le sussent. Je reçus mille témoignages de sa bonté. Je lui confiai le dessein que j'avois de faire un tour à Paris, où j'avois quelque affaire qui m'importoit fort. Il commença par me dire qu'en l'état où étoit mon procès, qui devoit bientôt être achevé, cela lui faisoit beaucoup de peine, mais qu'il m'assuroit que, s'il m'arrivoit quelque fâcheuse rencontre, je pouvois

---

1. Ci-dessus, p. 81.
2. Jean Dumont, membre du conseil de Monsieur le Prince, d'après l'état de sa maison en 1660 (Arch. nat., Z^{ia} 522).

compter qu'il n'y avoit rien qu'il ne fît pour me secourir. Je me mis donc en chemin le jour qu'il partit, avec les deux MM. de la Mothe et mon valet de chambre, les autres étant restés à la Perrière[1] chez M. Dumont, qui s'en retourna, m'ayant accompagné à Dijon.

En arrivant à Paris, à une heure de nuit, la première chose que j'appris fut que l'on y avoit exposé mon portrait proche le mai du Palais[2]. Un homme à M. de la Rochefoucauld, en qui j'avois toute confiance, s'offrit de l'aller détacher sur-le-champ. En effet, dans moins d'une heure, il l'apporta où j'étois, et je trouvai qu'ils ne s'étoient pas beaucoup attachés à la ressemblance. Je suis bien aise de me souvenir ici qu'à mon retour d'Espagne, où j'avois été pour les affaires de Monsieur le Prince[3], étant à Chantilly, après avoir obtenu des lettres d'abolition, M. le premier président de Lamoignon et M. de Harlay, qui l'est aujourd'hui, pour lors procureur général[4], à la sollicitation de quelques-uns de mes amis, les firent entériner au Parlement sans aucune autre formalité, ce qui ne s'est

1. Village de la Côte-d'Or, canton de Saint-Jean-de-Losne, entre cette ville et Dôle.
2. Sur le procès de Gourville, voyez notre Introduction. Le 7 avril 1663, la Chambre de justice le condamna à mort, avec confiscation de ses biens et de sa charge au profit du Roi; l'exécution par effigie eut lieu le 9 (mss. V^c de Colbert, vol. 229, fol. 168-178; *Gazette*, p. 348). Nous donnons l'arrêt à l'appendice VII. — Le mai du Palais était un arbre que les clercs de la Basoche faisaient couper chaque année dans la forêt de Bondy et planter dans la cour qui porte encore aujourd'hui le nom de cour du Mai.
3. Ci-après, ch. xiv.
4. Achille III de Harlay fut procureur général au Parlement en 1667, et devint premier président en 1689.

peut-être jamais fait et ne se verra plus. Je crois qu'ils se fondèrent sur ce que, depuis la condamnation, j'avois été employé avec les patentes du Roi, qui me déclaroit son plénipotentiaire auprès de MM. de Brunswick[1].

Le lendemain, la nuit venue, ayant averti M. et Mme du Plessis de me faire tenir ouverte une porte de derrière dans la rue Guénegaud, qui entroit dans leur jardin, je les fis prier qu'il n'y eût personne chez eux, parce que je leur voulois rendre une visite. Ayant mis dans ma poche une obligation en original que j'avois d'eux, de la somme de cent cinquante mille livres, et étant entré dans l'appartement qui est sur le jardin, je la tirai en leur disant que, s'ils étoient interrogés, ils pouvoient jurer qu'ils ne me devoient rien : après leur avoir fait voir leur signature, je la brûlai, et leur dis qu'ils pouvoient jurer en toute sûreté de conscience, puisque je la leur donnois de tout mon cœur. Il y eut une assez longue conversation et beaucoup de protestations d'amitié. Après leur avoir donné quelques autres petits ordres, je repartis, le lendemain sur le soir, avec les trois personnes qui étoient venues avec moi. Nous marchâmes toute la nuit, et, trois ou quatre jours après, nous arrivâmes à Gray, où nous trouvâmes M. le marquis d'Yenne, gouverneur de la Franche-Comté, qui étoit fort de la connoissance de M. de la Mothe, pour l'avoir souvent vu à Bruxelles, quand Monsieur le Prince y étoit. Nous en reçûmes mille honnêtetés, et nous demeurâmes environ trois semaines ou un mois dans ce pays-là.

1. Ci-après, ch. xv.

Étant allé à Besançon pour voir le Saint Suaire le jour qu'on le montroit[1], j'y rencontrai M. le prince d'Arenberg[2], avec qui je fis un peu connoissance, ayant formé le dessein d'aller à Bruxelles. En effet, je partis aussitôt après, et nous allâmes à Bâle, en Suisse. M. de la Mothe donna un petit mémoire de la route qu'il falloit tenir à celui qui avoit soin de mes chevaux, pour aller nous attendre à Wavre, auprès de Bruxelles[3], notre intention étant de nous embarquer sur le Rhin. On nous dit qu'il falloit prendre deux petits bateaux fort longs et fort étroits, qui sont attachés ensemble[4]. Nous nous embarquâmes le matin à six heures, et nous arrivâmes de bonne heure à Strasbourg. La plus grande peine que me fit M. de la Mothe, qui ne m'avoit pas voulu quitter quoique je fusse en toute sûreté, étoit de ne vouloir jamais dire ce qu'il aimoit le mieux de séjourner dans un endroit ou dans un autre, et de quelle longueur nous devions faire nos journées, s'en remettant toujours à ce que je voudrois. Mais, à la fin, j'eus contentement à Bacharach, où nous mîmes pied à terre à la dînée, à cause de la réputation du bon vin,

---

1. Le Saint Suaire était une insigne relique conservée dans la cathédrale Saint-Jean. On le montrait au peuple le jour de Pâques et le dimanche qui suivait la fête de l'Ascension (*Dictionnaire d'Expilly*). En 1663, ce dernier jour tombait le 6 mai ; c'est donc à cette date que Gourville serait venu à Besançon.
2. Philippe-François de Ligne, prince d'Arenberg, né en 1625, chevalier de la Toison d'or en 1646, capitaine général des armées navales d'Espagne aux Pays-Bas, gouverneur de Hainaut, mort le 13 décembre 1674.
3. Sur la route de Namur à Bruxelles, à vingt-cinq kilomètres de cette dernière ville.
4. On appelle ces bateaux des védelins (*Mémoires de Saint-Simon*, éd. citée, t. II, p. 143).

qu'en effet nous trouvâmes excellent[1]. Nous avions fait notre compte d'y coucher seulement ; mais, notre hôte nous ayant dit sur le soir que, si nous y voulions dîner le lendemain, il nous donneroit une belle carpe, M. de la Mothe, pour cette fois, opina le premier à demeurer, et, le lendemain, en la mangeant, nous la trouvâmes si belle et si bonne, que nous louâmes fort notre hôte : ce qu'entendant, il nous dit que, si nous y voulions encore dîner le lendemain, il nous en donneroit une plus belle. M. de la Mothe me regarda pour savoir ce que je voudrois. Je lui dis qu'il y avoit assez longtemps qu'il ne vouloit point dire son avis, s'en remettant toujours au mien, mais que j'étois résolu, le reste du voyage, de le faire parler toujours le premier. Il dit que, puisque je le voulois ainsi, il étoit d'avis de manger la seconde carpe le lendemain : ce qui me fit beaucoup de plaisir, tant parce qu'il avoit bien voulu opiner le premier, que pour avoir mangé de la carpe. Nous avions séjourné un jour à Strasbourg ; nous vîmes toutes les villes qui étoient sur le Rhin. Nous séjournâmes encore un jour à Mayence et deux à Cologne. Enfin, nous allâmes à Utrecht, étant entrés du Rhin dans le canal qui nous y conduisit. En faisant tous ces séjours, nous disions qu'apparemment nous apprendrions en arrivant à Amsterdam que le procès de M. Foucquet avoit été jugé, parce que nos dernières lettres nous marquoient que, dans ce temps-là, cela devoit être. Mais, par les lettres que j'y reçus, on me

---

1. Bacharach, sur la rive gauche du Rhin, entre Bingen et Coblentz, était le principal entrepôt des vins du Rheingau, et c'est à cela plutôt qu'à son propre cru que cette ville a dû sa célébrité.

mandoit qu'il falloit encore plus de six semaines, à ce que l'on disoit. J'y appris, par des lettres d'Angoulême, que Mme la princesse de Marcillac, depuis mon départ, étoit accouchée d'un fils, qui est aujourd'hui M. le duc de la Rocheguyon[1]. Mes amis m'écrivoient surtout que je me gardasse bien d'aller à Bruxelles, de crainte que cela ne donnât des soupçons qui pourroient empêcher mon retour, et me conseilloient d'attendre à Amsterdam l'événement de l'affaire de M. Foucquet. Nous y demeurâmes huit jours, et nous nous y ennuyâmes fort. Nous fîmes peu de séjour à la Haye. Nonobstant toutes les remontrances que l'on m'avoit faites, nous allâmes à Anvers, et toujours par eau, et de là je me résolus d'aller à Bruxelles, parce que, selon ce que l'on m'écrivoit, on me remettoit encore à six semaines pour voir le jugement du procès, qui ne finissoit point, et qu'ainsi j'irois faire un tour en Angleterre, afin que l'on ne pût m'imputer le séjour de Bruxelles. Pour savoir de vive voix des nouvelles de Paris, je donnai rendez-vous à Cambrai à une personne de mes amis. Enfin, M. de la Mothe, ayant appris là que quelques affaires l'obligeoient à s'en retourner, prit le parti de s'en aller de là à Paris. Mais j'appris que, quand même le procès de M. Foucquet seroit jugé, on ne sauroit pas trop comment on pourroit faire pour parler de mon retour, et qu'apparemment M. Colbert voudroit une grosse somme d'ar-

---

1. François VIII de la Rochefoucauld, né le 17 août 1663 et mort en 1728. Louis XIV, en 1679, à l'occasion de son mariage avec Marie-Charlotte le Tellier, érigea pour lui en duché la terre de la Rocheguyon, qui l'avait déjà été en 1663 pour Roger du Plessis-Liancourt.

gent. Je m'en allai à Bruxelles, où je trouvai MM. de la Frette[1] qui y étoient très bien établis parmi les plus honnêtes gens. Ils me présentèrent à ceux qu'ils connoissoient plus particulièrement. M. le prince d'Arenberg, que j'avois vu à Besançon, me fit mille protestations d'amitié, et me mena chez M. le duc d'Arschot[2], où j'en reçus encore beaucoup. Tout cela me fit prendre la résolution d'y faire mon séjour pendant tout le temps que je ne pourrois retourner en France. Néanmoins, j'affectai de ne point faire la révérence à M. le marquis de Caracène, qui étoit pour lors gouverneur des Pays-Bas[3], quoique j'y eusse été fort invité par quelques-uns de ceux que j'avois vus, afin

1. Les éditions de 1724 et de 1782 disent : *M. de la Freté*; celles des collections Petitot et Michaud et Poujoulat : *M. de la Ferté*. — C'est Gaston-Jean-Baptiste Gruel, marquis de la Frette, et son frère Nicolas, marquis d'Amilly, réfugiés aux Pays-Bas depuis janvier 1662, à la suite d'un fameux duel entre le prince de Chalais, les marquis de Noirmoutier, de Flamarens et d'Antin, d'une part, et Argenlieu, les deux la Frette et le chevalier de Saint-Aignan, d'autre part (*Mémoires de Saint-Simon*, éd. citée, t. V, p. 101-102, et IX, p. 96).

2. Ici le correcteur du manuscrit de M. le baron Pichon a ajouté : « son frère. » — Charles-Eugène de Ligne, frère de Philippe-François prince d'Arenberg (ci-dessus, p. 205), fut d'abord chanoine de Cologne, puis quitta l'état ecclésiastique et devint lieutenant au gouvernement de Hainaut et gouverneur de Mons. Il succéda à son frère comme prince d'Arenberg en 1674, eut la Toison d'or en 1678, et mourut le 25 juin 1681.

3. Louis-François de Benavidès, marquis de Caracène, général de la cavalerie aux Pays-Bas (1646), gouverneur du Milanais (1648), gouverneur des armes aux Pays-Bas (1656), fut chargé par intérim du gouvernement de la province en 1658 et ne quitta ce poste qu'en octobre 1664, fut nommé conseiller d'État en novembre de la même année, reçut en février 1665 le commandement de l'armée qui opérait en Estramadure contre les Portugais, et mourut à Madrid le 6 janvier 1668.

de pouvoir écrire à mes amis que j'avois en quelque façon profité de leurs remontrances. Je leur mandois en même temps que je m'en allois en Angleterre et que, si je croyois pouvoir y être aussi bien qu'à Bruxelles, je prendrois le parti d'y demeurer, croyant qu'ils y trouveroient moins d'inconvénient.

Chapitre XI.

Mon voyage d'Angleterre. A mon retour, je m'établis à Bruxelles. Faux rapports qui furent faits à M. de Castel-Rodrigo contre moi, dont il fut désabusé. Je suis connu à Bruxelles de M. le duc de Zell. Je commence aussi à l'être de M. le prince d'Orange à la Haye.

Je partis pour l'Angleterre et m'en allai à Ostende pour m'y embarquer. Don Pedro Saval[1], qui en étoit gouverneur et s'étoit trouvé à Bruxelles pendant mon petit séjour et avoit vu les caresses qu'on m'y avoit faites, me reçut parfaitement bien. Il n'oublia rien pour me marquer qu'il avoit quelque considération pour moi. Je m'y embarquai dans le paquebot[2] pour aller à Douvres. En étant à deux ou trois lieues, il nous prit un grand calme, et, comme je souffrois beaucoup, j'obligeai les matelots à jeter en mer un petit esquif qui n'avoit pas dix pieds de long ; et, s'étant mis deux

---

1. Il avait d'abord servi en Allemagne pendant la guerre de Trente ans ; il devint ensuite colonel d'infanterie dans les Pays-Bas espagnols, puis mestre de camp de cavalerie, enfin gouverneur d'Ostende (*Comptes rendus de la Commission royale d'histoire de Belgique*, 3e série, t. X, p. 348).

2. Les dictionnaires de Richelet et de Furetière donnent déjà ce mot.

dedans avec des rames, j'eus assez de peine à m'y placer; mais, avant que j'eusse fait deux lieues, il s'éleva un vent que je vis bien qu'il faisoit de la peine à mes deux matelots, à cause des vagues qui commençoient à grossir : ce qui me fit assez de peur pour me faire repentir de mon entreprise. Ayant mis pied à terre, je trouvai M. de Saint-Évremond[1], à qui j'avois écrit pour le prier de m'amener là un carrosse. Je n'eus pas sitôt bu un verre de vin de Canarie, que je me trouvai guéri. M. de Saint-Évremond commença par me remercier de lui avoir sauvé la Bastille. En effet, après qu'on eut mis le scellé chez Mme du Plessis-Bellière, on y trouva une cassette que Saint-Évremond lui avoit donnée à garder, dans laquelle il y avoit une copie de la lettre qu'il avoit faite pour son plaisir sur l'entrevue de Monsieur le Cardinal et de Don Louis de Haro[2], celui-ci le faisant convenir de tout ce qu'il vouloit, et que, s'en voulant plaindre quelquefois, il lui disoit : « *Calla, calla, Signor, es por su* « *bien.* Taisez, taisez-vous, seigneur; c'est pour votre « bien[3]. » Ayant su qu'on avoit donné ordre de l'arrêter, je lui envoyai un homme en poste pour l'en avertir,

---

1. Charles de Marquetel de Saint-Denis, sieur de Saint-Évremond, né vers 1613, commença par servir sous Condé et parvint au grade de maréchal de camp; mais il s'attira une disgrâce par la lettre dont Gourville va parler et qui était adressée au maréchal de Créquy. Il se réfugia en Angleterre, et y mourut en 1703.

2. *Lettre écrite au nom d'un étranger à M. le marquis de Créquy sur la paix des Pyrénées.* Elle se trouve dans toutes les éditions des œuvres de Saint-Évremond.

3. Ce mot resta légendaire : M. de Lionne le répète, sans en dire l'origine, dans une lettre du 21 décembre 1670 à M. de Bonsy, ambassadeur en Espagne (Affaires étrangères, vol. *Espagne* 59, fol. 323).

sachant qu'il venoit dans le carrosse de M. le maréchal de Clérambault. Mon homme l'ayant joint dans la forêt d'Orléans, il mit pied à terre, et, s'en étant allé faire un tour en Normandie, d'où il étoit, il passa tout aussitôt en Angleterre, où il s'étoit assez bien accoutumé. Étant arrivé à Londres, il me mena loger chez le nommé Giraud, qui avoit été un bon cordelier en France, lequel étoit venu là avec une religieuse. Ils tenoient un fort bon cabaret, bien propre, qui avoit de toutes sortes de bons vins et des poulets, ce me sembloit, beaucoup meilleurs que ceux que j'avois mangés. M. de Saint-Évremond commença par me mener chez le milord Jermyn[1], à qui j'avois eu occasion de faire plaisir à Paris, ayant souvent été chargé de lui donner de l'argent de la part de M. Foucquet pour la reine mère[2], dont il conduisoit la maison. Celui-ci me mena faire la révérence au roi[3], à qui mon visage ne fut pas inconnu, ayant eu l'honneur de le voir quelquefois en France. Il me fit conter le sujet de ma disgrâce et me témoigna beaucoup de bonté. Je reçus le même traitement de M. le duc d'York[4]. Je trouvai aussi, en ce pays-là, le milord

1. Henri Jermyn, gouverneur de Jersey et Guernesey en 1649, fut fait par Charles II chevalier de la Jarretière, conseiller d'État et comte de Saint-Albans (1660). En 1661, il vint en France comme ambassadeur extraordinaire. Il était grand écuyer de la reine Henriette, avec laquelle il eut des relations intimes et qu'il épousa même secrètement, selon Madame (*Correspondance*, t. I, p. 295). Il mourut le 12 janvier 1684 (*Gazette*, p. 35).
2. Le correcteur du manuscrit de M. le baron Pichon a mis ici : « Pour la reine d'Angleterre. » — C'était Henriette de France, veuve de Charles Ier et mère de Charles II.
3. Charles II.
4. Plus tard Jacques II.

Craft[1], qui avoit été fort des amis de M. de la Rochefoucauld à Paris et à qui j'avois même prêté quelque argent, qu'il m'avoit rendu depuis le rétablissement du roi. Je fis connoissance avec le milord Buckingham[2], qui depuis s'adressa à moi à Paris, pour des propositions qu'il venoit faire au Roi pour faire des cabales dans le parlement d'Angleterre, ce qui fut fort goûté, et, pendant un espace de temps, il reçut beaucoup d'argent que je lui donnai à Paris, dans deux voyages qu'il y fit incognito ; je lui en envoyai même à Londres, que M. Colbert me faisoit mettre entre les mains. Ces Messieurs que j'ai nommés prenoient plaisir à me faire le meilleur traitement qu'ils pouvoient. Ils nous donnoient souvent à manger, à M. de Saint-Évremond et à moi. M. Bennett, depuis milord Arlington[3], que j'avois aussi vu en France, fut de ceux qui cherchèrent à me faire plaisir. Le milord Craft nous mena à une très jolie maison de campagne qu'il avoit à dix milles de Londres, sur le bord de la Tamise ; ç'avoit été autrefois une chartreuse. Pendant tout ce temps-là, je prenois grand soin de m'informer de tout le gouvernement d'Angle-

---

1. Guillaume, comte Craft, avait été envoyé à Paris en 1634 avec lord Montaigu ; c'est à cette époque qu'il avait connu le duc François VI, alors prince de Marcillac. M. V. Cousin a parlé de lui dans *Madame de Chevreuse*, p. 115 et suivantes.

2. Georges Villiers, duc de Buckingham. Ce fut en 1670 et 1671 qu'il fit en France les voyages auxquels Gourville va faire allusion.

3. Henri Bennett, créé lord Arlington en 1663 et comte en 1672, fut secrétaire d'État et ministre des affaires étrangères sous Charles II, qui lui donna une place de chambellan et la Jarretière. Il reçut le gouvernement du comté de Suffolk en 1681, et mourut le 9 août 1685.

terre, ce que c'étoit que son Parlement, et généralement de tout ce que je croyois qui me pouvoit être utile à quelque chose. J'allois souvent les matins faire ma cour au roi dans le parc de Saint-James, où il faisoit de grandes promenades et avoit la bonté de me parler même assez longtemps. S. M. me dit qu'elle seroit bien aise si je voulois établir mon séjour à Londres jusqu'à ce que je pusse revenir en France. Tous ces Messieurs m'en parlèrent aussi ; mais, comme je me défiois de pouvoir apprendre la langue, et encore plus d'y trouver la douceur que j'avois goûtée à Bruxelles pendant le petit séjour que j'y avois fait, où les manières approchent tellement de celles de Paris que je n'y trouvois presque de différence que celle des visages, outre cela, la facilité que j'avois trouvée de commencer d'y faire des amis me fit prendre le parti d'y retourner, toutefois après avoir fait des mémoires de tout ce qui avoit pu venir à ma connoissance en Angleterre, où je séjournai environ six semaines[1]. M. de Lépine[2], qui avoit été à M. Foucquet, et le sieur Vatel[3], son maître d'hôtel, prirent le parti de quitter Londres pour venir faire leur séjour à Bruxelles. Je pris la poste pour m'en venir à Douvres, où je me mis dans le paquebot afin de m'en retourner à Ostende[4]. Le vent ayant été contraire, j'y fus encore plus mal de beaucoup que je ne l'avois été à mon

1. On n'a pas retrouvé ces mémoires.
2. Ci-dessus, p. 160.
3. Ci-dessus, p. 151.
4. Les volumes *Angleterre*, aux Affaires étrangères, année 1663, ne contiennent aucun renseignement sur le voyage de Gourville dans ce pays.

autre passage, jusque-là que j'en fus malade trois semaines durant. Je fus fort longtemps à penser qu'il n'y avoit rien qui dût m'obliger à faire un si grand trajet de mer. Étant de retour à Bruxelles, je me remis dans le logis où j'avois déjà logé, et l'on me donnoit à manger à table d'hôte, de même qu'à ceux qui étoient avec moi. J'appris, par des gens de Paris qui m'étoient venus voir, qu'une partie de ceux qui étoient au nombre de mes amis me blâmoient fort du parti que j'avois pris de m'établir à Bruxelles contre les avis que l'on m'avoit donnés sur cela. Sous ce prétexte, ils blâmoient encore d'autres choses dans ma conduite : ce qui m'obligea d'écrire à Mme du Plessis pour la prier de dire à la troupe, quand elle seroit assemblée, que je lui avois mandé que je priois Dieu qu'il me gardât de mes amis, et qu'à l'égard de mes ennemis j'espérois que je m'en garantirois bien.

MM. de la Frette continuèrent à me témoigner beaucoup d'amitié. Je fus bientôt dans le commerce de tout ce qu'il y avoit de gens de qualité. Cependant, je me proposai d'être un temps sans faire de liaison particulière, jusqu'à ce que j'eusse bien connu les personnes avec qui je voudrois me lier d'amitié, pour, dans la suite, n'être pas obligé d'en changer. Je priai M. d'Arenberg de me présenter à M. le marquis de Caracène, dont je reçus assez d'honnêtetés ; mais, peu de jours après, ayant su que je venois d'Angleterre, il me fit entrer dans son cabinet, après avoir donné ses audiences comme il avoit accoutumé. Il me fit beaucoup de questions sur l'état où j'avois trouvé l'Angleterre et sur la manière du gouvernement d'alors, les Espagnols n'ayant point d'envoyé à cette cour, à cause de la disette d'argent où ils étoient aux Pays-Bas, qui étoit si grande que je ne la saurois décrire. J'allois tous les jours, comme les autres, à onze heures, faire ma cour, où je recevois un bon traitement. Mais, quelque temps après, M. de Caracène ayant reçu une lettre de Monsieur le Prince qui me recommandoit à lui, il me traita avec distinction et confiance. Les deux maisons que je choisis par préférence pour m'attacher d'une liaison particulière furent celles de M. le prince d'Arenberg et de M. le comte d'Ursel, qui étoit un très bon vivant[1]. Sa femme[2] avoit aussi son mérite, et je puis dire que notre amitié des uns et des autres a duré jusqu'à la mort. M. le duc d'Arschot, frère de M. le prince d'Arenberg, eut aussi toujours beaucoup de bonté pour moi. Je ne me donnois à tout ce monde que pour ce que j'étois, et, dans les occasions, je parlois de la médiocrité de ma condition, comme j'ai fait depuis dans tous les pays où j'ai été, dont je m'en suis toujours bien trouvé. Je fus, en très peu de temps, aussi bien accoutumé à Bruxelles que si j'y avois demeuré toute ma vie.

J'allai faire un tour à Anvers, où je trouvai M. de la Fuye[3], qui étoit attaché à Monsieur le Prince et qui avoit une femme fort raisonnable. Ils me donnèrent

1. Les six derniers mots ont été biffés dans le manuscrit de la Bibliothèque nationale. L'édition de 1724 a imprimé : *le comte d'Arcs*; les suivantes : *le comte d'Havré*. — François Schetz, comte d'Ursel, grand veneur et haut forestier de Flandre, colonel, puis général de bataille au service d'Espagne, mourut le 10 août 1696.
2. Honorine-Marie-Dorothee de Hornes, morte le 5 déc. 1694.
3. François de la Fuye, que Condé avait employé à diverses missions financières de confiance en 1659, 1664, etc. (archives de Chantilly, carton relatif aux affaires d'Espagne).

un logement chez eux, et, en sept ou huit jours que j'y demeurai, ils me firent faire connoissance avec tout ce qu'il y avoit de gens de distinction, la plupart banquiers, et entre autres avec M. Pallavicini[1], Génois, qui étoit d'une richesse immense et qui vivoit très frugalement.

Je passai tout mon hiver à Bruxelles dans la même maison. Au printemps, M. le duc d'Hanovre, depuis duc de Zell[2], y vint loger; il avoit à sa suite deux François, dont l'un, qui avoit été auprès de M. le cardinal de Retz, s'appeloit M. de Villiers[3], et l'autre M. de Beauregard[4], qui étoit de Montpellier, beau-frère de M. de Balthasar[5], tous deux honnêtes gens. Cela fit que je fus bientôt connu de M. le duc de Zell. Je fus assez heureux pour acquérir son amitié, si je l'ose dire, et un peu sa confiance. M. le marquis de Castel-Rodrigo[6] devant venir pour gouverneur des Pays-Bas,

---

1. Il appartenait à une branche de la famille qui donna un doge à la république de Gênes en 1637. Ci-après, p. 220.

2. Georges-Guillaume de Brunswick, né en 1624, eut d'abord le duché de Hanovre, puis devint duc de Zell en 1665, et ne mourut que le 28 août 1705. Il avait épousé une française, Éléonore d'Olbreuze.

3. Ce doit être M. de Villiers-Courtin, qui, après avoir été longtemps capitaine au régiment des gardes, commanda le régiment de cavalerie de la Reine, et mourut lieutenant général en 1708.

4. Sans doute le capitaine des gardes de Condé dont parle Lenet (*Mémoires*, p. 452 et 468).

5. Ci-après, p. 231-232.

6. François, marquis de Castel-Rodrigo, était grand d'Espagne depuis 1650; il eut le gouvernement des Pays-Bas en octobre 1664, après avoir été successivement ambassadeur à Vienne et vice-roi de Sardaigne, puis de Catalogne. Il quitta Bruxelles en 1669 pour revenir occuper les postes de grand écuyer de la reine régente et de conseiller d'État. Gourville le retrouvera à Madrid en 1670. En

M. le marquis de Caracène alla du côté de Louvain au-devant de lui, avec toute la noblesse. M. le duc d'Arschot me donna une place dans son carrosse, avec M. le prince d'Arenberg et M. le comte de Fürstenberg[1], qui étoit de leurs amis et des miens. Les deux carrosses s'étant rencontrés dans une pleine campagne, M. le marquis de Caracène mit pied à terre, et, suivi de tout ce qui l'avoit accompagné en très grand nombre, il les présenta à M. le marquis de Castel-Rodrigo en les nommant tous. Quand ce fut à mon tour, il lui dit que j'étois un homme pour qui il falloit avoir beaucoup de ménagements.

Peu de temps après, M. le duc d'Hanovre[2] m'écrivit qu'il me prioit d'aller à la Haye. Ces Messieurs qui étoient auprès de lui m'avoient déjà instruit, à Bruxelles, de la grandeur des États de ce prince et de la considération qu'il se pourroit donner, s'il vouloit se tourner du côté de l'ambition. Ayant jusque-là accoutumé d'aller tous les ans à Venise pour se divertir, où il faisoit de très grandes dépenses, qui alloient fort à la ruine de son pays, de concert ils lui conseillèrent d'entrer avec moi sur tout ce qu'il y avoit à faire pour se mettre sur un autre pied qu'il n'avoit été jusque-là. En effet, il me parla et me dit qu'il avoit une grande confiance en moi. Je n'eus pas de peine à lui faire comprendre que, s'il avoit mené cette vie jusqu'alors

août de la même année, il eut la présidence du conseil de Flandre, qu'il conserva jusqu'à sa mort, en décembre 1675.

1. C'est François-Christophe, comte de Fürstenberg, de la branche de Moeskirch; il avait épousé Marie-Thérèse de Ligne, sœur du prince d'Arenberg. Il mourut le 22 septembre 1671.

2. Dans le manuscrit de M. le baron Pichon, le correcteur a mis ici : « M. le duc de Zell. »

pendant sa jeunesse, il étoit de la bienséance qu'il changeât et qu'il se donnât une grande considération, comme il lui étoit aisé de faire. Depuis ce temps-là, il m'a toujours honoré de sa bonté et d'une grande confiance. Après être encore retourné à Bruxelles pour quelque temps, il m'envoya un courrier afin de me prier de le venir trouver. C'étoit pour me dire que Monsieur son frère aîné[1] étoit mort, et que, suivant le pacte de sa famille, l'État qu'il avoit possédé devoit passer à M. le duc Jean-Frédéric[2], quoique son puîné. M'ayant exposé qu'il valoit plus de cent mille écus plus que l'autre, nous convînmes de toutes les mesures qu'il y avoit à prendre pour s'en rendre maître, et surtout commencer à lever des troupes, qu'il falloit entretenir. L'affaire réussit et fut suivie d'un accommodement, et l'État de Zell lui demeura, en donnant quelque supplément à M. le duc Jean-Frédéric, qui eut celui d'Hanovre[3].

Je m'en retournai à Bruxelles vers la fin de l'année 1664. Il y avoit déjà quelque temps que j'avois loué une maison assez près de la cour, avec un joli jardin, dont je donnois mille livres. Elle étoit fort commode et raisonnablement grande. Je l'avois meublée de meubles que j'avois fait venir de Paris, avec un service de vaisselle d'argent. J'y donnois souvent à manger. Je n'avois néanmoins pour lors qu'un carrosse et deux chevaux, que j'avois achetés de MM. de la Frette,

1. Christian-Louis, duc de Brunswick-Zell, mourut sans enfants le 15 mars 1665.
2. Jean-Frédéric de Brunswick (1625-1679), s'étoit fait catholique en 1657. Il eut le duché de Hanovre en 1665.
3. *Mémoires de Pomponne,* État de l'Europe en 1680, p. 335-338.

quand ils quittèrent Bruxelles, avec un seul laquais ; mais j'avois quatre ou cinq chevaux de selle. J'allois très souvent à la chasse du cerf avec M. le duc d'Arschot, et à celle du chevreuil avec M. le prince d'Arenberg, qui avoit une meute, et quelquefois avec celui qui en avoit une entretenue par le roi.

Vers le commencement de l'année 1665, j'allai à la Haye[1], où je fis quelque séjour. M. de Montbas[2], qui étoit assez de la cour de M. le prince d'Orange[3], me présenta à lui, et, pour la première fois, j'eus l'honneur de lui faire la révérence. Je me trouvai souvent à jouer avec lui et des dames de la Haye ; mais, comme c'étoit la coutume en ce pays-là que les femmes se retirent à huit heures, M. le prince d'Orange prit le parti d'aller les soirs chez MM. de Montbas et d'Odijck[4], et encore dans d'autres maisons, pour jouer jusqu'à

---

1. Les volumes *Hollande*, année 1665, au Dépôt des Affaires étrangères, ne contiennent aucune trace du voyage que Gourville fit alors dans ce pays.
2. Jean Barton, comte de Montbas, s'était engagé au service de Hollande et avait épousé une sœur de Pierre de Groot ; mais, étant tombé en disgrâce, il fut accusé d'avoir abandonné son poste lors du passage du Rhin par Louis XIV en 1672. Arrêté et emprisonné, il réussit à s'échapper et à rentrer en France. (*Lettres de Pellisson*, t. I, p. 165 ; *Gazette* de 1672, p. 811, et de 1673, p. 758 ; C. Rousset, *Histoire de Louvois*, t. I, p. 357 et suiv.) Gourville parlera plus loin de sa disgrâce.
3. Guillaume-Henri de Nassau, le futur Guillaume III d'Angleterre.
4. Guillaume-Adrien, seigneur d'Odijck, issu d'une branche bâtarde de la maison de Nassau, fut premier noble de la province de Zélande, plénipotentiaire des États à Nimègue, et ambassadeur en France en 1679. Guillaume III, qui l'estimait, l'envoya à Paris en 1698 ; en 1700, il présida les États-Généraux, mais fut disgracié en 1702. Il mourut à la Haye en septembre 1705, âgé de soixante-treize ans. (*Gazette* de 1705, p. 488 ; *Journal de Dangeau*, t. VI, p. 271 et 342, t. VIII, p. 383, et t. X, p. 435.)

neuf heures et demie ; il me faisoit toujours l'honneur de me mettre de ces parties-là.

Étant retourné à Bruxelles, où je me trouvois toujours agréablement, M. le marquis de Sillery[1] eut la bonté de me venir voir, lequel étant bien aise d'aller à Anvers, je l'y accompagnai. Je le menai voir, comme une chose rare, M. Pallavicini, un des hommes du monde le plus riche et qui n'en étoit pas persuadé. Je lui dis, comme j'avois déjà fait autrefois avec les dames d'Anvers, qu'il falloit qu'il se mît dans la dépense, qu'il nous donnât quelques repas, et qu'il devoit avoir au moins un carrosse et six chevaux pour nous promener quelquefois. Il entreprit de faire connoître à M. de Sillery qu'il n'étoit pas si riche qu'on pensoit, et, en nous montrant un cabinet à côté de sa chambre, il dit qu'il avoit là pour cinq cent mille francs de barres d'argent qui ne lui rendoient pas un sol de revenu ; qu'il avoit cent mille écus à la banque de Venise, qui ne lui rendoient que trois pour cent ; qu'il avoit à Gênes, d'où il étoit, quatre cent mille livres, dont il ne tiroit guère plus d'intérêt, et encore d'autres énumérations qu'il nous fit pour des sommes considérables ; mais il finissoit toujours par dire que cela ne lui rendoit pas grand'chose. M. le marquis de Sillery, après que nous fûmes sortis, me dit qu'il étoit prêt à croire qu'il avoit rêvé ce qu'il venoit d'entendre. Il m'a dit quelquefois depuis, étant revenu à Paris, qu'il étoit fâché de n'avoir pas donné cette scène à Molière pour le mettre dans la pièce de *l'Avare*[2].

1. Ci-dessus, p. 19.
2. *L'Avare* ne fut joué pour la première fois que le 9 septembre 1668.

Quelque temps après, M. de Salcède[1], capitaine d'une des compagnies des gardes de M. de Castel-Rodrigo, ayant fait voler quelques François qui alloient en Hollande, étant fâché des reproches que je lui en fis et que je lui avois attirés de beaucoup d'honnêtes gens, ce méchant pendard, qui avoit bien de l'esprit, dit beaucoup de choses à M. de Castel-Rodrigo pour lui faire craindre la durée de mon séjour à Bruxelles. Il lui fit encore parler par d'autres gens, pour augmenter ses soupçons. Un jour que j'étois allé faire ma cour comme les autres, M. de Castel-Rodrigo me fit entrer dans son cabinet pour me dire qu'il avoit reçu des lettres de Madrid, par lesquelles on lui mandoit que le Roi Très Chrétien faisoit des instances pour avoir un ordre pour me faire arrêter à Bruxelles, et qu'il seroit au désespoir s'il venoit à le recevoir. Je lui répondis que je n'étois pas un homme assez important pour que cela pût être; mais que, si c'étoit pour me faire prendre la résolution de sortir de son pays, j'aurois bientôt pris mon parti pour le satisfaire; que, cependant, s'il avoit la bonté de s'informer, parmi tous les gens de qualité que j'avois l'honneur de voir tous les jours, quelle étoit ma conduite, assurément il seroit désabusé; et lui ayant marqué que je soupçonnois que M. de Salcède pourroit bien m'avoir rendu ce mauvais office, et lui en ayant dit la raison, il me l'avoua. Je puis dire que, depuis ce jour-là, il me témoigna beaucoup d'amitié et de confiance.

1. Don Louis de Salcède, que Gourville retrouvera en Espagne en 1670.

Chapitre XII.

Comme j'étois agréablement établi à Bruxelles et considéré des Espagnols et des Flamands. J'allai à Breda, où je séjournai jusqu'à la paix d'Angleterre et de Hollande. Milord Hollis, ambassadeur d'Angleterre, par ordre de son maître, me demande mon avis sur la conduite qu'il doit tenir avec M. de Witt. Mon voyage auprès de MM. les ducs de Zell et d'Hanovre. M. de Lionne m'écrit pour m'inviter à servir le Roi auprès de ces princes. Je conclus le mariage de M. le duc Jean-Frédéric avec la troisième fille de Mme la princesse Palatine. Mon voyage à la Haye avec M. le duc et Mme la duchesse d'Osnabrück. Je demande permission pour faire un tour à Paris; M. de Lionne me mande que cela ne se peut pas; je prends le parti d'y aller.

M. le duc de Veragua, qui étoit pour lors mestre de camp général[1], et ainsi la seconde personne, me témoignoit tant d'amitié qu'il venoit prendre mon avis sur toutes les affaires dont la direction lui pouvoit appartenir. Enfin, jamais homme hors de son pays ne s'est trouvé dans la considération où j'étois à Bruxelles. M. le comte de Marcin[2], qui étoit de mes

---

1. Pierre-Nuño de Portugal-Colomb, duc de Veragua, était mestre de camp général aux Pays-Bas depuis le mois de décembre 1664; il quitta cette charge dès le mois de juillet 1665 pour celle de général de l'armée navale; nommé vice-roi du Mexique en juin 1672, il y mourut en décembre de la même année.

2. Jean-Gaspard-Ferdinand, père du maréchal, que nous avons vu commander dans Bordeaux en 1653 pendant la dernière

anciens amis, y étant venu prendre la place de M. le duc de Veragua, cela l'augmentoit encore. Je ne laissois pas d'aller de temps en temps à la Haye, où je recevois toutes sortes d'amitiés de M. le comte d'Estrades[1], pour lors ambassadeur, aussi bien que de ceux d'Espagne et de Portugal. Je faisois très régulièrement ma cour à M. le prince d'Orange, qui m'y obligeoit fort par le bon traitement qu'il me faisoit toujours. J'avois un cuisinier qui avoit une grande réputation, et, M. le prince d'Orange, ainsi que Messieurs les ambassadeurs, m'ayant dit qu'ils voudroient bien l'éprouver, nous convînmes que je leur donnerois à dîner à une maison de campagne d'un de mes amis, et qu'en y entrant chacun seroit dépouillé de son caractère et de sa qualité : ce qui fut fort bien observé. Je leur fis préparer un grand dîner ; j'y invitai aussi M. le comte de Montbas et quatre ou cinq autres personnes de la Haye, avec Messieurs les ambassadeurs de France, d'Espagne et de Portugal. Quand il fut question de se mettre à table, je pris par la main la marquise de Melin, fille de Don Estevan de Gamarra, ambassadeur d'Espagne[2], et la fis asseoir auprès de

période de la Fronde (ci-dessus, t. I, p. 73, 121 et suiv.). Il passa à cette époque au service d'Espagne et devint mestre de camp général des Pays-Bas en juillet 1665. En 1673, à la suite de dissentiments avec le gouverneur, comte de Monterey, il engagea des négociations pour rentrer en France par l'intermédiaire de Gourville, comme nous le verrons plus loin, mais mourut au mois d'août de la même année.

1. Ci-dessus, p. 122; il était ambassadeur en Hollande depuis 1662.

2. Ce personnage avait été mestre de camp général des Pays-Bas en 1658, ambassadeur en France en 1662, et était passé depuis 1664 à l'ambassade de la Haye. Il se démit de ces fonctions en

moi, ayant pris la première place. Chacun prit la sienne sans songer à aucune cérémonie. M. d'Estrades m'avoit mené chez M. de Witt, qui pour lors gouvernoit la Hollande[1] ; mais, comme j'avois été gâté du traitement que j'avois reçu à Londres et à Bruxelles, je ne fus pas trop satisfait de ma visite, de sorte que je me contentai de l'avoir vu cette fois seulement ; mais je recevois beaucoup d'honnêtetés de tous les gens de qualité hollandois. Tout cela n'empêcha pas que je ne retournasse avec beaucoup de plaisir à Bruxelles. M. le marquis de Castel-Rodrigo me traitoit si bien et avoit de si fréquentes et si longues conférences avec moi, pendant qu'il avoit de la peine à en donner aux autres, que cela me fit un jour dire par M. de Bournonville[2], qui avoit beaucoup d'esprit et un peu railleur, me voyant sortir d'avec lui : « Vous venez donc de donner audience au marquis ; » ce qui fit fort rire MM. les duc d'Arschot et prince d'Arenberg, ses beaux-frères, qui étoient avec lui.

M. de Castel-Rodrigo m'avoit un soir entretenu assurément plus de deux heures et demie. Il avoit une grande facilité à parler et raisonnoit très bien sur toutes les matières qu'il traitoit. Il m'avoit fait les plus

---

octobre 1670 pour devenir gouverneur du château de Gand, où il mourut l'année suivante. — Sa fille avait épousé don Philibert de Sotomayor, comte de Palomar, en faveur duquel Philippe IV avait, en 1655, érigé en marquisat la terre de Melin, dans le Brabant wallon.

1. Le grand pensionnaire Jean de Witt.
2. Alexandre-Hippolyte-Balthasar, duc et prince de Bournonville, avait épousé, le 14 mai 1656, Jeanne-Ernestine-Françoise d'Arenberg, sœur du prince d'Arenberg et du duc d'Arschot, qui était morte en octobre 1663.

beaux projets du monde de ce qu'il y avoit à faire, et, étant fort las de m'être promené tout ce temps-là avec lui dans une galerie, je lui dis, en le quittant : « Si vous pouvez, Monsieur, trouver un homme qui « fasse ce que vous dites, vous serez assurément les « deux plus grands personnages qu'il y ait au monde. » Il parloit bien et beaucoup, mais faisoit peu. Il me proposoit souvent de m'attacher au roi son maître; je lui répondois que je lui serois toujours fort fidèle tant que je demeurerois à Bruxelles, mais que j'espérois me revoir un jour dans ma patrie.

En ce temps-là, M. le marquis de Castel-Rodrigo entreprit de faire bâtir Charleroi[1], lui étant venu des sommes considérables d'argent. Et, m'ayant parlé de sa pensée, je lui représentai que je doutois fort qu'il eût le temps de l'achever, et que je ne savois pas s'il ne feroit pas mieux de distribuer une partie de cet argent à ses troupes, qui étoient dans la plus grande désolation du monde et qui ne vivoient, s'il faut ainsi dire, que d'aumônes. Allant par petites troupes, ils demandoient la charité à ceux qui passoient dans les grands chemins, et les abbayes des environs où ils étoient en nourrissoient une bonne partie. Cela n'empêcha pas qu'il ne me menât avec lui quand il y alla en grande cérémonie mettre la première pierre.

Au commencement de l'année 1666[2], je fis un voyage à Paris, où j'eus l'honneur de voir Monsieur le Prince,

---

1. C'était un petit bourg situé sur une hauteur au bord de la Sambre; en 1666, les Espagnols l'entourèrent de fortifications qui en firent une des places les plus fortes du pays. Ils la cédèrent à la France en 1668 par le traité d'Aix-la-Chapelle.

2. Il faut lire *1667*.

et j'y appris qu'on y parloit fort de guerre, du moins pour l'année prochaine.

Bientôt après, étant retourné à Bruxelles, j'y reçus une lettre de M. Courtin[1], qui me marquoit le jour qu'il devoit passer à deux lieues de Bruxelles pour se trouver de la part du Roi à l'assemblée qui se devoit faire à Breda[2], où il me donnoit un rendez-vous pour l'y aller voir. En ayant parlé à M. le marquis de Castel-Rodrigo, je lui demandai si je pouvois l'inviter à venir loger chez moi. Il me dit que je le pouvois; et, ayant envoyé au-devant de M. Courtin, il vint tout droit à Bruxelles, où je le logeai. M. de Castel-Rodrigo, ayant su qu'il étoit arrivé, m'envoya cent bouteilles de toutes sortes de vins exquis, en me faisant dire que c'étoit pour m'aider à bien traiter mes hôtes. Et, m'étant bien confirmé que nous ne serions pas longtemps sans avoir la guerre, je priai bientôt après M. le marquis de Castel-Rodrigo de trouver bon que je m'en allasse à l'assemblée qui se faisoit à Breda. Lui l'ayant agréé, je m'y rendis et j'y fus tout le temps que l'assemblée dura.

M. Courtin avoit toujours de la joie et l'inspiroit aux autres. Il me paroissoit que, dans l'assemblée où l'on traitoit la paix, il étoit l'âme de toutes les délibérations qui s'y prenoient, étant regardé comme un

1. Honoré Courtin, seigneur de Chanteraine et des Mesnuls, fit presque toute sa carrière dans la diplomatie (*Mémoires de Saint-Simon*, éd. des *Grands Écrivains*, t. III, p. 279, note 5, et édit. 1873, t. IV, p. 36-39).

2. C'étaient les Hollandais qui avaient choisi la ville de Breda pour y tenir les conférences préliminaires de la paix; elles commencèrent en mai 1667 et durèrent jusqu'à la fin de juillet (*Gazette*, p. 816 et 997, et Extraordinaire 112).

homme de très bon esprit et de longue expérience. Il avoit mené avec lui M. le Peletier de Souzy[1], qui s'est depuis fait connoître pour avoir beaucoup d'esprit et des talents extraordinaires, qui ayant été connus du Roi, S. M. l'a honoré depuis de deux beaux emplois. Il avoit aussi mené M. l'abbé de Villiers, qui étoit ce qu'on appelle un bon compère[2]. M. le comte de Guiche[3] et M. de Saint-Évremond s'y rendirent, et l'on ne songeoit qu'à se divertir.

Le sujet de l'assemblée étoit pour faire la paix entre l'Angleterre et la Hollande, qui non seulement se faisoient la guerre, mais encore avec une très grande aigreur de part et d'autre; le jeune de Witt, commandant la flotte des États, avoit été jusqu'à Chatham, où il brûla une bonne partie de celle d'Angleterre[4]. Tous les jours, c'étoit de grands repas chez tous les ambassadeurs. M. le marquis d'Hauterive[5], gouverneur de Breda, qui étoit fort de mes amis, tenoit aussi une bonne table. Milord Hollys, chef de l'ambassade d'An-

1. Michel le Peletier de Souzy était alors un des plus jeunes conseillers au Parlement; il devint, l'année suivante, intendant de Franche-Comté, intendant des finances en 1684, directeur général des fortifications en 1691, conseiller d'État en 1693, et fut membre du conseil de régence de Louis XV.
2. Tallemant des Réaux, *Historiettes,* t. I, p. 352.
3. Ci-dessus, p. 197.
4. Ce fut en juin 1667 que Ruyter et Corneille de Witt incendièrent la flotte anglaise dans ce port du comté de Kent.
5. François de l'Aubespine, marquis d'Hauterive, frère du garde des sceaux de Châteauneuf, et dont la fille épousa Claude de Saint-Simon, avait été enveloppé en 1633 dans la disgrâce de son frère, s'était réfugié en Hollande, et y avait reçu le meilleur accueil du prince d'Orange, qui lui donna le gouvernement de Breda. Il revint mourir à Paris en 1670.

gleterre¹, me fit beaucoup d'amitiés de la part du roi son maître, Charles II, et m'entretenoit fort de tout ce qui se passoit.

Lorsque la paix fut sur le point de se faire, nos entretiens rouloient principalement sur ce que le roi d'Angleterre pourroit faire pour se venger de MM. de Witt. Après y avoir bien pensé, je lui dis que sa principale application devoit être de chercher les moyens de désunir M. de Witt, pensionnaire de Hollande, d'avec la cour de France, d'où il tiroit sa principale considération. Il me dit qu'il convenoit de ce principe, mais que la difficulté étoit de savoir par où y parvenir. Je lui demandai s'il croyoit que le roi d'Angleterre fût bien capable de dissimulation et de garder avec lui, milord Hollys, un grand secret à tout le reste. Il me répondit qu'il le croyoit capable de tout, s'il trouvoit le moyen d'abaisser l'orgueil de M. de Witt. Je lui dis que, si cela étoit, il falloit que, la paix étant faite, il fît beaucoup de démonstrations de vouloir oublier tout ce qui s'étoit passé entre lui et M. de Witt, et lier une étroite amitié pour l'intérêt des deux nations, surtout lui donner des louanges en quantité, en lui disant que le roi d'Angleterre le prioit de lui donner ses avis dans les occasions sans attendre qu'il les lui demandât, et fonder cette grande liaison sur la puissance de la France et l'ambition démesurée de son roi. J'ajoutai que, s'il croyoit que le roi son maître pouvoit faire ce que je disois, je lui ferois aisément voir que cela conduiroit M. de Witt à sa perte ; que

1. Denzel, lord Hollys ou Holles, baron de Ifield, fut envoyé en France à la suite de sa mission à Breda.

j'étois fort persuadé que la grande préférence qu'il avoit pour le Conseil de France étoit fondée principalement sur l'opinion dans laquelle il étoit d'être irréconciliable avec le roi d'Angleterre ; mais qu'assurément, si ce que je lui proposois étoit bien conduit, M. de Witt ne seroit pas longtemps sans croire qu'il pourroit bien n'être plus dans une si grande dépendance du Conseil de France ; que, dès les premières démarches qu'il feroit dans cette vue, le roi de France et son Conseil le trouveroient bien mauvais ; que, sans vouloir pénétrer plus loin dans l'avenir, je me flattois que le roi d'Angleterre seroit content de l'avis que je prenois la liberté de lui donner, parce que, s'il étoit satisfait de la disposition où cela mettroit les choses, il n'auroit qu'à s'y tenir ; que je n'avois eu l'avantage de voir M. de Witt qu'une fois en ma vie, mais que, le connoissant comme je faisois, par le grand soin que j'avois pris de l'étudier, j'étois persuadé que, se croyant fort assuré du roi d'Angleterre, il penseroit être en état de donner des mortifications à la France. Je savois qu'il parloit souvent des avantages qu'il avoit remportés sur l'Angleterre, et qu'il avoit nécessité la Suède et le Danemark à se tenir en paix, après les avoir obligés de la faire ; qu'il ne manqueroit pas d'envisager que ce seroit un beau fleuron à sa couronne, s'il pouvoit se trouver en état de dire qu'il avoit forcé les François de faire quelque chose qu'ils n'auroient pas voulu. Le milord Hollys, ayant écrit au roi d'Angleterre tout ce que sa mémoire lui put fournir de ce que je lui avois dit, reçut ordre de me bien remercier et de me demander de vouloir bien que le milord Hollys fît un mémoire avec moi de tout ce que je lui avois dit : ce qui fut fait. J'y ajoutai qu'aussitôt que la paix seroit signée, il seroit bon que le milord Hollys eût ordre de commencer à parler à M. de Witt dans le dessein que nous avions formé, mais pourtant sans trop d'empressement. Le milord Hollys, ayant eu réponse du roi après qu'il eut reçu le mémoire que nous avions fait, fut encore chargé de me bien remercier. L'assemblée de Breda finie, je m'en allai à la Haye, où je reçus beaucoup d'honnêtetés de M. le prince d'Orange.

En ce temps-là, je reçus une lettre de M. le duc de Zell[1], qui m'invitoit de l'aller voir, comme je lui avois promis. Il me prioit de m'informer, autant que je pourrois, comment M. de Witt regardoit les levées que faisoient les Suédois dans la Poméranie ; que cela pouvoit regarder la ville de Brême, qui étoit sous la protection de sa maison ; que lui et M. l'évêque d'Osnabrück[2] avoient levé chacun un bon régiment d'infanterie ; qu'il ne doutoit pas que, quand les Hollandois seroient persuadés de ce dessein, ils ne voulussent bien faire quelque effort avec eux pour l'empêcher. Comme je savois que M. de Montbas étoit très étroitement uni avec M. de Witt, je le priai d'entrer sur cela avec lui. J'appris qu'effectivement ces levées donnoient de la jalousie aux Hollandois. J'espérai que cela pourroit tourner favorablement pour M. le duc de

---

1. Georges-Guillaume de Brunswick; ci-dessus, p. 216.
2. Esnest-Auguste, quatrième fils de Georges, duc de Brunswick-Zell, et frère des ducs de Zell et de Hanovre dont il a été question ci-dessus, eut l'évêché d'Osnabrück en 1662; en 1680, à la mort de son frère Jean-Frédéric, il lui succéda comme duc de Hanovre, et il obtint en 1692 l'érection de son duché en neuvième électorat; il mourut en 1698.

Zell et M. l'évêque d'Osnabrück. Je priai M. de Montbas de faire ce qui pourroit dépendre de lui pour fomenter une liaison entre les États-Généraux et ces Messieurs.

Je m'en allai à Lünebourg, où étoient M. le duc de Zell et M. l'évêque d'Osnabrück, que j'eus l'honneur de voir là pour la première fois, et de qui je reçus bientôt des marques de bonté et de la même confiance que M. le duc de Zell avoit en moi. Je fus d'avis que, pour obliger les Hollandois à avoir plus de confiance en ces princes, il falloit faire un effort et emprunter plutôt une somme considérable pour lever encore quelques troupes, et se faire connoître comme des gens qui avoient abandonné les plaisirs où ils avoient été jusqu'alors pour se donner de la considération. Les Suédois continuant à faire des levées, M. de Witt, considérant l'intérêt que la Hollande avoit qu'ils ne s'agrandissent de ce côté-là, et voyant que la maison de Brunswick se mettoit, autant qu'elle pouvoit, en état de l'empêcher, se résolut de faire un traité avec eux [1], par lequel les Hollandois promettoient jusqu'à dix-huit cent mille francs, payables dans des temps, à fur et à mesure que MM. de Brunswick lèveroient des troupes jusqu'au nombre de dix mille hommes de pied et de quatre mille chevaux [2] : ce qui se fit avec tant de diligence, que ces troupes furent bientôt sur pied et fort belles. Le bruit s'étant répandu partout du bon état où étoient ces princes, cela obligea le Roi de leur envoyer M. Balthasar [3], parce qu'il

1. Les princes de Brunswick.
2. Gourville veut parler ici du traité conclu le 9 septembre 1665 : Du Mont, *Corps diplomatique*, t. VI, 3e partie, p. 46.
3. Jean Balthasar de Gacheo, né dans le Palatinat vers 1600,

avoit épousé la sœur de ce M. de Beauregard que j'ai déjà nommé[1]. On lui donna un homme avec lui pour l'aider, qui avoit de l'esprit[2]. Messieurs les Princes m'ayant fait l'honneur de me demander mon avis sur ce qu'on auroit à répondre, je fus d'avis de remercier le Roi de l'honneur qu'il leur faisoit en leur envoyant un homme de mérite comme étoit M. Balthasar, et d'assurer S. M. de leurs profonds respects, mais que, pour lors, ils ne pouvoient avoir d'autres vues que de tâcher à bien exécuter le traité qu'ils avoient fait avec les Hollandois.

M. Balthasar et son confident, étant retournés à

commença à servir sous Gustave-Adolphe, puis passa en France en 1634 avec le grade de lieutenant-colonel. Il fit plusieurs campagnes en Catalogne et y obtint un régiment en 1642. En 1651, il se jeta dans le parti de Condé, mais fit son accommodement avec la cour avant la fin du siège de Bordeaux et retourna servir en Catalogne avec le grade de lieutenant-général. En 1657, l'électeur palatin le nomma généralissime de ses troupes; cela ne l'empêcha pas de se retirer en Suisse, et ce fut là que Louis XIV alla le chercher en 1667 pour le charger d'une mission auprès des princes de Lünebourg; il mourut vers 1688. Il a laissé des Mémoires sur la guerre de Guyenne, qui ont été publiés par le marquis d'Aubais dans le tome II de ses *Pièces fugitives sur l'histoire de France*, et réimprimés en 1876 par M. Charles Barry, 1 vol. in-8°.

1. Ci-dessus, p. 216. Balthasar épousa, le 25 juillet 1648, au château de Montarnaud, près Montpellier, Madeleine de Brignac, fille de François de Brignac, baron de Montarnaud, et sœur de Pierre de Brignac, capitaine de cavalerie, et de François de Brignac, sieur de Beauregard (Introduction de M. Barry, et *Catalogue des gentilshommes de... Languedoc*, par Henry de Caux, 1676, in-folio).

2. Il ne semble pas que ce soit Balthasar qui ait commencé la négociation; car il se trouvait à Lünebourg en même temps que notre auteur, et, le 29 janvier 1668, M. de Lionne envoya à celui-ci une lettre de rappel pour Balthasar, avec faculté de ne la rendre au destinataire que s'il le jugeait convenable (Affaires étrangères, vol. *Hanovre* 1).

Paris, parlèrent fort de la considération que ces princes avoient pour moi. M. de Lionne pria, de la part du Roi, Monsieur le Prince de m'écrire pour me représenter l'intérêt que j'avois de rendre quelque service à S. M. qui pût me procurer mon retour. Aussitôt que j'eus reçu cette lettre, j'en rendis compte à MM. les ducs de Zell et d'Osnabrück, et leur dis que je ferois la réponse qu'ils jugeroient à propos. Tous deux, avec empressement, me dirent qu'il falloit que je profitasse de cette occasion pour me procurer mon rétablissement en France, et moi, je leur dis qu'il falloit premièrement regarder ce qui leur étoit bon. Après une longue délibération, qui roula particulièrement sur ce qu'on parloit d'une triple alliance de l'Angleterre, de la Suède et des États-Généraux pour faire faire la paix entre la France et l'Espagne, qui avoit été interrompue par l'entrée du Roi en Flandre et la prise de Lille; que[1] les Hollandois ne voudroient plus leur donner des subsides; qu'il étoit bon de se mettre en état d'écouter des propositions, si dans la suite la France en vouloit faire; que cela ne feroit qu'augmenter leur considération, enfin il fut résolu que je ferois savoir à Monsieur le Prince que je m'estimerois bien heureux si je pouvois avoir occasion de rendre quelque service qui fût agréable à S. M.[2]. Bientôt après, je reçus une lettre de M. de Lionne sur le même sujet, pour m'exhorter de rendre service au Roi auprès de MM. les princes de Brunswick, comme un chemin qui pourroit me faire avoir ma grâce et mon retour, avec

1. Qui roula sur ce que les Hollandais, etc.
2. Cette lettre ne se trouve pas aux archives de Chantilly.

une vraie lettre de cérémonie, me mettant : « Monsieur, » et un peu de distance entre la première ligne, et au bas : « Votre très humble et très obéissant serviteur. » Le hasard fit que, dans ce temps-là, on m'envoya la copie d'une lettre que M. de Lionne avoit écrite au nonce qui étoit à Vienne ; je pris plaisir à vérifier qu'il ne lui faisoit pas plus de cérémonie qu'à moi[1].

Copie de la lettre que M. de Lionne écrivit a M. de Gourville, de Paris, le 23 décembre 1667[2].

Monsieur, Je vous écrivis, il y a huit jours, aux termes que vous avez vus, et à toutes fins je ferai mettre dans ce papier un duplicata de ma lettre. Depuis cela, Monseigneur le Duc m'a envoyé de Chantilly une lettre que vous avez écrite le 26 de l'autre mois à M. de Guitaud, laquelle Monseigneur le Prince avoit adressée de Dijon à Monsieur son fils. J'ai vu par ladite lettre l'ardent

1. Le récit de Gourville n'est point absolument exact pour ce qui concerne les circonstances qui déterminèrent Louis XIV à le charger d'une mission auprès des princes de Brunswick, ainsi qu'on pourra le reconnaître par les correspondances que nous publierons à l'appendice VIII. Ce fut Gourville qui fit les premières démarches, et non pas M. de Lionne, dont la première lettre n'est que du 16 décembre, tandis que Gourville lui avait, dès le 26 novembre, fait faire des ouvertures par l'intermédiaire de Guitaud et de Monsieur le Prince, et que, le 2 novembre précédent, dans une lettre datée de « Venouze », près Leyde, il se disait tout disposé à faire quelque chose pour le Roi auprès du duc de Zell. Bien plus, le 22 décembre, il rappelait au baron de Bidal, résident à Hambourg, que c'était l'influence qu'il s'était reconnue sur l'esprit des princes qui l'avait déterminé à *solliciter* une mission du Roi (Affaires étrangères, vol. *Hanovre* 1).

2. Nous n'avons pas découvert la minute de cette lettre au Dépôt des affaires étrangères ; mais on trouvera, dans l'appendice VIII, la réponse que Gourville y fit le 6 janvier 1668.

désir que vous témoignez de pouvoir rendre quelque service au Roi dans la cour où vous êtes; que vous y voyez même les choses bien disposées pour juger que vous n'y seriez pas inutile au bien des affaires de S. M., pourvu qu'on voulût vous en fournir la matière. Sur quoi, après m'être conjoui avec vous de vous voir dans de si bons sentiments, eu égard même à vos intérêts particuliers, qui certainement n'empireront pas par le chemin que vous prenez, je vous dirai qu'il y a environ deux mois plus ou moins que je priai M. le baron de Platen[1] d'écrire à Messieurs les princes ses maîtres la singulière estime que S. M. faisoit de leurs personnes et de leur maison, la disposition où Elle étoit de leur procurer tous les avantages qui seroient en son pouvoir; que la conjoncture étoit belle et favorable; que M. l'évêque d'Osnabrück, après la paix de Münster, avoit fait paroître beaucoup d'inclination d'acquérir de la gloire par les armes et de se mettre à la tête d'un corps de douze mille hommes que sa maison avoit, pour venir servir S. M. de sa personne et desdites troupes; qu'alors le Roi n'avoit pu entendre à la proposition, parce que S. M. espéroit toujours que les Espagnols voudroient bien lui faire raison à l'amiable sur les droits échus à la Reine; mais que, si ce brave prince étoit encore aujourd'hui dans la même disposition, S. M. n'en auroit pas moins de l'accepter et avec grande joie; que les Pays-Bas étoient grands et pouvoient donner facilement la matière au Roi de récompenser avantageusement ses amis qui auroient pris part dans ses intérêts et l'auroient assisté à tirer raison des Espagnols ou à se la faire elle-même, et qu'on pourroit aisément convenir d'ailleurs des conditions du payement et de la subsistance dudit corps; et autres choses semblables et toutes fort obligeantes. La réponse que ledit baron de Platen reçut à cette dépêche fut que LL. AA. estimoient beaucoup ces démonstrations de l'estime et de la bonne volonté de S. M., mais que, les choses ayant beaucoup changé de face depuis la paix de Münster, par diverses nouvelles alliances que leur maison avoit contractées avec d'autres princes, ils n'étoient plus en état d'entendre à ces sortes d'ouvertures.

1. Chargé d'affaires des princes de Brunswick à Paris.

Voilà donc déjà une matière que je vous fournis de servir le Roi. En cas que vous y trouviez quelque plus grande disposition de la part desdits sieurs princes qu'il n'en a paru par la réponse qu'ils ont faite audit baron de Platen, et s'ils veulent bien aujourd'hui y entendre, vous n'aurez qu'à me le faire savoir et me marquer en même temps ce qu'ils pourroient, en échange, désirer de S. M., soit pour le payement dudit corps, soit pour quelque portion des conquêtes des Pays-Bas ; que, s'ils ne jugent pas à propos d'entrer dans un si grand engagement, et qu'ils veuillent seulement se tenir dans une exacte neutralité, promettre à S. M. de ne s'engager avec aucun autre potentat ou prince contre ses intérêts, refuser toutes sortes de levées et de passages dans leurs États aux troupes qui voudroient venir assister les Espagnols aux Pays-Bas, joindre même leurs troupes à celles des autres princes qui, pour le bien et la tranquillité de l'Empire, ont fait une liaison entre eux pour s'opposer auxdits passages, et enfin renouveler l'alliance du Rhin, en ce cas-là, dont S. M. se contentera, et sera même fort satisfaite, vous saurez de LL. AA. ce qu'elles auroient à désirer, en échange, de S. M. pour avoir plus de moyens de continuer à entretenir leursdites troupes pendant tous ces mouvements de guerre ; et, me le faisant savoir, je vous informerai bientôt des dernières intentions de S. M.

Cependant je demeure,

Monsieur,

Votre très humble et très obéissant serviteur.

(Signé :) DE LIONNE.

Mais, après que je fus fait l'homme du Roi, il commença à me diminuer mes honneurs. Cela même alla assez vite, et je l'en fis rire, quelque temps après que je fus revenu. Après qu'il eut reçu ma réponse, je me trouvai revêtu du caractère d'envoyé du Roi, avec une instruction de ce que j'avois à faire, et un plein pouvoir de traiter avec Messieurs de la maison de

Brunswick[1]. Me voilà donc mon procès fait et parfait à Paris, et plénipotentiaire du Roi en Allemagne.

M. le comte de Waldeck[2] étoit fort attaché à ces princes. Jusque là, j'avois vécu avec lui en fort bonne intelligence; mais, désirant fort de pouvoir obliger l'Empereur à le faire prince de l'Empire, cela, joint aux liaisons qu'il avoit avec les États de Hollande, où étoit son principal bien, faisoit que nous avions souvent des contestations devant Messieurs les princes. Je lui dis un jour que, si ces Messieurs n'avoient point d'autres intérêts que de le faire prince de l'Empire, ils ne pouvoient mieux faire que de suivre ses conseils, mais que j'estimois qu'ils en pouvoient avoir d'autres, et qu'ils étoient obligés de garder des mesures d'honnêteté avec toutes les puissances, particulièrement avec la France, étant possible qu'il y auroit des temps où il leur conviendroit d'en profiter. Cela fit une espèce de guerre entre lui et moi, gardant toujours néanmoins la bienséance[3].

En ce temps-là, M. le duc Jean-Frédéric, lors duc d'Hanovre, me fit demander si je voudrois me charger d'écrire en France le dessein qu'il avoit d'épouser la

---

1. Voir ci-après, à l'appendice VIII, la lettre de Lionne du 9 mars et le pouvoir de la même date.

2. Georges-Frédéric, comte de Waldeck, de la branche de Wildungen (1620-1692), entra d'abord au service de Hollande et y gagna le gouvernement d'Utrecht et le titre de maréchal de camp général. Devenu conseiller des princes de Brunswick, il contribua beaucoup à les éloigner de la France; l'empereur Léopold l'en récompensa en le faisant prince de l'Empire en 1682.

3. Le comte de Waldeck était mal disposé pour la France parce que, à la mort de Mazarin, le Roi n'avait point confirmé une pension de deux mille écus que le cardinal lui avait promise (Affaires étrangères, vol. *Hanovre* 1, lettre de Lionne du 20 janvier 1668).

troisième fille de Mme la princesse Palatine, qui étoit sœur de Madame la Duchesse[1]. Avant que de faire réponse, je demandai à MM. les duc de Zell et évêque d'Osnabrück s'ils trouveroient bon que je me chargeasse de quelques propositions que me vouloit faire M. le duc d'Hanovre, celui-ci voulant stipuler de moi que je ne la leur communiquerois pas. Ils me dirent que, si je ne m'en chargeois pas, M. le duc d'Hanovre prendroit d'autres mesures pour faire réussir le dessein qu'il pouvoit avoir, et qu'ainsi je pouvois écouter ses propositions en lui promettant de ne leur en point parler : ce que je fis. Aussitôt, je mandai à Monsieur le Prince la proposition de M. le duc d'Hanovre, et, avec sa réponse, j'eus un ordre du Roi d'entrer dans les conditions de ce mariage, et nous en convînmes[2].

1. Bénédicte-Philippe-Henriette, troisième fille d'Anne de Gonzague et d'Édouard, prince palatin, second fils de Frédéric V duc de Bavière, était née le 23 juillet 1652. L'aînée, Marie-Louise, n'épousa qu'en 1671 Charles-Théodore-Othon, prince de Salm ; la seconde, Anne, était mariée depuis 1663 au duc d'Enghien.

2. Les négociations qui aboutirent au mariage du duc Jean-Frédéric avec la princesse Bénédicte de Bavière ne furent ni aussi rapides ni aussi faciles que Gourville semble le dire. C'est le 31 janvier 1668 que celui-ci fit part à Lionne des désirs du duc, qui ne vouloit ni d'une archiduchesse ni d'une princesse de Parme. Comme il s'informait des principales maisons de France, Gourville lui vanta celle de la Rochefoucauld. De son côté, Lionne offrit la princesse Bénédicte ; mais le duc y semblait peu disposé : il pensait à Mlle de Montpensier ou à une des demoiselles de la Rochefoucauld. Sur leur refus, il se rabattit sur la sœur aînée de Bénédicte, la palatine Marie ; puis il envoya à Paris son secrétaire pour avoir sur les princesses des renseignements précis. L'affaire traîna tout l'été. Enfin le duc se décida pour Bénédicte, vint à Paris incognito au commencement de septembre 1668 pour signer le contrat, et le mariage eut lieu par procuration le 25 du même mois (Affaires étrangères, vol. *Hanovre* 1, lettres de Gourville des 31 janvier,

Je crois devoir dire ici que MM. les duc de Zell et évêque d'Osnabrück étoient des princes aussi généreux qu'il y en eût au monde, pleins de bonté et de libéralité. Leurs cours étoient remplies, particulièrement celle de M. le duc de Zell, de François à qui ils donnoient une subsistance proportionnée à chacun des emplois qu'ils avoient dans leurs maisons[1], et ils vivoient tous avec moi avec beaucoup plus de déférence que je ne pouvois désirer. M. le comte de Waldeck voyoit tout cela fort impatiemment, surtout à mon égard. M. de Lionne me chargeoit de faire des propositions à ces deux princes, mais toujours conditionnées pour ne point venir à la conclusion. Je crois que M. le comte de Waldeck, ayant donné avis de cela à M. de Witt, l'exhorta aussi d'entrer dans quelque proposition avec ces Messieurs, et, pour m'ôter la connoissance de ce qui se passoit de ce côté-là, engagea M. l'évêque d'Osnabrück de faire un tour à la Haye; et moi, cherchant l'occasion de faire ce voyage, je m'avisai de le proposer à Mme la duchesse d'Osnabrück[2] comme une partie de plaisir, et de prendre pour prétexte quelques incommodités des deux aînés de Messieurs ses enfants[3], avec qui elle iroit dans une

24 et 27 février, 5 et 13 avril et 8 septembre 1668; lettres de Lionne des 3 et 17 février et 16 mars; vol. *Hollande* 88, lettres des 26 et 3 mai). Une lettre de M. Chauveau à M. Desnoyers, du 14 septembre (Chantilly, correspondance), confirme que c'est Gourville « qui a conduit cette affaire jusques à sa perfection. »

1. Ils étaient attirés par la duchesse, Éléonore d'Olbreuze.
2. Sophie de Bavière, belle-sœur d'Anne de Gonzague, mariée en 1658, morte en 1714.
3. Georges-Louis, qui devint roi d'Angleterre en 1714, et Frédéric-Auguste, qui mourut en 1691.

calèche[1] ; que j'irois dans une autre avec une demoiselle de Poitou nommée La Marzelière[2], qui étoit belle et fort au gré de M. de Waldeck ; que nous partirions un jour après lui ; que nous nous servirions des relais qu'il avoit disposés pour son voyage, quelques-uns des gens de M. le comte de Waldeck ayant aussi des calèches. M. l'évêque d'Osnabrück entra d'autant plus dans la proposition, que M. le duc de Zell et lui convinrent avec moi d'un traité qui pouvoit convenir au Roi et à ces princes, sans toutefois m'engager à rien qu'à la proposition : de quoi je donnai aussitôt avis à M. de Lionne, avec une adresse pour me pouvoir faire sa réponse, qui pouvoit arriver en Hollande à peu près en même temps que moi[3].

Le jour étant venu du départ de M. le duc d'Osnabrück, il partit avec M. le comte de Waldeck. Le surlendemain, à la pointe du jour, la princesse partit en l'équipage que j'ai marqué, avec un petit chariot qui portoit les matelas et quelques hardes pour la princesse, qui avoit sa dame d'honneur avec ses deux enfants dans sa calèche, et moi tête à tête avec ma Poitevine. Cela m'attira quelques railleries de M. de Lionne, à qui j'avois mandé la manière dont je faisois mon voyage[4]. Nous arrivâmes à la Haye le surlendemain que le prince y étoit arrivé. Le lendemain matin,

1. Vol. *Hanovre* 1, lettre de Gourville du 27 février.
2. Elle appartenait sans doute à la famille de ce François Giffard dont la terre de la Marzelière fut érigée en marquisat en 1619.
3. C'est seulement à cette occasion que M. de Lionne lui envoya le pouvoir et l'instruction du 9 mars; ci-après, appendice VIII. L'intermédiaire était un nommé Mendez Florès, juif d'Amsterdam.
4. Ci-après, appendice VIII, lettre du 18 mars, et lettre de Lionne, du 30 mars, dans le volume *Hanovre* 1.

je reçus une lettre de M. de Lionne, qui me mandoit que le Roi étoit très content de la manière dont je m'étois conduit, mais qu'ayant appris que la triple alliance entre l'Angleterre, la Suède et la Hollande étoit signée pour faire faire la paix, il me chargeoit de faire bien des honnêtetés à ces princes de la part de S. M., et de les prier de vouloir bien lui conserver leur bonne volonté pour les occasions qui se pourroient présenter. J'en informai aussitôt M. l'évêque d'Osnabrück et lui conseillai d'accepter les propositions que lui faisoient les Hollandois, quoique peu avantageuses : ce qu'il fit[1]. Nous nous en retournâmes comme nous étions venus, et, voyant que je n'étois d'aucune utilité pour le service du Roi en Allemagne, j'écrivis à M. de Lionne que je le priois de m'obtenir la permission d'aller à Paris[2].

Monsieur le Prince me manda qu'il souhaiteroit fort que j'allasse à Hambourg[3] y attendre M. Chauveau, son secrétaire[4], qui venoit de Pologne et qui en rapportoit beaucoup de pierreries de la succession de la reine de

---

1. Les choses ne se passèrent point de la sorte. La vérité est que le pouvoir du 9 mars parvint trop tard à Gourville, et que celui-ci, ne pouvant rien conclure à cause de cela, ne put empêcher l'évêque d'Osnabrück de signer un traité avec les Hollandais. Il mit en jeu toute son habileté et crut un moment avoir triomphé ; mais M. de Waldeck l'emporta (Affaires étrangères, vol. *Hanovre* 1, lettres de Lionne des 16, 23 et 30 mars, et lettre de Gourville du 30 mars ; vol. *Hollande* 87, lettres de Gourville des 15, 18 et 19 mars).

2. Cette demande avait déjà été faite en janvier ; lettre de Lionne du 20, dans le volume *Hanovre* 1. Voir ci-après, p. 245 et suiv.

3. C'est en avril 1668 que Gourville fit ce voyage.

4. Dominique Chauveau, secrétaire des commandements de Monsieur le Prince.

Pologne[1] pour Mme la princesse Palatine et Madame la Duchesse, afin d'empêcher que les troupes, nombreuses en ce pays-là, ne lui fissent un méchant parti. Quelque temps avant notre voyage de Hollande, la reine de Suède, qui étoit pour lors à Hambourg, m'avoit fait dire que je lui ferois plaisir si je pouvois lui envoyer la troupe de comédiens françois qu'avoit M. le duc de Zell. Après en avoir obtenu la permission de S. A., je les fis partir et m'y rendis aussitôt. Comme j'avois eu l'honneur de la voir en France[2], j'en reçus beaucoup d'honnêtetés, M. de Wrangel[3] étant là et M. de Wrec, personnages considérables. Nous nous trouvions tous les soirs chez la reine, où il y avoit grand nombre de femmes de Suède, et de deux jours l'un il y avoit comédie. Le bruit courut en ce temps-là que le roi de Suède[4] étoit fort mal : ce qui fit que cette grande princesse, qui auroit bien voulu trouver moyen de se rétablir en Suède, me mit dans sa confidence ; mais on apprit bientôt l'entière guérison de ce roi.

Après que j'eus été là environ trois semaines, le sieur Chauveau, secrétaire de Monsieur le Prince, y étant arrivé, je le menai à Lünebourg, où étoit M. le duc de Zell, et j'y reçus encore une lettre de M. de Lionne, qui me mandoit qu'on n'avoit pas jugé à pro-

---

1. Louise-Marie de Gonzague, morte le 10 mai 1667, était sœur de la princesse Anne de Gonzague, mère de Madame la Duchesse.

2. Ci-dessus, p. 119-121.

3. Charles-Gustave Wrangel, fait comte par Christine en 1649, devint grand amiral en 1658, généralissime en 1664, ambassadeur extraordinaire en Pologne en 1674, et mourut en juillet 1676, étant connétable de Suède.

4. Charles XI, né en 1655, avait succédé à son père, Charles-Gustave X, en février 1660.

pos que je m'en retournasse si tôt en France. En voici la copie figurée, où il se voit que M. de Lionne ne me fait pas le même traitement que dans la première qu'il m'avoit écrite[1] :

Copie de la lettre que M. de Lionne a écrite a M. de Gourville, de Saint-Germain, le 16 mars 1668[2].

Monsieur, j'ai lu au Roi d'un bout à l'autre votre dernière lettre; mais S. M., dans les divers endroits où vous parliez d'une course à Paris, ne s'est expliquée de rien. Il faut que l'affaire ne soit pas encore assez mûre. Quant au mot que vous y avez coulé touchant l'expiration de votre contumace au commencement d'avril, quelqu'un qui entend mieux ces affaires-là que moi a dit que vous ne deviez pas en être plus en peine que si elle devoit durer encore deux ans, parce qu'en cas que le Roi voulût vous faire les grâces que vous pouvez désirer, il lui étoit aussi facile de le faire après qu'avant le temps de la contumace. Pour ce qui est de continuer à voir Don Estevan de Gamarra et Madame sa fille, S. M. s'est expliquée que vous le pouviez faire sans scrupule. Sur ce, je demeure,
   Monsieur,
Votre bien humble et très affectionné serviteur.
        (Signé :) De Lionne.

Après avoir fait réflexion, je pris le parti, nonobstant cela, de hasarder de faire un voyage à Paris. Je communiquai mon dessein à MM. les ducs de Zell et d'Osnabrück, qui me témoignèrent par leurs bontés ordinaires qu'ils souhaiteroient fort qu'on me reçût en France en sorte que j'y fusse content; mais que, si

---

1. Ci-dessus, p. 233-236. Cette seconde lettre est antérieure au voyage de Gourville à Hambourg.
2. La minute originale se trouve au Dépôt des Affaires étrangères, vol. *Hanovre* 1. Gourville n'en donne ici que la fin; le commencement traitait du futur mariage du duc Jean-Frédéric.

cela n'étoit pas, ils me prioient de revenir auprès d'eux, et que, si je voulois, ils me régleroient une somme pour subsister dans une maison particulière avec tout le monde qui étoit auprès de moi, dont je les remerciai. Je partis de là comme si je devois aller faire mon séjour à Bruxelles. Je reçus aussi beaucoup de témoignages de bonté et d'amitié de Mmes les duchesses de Zell et d'Osnabrück[1]. Toutes deux avoient leur mérite particulier. M'ayant témoigné beaucoup de bontés, M. le duc de Zell me donna un attelage de six très belles juments noires, les quatre pieds et le chanfrein blancs. M. le duc d'Osnabrück me donna six chevaux de selle dont je m'étois servi quelquefois pour aller à la chasse.

Je m'en allai à la Haye[2], emmenant avec moi M. Chauveau. Y étant arrivé, j'y fus très agréablement accueilli par M. le prince d'Orange, qui commença à me parler d'affaires, et, ce me sembloit, il y entroit avec beaucoup de bon sens. Un jour, étant avec lui au bout de sa galerie, la conversation roulant sur M. de Witt, je lui dis que tout le monde étoit persuadé que ce dernier étoit fort en garde pour l'empêcher de s'établir dans l'autorité qu'avoient eue ses pères, et qu'à la fin ils auroient bien de la peine à compatir ensemble. On l'avertit que M. de Witt et M. de Ghent[3], qui avoit été son gouverneur, venoient

---

1. La duchesse de Zell était cette Éléonore d'Olbreuze à laquelle M. le comte Horric de Beaucaire a consacré le volume intitulé : *Une mésalliance dans la maison de Brunswick*. Quant à celle d'Osnabrück, c'était Sophie de Bavière, ci-dessus, p. 239.

2. Il y était le 26 avril (vol. *Hanovre* 1).

3. Le baron de Ghent, d'abord colonel du régiment de la Marine,

pour le voir. Lui allant pour les joindre, je le suivis, et, comme il commença par faire des amitiés à M. de Witt, en m'en allant je le regardai fixement, les autres ne pouvant me voir. Il me dit après qu'il avoit bien aperçu ce que j'avois voulu lui faire entendre. Nous convînmes qu'il falloit qu'il en usât ainsi jusqu'à ce qu'il vînt un temps qui lui donneroit lieu d'en user autrement. Je lui dis en riant qu'il en savoit beaucoup pour son âge.

Voulant continuer mon chemin pour Paris, je m'en allai à Bruxelles, où je reçus beaucoup d'honnêtetés et d'amitiés de M. de Castel-Rodrigo, qui, se souvenant qu'il n'avoit pas voulu me croire quand je lui avois dit qu'on auroit bientôt la guerre, ce que d'autres gens lui avoient dit aussi, commença par se vouloir justifier là-dessus, en me disant que, lorsque j'étois parti de Bruxelles, il ne doutoit point de la guerre, quoiqu'il fît semblant du contraire, parce que, n'ayant point d'argent à donner à ceux qui lui en demandoient sous ce prétexte, les uns pour réparer leurs places, qui en effet étoient dans un grand désordre, les autres pour acheter des munitions, dont presque tous les gouverneurs manquoient, et que, n'ayant ni argent pour en acheter et ne voulant pas faire voir son impuissance jusqu'à ce point-là, il avoit pris le parti de leur dire qu'ils demeurassent en repos et qu'il n'y auroit point de guerre. Je convins qu'en ce cas il ne pouvoit mieux faire qu'en soutenant qu'il ne la croyoit point.

Tous mes amis de Bruxelles me témoignèrent beaucoup de joie de me revoir; mais, comme je n'y vou-

avait été nommé, le 23 août 1666, lieutenant-amiral de Hollande (*Gazette*, p. 945).

lois pas séjourner, je leur dis que j'allois faire un tour à Cambrai, où j'avois donné rendez-vous à quelques-uns de mes amis ; qu'après cela, je reviendrois les voir, afin qu'on ne pût pas mander à Paris que j'étois parti pour y aller. J'étois assez embarrassé de la manière dont je devois y arriver, chacun pour lors craignant fort de faire quelque chose dont il pût être repris. Je pris donc mon parti, étant à Cambrai, de dire à M. Chauveau de s'en aller à Chantilly, où il arriveroit le lundi, et de prier Monsieur le Prince de me faire trouver un homme de ses livrées le mardi à la brune sur le pont de Creil, pour me mener au lieu qu'il auroit destiné pour me loger, sans que personne ne sût rien, ayant jugé d'en user ainsi de crainte que, si j'avois demandé permission, cela n'eût davantage embarrassé Monsieur le Prince.

Chapitre XIII.

Mon arrivée à Chantilly. Ma négociation avec M. Colbert. Monsieur le Prince souhaite que je prenne soin de ses affaires.

Je trouvai un homme de livrée sur le pont de Creil, comme je l'avois demandé. Il me mena, avec mon valet de chambre, mettre pied à terre chez le sieur de la Rue, capitaine des chasses de Chantilly[1], ayant laissé mon carrosse et mes autres domestiques à Cambrai. Le sieur de la Rue étant allé dire à Monsieur le

1. Louis de la Rue, gentilhomme de la vénerie de Monsieur le Prince : Archives nationales, Z^{1a} 522.

Prince que je venois d'arriver, il me témoigna que
S. A. avoit une grande envie de m'entretenir; mais il
me dit qu'il avoit ordre de ne me mener chez elle
qu'après minuit, afin que personne ne pût s'en apercevoir. Le sieur de la Rue me fit grande chère, et,
aussitôt que minuit fut sonné, il me conduisit par les
jardins à l'appartement de Monsieur le Prince, où il
me garda au moins deux heures et demie. M'ayant
témoigné la joie qu'il avoit de me voir et l'envie de
me servir, nous entrâmes en matière, et, après avoir
résolu qu'il iroit trouver M. Colbert pour tâcher d'obtenir que du moins il voulût bien m'entendre, il me
fit une infinité de questions sur beaucoup de chapitres,
mais, entre autres, quelle opinion j'avois de M. le prince
d'Orange, qui avoit pour lors dix-huit ans[1]. Je lui en
dis tout le bien que j'en avois connu, et lui contai ce
que j'avois vu dans sa galerie, ainsi que je l'ai ci-devant dit[2].

Monsieur le Prince ayant obtenu avec assez de peine
de M. Colbert de vouloir bien me voir, à condition
de m'en retourner aussitôt, si je ne voulois pas faire
ce qu'il souhaiteroit, et me l'ayant aussitôt mandé, je
me rendis auprès de S. A. pour savoir le détail dont
cela s'étoit passé[3]. J'appris que M. Colbert ne s'étoit
rendu qu'aux très instantes prières de S. A., et qu'elle
étoit obligée de me dire qu'il lui avoit paru que
M. Colbert n'avoit aucune bonne volonté pour moi, ni
d'envie de me faire plaisir.

1. Il était né en effet en 1650.
2. Ci-dessus, p. 244-245.
3. Ici, le correcteur du manuscrit de M. le baron Pichon a mis :
« pour savoir comment la chose s'étoit passée, » leçon qui a été
adoptée par les éditions.

Le lendemain, ayant su que M. Colbert m'avoit marqué une heure pour aller dans une maison qu'il avoit rue Vivienne et qui répondoit à sa galerie, et m'y étant rendu, je le vis venir avec une mine grave et sérieuse qui auroit peut-être décontenancé un autre. Après lui avoir fait ma révérence avec un visage assez ouvert, il me dit que j'avois obligation à Monsieur le Prince d'avoir obtenu la permission de pouvoir venir à Paris, et que je n'avois qu'à voir ce que je voulois lui proposer. Je commençai par le faire souvenir qu'en partant de la cour je lui avois donné cinq cent mille livres qu'il m'avoit demandées pour les reprendre en Guyenne, mais qu'aussitôt j'avois eu les mains fermées; que l'on avoit supprimé les commissaires des tailles; que j'avois donné cinq cent mille francs à M. Coquille, qui avoit fait le traité général pour les généralités de Bordeaux et de Montauban[1]. Et voulant lui dire d'autres pertes que j'avois faites, il m'interrompit pour me dire qu'il falloit par-dessus tout cela que je donnasse huit cent mille francs au Roi. Je lui répondis que, si je les avois, je pourrois l'assurer que cela étoit venu des profits que j'avois faits au jeu. Et, s'étant fort accoutumé à décider, il me dit que, si je ne donnois pas six cent mille francs, je n'avois qu'à m'en retourner d'où je venois, et de lui faire voir ma réponse dans trois jours. Il s'en alla par où il étoit venu. J'en fis de même, peu satisfait de mon entrevue. A peine, suivant cela, pouvois-je avoir le

---

1. Claude Coquille avait été, à partir de 1650, receveur général des finances en la généralité de Paris, mais avait aussi une part dans les fermes générales. En 1689, il était secrétaire des conseils d'État, direction et finances : Archives nationales, E 1850, 7 juin 1689.

temps de voir un moment chacun de mes amis, et tout ce que j'en pus voir en ce temps me témoigna beaucoup de joie de me voir, et en même temps bien du chagrin de ce que, selon toutes les apparences, cela ne dureroit guère. Monsieur le Duc, aujourd'hui Monsieur le Prince, eut la bonté de vouloir donner un souper, dans sa petite maison de la rue Saint-Thomas-du-Louvre, à M. le comte de Saint-Pol[1], que j'avois eu l'honneur de loger chez moi, passant à Bruxelles au retour d'un grand voyage qu'il avoit fait, à M. le commandeur de Souvré[2], à M. de Lionne et, ce me semble, encore à quelques autres Messieurs, et il m'avoit ordonné d'être de cette partie. Il y fit trouver une musique admirable, entre autres Mlle Hilaire[3] et Mlle Raymond[4]. Je fus si touché de cet honneur et du plaisir que je sentois, que je dis à cette bonne compagnie qu'il n'y avoit que l'impossibilité qui m'empêchât de donner à

1. Charles-Paris d'Orléans-Longueville, né le 29 janvier 1649, tué en 1672 au passage du Rhin.
2. Jacques de Souvré, entré dans l'ordre de Malte à l'âge de cinq ans, fut d'abord colonel d'un régiment de cavalerie en Italie, commanda les galères de France en 1646 au siège de Portolongone, fut pendant de longues années ambassadeur de son ordre à Paris et reçut enfin le grand prieuré de France en 1687; mais il mourut trois ans plus tard.
3. Mlle Hilaire du Puy, musicienne renommée, avait eu mille livres de pension sur l'Épargne en 1657 et un brevet de musicienne ordinaire de la chambre du Roi en 1659 (Archives nationales, KK 1454, fol. 147). Il y a une historiette sur son compte dans Tallemant des Réaux (t. VI, p. 199). En 1693, sa pension fut portée à douze cents livres.
4. Cantatrice célèbre par sa beauté et sa belle voix; elle se retira en 1676 au couvent de la Visitation du faubourg Saint-Germain (*Lettres de Mme de Sévigné*, t. II, p. 66 et 96; Walckenaer, *Mémoires sur Mme de Sévigné*, t. IV, p. 105, et *Histoire de Jean de la Fontaine*, t. I, p. 274).

M. Colbert ce qu'il me demandoit, par l'espérance que je pourrois avoir de goûter encore une pareille félicité. M. Hotman[1], pour lors intendant des finances, me fit dire que M. Colbert lui avoit ordonné de savoir ma dernière résolution. L'ayant été voir, il me fit beaucoup d'amitiés. Je l'avois connu fort particulièrement dans l'intendance qu'il avoit faite des généralités de Bordeaux et de Montauban[2], et je n'avois rien oublié pour lui faire connoître par de bons effets combien son amitié m'étoit chère. Il ne manqua pas de m'en vouloir donner des preuves en m'exhortant de contenter M. Colbert, et toutes les remontrances que je lui pouvois faire n'aboutirent qu'à me conseiller fortement de donner six cent mille livres, dont M. Colbert vouloit bien se contenter, parce qu'il avoit ordre de m'ajouter, en cas de refus, qu'il falloit que je m'en retournasse dans les pays étrangers[3], et il me témoigna le chagrin qu'il en avoit. Je le priai de dire à M. Colbert que j'obéirois et que, dans trois jours, je sortirois de Paris.

En effet, après avoir eu l'honneur de voir Monsieur le Prince, qui me dit que, dans peu de jours, il s'en iroit à Chantilly, puisqu'il n'y avoit plus d'espérance de pouvoir rien faire pour moi, je remerciai Monsieur le Duc de tous les témoignages de bonté qu'il m'avoit

---

1. Ce nom est écrit ici *Hautement* dans le manuscrit de M. le baron Pichon et dans celui de la Bibliothèque nationale. On prononçait plutôt : *Haument*. — Vincent Hotman (ci-dessus, p. 154) était intendant des finances depuis 1666.

2. Il avait eu les fonctions d'intendant en Touraine, Poitou et Guyenne de 1656 à 1663.

3. Ici, le correcteur du manuscrit de M. le baron Pichon a mis : « que je sortisse du royaume, » leçon adoptée par les éditions.

fait l'honneur de me donner. Après avoir pris congé de mes plus particuliers amis, je partis le troisième jour, comme je l'avois dit, et m'en allai coucher à Liancourt, où M. et Mme de Liancourt[1] s'efforcèrent de me témoigner la joie qu'ils avoient de me revoir et le chagrin de me voir si pressé de sortir du royaume. Mais, comme ils me firent résoudre d'y séjourner quelques jours, j'y reçus la nouvelle de Paris que M. le duc d'Hanovre y devoit bientôt arriver pour faire la révérence au Roi et y assurer son mariage[2]. J'écrivis à Monsieur le Prince, à Chantilly, pour savoir si cela étoit vrai, et que, en ce cas, je le priois de trouver bon que j'eusse l'honneur de lui aller communiquer une pensée qui m'étoit venue. Il me manda qu'il le trouvoit très bon et qu'il seroit bien aise de savoir ce que j'avois imaginé. Je me rendis donc auprès de S. A., et lui demandai si elle ne trouveroit point à propos que nous fissions une nouvelle tentative, pour avoir encore quelque temps. Il l'approuva fort et, sur-le-champ, écrivit à Monsieur le Duc de représenter à M. Colbert que M. le duc d'Hanovre devoit bientôt arriver, et que, moi ayant eu l'honneur de conclure son mariage par ordre du Roi, il estimoit qu'il seroit bien nécessaire que je fusse à Paris à son arrivée, pouvant y avoir encore quelque petite chose à régler, que personne ne pouvoit faire aussi bien que moi, en lui témoignant qu'il feroit en cela un grand plaisir à Monsieur le Prince et à lui, qui souhaitoient extrêmement de voir ce mariage accompli; enfin, de prier M. Colbert de trouver bon qu'il en parlât au Roi dans

1. Ci-dessus, p. 85 et 135.
2. En septembre 1668; ci-dessus, p. 237-238.

ces termes; que ce ne seroit qu'une prolongation de mon séjour à Paris de trois semaines, ou d'un mois tout au plus. M. Colbert ne voulut point refuser ce petit délai, et trouva bon que Monsieur le Duc en parlât au Roi, promettant qu'il n'y apporteroit aucun changement de sa part, et même se chargea d'en parler le premier à S. M. Monsieur le Duc manda en réponse à Monsieur le Prince que je pouvois demeurer à Chantilly le temps qu'il jugeroit à propos, même revenir à Paris en toute liberté : ce que je fis. Après l'arrivée de M. le duc d'Hanovre, lui ayant fait la révérence, il chargea M. de Groot[1], son ministre, de régler avec moi pour quelque argent qu'il falloit donner et des pierreries. Le prince s'en retourna et laissa une procuration à M. de Groot pour épouser en son nom la princesse Bénédicte. Quelques jours après, Monsieur le Prince et Monsieur le Duc firent mettre M. de Groot et moi dans leur carrosse pour aller à Asnières, où étoit Mme la princesse Palatine, pour faire la cérémonie du mariage[2].

Pendant tout ce temps-là, n'ayant pas plus envie de sortir du royaume que j'en avois de donner six cent mille livres, Monsieur le Prince et Monsieur le Duc, qui avoient assez pris de goût pour moi, souhaitèrent fort de me pouvoir attacher à leur service, leur maison étant dans un extrême désordre. Ils pensèrent que, si j'allois en Espagne, ayant fait des connoissances à Bruxelles avec des personnes de considéra-

---

1. M. de Groot, de la famille hollandaise de ce nom, était premier ministre du duc de Hanovre, président du conseil d'État et de la Chambre des fiefs et biens ecclésiastiques (Affaires étrangères, vol. *Hollande* 91, n° 241).

2. Le 25 septembre 1668.

tion qui étoient alors à Madrid, je pourrois obtenir quelque chose sur les grandes prétentions que Monsieur le Prince avoit sur le roi d'Espagne[1]. M. de Lionne, à qui j'avois communiqué cette pensée, s'offrit volontiers d'en faire l'ouverture au Roi, quand il seroit dans son Conseil, ce qu'il fit, en disant que non seulement je pourrois faire quelque chose pour les affaires de Monsieur le Prince, mais que je pourrois être utile au service du Roi, qui n'avoit pour lors personne à Madrid[2], et que Don Juan[3], qui étoit à Saragosse, avoit bien envie de faire quelque remuement. M. de Turenne, qui entroit alors dans le Conseil, appuya ce qu'avoit dit M. de Lionne. M. Colbert dit seulement en peu de paroles que ce voyage-là coûteroit donc cinq ou six cent mille francs au Roi. Ainsi il ne fut rien résolu pour lors[4].

1. Le prince de Condé avait sur l'Espagne des créances considérables pour prêts faits aux finances espagnoles ou pour la solde de ses troupes pendant qu'il était réfugié aux Pays-Bas : voir ci-après, la note 4 de la page 260.
2. Il n'y avait pas en effet d'ambassadeur en Espagne. Le marquis de Villars y avait été chargé, l'année précédente, d'une mission temporaire; mais son séjour allait bientôt prendre fin : voyez ses *Mémoires de la cour d'Espagne*, édition de la Bibliothèque elzévirienne, 1893, p. xv-xxii et 3.
3. Le bâtard de Philippe IV. Il venait de réussir à faire renvoyer le P. Nithard, confesseur de la reine régente.
4. Le 16 septembre 1668, Gourville adressait de Liancourt à M. de Lionne une lettre et un mémoire dans lesquels il insistait sur l'utilité qu'il y aurait à lui confier une mission en Espagne sous le prétexte des affaires de Monsieur le Prince, et, n'oubliant pas ses affaires personnelles, il terminait en disant que, pour pouvoir être employé avec succès à l'étranger, il ne fallait pas qu'il parût être mal en cour, « mais bien comme un homme qui a besoin de rendre des services pour raccommoder ses affaires particulières » (vol. *Espagne* 56).

Au mois de mars 1669, Monsieur le Prince et Monsieur le Duc me firent l'honneur de me parler de l'état où étoient leurs affaires, trouvant qu'ils auroient de la peine à les soutenir, la pension de cette année étant mangée par une vieille introduction qui s'étoit faite du temps de M. le président Perrault[1], avec qui on étoit convenu de lui donner vingt-cinq mille livres sur les cinquante mille écus de pension, pour faire l'avance du reste. Celui-ci, ayant remis toute la direction de la maison de Monsieur le Prince à M. de Chamlot[2], qui avoit très bien et très fidèlement servi S. A. en qualité de secrétaire, mais qui étoit un fort méchant intendant, il convenoit qu'il ne savoit plus que faire pour soutenir la dépense de la maison de S. A. S. Monsieur le Prince et Monsieur le Duc, aidés de Mme la princesse Palatine, se résolurent enfin de faire tous leurs efforts pour obtenir que j'eusse la liberté d'entrer à leurs services. Plusieurs amis de M. Colbert, qui surent ce dessein, lui remontrèrent si fort qu'il ne devoit pas se charger de l'aversion de ces princes pour une affaire qui ne le regardoit pas directement, qu'il se rendit traitable, et LL. AA., sans lui rien demander sur ce qui me regardoit avec le Roi, me chargèrent absolument du soin de leurs affaires et se proposèrent de me faire partir pour l'Espagne le plus tôt que faire se pourroit. Mais, auparavant, il étoit

---

1. Jean Perrault, d'abord secrétaire du grand Condé, avait acheté ensuite une charge de président à la Chambre des comptes. Il avait été longtemps intendant de la maison de Monsieur le Prince (Tallemant des Réaux, t. II, p. 436, 438 et 440).

2. Jacques Caillet de Chamlot, premier secrétaire et intendant des finances de Condé, mort en 1697 (*Histoire des princes de Condé*, t. VI, p. 349-351).

question de trouver des fonds pour faire subsister la maison de Monsieur le Prince pendant mon absence. Je trouvai moyen d'emprunter avec Monsieur le Prince quarante mille écus de MM. de la Sablière[1] et Goisnel, ce dernier ayant déjà quelques fermes de Monsieur le Duc[2]. Je priai pour lors Monsieur le Prince d'avoir égard qu'en me faisant l'honneur de me charger des affaires de sa maison, M. de Chamlot alloit tout à fait déchoir de la considération qu'il avoit, et que je savois que, en faisant très mal les affaires de S. A., il n'avoit guère mieux conduit les siennes et n'avoit presque point de bien eu égard à ses dettes; qu'ainsi je la suppliois très humblement de vouloir bien lui donner une pension de deux mille écus sa vie durant. J'eus beaucoup de plaisir de ce qu'elle eut la bonté de l'accorder[3]. Je m'attachai pour lors à faire des mémoires de ce à quoi se pourroit monter la dépense d'une année, et, ayant trouvé que les quarante mille écus empruntés, joints à pareille somme que Monsieur le Duc donnoit tous les ans pour sa dépense, celle de Madame la Duchesse et tout leur train, avec ce qui pourroit venir des autres revenus qui n'avoient pu être saisis, pourroient à peu près suffire jusqu'à mon retour, je donnai ordre que, tous les quinze jours, l'on

1. Antoine de Rambouillet, sieur de la Sablière, ami de La Fontaine, celui que Conrart nommait *le Madrigalier françois* : Jal, *Dictionnaire critique*, p. 741.

2. D'après une lettre conservée au Dépôt de la guerre, vol. 361, n° 248, le sieur Goisnel ou Gouesnel était effectivement fermier des comtés de Clermont et de Stenay depuis 1659; en 1671, Monsieur le Duc le fit poursuivre comme voleur et concussionnaire.

3. Le 25 mars 1669, le prince de Condé accorda à M. Caillet de Chamlot une rente de 7,000 livres sa vie durant (Archives nationales, Y 216, fol. 10 v°).

me mandât la recette et la dépense qui se feroient, afin que, si je m'apercevois qu'on eût besoin d'argent, j'en pus[se] faire fournir sur mon crédit[1].

M. de Lionne, m'ayant témoigné beaucoup de joie de la manière que les choses avoient tourné, me dit qu'il me donneroit une instruction[2], et qu'on n'étoit point informé de l'état des affaires d'Espagne après la paix qui venoit de se faire avec le Portugal[3]; qu'il falloit tâcher de pénétrer autant que je pourrois les revenus de cette monarchie, et de lui faire savoir, par un courrier exprès, tout ce qui auroit pu venir à ma connoissance. Je me souviens qu'étant à Suresnes, où il avoit une maison, il y avoit une allée sur le bord de la rivière, où, me promenant avec lui, il me fit une infinité de questions, entre autres sur tout ce qui regardoit la Hollande; et, m'ayant demandé d'où venoit que les Hollandois étoient si riches, je lui dis que cela venoit de leur commerce, mais encore plus de leur économie. Je lui contai que, dans les bonnes maisons, on n'y mangeoit presque point de viande, ou tout au plus du bœuf séché à la cheminée, que l'on râpoit pour en mettre sur du beurre mis assez légèrement sur du pain, que l'on appeloit *tartine*[4], et tous ne buvoient ordinairement que de la bière. Ensuite, il me demanda : « Qu'imaginez-vous qu'on pourroit faire

---

1. Il reviendra plus loin sur les mesures qu'il prit pour remettre en état les affaires des Condés.

2. Gourville ne dut avoir que des instructions verbales; du moins les registres du fonds *Espagne* aux Affaires étrangères ne contiennent point de minute d'instructions pour lui.

3. Traité conclu entre l'Espagne et le Portugal le 13 février 1668; Du Mont, *Corps diplomatique*, t. VII, 1re partie, p. 70 et suiv.

4. Ce diminutif de *tarte* ne semble pas avoir été usité en France au xviie siècle; Littré n'en cite que des exemples du xviiie.

« pour ôter le commerce aux Hollandois? » Je lui
répondis : « C'est de prendre la Hollande. » Cela le fit
fort rire. Je lui dis d'un visage assuré : « Oui, Mon-
« sieur, prendre la Hollande; et Monsieur le Prince,
« que j'ai entretenu là-dessus, ne le croit pas impos-
« sible. Si vous regardez combien les États payent de
« troupes, vous trouverez qu'ils en ont beaucoup; si
« vous attendez que je vous explique de la manière
« que je l'entends, vous trouverez qu'il ne les faut
« guère compter. Voici comment cela est venu à ma
« connoissance. Je faisois souvent des promenades;
« mais j'étois partout fort curieux de savoir la ma-
« nière dont les choses se passoient. Étant à Berg-
« op-Zoom, je me trouvai logé chez le maréchal des
« logis d'une des deux compagnies de cavalerie qui y
« étoient en garnison[1]. Le bruit étant qu'elles devoient
« aller dans une autre ville, je m'avisai de lui dire
« qu'il falloit donc qu'il laissât le soin de sa maison à
« sa femme pendant le temps qu'il faudroit qu'il fût
« absent. Il me répondit que cela ne se faisoit pas
« comme je pensois, et qu'il ne quitteroit point son
« logis, mais qu'à la vérité il lui en coûteroit quatre
« ou cinq cents livres, pour donner au capitaine qui
« alloit venir, et que, moyennant cela, il étoit dispensé
« du service. Je lui demandai s'il en étoit de même
« des cavaliers. Il me dit que oui, et qu'à la réserve
« de quelques-uns qui étoient regardés comme domes-
« tiques du capitaine, chacun savoit ce qu'il lui devoit
« donner par mois, et qu'il n'y en avoit point qui ne
« donnât au moins au capitaine qui venoit là douze ou

1. Ici, le correcteur du manuscrit de M. le baron Pichon a
ajouté : « lequel tenoit cabaret, » phrase que donnent les éditions.

« quinze pistoles, et qu'ainsi on pouvoit dire que le
« maréchal des logis, non plus que la plupart des
« cavaliers, ne changeoient jamais de place. Je fus
« bien étonné d'entendre parler d'une cavalerie qui
« n'étoit composée que de bourgeois, lesquels ne sor-
« toient jamais de leurs maisons, et, jugeant que cela
« valoit bien la peine de m'en assurer, je lui demandai
« s'il croyoit que ce fût tout de même dans les lieux
« où il y avoit de la cavalerie en garnison. Il m'assura
« fort que c'étoit la même chose. Je demandai encore
« au maréchal des logis si le capitaine profitoit de tout
« cela : il me dit qu'il savoit ce qu'il devoit donner
« aux autres officiers. J'en parlai, sans marquer mon
« dessein, à M. de Montbas, qui me dit que cela se
« pratiquoit ainsi. Je lui dis que son régiment d'in-
« fanterie devoit donc lui valoir beaucoup. Il me répli-
« qua qu'il n'en étoit pas tout à fait de même dans
« l'infanterie, mais qu'il y avoit toujours quelques
« petits revenants-bons de ce côté-là. » M. de Lionne
parut tout étonné, et me demanda si j'avois informé
Monsieur le Prince de tout ce que je disois. Je lui
dis que oui, et avec beaucoup plus de détail que je ne
lui en faisois, surtout touchant l'infanterie, dont tous
les officiers n'avoient presque point servi ; que c'étoit
par cette voie-là que M. de Witt se concilioit les cœurs
de la plupart des bourgmestres de chaque province,
en leur faisant donner des charges pour leurs enfants.
La dernière question fut si je ne savois point comment s'étoit formée la bonne intelligence qui paroissoit de M. de Witt avec le roi d'Angleterre, après
l'aigreur que tout le monde savoit qu'il y avoit eu
entre eux. Je lui dis que je croyois être en état de

pouvoir mieux l'en informer que personne du monde, puisque c'étoit moi qui l'avois faite, dont il se mit encore fort à rire[1]. Je lui racontai tout ce qui s'étoit passé à Breda entre le milord Hollys et moi[2]; qu'il se pouvoit servir de cette connoissance à mon avis, et qu'il pourroit bien arriver qu'il trouveroit beaucoup de jour à faire entrer le roi d'Angleterre contre la Hollande. Il me loua fort, et me dit qu'il prendroit son temps pour faire ma cour au Roi, dans les occasions qui se pourroient présenter, de tout ce que je venois de lui dire.

Quelque temps après, étant disposé pour le voyage de Madrid, il fut résolu que Monsieur le Duc me mèneroit prendre congé de M. Colbert en le priant de vouloir bien se réduire à une somme [telle] que, la pouvant donner, je pusse finir entièrement mes affaires. Il me dit qu'il vouloit bien se contenter de cent mille écus, sans que j'eusse espérance d'en rabattre un sol. Je lui offris cent mille francs comptant, et pareille somme à mon retour d'Espagne. M. Colbert représenta à Monsieur le Duc qu'il ne pouvoit pas accepter mes offres, ayant diminué de cent mille écus de la dernière proposition qu'il m'avoit fait faire. Monsieur le Duc, ainsi que nous en étions convenus avec Monsieur le Prince, le remercia fort, et le pria de conserver sa bonne volonté jusqu'après mon retour d'Espagne, et que, pour lors, on verroit ce qui se pourroit faire : après quoi, je fis ma révérence. M. de Lionne me

---

1. Ici, le correcteur du manuscrit de M. le baron Pichon a ajouté : « et pensa me tourner le dos, croyant que la tête m'avoit tourné; mais je le priai de m'écouter, » phrase qui se retrouve presque entièrement dans les éditions.
2. Ci-dessus, p. 227-230.

donna ses instructions[1], avec beaucoup de nouvelles marques de son amitié; Monsieur le Prince me remit tous ses papiers pour les créances de Madrid[2], et me donna M. Chauveau[3], qui avoit été déjà dans ce pays-là, et qui étoit fort de mes amis[4].

Je partis le ... octobre[5] 1669, et m'en allai à Ver-

1. Ci-dessus, p. 256.
2. Toutes ces pièces sont conservées aux archives de Chantilly, dans le carton relatif aux affaires d'Espagne.
3. Dominique Chauveau; ci-dessus, p. 241. Le carton de Chantilly indiqué dans la note précédente et le carton K 1398 des Archives nationales contiennent de nombreuses pièces en espagnol, écrites et même signées par lui.
4. Sur les affaires du prince de Condé en Espagne et sur le voyage de Gourville, on peut consulter : à Chantilly, un registre contenant la copie des lettres échangées en 1669-1670 entre Monsieur le Prince, Monsieur le Duc et Gourville, et un carton qui contient un grand nombre de documents relatifs aux créances de Condé; au Dépôt des affaires étrangères, les volumes *Espagne* 58 et 59; aux Archives nationales, le carton K 1398, provenant de Simancas, dans lequel se trouvent les mémoires originaux remis par Gourville au gouvernement espagnol et les rapports, avis du Conseil d'État, ordres, lettres, etc., relatifs à ces affaires. Nous donnerons, dans l'appendice IX, les plus importantes des pièces provenant de ces trois sources, et nous avons raconté en détail la mission de Gourville dans un travail publié par la *Revue des Questions historiques* (juillet 1892). Enfin nous avons trouvé beaucoup de renseignements intéressants et précis dans un volume que M. Morel-Fatio a bien voulu nous signaler, et qui est intitulé : *Voyages faits en divers temps en Espagne, en Portugal, en Allemagne, en France et ailleurs,* par M. M***; Amsterdam, 1699, in-12. Cet ouvrage est le récit de divers voyages faits avec Gourville, qui y est désigné simplement par l'initiale de son nom. L'auteur n'en peut être qu'un nommé Martin, apothicaire de Monsieur le Prince, que Gourville avait emmené avec lui comme médecin, ainsi qu'on le verra ci-après, t. II, chap. xiv.
5. Le 13 ou 14 novembre, puisqu'il se trouvait le 15 novembre à Amboise (*Voyages... en Espagne*, p. 9), et que le pouvoir que lui donna Condé est du 9 novembre.

teuil, où je portai la nouvelle de la mort de Mme la princesse de Marcillac[1]. Ce fut la première fois que je vis M. de la Rochefoucauld, qui ne marchoit plus et que les eaux de Barèges avoient mis en cet état. Toute sa maison témoigna beaucoup de joie de me revoir, et il me dit qu'ayant su que je devois venir, il avoit fait publier les fermes de ses terres, et qu'il me prioit de lui donner un jour ou deux[2] pour les faire : ce que je fis, et trouvai moyen de l'augmenter, dont il fut fort satisfait. Je repris mon chemin pour Bayonne, où, ayant été averti de la mauvaise route, surtout pour le pain, jusqu'à Madrid, je fis provision de biscuit, et j'y arrivai le ... novembre 1669[3].

1. Jeanne-Charlotte du Plessis-Liancourt était morte le 30 septembre 1669 ; il semble étonnant que son beau-père ne connût pas encore sa mort en novembre.
2. Il séjourna à Verteuil du 18 au 22 novembre (*Voyages en Espagne*, p. 10).
3. Il n'arriva à Madrid que le 19 décembre (*Voyages en Espagne*, p. 37 ; lettre du 24, ci-après, appendice IX). — Voici, d'après les *Voyages* (p. 10-37), l'itinéraire de Gourville : Amboise, Châtellerault, Poitiers, Verteuil, Angoulême, Coutras, Libourne, Bazas, Mont-de-Marsan, Dax, Bayonne, Saint-Jean-de-Luz, Irun, Villafranca, Vittoria, Miranda, Burgos, Lerma, Somo-Sierra, Cavanillas et Madrid.

TABLE DES CHAPITRES

DU PREMIER VOLUME.

	Pages
Note préliminaire.	1

Chapitre Ier. — Mon oisiveté forcée. Mon aventure avec M. de Chaumont. Entreprise sur Vincennes pour la liberté de Monsieur le Prince, qui fut à la veille de son exécution. 4

Chapitre II. — Deux voyages que je fis à Stenay. Ma prison à Sedan. Mon retour à Bordeaux, ayant manqué de prendre M. le cardinal de Retz 27

Chapitre III. — Comment Monsieur le Prince m'envoie à M. de Bouillon. Peine que j'eus à me sauver de la recherche de Monsieur le Coadjuteur. Affaire de Miradoux. J'évite d'être mené à M. de Montausier 45

Chapitre IV. — Voyage de Monsieur le Prince à son armée qui étoit sur la Loire. Combat du faubourg Saint-Antoine. Retraite de M. de la Rochefoucauld à Damvillers. Voyage que je fis à Bruxelles pour dégager M. de la Rochefoucauld, et celui que je fis à Paris, où je vis Monsieur le Cardinal 60

Chapitre V. — Paix de Bordeaux, dont je porte la première nouvelle à Monsieur le Cardinal. S. É. me fait donner deux mille écus de pension sur des bénéfices. Monsieur le Cardinal m'ordonne de tâcher à parler à Monsieur le Prince, qui assiégeoit Arras. 88

Chapitre VI. — Copie de la lettre que M. le prince de Conti écrivit à M. de la Rochefoucauld sur mon chapitre. Mon voyage en Catalogne auprès de M. le prince de Conti. Tenue des États de Languedoc. Visite que Mme la princesse de Conti rendit à la reine de Suède, et le contre-temps qui arriva. M. le cardinal Mazarin me fait mettre

TABLE DES CHAPITRES. 263

Pages

à la Bastille. Ma sortie. Une petite historiette sur Mme de Saint-Loup 111

Chapitre VII. — Comme M. le cardinal Mazarin ne voulut pas que je me fisse prévôt de l'Ile sans qu'il m'en coûte rien. Il me conseille de me mettre dans les finances. Il me prête deux millions sept cent mille livres pour y entrer. Stratagème de M. l'abbé Foucquet par un confesseur. Service que je rendis à M. Foucquet à Saint-Jean-de-Luz et à Toulouse 136

Chapitre VIII. — Comme j'eus l'honneur de voir Monsieur le Prince à Tain, revenant de la cour. Mon arrivée à Toulon, où je rendis compte à Monsieur le Cardinal de la conversation que j'avois eue avec S. A. Je me mis dans le grand jeu et fis de grands profits. M. Foucquet me montre un projet qu'il avoit fait assez mal à propos ; après lui avoir dit mon avis, il me dit qu'il l'alloit brûler. Je fus fait conseiller d'État. Le Roi me fait jouer avec lui, longtemps avant qu'aucun homme ait eu cet honneur. . 163

Chapitre IX. — Mauvais offices qu'on me rendit auprès de M. Foucquet. Sa prison. La visite de mes papiers à Fontainebleau et ma retraite en Angoumois 179

Chapitre X. — Mon arrivée à La Rochefoucauld, où j'appris le désordre qui arrivoit tous les jours dans mes affaires. M. de Vardes me fait venir à Paris pour me parler d'une affaire qui l'embarrassoit fort. On me fait mon procès. Je prends le parti de sortir du royaume. J'ai l'honneur de voir Monsieur le Prince en secret à Dijon 193

Chapitre XI. — Mon voyage d'Angleterre. A mon retour, je m'établis à Bruxelles. Faux rapports qui furent faits à M. de Castel-Rodrigo contre moi, dont il fut désabusé. Je suis connu à Bruxelles de M. le duc de Zell. Je commence aussi à l'être de M. le prince d'Orange à la Haye . . . 209

Chapitre XII. — Comme j'étois agréablement établi à Bruxelles et considéré des Espagnols et des Flamands. J'allai à Breda, où je séjournai jusqu'à la paix d'Angleterre et de Hollande. Milord Hollys, ambassadeur d'Angleterre, par ordre de son maître, me demande mon avis sur la conduite qu'il doit tenir avec M. de Witt. Mon voyage auprès de MM. les ducs de Zell et d'Hanovre. M. de Lionne

264 TABLE DES CHAPITRES.

m'écrit pour m'inviter à servir le Roi auprès de ces princes. Je conclus le mariage de M. le duc Jean-Frédéric avec la troisième fille de Mme la princesse Palatine. Mon voyage à la Haye avec M. le duc et Mme la duchesse d'Osnabrück. Je demande permission pour faire un tour à Paris ; M. de Lionne me mande que cela ne se peut pas. Je prends le parti d'y aller 222

CHAPITRE XIII. — Mon arrivée à Chantilly. Ma négociation avec M. Colbert. Monsieur le Prince souhaite que je prenne soin de ses affaires. 245

Nogent-le-Rotrou, imprimerie DAUPELEY-GOUVERNEUR.

Ouvrages publiés par la Société de l'Histoire de France
depuis sa fondation en 1834.

In-octavo à 9 francs le volume, 7 francs pour les Membres de la Société.

Ouvrages épuisés.

L'Ystoire de li Normant. 1 vol.
Lettres de Mazarin. 1 vol.
Villehardouin. 1 vol.
Histoire des Ducs de Normandie. 1 vol.
Beaumanoir. Coutumes de Beauvoisis. 2 vol.
Mémoires de Coligny-Saligny. 1 vol.
Mémoires et Lettres de Marguerite de Valois. 1 vol.
Comptes de l'argenterie des rois de France au xive s. 1 v.
Mémoires de Daniel de Cosnac. 2 vol.
Journal d'un Bourgeois de Paris sous François Ier. 1 v.
Chroniques des comtes d'Anjou. 1 vol.
Éphéméride de la Huguerye. 1 vol.

Ouvrages épuisés en partie.

Grégoire de Tours. Histoire ecclésiast. des Francs. 4 v.
Œuvres d'Éginhard. 2 vol.
Barbier. Journal du règne de Louis XV. 4 vol.
Mémoires de Ph. de Commynes. 3 vol.
Registres de l'Hôtel de Ville de Paris pendant la Fronde. 3 vol.
Procès de Jeanne d'Arc. 5 v.
Histoire de Charles VII et de Louis XI, par Th. Basin. 4 vol.
Grégoire de Tours. Œuvres diverses. 4 vol.
Chroniques de Monstrelet. 6 vol.
Chroniques de J. de Wavrin. 3 vol.
Journal et Mémoires du marquis d'Argenson. 9 vol.
Œuvres de Brantôme. 11 v.
Commentaires et Lettres de Blaise de Monluc. 5 vol.

Ouvrages non épuisés.

Mém. de Pierre de Fenin. 1 v.
Orderic Vital. 5 vol.
Correspondance de Maximilien et de Marguerite. 2 v.

Lettres de Marguerite d'Angoulême. 2 vol.
Chronique de Guillaume de Nangis. 2 vol.
Richer. Hist. des Francs. 2 v.
Le Nain de Tillemont. Vie de saint Louis. 6 vol.
Bibliographie des Mazarinades. 3 vol.
Choix de Mazarinades. 2 vol.
Mém. de Mathieu Molé. 4 v.
Miracles de S. Benoît. 1 vol.
Chronique des Valois. 1 vol.
Mém. de Beauvais-Nangis. 1 v.
Chronique de Mathieu d'Escouchy. 3 vol.
Choix de pièces inédites relatives au règne de Charles VI. 2 vol.
Comptes de l'Hôtel des Rois de France. 1 vol.
Rouleaux des morts. 1 vol.
Œuvres de Suger. 1 vol.
Joinville. Hist. de saint Louis. 1 vol.
Mém. et corresp. de Mme du Plessis-Mornay. 2 vol.
Chroniques des églises d'Anjou. 1 vol.
Introduction aux chroniques des comtes d'Anjou. 1 vol.
Chroniques de J. Froissart. T. I à VIII. 10 vol.
Chroniques d'Ernoul et de Bernard le Trésorier. 1 v.
Annales de S.-Bertin et de S.-Vaast d'Arras. 1 vol.
Mém. de Bassompierre. 4 vol.
Histoire de Béarn et de Navarre. 1 vol.
Chron. de Saint-Martial de Limoges. 1 vol.
Nouveau recueil de comptes de l'argenterie. 1 vol.
Chanson de la croisade contre les Albigeois. 2 vol.
Chron. du duc Louis II de Bourbon. 1 vol.
Chronique de Le Fèvre de Saint-Remy. 2 vol.
Récits d'un ménestrel de Reims au xiiie siècle. 1 v.
Lettres d'Antoine de Bourbon et de Jeanne d'Albret. 1 vol.

Mém. de La Huguerye. 3 vol.
Anecdotes et apologues d'Étienne de Bourbon. 1 vol.
Extraits des auteurs grecs concern. la géographie et l'hist. des Gaules. 6 vol.
Histoire de Bayart. 1 vol.
Mémoires de N. Goulas. 3 v.
Gestes des évêques de Cambrai. 1 vol.
Les Établissements de saint Louis. 4 vol.
Chron. norm. du xive s. 1 v.
Relation de Spanheim. 1 vol.
Œuvres de Rigord et de Guillaume le Breton. 2 v.
Mém. d'Ol. de la Marche. 4 v.
Lettres de Louis XI. T. I à IV.
Mémoires de Villars. T. I à V.
Notices et documents, 1884. 1 v.
Journal de Nic. de Baye. 2 v.
La Règle du Temple. 1 vol.
Hist. univ. d'Agr. d'Aubigné. T. I à VII.
Le Jouvencel. 2 vol.
Chroniques de Louis XII, par Jean d'Auton. T. I, II et III.
Chronique d'Arthur de Richemont. 1 vol.
Chronographia regum Francorum. T. I et II.
L'Histoire de Guillaume le Maréchal. T. I.
Mémoires de Du Plessis-Besançon. 1 vol.
Hist. de Gaston IV de Foix. T. I.
Mémoires de Gourville. T. I.

SOUS PRESSE :

Chron. de J. Froissart. T. IX.
Lettres de Louis XI. T. V.
Chroniques de Louis XII, par Jean d'Auton. T. IV.
Brantôme, sa vie et ses écrits.
Mémoires de Villars. T. VI.
Chronographia regum Francorum. T. III.
Hist. univ. d'Agr. d'Aubigné. T. VIII.
L'Histoire de Guillaume le Maréchal. T. II.
Journal de Jean de Roye. T. I.
Hist. de Gaston IV de Foix. T. II.
Mémoires de Gourville. T. II.

BULLETINS, ANNUAIRES ET ANNUAIRES-BULLETINS (1834-1892),

In-18 et in-8°, à 3 et 5 francs.

(Pour la liste détaillée, voir à la fin de l'Annuaire-Bulletin de chaque année.)

Nogent-le-Rotrou, imprimerie Daupeley-Gouverneur.

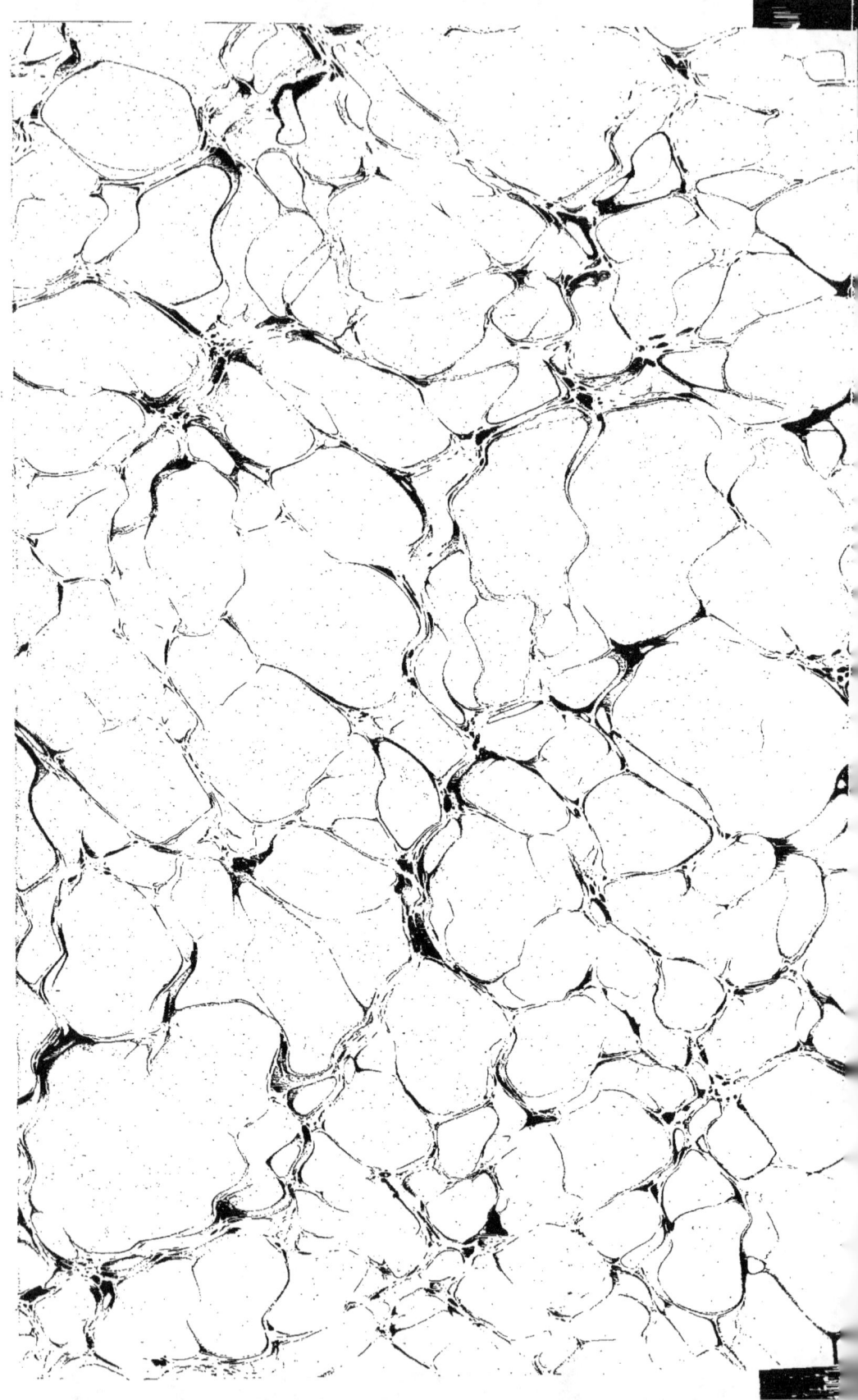

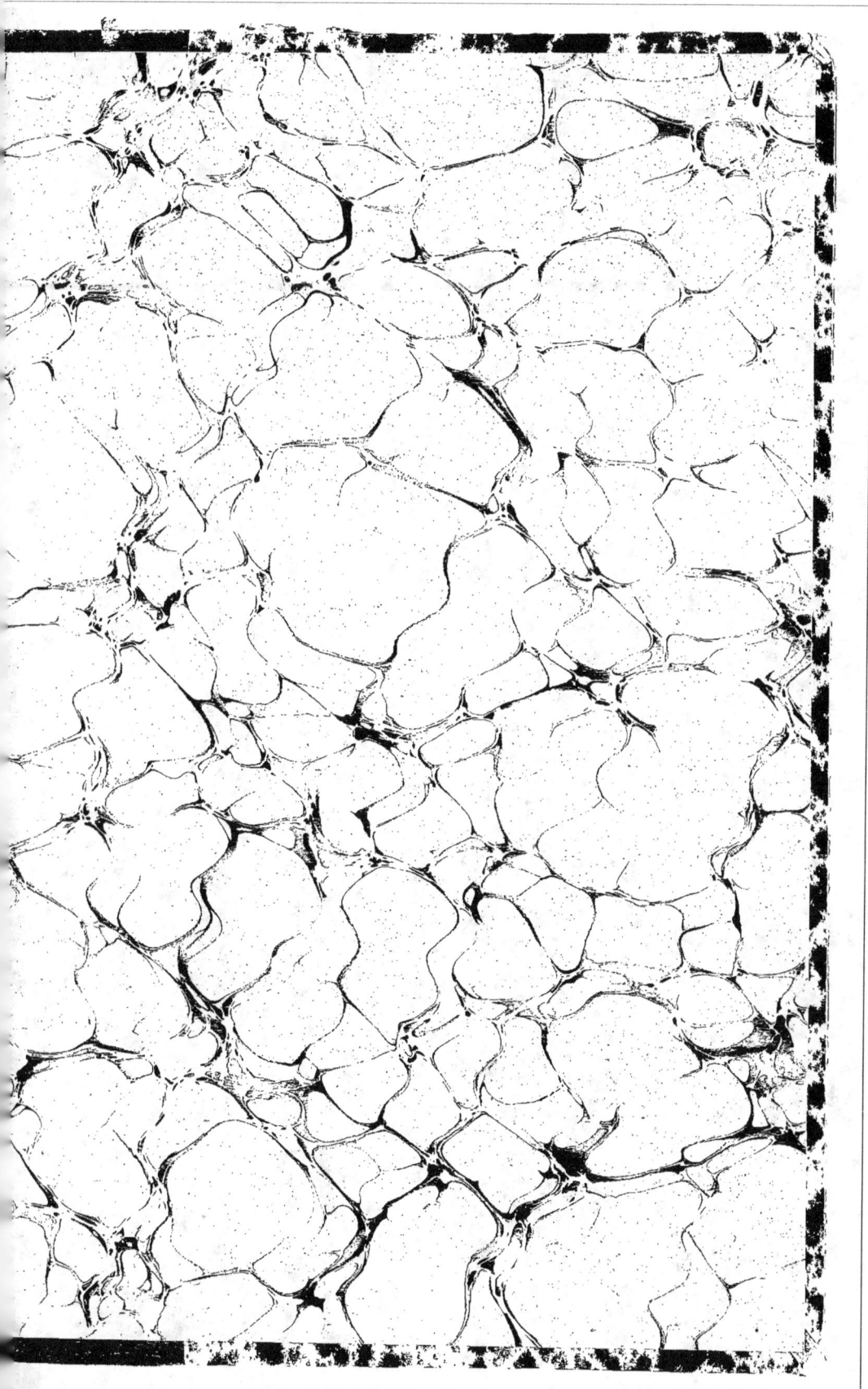

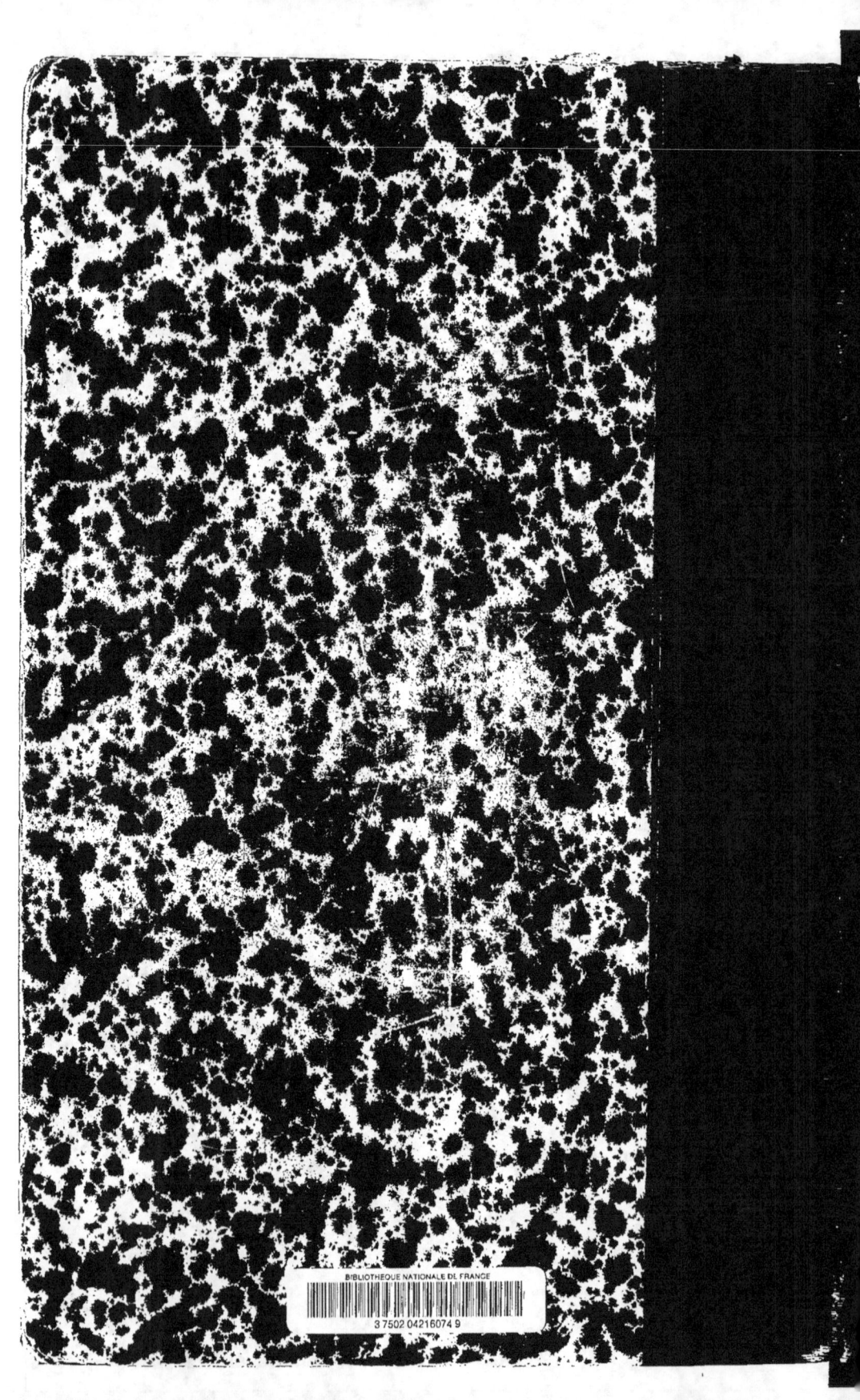